SPEAKING INTO THE AIR

A HISTORY OF THE IDEA OF COMMUNICATION

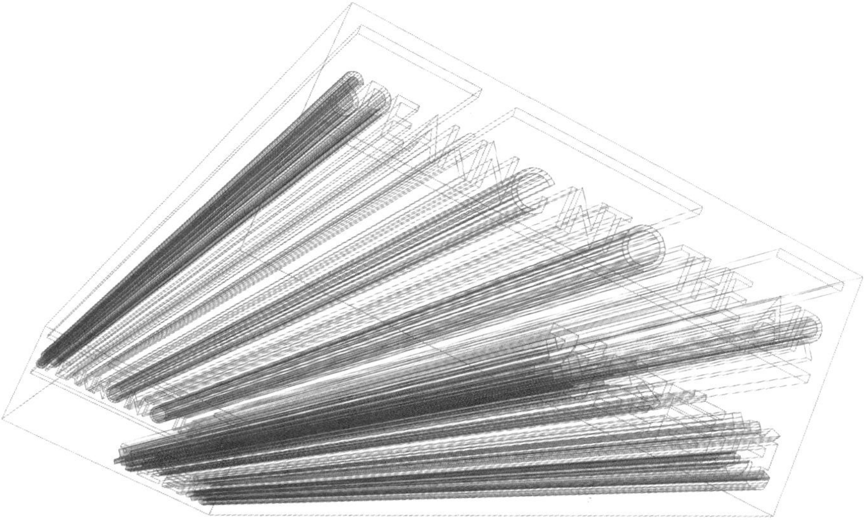

上海译文出版社

对空言说

传播的观念史

[美] 约翰·杜翰姆·彼得斯 著
邓建国 译

谨以本书献给我在四所大学先后遇到的恩师们：

哈尔·米勒

勒恩·哈维斯

唐·罗伯茨

山姆·贝克

你们也是如此，舌头若不说容易明白的话，怎能知道所说的是什么呢？这就是向空说话了。世上的声音或者甚多，却没有一样是无意思的。

《圣经·新约·哥林多前书》，第14章，第9—10节

通过文字传播的亲吻是不会到达其目的地的，它们在路上就成为鬼魂们彼此酬酢的酒醴。正是靠着这些丰富的营养，鬼魂们得以大量繁殖。人类意识到这一点后便开始反击。为了将人类关系中的各种鬼魂因素尽量剔除，从而营造出自然的交流，实现灵魂的宁静，人类先后发明了火车、汽车和飞机。但是这些努力现在已不再有效，因为这些发明显然是人类在面临崩溃时做出的权宜之计。而人类的敌人却已变得更加沉着，更加强大。在邮政之后，人类又发明了电报、电话和无线电。看来，幽灵们不会受饿，而我们却将灭绝。

弗兰克·卡夫卡(Frank Kafka)致米莱娜·耶森斯卡(Milena Jesenska)

外在交流的显著增加，是否会像以往那样经常被各种新出现的交流障碍所修正，这是一个问题。

爱德华·萨皮尔(Edward Sapir)，《社会科学百科全书》“交流”词条

如果说交流被打上了这种失败和非本真的烙印，那是因为（我们）将交流的目标竖得太高，将其作为相互融合来追求而导致的。

列维纳斯(Emmanuel Levinas)，《普鲁斯特中的他者》

中译版序

在本书中，中国只被提到了一次，却是在高潮的时候提到的。在本书第六章中，我在谈及智慧(intelligence)的极大丰富时感叹道："例如，中华文明中有如此之多的智慧，然而整个西方世界却一直对它那么地一无所知！"(英文版第256页)尽管我有此感叹，但不幸的是，本书在扭转这种无知上却助益很少。从很多方面看，本书都是一本西方特征非常明显的书——它涉及的人物、讲述的故事和表达的方式等都是西方的——但是，在很多其他方面，该书却也试图超越各种派系区分(包括"中西"区分)而向各方发出邀请，邀请我们无论身在何处，都要去迎接日用伦常中在我们面前赫然呈现的陌生性(strangeness)。这种陌生性给我们带来了如下难题：传播为什么能成为，以及它如何能成为人类奇妙的生命线(lifeblood)？对行走于天地之间的有着生命尽头的所有生物而言，这一问题与它们有着千丝万缕的联系。

在本书的第一章中，我让西方道德生活中的两个中心人物苏格拉底和耶稣上演了一场争论。我原本可以，或许也应该给这一争论加上第三个人物：中国的孔子。这三位先哲在世界史上都被普遍尊为最具影响力的道德先师。他们之间当然也有着重要的差别——在他们中，有两位为自己的学说献身，另一位(孔子)则没有；一位(耶稣)是宗教上的救赎者，另两位则不是；有两位的学说后来成为国家意识形态，另一位(苏格拉底)则没有——但是他们三位都有一个共同的奇异之处，那就是他们的学说都不是以他们自己的话或声音流传下来的(目前尚未有相反的证据)。他们各自都通过一种奇怪的，而且是强大得让人觉得奇怪的交流方式跟他们的后辈交流。这种交流方式我们也许可以称为是一种"身后腹语”。他们的学说都被门徒们记录、编码、弘扬和扭曲，以至于没有人能知道在这些不同版本之间的前因后果和来龙去脉。

关于苏格拉底，虽然阿里斯托芬和色诺芬都作过描述（前者笔下的苏格拉底滑稽怪异，后者笔下的苏格拉底则温文尔雅），但今天我们对苏格拉底的了解主要是通过柏拉图，因为在柏拉图的记载中，苏格拉底完全是主角。

耶稣说过的话则被作为经典而记录于四部福音书中（《马太福音》、《马可福音》、《路加福音》和《约翰福音》）——尽管在基督教其他经文中，以及经文之外也存在着一些耶稣说过的教诲，但它们的真实性仍有待确认。

孔子一生所收的门徒数量不一，有的说法是七十二门徒，有的则说三千门徒。但他的思想集成《论语》则显然是他死后才被编撰出来的，其在多大程度上忠实于孔子的思想，还存在争议。

以上三位先哲的命运以及他们学说的流布都与制度性政治有关，这些制度的政治形式包括柏拉图创立的历史长达近千年的学园（Academy），基督教被罗马君士坦丁大帝定为国教，孔子的思想则被上升为国家学说，首先在汉朝获得独尊地位，尔后在唐朝又得到进一步发展。

某一学说在其创始人身后被典籍化，其存续也需要依靠官方正史上的巧合，这样的情况并不少见。少见的是苏格拉底、耶稣和孔夫子这三位历史人物之间存在的明显的共同性——他们都拒绝将其学说诉诸文字。

而他们三位无疑都具有读写能力。

苏格拉底肯定非常熟悉书写和文字作品，《斐德罗篇》中对此有着清楚的描述。

作为犹太先知，耶稣对希伯来经文非常熟悉。《路加福音》中记载耶稣在犹太教堂中大声朗读希伯来经文（《路加福音，4：16》）；《约翰福音》（很多《圣经》学者认为该篇文字是后人伪作增附的）则提到耶稣曾在地上写字(《约翰福音》,8:8)。①

孔子的大半生都在编撰《五经》。他说自己“述而不作”(《论语》7:1)。尽管《春秋》据说为他所作,但是该书的内容却并非以他的口吻直述,而是对他的学说的历时性编撰,因而是对孔子所说的话的转述。即使是在由孔子自己编撰的书中,今天人们耳熟能详的表述方式仍然是“子曰”而不是“子写道”。

根本而言,这三位先哲都是口传身授的师表,然而有些矛盾的是,使他们名垂青史的却是书写这一媒介。

由此可见,他们三位不约而同地放弃书写,并不是一个能力问题,而是一个意愿问题。也许他们都认识到,试图将任何东西(无论它是转瞬即逝的还是恒久不变的)固定下来,或试图将思想的鲜活精灵凝固在纸墨之上,都是自不量力和空自徒劳的;也许,他们对君主的书面旨意中体现出来的生杀予夺的绝对权力都持拒斥态度;也许,他们深深折服于当时已经存在的文本(“律令”之于苏格拉底,《希伯来圣经》之于耶稣,先哲经典之于孔子)而羞惭于对它们作更多的添附。因为他们三位都没有“原创”(authorship)的概念。这一概念到两千多年后,在现代欧洲出现的个人表达和版权文化中才形成。实际上,他们的学说本身就贬斥“个人能成为真理的源头”这一说法。苏格拉底认为,真理源自我们对“上天”之外的思考和灵魂洞穿健忘之幕而到达本质的努力;耶稣认为,真理源自天父的意愿;孔子则认为,真理源自比他更早的古圣先贤。无论背后的理由是什么,他们自己都没有将思想付诸笔墨文字,而是通过由门徒所操办的某种“文本式腹语”而成为大多数人的道德指引。

---

① 《圣经·新约·约翰福音》第8章记载了这么一个故事。一个妇人行淫时被抓住了,按戒律应处死,大家一个个拿石头围着她,并请教耶稣该怎么办。耶稣当时弯着腰用手指头在地上书写,什么也没说。但是他们不住地问,耶稣就直起腰来说,你们中间谁是没有罪的就可以先拿石头砸她,然后又弯着腰继续用指头在地上书写。围观者听了这话,从老的到少的一个个地离去了,并没有人打这个妇人,最后只剩下耶稣和那女人。耶稣直起腰来问妇人:“那些人在哪里呢?没有人定你的罪么?”妇人说:“主啊,没有。”耶稣说:“我也不定你的罪,去吧,从此不要再犯罪了。”——译者

他们三位在世传播自己的思想时都选择对空言说，或仅将其诉诸门徒的记忆，而在他们远去后，我们对他们的学说的接受却是通过文字媒介，这一定是人类历史上最具有讽刺意味的事情之一了。他们的教诲最先在对话的具体场景中通过口语传达，后来被柏拉图《对话录》、《圣经·新约》和《论语》中的文字如留声机般地记录下来，用于“撒播”这种抽象的场合。《论语》虽不具有宗教色彩，但其章节和行文却类似于《圣经》，它也是三部经典中最为碎片化的一部文本。从最根本的角度看，这三位先贤留给我们的文本都充满着神秘，没有人能确凿地分清它们最核心的思想是什么，其中哪些是“庄”，哪些是“谐”，哪些是原文，哪些又是抄录错误，以及（在某些情况下）到底谁是其真实作者，为什么他会这样写等等。也许正是因为它们的交流“失败”，使得这三个文本在其所代表的三个传统中回音不绝，产生了巨大而深远的影响。

正如梭罗——他是最早欣赏中国思想之价值的美国思想家之一——所写：“有着很宽页边留白的必定是好书（It is a good book that has a wide margin）。”这三个文本的大量“留白”使得它们成为广为后人阅读的旷世经典。

对通过何种媒介来承载它们的学说，这三位道德先师都严谨审慎，因而交流/传播在他们各自全部的哲学思想中占据着核心位置。哲学乃爱智之学，而传播哲学则产生于哲学之始。三位先师都慷慨地撒播并获得成功。由此我们可以看出，宽松结合的交流/传播也能成果丰硕。他们三位充满信心，在其身后留下思想，任由他人去操心，这是他们作出的最具启发性的姿态：对意义占有的放弃。尽管在学说该包含何种内容以及该对谁传播这两个问题上，他们都殚精竭虑，但对其身后的人该如何解读其学说，他们都放弃了控制权。这足以说明，他们对广泛撒播所带来的焕然效果都了然于胸。

在整个世界范围内存在着极为丰富的智慧，其中与交流/传播的根本问题相关的智慧宝藏尚待开发。从其出版年份（1999）来看，《对空言说》是一部新近的作品，但是它带着一些“回首顾盼”（retro）的精神——它想要重新发掘我们的先人，重新与他们建立联系，重新肯定逝者的贡献。我希望对于中国浩瀚的智慧文献，类似如本雅明所说的“拯救性批评”(rettende Kritik)的工作也能够展开。不无矛盾地说，中国是世界上最古老又是最年轻的国度。说她最古老，是因为她有着四千年的有文字记载的历史；说她最年轻，是因为她正在经历着最为浓缩的现代化进程——这是既姗姗来迟又蜂拥而至的现代性。如果我们所面临的任务是要克服一种异化感(这种异化感使我们无法看到我们身上的奇妙的陌生性)，那么中国和世界其他国家的“相遇”，以及中国与自己的过去和未来的“相遇”，就给我们提供了一个机会来展现《论语》(第4章第15节)中所说的“恕”的境界——“恕”主要是“撒播”，但亦是“对话”。如果《对空言说》在推进以上“相遇”上未能尽到多少力，那只是我的能力问题，而不是我的意愿问题。我得知我说的话被——不免有点缺乏审慎地——诉诸中文而进入灿烂的中华传统，我深感荣幸。我谨将此中文译本奉献给我过去、现在和未来的中国学生。

约翰·杜翰姆·彼得斯

2002年12月10日于艾奥瓦城

译者导读

一、关于《对空言说：传播的观念史》

《对空言说：传播的观念史》英文第一版由美国芝加哥大学出版社出版于1999年，作者是艾奥瓦大学传播学教授约翰·杜翰姆·彼得斯(John Durham Peters)。

该书融宗教、哲学、社会、历史、文学、政治和媒介技术史为一炉，将传播理论与实践的研究置入上下数千年的大背景中，"充满智慧和令人信服地将媒介研究倒了个个"①(迈克尔·舒德森语)，既体现了传播学研究的人文取向(文史哲)，也以一种通俗大众的表达方式激发了公众对传播的兴趣。该书还为突破美国实证主义传播学研究传统提供了可行的路径——作为撒播的传播——而成为传播思想史的奠基之作。也正是因为这本书，彼得斯一举成名，成为别具一格的传播理论家和传播哲学家，国际传播学会(ICA)会员②。

2009年4月，《对空言说》出版十周年之际，在一次受访中，彼得斯提到了该书出版的时间以及他对该书的期望。他说：

> 《对空言说：传播的观念史》出版于1999年。弗洛伊德的《梦的解析》完成于1899年，但他特意等到1900年才出版，以迎接即将到来的20世纪。我曾想过向他学习(当然我的书影响比他的书影响要小得多)，将此书推迟到2000年出版，但是后来我又想，让此书1999年出版更好。弗洛伊德的书是20世纪的头一本，而我就将我的这本书当作20世纪的末一本吧。我这本书中涉及的人们对交流之治

疗效果的热望似乎更属于20世纪，而不属于21世纪。③

在《对空言说》尚未问世的1995年，当时在艾奥瓦大学传播学系还是副教授的彼得斯“意外地”获得了美国国家人文学科基金会(National Endowment for the Humanities)三万美元的资助。这笔经费加上艾奥瓦大学给予的保薪留职一年的待遇，彼得斯从而可以专心完成该书的写作。当时NEH的主席谢尔登·哈克尼(Sheldon Hackney)在招标文书中强调说，希望这个中标项目能“在全国发起对话”④。该书出版后，尽管正如彼得斯自己说，其影响不能与弗洛伊德《梦的解析》相比，但确实实现了NEH的愿望——在传播学界乃至公众中间发起广泛的对话。

这种广泛对话体现在以下方面。该书出版一年后(2000)即获得美国全国传播学会“修辞与公共演讲”卓越学术奖⑤；英语传播学界对该书发表的相关书评文章多达十数篇⑥；英文版多次再版(同时被译成多国文字

① Schudson, M., & Hearst, A. (2001). The Psychology of Literacy/Speaking into the Air (Book Review). *Lingua Franca: The Review of Academic Life*, 11(8), 15.

② 参见：http://www.icahdq.org/about_ica/fellows.asp。

③ Kane, C. L., & Peters, J. D. (2010). Speaking into the iPhone: An Interview with John Durham Peters, or, Ghostly Cessation for the Digital Age. *The Journal of Communication Inquiry*, 34(2).

④ Eadie, B. (1995). John Durham Peters wins NEH fellowship. *Spectra*, 31(7), 8.

⑤ 该奖的全称是James A. Winans-Herbert A. Wichelns Memorial Award for Distinguished Scholarship in Rhetoric and Public Address,参见：https://www.natcom.org/WinansWichelnsAward/。

⑥ 如：Crook, T. (2001). “Book Review — John Durham Peters, Speaking into the Air: A History of the Idea of Communication”, *Journal of Radio Studies*, 8(2), 455－458; Theall, D. F. (2001). “Book Review: Speaking into the Air: A History of the Idea of Communication”, *Canadian Journal of Communication*, 26(3); Sconce, J. (2000). Book Reviews: “Speaking into the Air: A History of the Idea of Communication”, by John Durham Peters. *Historical Journal of Film, Radio and Television*, 20(4), 583－584; O'Donnell, J. J. (2000). *Book Review: Speaking into the air* (Book Review) (Undetermined). *American Scholar*, 69(1), 153－154; Vaillant, D. (2000). “Book Review: Speaking into the Air: A History of the Idea of Communication”, *Technology and Culture*, 41(4), 795－796; John M. Sloop. (2000). “Book Review: Speaking into the Air: A History of the Idea of Communication”, *Rhetoric & Public Affairs*, 3(3), 490－492; Salwen, M. B. (2000). “Book Review: Speaking into the Air: A History of the Idea of Communication”, *Journalism and Mass Communication Quarterly*, 77(3), 694－696; Hobbs, S. (1999). “Book Review: Speaking into the air: a history of the idea of communication”, Chicago: University of Chicago Press。

出版），现在已经成为美国传播学中最为广泛阅读的文本之一①，也是美国众多传播学研究生课程的必读书——如在哥伦比亚大学新闻学院的博士项目中以及“媒介环境学派”的重镇纽约大学媒介文化与传播系的硕士课程研讨课上，均是如此；该书已在传播学界广为引用，如截止到 2015 年 12 月，在谷歌学术中，该书被其他学术文献引用高达到 1 205 次。

2003 年，该书被作为复旦大学“传播 · 文化 · 社会译丛”之一引进，经我国著名翻译家何道宽先生翻译出版。基于何译简体中文版，中国大陆和台湾传播学界均有书评出现，如复旦大学黄旦②、殷晓蓉③，台湾学者如夏春祥④、张约翰⑤等。该书简体中文版自 2003 年出版以来，已成为中国传播学研究生的必读书，但多年来一直脱销，学生无处购买，只能使用复印本，甚为遗憾。

二、约翰 · 杜翰姆 · 彼得斯其人

尽管钱钟书先生曾风趣而有道理地说过：“假如你吃个鸡蛋觉得味道不错，又何必认识那个下蛋的母鸡呢？”——读书觉得好就行，不一定要了解书的作者。但我认为，在吃鸡蛋时如果对母鸡能有些了解，我们也一定能吃出些不同的味道。因此，我们在这里介绍些彼得斯的背景是有必要的。

彼得斯在他工作了三十年的艾奥瓦大学的网页上如此介绍自己：

---

① Hannan, J. (2013). *Philosophical Profiles in the Theory of Communication*. Peter Lang Pub Incorporated.

② 黄旦:“手拉手还是心连心：什么是交流？”《读书》,2004 年第 12 期,第 73—80 页。

③ 殷晓蓉:“交流”语境下的传播思想史——解读彼得斯的《交流的无奈》,《复旦学报》(社会科学版),2008 年第 3 期,第 115—123 页。

④ 夏春祥：言诠与我群：评介《话语的摸索与寻绎：传播观念史》,《传播研究与实践》,2012 年 2(1),第 203—224 页。

⑤ 张约翰:“最接近于最遥远的距离：评介约翰杜罕彼得斯《交流的无奈：传播思想史》”,《传播研究与实践》,2012 年 2(1),第 223—230 页。

约翰的兴趣包括：媒介和文化史、传播与社会理论以及从广泛的历史、法律、哲学、宗教与技术背景中理解传播。他在大学给众多本科生上课，大班课程包括传播学中的核心概念、媒介与社会，小班课程包括跨国媒介案例研究。研究生课程则多为讨论课，主题涉及批判理论、大众传播理论史、媒介与现代性、实用主义、公共领域以及跨国媒体①。

以上自我介绍简明、低调，涉及其学术兴趣和教学内容。在这里，我就以他的这份“简”历为大纲，对他的生平和学术思想渊源作一个相对详细些的介绍。

彼得斯 1958 年出生于美国盐湖城一个高知家庭，他父亲毕业于哈佛大学医学院，毕业后留在波士顿教书，他因而随家从盐湖城搬到波士顿，童年和少年的大部分时间在波士顿附近度过。

他本科毕业于美国杨百翰大学(Brigham Young University)英语系和犹他大学英语系(1981)，硕士毕业于犹他大学语言传播系(1982)，博士毕业于斯坦福大学(1986)，方向为传播理论和研究。从斯坦福博士毕业后，他到艾奥瓦大学传播系教授传播学至今，现为该校克雷格·贝尔德(A. Craig Baird)讲席教授。他父亲是医学教授，曾做过犹他大学的学术副校长。外公是政治学教授，外祖父是生化教授，“因此，对我而言，做大学教授是一条阻力最小的路。”②

彼得斯的人生阅历比较丰富。他少年时期曾在荷兰后期圣徒教会(Latter Day Saints)做过两年的传教工作；大学毕业后曾短暂做过 UPS 的包裹装卸员。据他描述，就是在做传教工作时，他对传播产生了很多期盼解答的疑问；做包裹搬运工则使他觉得“劳力”不如“劳心”，于是

① 参见：http://clas.uiowa.edu/commstudies/people/john-durham-peters。

② Peters, J. D. (2013). “An interview with John Durham Peters with Figure/Ground Communication”, *Accessed* January 16.

申请到犹他大学做助教，开始了他的学术生涯，直至今天成为大学资深教授。

彼得斯不仅是一位深具影响力的传播学者，还是一名深受学生欢迎的教师。在“评价我的教授”（ratemyprofessors. com）网站上，在5分总分中，彼得斯的得分为4.6分。其中一名学生的帖子说道：“彼得斯——无论他多么搞笑——是一位极好的老师。我选了他的研讨课，课上担任讨论主持人。这让我有很多机会与他交流，了解他的教学风格。他的课考试很难，但是只要你完成阅读任务，努力学习，通过考试是不成问题的。他真的很搞笑。高度推荐选他的课。”另外一名学生说道：“彼得斯是一位令人惊奇的教授。他爱他的工作，不断地提升他的知识。他最爱看到的是他的学生获得成功。只要是他的课，无论何时我都会选。”① 彼得斯说，在他自己做学生时，在本科和硕士阶段都深受他的教授的爱护和培养，这使得他很愿意将这种影响传递给他自己的学生。

三、彼得斯的传播思想的渊源

彼得斯在生活中喜欢不辞辛劳，颇具创新地从不同的路径到达同一个目的地。据他曾经的硕士学生、现为万德比尔特大学（Vanderbilt University）教师的约翰·施努普（John M. Sloop）描述，在艾奥瓦大学，传播学系办公室在一幢楼，而研究生教室则在另一幢楼。由于两处之间有着相当一段距离，如果时间很紧，师生们会选择走一条林间小路，然后翻过一座小山，再从一条高架铁路下面穿过，到达教室。施努普回忆说，在他刚成为传播学系的研究生时，有一次他看到年轻的彼得斯在抄小路，他说，“我对他说：‘抄小路啊，您一定很赶’。”彼得斯回答说：“其实不是，我只是喜欢从不同的角度走进教学楼，这样我就总能

① 参见：http：//www. ratemyprofessors. com/ShowRatings. jsp? tid = 87159。

到达不同的目的地。”①

他在传播学研究上也独具创新、视域开阔、兼容并包、波澜壮阔。从他在传播学界不断增加的影响力来看，他的创新性研究路径已经得到了越来越多的同行的认同。新闻社会学家迈克尔·舒德森说：“彼得斯很可能是美国传播和媒介研究这一广阔领域中最具创新的思想家。没有之一。”②英国著名政治学者约翰·基恩(John Keane)将其描述为“充满智慧，挑战权威，具有智识上的胆魄”，是一位“语言大师”，具有“奇妙的头脑”③。舒德森(新闻社会学)和基恩(政治学)都是其各自领域的大家，他们对彼得斯的评价有着相当的分量。

基于我对彼得斯学术作品的阅读，我觉得他的传播学学术思想渊源大致包括这几个方面：欧洲大陆哲学和英国经验主义、文学、宗教、美国超验主义与实用主义。下面我对这几个方面作一些介绍。

首先是欧洲大陆哲学。如前所述，彼得斯少年时期在荷兰待过两年，本科专业是英语，硕士方向是语言传播，其硕士论文对众多欧洲大陆哲学家的传播思想作了分析，包括结构主义、诠释学、批判理论、心理分析、民族志以及会话分析等等。他写于1986年的博士论文《重构大众传播理论》则以英国经验主义和古典自由主义的代表约翰·洛克开篇，并对卢梭、阿伦特、托克维尔和塔尔德等的传播思想进行了分析。他认为，这些思想家的思想体现出来的一些端倪，能揭开“智慧生命如何组织意义”这一问题的神秘面纱，而这正是传播学理论的内容。④

---

① John M. Sloop. (2000). “Book Review: Speaking into the Air: A History of the Idea of Communication”. *Rhetoric & Public Affairs*, 3(3), 490 - 492. http://doi.org/10.1353/rap.2010.0019

② Yorgason, E. (2007). “The Gospel in Communication: A Conversation with Communication Theorist John Durham Peters”. *Dialogue: A Journal of Mormon Thought*, 40(4), 29 - 46, 177.

③ 此句英文为:“Witty, irreverent, and intellectually daring and a master wordsmith with a wonderful brain”,参见: https://www.bookdepository.com/Courting-Abyss-John-Durham-Peters/9780226662749。

④ Peters, J. D. (2008). “Institutional Opportunities for Intellectual History”, in *Communication Studies*.

彼得斯能阅读德语、法语、荷兰语和西班牙语，并具有足够的古希腊语和拉丁语基础，能够“抓住不同概念性语汇之间的细微差异”，①这在美国学者中是极为少见的。通晓欧洲语言使他能在大西洋两岸行走自如。在大学任教期间，他曾在英国、加拿大、荷兰、希腊、西班牙和芬兰的大学做过高级访问学者并任教。

在英语本科学习期间，彼得斯对语言、语言学和民间传说(forklore)尤感兴趣，认为文学研究赋予了他认识这个世界的重要工具。文学对他的巨大影响在《对空言说》中非常明显，如他在书中引用的非美国文学名人包括荷马(古希腊)、但丁(意大利)、卡夫卡(奥地利)、博尔赫斯(阿根廷)等等；而美国文学名人则更多，包括爱默生、爱伦·坡、霍桑、梅尔维尔、惠特曼、马克·吐温、亨利·詹姆斯、菲茨杰拉德、福克纳、海明威、庞德、艾略特和奥尼尔等。

彼得斯还有着很强的宗教背景。我们知道，在西方，最具组织性、规模性和持久性的传播实践者应该是宗教机构。这导致所谓的“上帝问题”成为人类传播研究中最古老最持久的问题。②一方面，研究传播者总是先从宗教的传播实践中去挖掘传播思想；另一方面，宗教信奉者因其对传播悠然心会和别有心得，常常成为卓越的传播学者。

从宗教入手研究传播者，例如英尼斯。他出生于严格的浸礼会教徒家庭，他父母希望他能成为牧师。对此他坚决拒绝，甚至拒绝接受洗礼，但在《帝国与传播》中他对“时间偏向”的媒介(如教会)的价值的独特和精当的分析，不免让人猜测宗教对他的影响。又例如詹姆斯·凯瑞，出身于天主教家庭，也深受有着宗教背景的麦克卢汉的影响。③凯瑞从宗教入手

---

① Eadie, B. (1995). “John Durham Peters wins NEH fellowship”. *Spectra*, 31(7), 8－8.

② Schultze, Q. J. (2005). “The ‘God-Problem’ in communication studies”, *Journal of Communication and Religion*, 28(1), 1－22.

③ 詹姆斯·凯瑞深受麦克卢汉的影响。麦氏认为媒介能带来一种超验的体验,以及技术会先于人的自由意志。但凯瑞也与麦克卢汉有所不同,他也受到杜威以及芝加哥学派其他早期社会学家的启发。杜威认为人的心灵(mind)的形成是一个社区共享(communal)或者说一个文化的过程。在凯瑞看来,新闻业(journalism)是人类集体围绕篝火讲述和聆听的故事。

研究传播，指出传播的"传递观"（transmission）产生于宗教。传教是 17 世纪早期欧洲清教徒远涉重洋到美洲拓荒这种空间迁移（transportation）背后的主要动机。因此，运输（transportation）一词的精神含义就是在地球上建立并拓展上帝的领地，而传播一词的精神含义也同样如此，直到 19 世纪电报的出现，才打破了这种传播与运输合于一词的局面。①

具有宗教背景而成为卓越传播学者的，还有英尼斯的学生麦克卢汉。麦氏的父亲是卫理公会教徒，母亲是浸礼会教徒，他自己毕业于剑桥大学三一学院，后来改信罗马天主教，19 世纪 30 至 40 年代曾在两所天主教大学中任教。此外，麦克卢汉的学生沃尔特·翁（Walter Ong），是美国文化和宗教学家、英国文学教授，但他还是一位美国耶稣会神父。

彼得斯出生地盐湖城是摩门教流行之地，少年时代曾为摩门教传教两年，他的本科母校杨百翰大学就是以摩门教著名领袖杨百翰（Brigham Young）的名字命名的。从他的传播研究中，特别是《对空言说》中，我们很容易看出宗教传统对他的影响，如他在书中频繁提到对观福音、耶稣布道、使徒保罗、圣奥古斯丁、天使学、宗教哲学家克尔恺郭尔等。他在大量发表传播学论文的同时仍然持续关注摩门教，也发表了不少与摩门教信仰有关的文章②。2014 年，他还接受了一个摩门教电台长达两个小时的 Skype 连线采访，主题是《对空言说》中的宗教与传播。③

从彼得斯的学术背景和宗教背景看，他与麦克卢汉非常相似。彼得斯本科为英语；麦氏也出身于英语专业④［他有英国剑桥大学英语博士学位，博士论文写的是一位 16 世纪的英国戏剧家和散文家托马斯·纳西（Thomas Nashe）的修辞学思想，论述远及古希腊的修辞学］，并因此而对更大的、与传播相关的问题产生了兴趣。麦氏关注媒介（口语、印刷和电

① 詹姆斯·凯瑞：《作为文化的传播》，丁未译，北京：华夏出版社，第 5 页。

② 如：Peters, J. D. (1993). "Reflections on Mormon Materialism", *Sunstone*, 16, 47-52。

③ "An Interview with John Durham Peters with Figure/Ground Communication", http://figureground.org/interview-with-john-durham-peters.

④ 值得指出的是，传播学学科的奠基人施拉姆的博士学位也是英语专业。

子）对文化的影响，彼得斯则关注意义的生产和分享，研究对象也从文学进入传播学领域。

除文学和宗教外，影响彼得斯学术思想的还有超验主义和实用主义。彼得斯的童年和少年的大部分时间在美国的“文化之都”波士顿附近度过。而此处是爱默生（1803—1882）、霍桑（1804—1864）和梭罗（1817—1862）的故乡。19 世纪 30 年代美国超验主义思想文化运动就发源于波士顿的康科德。它源于爱默生倡导的“超验主义俱乐部”，最先表现为宗教、哲学思想中的改革，后扩展到文学创作领域。成员之一梭罗出生于康科德，毕业于哈佛大学，学生时代与爱默生相识，深受爱默生思想影响。这也许是为什么彼得斯在《对空言说》中如此关注霍桑、爱默生和梭罗的原因。

彼得斯还受到美国实用主义传统的影响。实用主义的产生和发展是美国 19 世纪 70 年代到 20 世纪 20 年代美国思想史上的大事。1872 年皮尔士召集极为热衷哲学研究和喜欢思考辩论的年轻人，成立了一个名为“哲学俱乐部”的哲学研究小组。除皮尔士之外，该俱乐部还有两位重要成员——威廉·詹姆斯和奥利弗·霍姆斯（Oliver Wendell Holmes）。他们在哲学俱乐部讨论时使用的“实用主义（pragmatism）”一词成为美国历史上最为重要的哲学流派的名称。在这三位之后，还有一位哲学家为实用主义的勃兴作出了巨大贡献，他就是被称为“实用主义集大成者”的约翰·杜威。如果在《对空言说》中，彼得斯对传播学科的未来带着某种悲观，那么最近几年，他开始从深厚而丰富的传播思想史视角，看到了传播学学科的美好未来。尤其是他和詹姆斯·凯瑞（凯瑞从杜威身上获得了很多灵感）一样，也从实用主义中找到了传播学新的发展机遇。现在，实用主义视角的传播学理论研究队伍已经吸引了不少新的学者，正在发展壮大。

由于彼得斯是从以上各领域的宽口径进入传播学，他的视野就极为开阔，在研究传播思想史时，哲学、文学、宗教、物理学、心理学、社会学、历史学、政治学等均可入其视野。他对各种素材也均能信手拈来，取精用宏；对这些素材中的传播思想的提炼和分析则能化繁为简，深得其妙。

值得我们注意的是，阅读彼得斯时，我们会很容易感觉到他的交流/传播观与中国古代以来普遍存在的交流传播观念在很多方面很相似。这种相似性固然体现在他于“中文版前言”中对苏格拉底、耶稣、孔子的比较中，但它似乎还有一个来源，即超验主义。在过去近四百年中，西方汉学家将中国典籍的专题部分翻译成了各种西方语言。伏尔泰、海德格尔、爱默生、汤因比等都是通过阅读这些翻译作品而认识到东方（包括中国）文化的价值①；梭罗则是“最早欣赏中国思想之价值的美国思想家之一”（见中文版序）。同样在这篇读来令人爱不释手的中文版序中，他提到了中国论语中的“恕道”，并指出它虽是“撒播”，但同时又是“对话”。由此看来，通过超验主义的中介，彼得斯的交流观与中华交流观之间存在着“暗合”是情有可原，甚至是理所当然的。

在以上丰富的学术食材基础上，彼得斯还为其学术表达加上了一道提味的佐料——众多充满智慧的名言隽语——使得他的学术大餐引人入胜，令人拍案叫绝，回味无穷，也使他深具西方著名传播思想大家的风范。西方有持久影响的传播思想家的共同特征是表达简练隽永。如麦克卢汉有“媒介即讯息”和“媒介即人体的延伸”之句，流传极广；詹姆斯·凯瑞曾发问：“未来有什么样的过去呢？”尼尔·波兹曼曾说：“在《一九八四》中，人们受制于痛苦，而在《美丽新世界》中，人们由于享乐失去了自由。简而言之，奥威尔担心我们憎恨的东西会毁掉我们，而赫胥黎担心的是，我们将毁于我们所热爱的东西。”读彼得斯的文字，其隽永让你感觉如入山阴之径，美景目不暇接；其意旨让你感觉自己仿佛在聆听一位道家高人空灵的讲道。如谈及传播与历史时，他说：“新的旧文本会重写旧的新文本”（New old documents rewrite old new ones）；谈及未来的新技术能从旧文物中获得新发现时，他说，“过去涌现于未来”（The past emerges in the future）；19 世纪影像技术的大发展留

① 张西平：“关于西方汉学家中国典籍翻译的几点认识”，《对外传播》，2015 年 11 月。

下了大量记录，他仿造本雅明的说法，说历史学家现在可以从中“读出历史上未被写入的东西”（can read what was never written）。在谈论旧媒体与新媒体的关系时，他说：“各种新媒体层出不穷，轻捷小巧，就如同很多食肉型小恐龙在巨大笨拙的食草型恐龙边跳跃飞蹿。”他博览群书，并擅长捕捉不同事物之间的相辅相成，以朗朗上口的名言警句的方式表述出来，他的讲座总是洋溢着智慧，充满着笑声，让你忍不住不时伸出手来鼓掌，掏出纸笔记录①。我本人多次听到美国传播学者在提到彼得斯时，都对他的博学和智慧表示诚服。我感觉，读彼得斯，犹如读余英时，他们的文字都是“仰观宇宙之大，俯察品类之盛，所以游目骋怀，足以极视听之娱，信可乐也”。

四、彼得斯的思想轨迹：反思传播学学科建设，开创传播哲学研究

2008 年，彼得斯应邀回到本科母校犹他大学演讲。在演讲中，他说道：“我 1982 年离开犹他大学到斯坦福读传播学博士，当时的使命是要‘将大众传播哲学化’。如果我这么说不显得有些自不量力的话，我也许可以将我的研究对象称为传播哲学②（communication philosophy）。”③

---

① 参见彼得斯讲座网络视频，如 1. Annenberg Research Seminar — John Durham Peters, University of Iowa — YouTube. (n. d.). Retrieved December 16, 2015, from https://www.youtube.com/watch?v=J5u1LhqrMUc; 2. Helsinki Collegium. (2013). John Peters: Of Paper, Clouds, and Other Media. Retrieved from https://www.youtube.com/watch?v=TGas1Mnvgao; 3。

② 综合彼得斯的众多学术作品看，他将“传播哲学”、“传播观念史”（history of the idea of communication）和“传播思想史”（intellectual history of communication）混用。一般而言，思想史（intellectual history）和观念史（history of ideas）常常被交互使用。但严格说来，这是两个不同的概念。思想史的含义相对广阔和灵活，它包括观念、知识史、理论史、思想家传记、学案、学科或学派史、日常经验史等等；观念史则更为微观，它是思想史的一部分，主要指若干个核心观念的发展演化构成的历史。观念史不是纯粹的抽象的思想史，而是与行为和制度变迁内在联系的活的思想史，也是可以通过事件和行动效果加以验证的思想史。观念史研究的例子如迈克尔·舒德森（Michael Schudson）在对“新闻客观性”（objectivity）以及“公众知情权”（the Right to Know）的溯源等等。按以上思想史和观念史之间的区分，《对空言说》应该属于观念史研究，但本文还是据彼得斯在犹他大学演讲中的正式说法，将他的传播研究取向称为“传播哲学”。

③ 参见：Peters, J. D. Mew Media, Old Media: 2008 Aubrey Fisher Memorial Lecture。http://archive.unews.utah.edu/news_releases/old-media-new-media/。

“哲学，就是对于人生的有系统的反思的思想。”（冯友兰语）形而上学、心灵哲学、科学哲学、艺术哲学、历史哲学等等，无不如此。彼得斯的“传播哲学”也是源于其对传播学（其被广为接受的成见和教条）的反思以及在这一反思基础上的新的营建。或者说，彼得斯的“传播哲学”，即“传播作为一种观念之研究”（the idea of communication）源于他对“传播作为一个领域（the idea of a field of communication）之观念的研究”。

（一）反思传播学学科制度发展和其学术严谨性之间的不对称

要了解彼得斯的传播哲学，我们必须先了解两个概念，因为他的全部传播哲学源于他本科时代就开始的对这两个概念的思考，一个是“学科”（discipline），即相对单一和独立的知识体系，如政治学、经济学、社会学和我们现在的“传播学”等；另一个概念是“领域”（field），它大致指研究对象，如互联网、中国农村、中国经济、中国政治、儒家文化圈、美国、非洲和中东等。

在其少年、本科和硕士阶段，彼得斯对传播（学）最先是作为一个“领域”来看待的。他少年时代在荷兰的两年传教士工作激发了他对很多与传播相关的问题的思考，如跨文化交流、不同语言间的互译之可能与不可能、语言和社会秩序的关系等等。直到“有一次在犹他大学的书店里无意浏览时，我发现学校有一门课，教师布置的必读书目都是我一直想读的书，于是就马上选修了这门课”①，而这恰巧是一门传播学课程。

然而，1982年秋进入斯坦福大学传播学系后他却发现，那里的氛围和所教内容与他的期望完全不符——在这里，传播（学）被弄得很窄，变

① Peters, J. D. (2008). “Institutional Opportunities for Intellectual History”, in *Communication Studies*. Retrieved from http://www.citeulike.org/group/14507/article/10193433.

成了一个“学科”①。1955—1956年，施拉姆在斯坦福建立了“传播研究院”（Institute for Communication Research），这是美国二战后在军方—工业联合资助下兴起的社会科学研究的最后堡垒之一。施拉姆当时对传播学的定位是“针对社会问题的社会科学”，因此斯坦福所教授的传播学理论和研究方法也完全是逻辑实证主义取向的。

这使彼得斯非常失望。此前在申请斯坦福大学博士的申请书中，他自比为新一代的弗洛伊德；他的前任老师则希望他能在斯坦福大学将大众传播“哲学化”。据他事后回忆，他当时之所以决定读斯坦福的博士，是抱着不入虎穴焉得虎子的决心，想要深入行为科学的腹地，接受实证主义社会科学技术与方法上的严格训练，掌握其精华，然后将其运用于哲学批评中。“然而，我发现经验取向的社会科学是多么地贫瘠，至少在应用研究上是如此。”在这里读书研究，就像“学习如何成为神父一样，拼命要将意义和精神内容操作化为清晰的认知物”。20世纪70年代，社会科学深受马克思主义、文化研究和女性主义等思潮的冲击，但是斯坦福的传播学博士课程却对此毫无体现；学界出现的对行为主义社会科学的各种批评，这里的教师对之无动于衷。他们对任何“中程”以上的思想和理论都毫无兴趣。在他们看来，ideas的意思是“主意”或“思路”，而不是“思想”或“观念”；ideas的唯一作用是帮助他们提出可检验的研究假设。

斯坦福大学传播系当时如此狭隘和封闭的学术视野令彼得斯难以忍受。在读博期间，他发现基本无法就传播问题进行深入的学术讨论，为此他深感苦恼。由于对这种思想的贫瘠颇怀不满，他和几名博士生自己组织了每周论坛，就各种“疯狂的思想”进行讨论和辩论。有些导师对这类学生活动的出现私下表示很高兴。这个学生论坛很短命，却给彼得

---

① 李金铨教授借用人类学家格尔兹(C. Geertz)的“内眷化”(involution)概念,认为美国传播学这一窄化过程是由于“内眷化”——美国传播学界只顾向内部的细节发展,一再以形式主义炫耀技术至上,思想上却不敢大胆创新,以放大镜照肚脐眼,孤芳自赏,造成了传播研究“精致的平庸”。参见:李金铨:《美国主流传播文献的两大真空》,转引自:中国社会科学网。

斯留下了深刻的印象。

后来在回忆这段经历时，彼得斯说他当时对经验取向的传播学研究的仇视，主要源于当时这些社会科学为自己树立起来的公开自我形象太高蹈，使得它们在其批评者眼中高高在上，不可一世。这也与二战后美国的冷战型社会科学研究有关。他承认，其实当时也有好的社会科学研究，它们也能提出很好的问题，并能很有创意地找到证据来回答这些问题。但是在当时，彼得斯认为自己还没有像他后来那样能够相对全面地看待实证主义社会科学。他当时觉得，如同哈贝马斯所言，实证主义社会科学的主要罪行(sin)就是它“拒绝自我反思”。①

彼得斯博士学习期间所经受到的挫败感，根源于传播学作为“学科”和作为“领域”之间的张力。对于传播学，彼得斯将其理解为一个“领域”，而斯坦福的传播学博士教育却硬生生将其化为一个封闭的“学科”。基于这一感受，彼得斯于1986年写出了一篇名为《传播学研究思想贫困背后的体制性根源》的论文，该文被作为封面文章发表在《传播研究》(*Communication Research*)上。

该文表达了他对传播学作为一门“学科”的批判态度，彼得斯哀叹在此视野下传播学研究可怜的现状，并分析了导致这一现状的几个体制性源头。他指出，传播学的危机根源在于：“传播学学术体制建设的封闭性”与“传播学术研究范围的广阔性”两者之间形成冲突。他认为，反思是保持社会科学健康的关键手段，但是各种因素却导致传播学对自己的使命、研究内容及其与社会的关系没有进行有效的反思。它一方面搞不清传播学的学术核心问题，另一方面则将学术建制的扩张等同于传播学学术的繁荣。

彼得斯认为问题的症结主要源于施拉姆，体现在两个方面。

---

① Peters, J. D. (2008). “Institutional Opportunities for Intellectual History”, in *Communication Studies*. Retrieved from http://www.citeulike.org/group/14507/article/10193433.

首先，他认为，施拉姆为了论证传播学的学术合法性，将信息论引入传播学，造成了逻辑实证主义在传播学研究中一度占有主导地位。

彼得斯认为，传播学学科的早期创立者们面临着其他学科的竞争，这些学科均历史悠久、成果丰硕、方法“科学”。施拉姆当年所在的各个大学，学科林立，它们几乎都涉及“传播”。在一个可以对传播学进行跨学科研究的时代，施拉姆却要将其独立出来贴上牌子成为一个学科，挑战性不言而喻。于是他过于急切地想要证明传播学的理论和方法具有同其他科学一样的严谨性，以确立传播学的合法性。为此目的，施拉姆等传播学的创立者大肆扩充传播学学科所涉及的领域，并忽略事实，编造了几个传播学学科奠基人的神话。而且，他们于1955年将信息论引入传播学中，并用它来描述和解释几乎所有的人类及非人类传播活动。由此，所有的传播都被分为“传者、编码、讯息、发射器、解码器、讯息和受者”。信息论在传播学中获得了教条般的地位。其他所有关于“意义”的问题，如什么是“讯息”，其构成取决于传者的意图还是传者所选择的符号，意图与符号之间是何关系，是否存在不能被编码的讯息，编码后的讯息被传输(transmission)，传输是什么意思，是意图/讯息在传者和受者之间的完美复制，受者如何理解传者的意图等等，都被忽视了。

彼得斯指出：“信息论的遭遇是一个教训，它说明在传播学学科形成的早期，为了争夺学科地盘，学术和理论严谨性如何被牺牲了。”需要注意的是，彼得斯批评的不是信息论本身，而是施拉姆等人将信息论作为公关工具的利用。他认为，学科分工和专业化也许是正常的，但是在传播学学科的形成中，主观随意、相机而动的行政行为（而不是学术考量）扮演了过多的作用。

其次，彼得斯批评施拉姆将传播学的学科繁荣等同于学术思想的繁荣。

早在1959年，贝纳德·贝雷尔森(Bernard Berelson)就宣告，随着“传播学四大先驱”的离开(当时卢因已过世，拉斯韦尔、拉扎斯菲尔德和霍夫兰的研究兴趣均已转移），大众传播作为一个研究领域终将“枯萎死亡”。贝雷尔森所指的显然是传播学学术问题和思想的枯萎。

然而，在贝雷尔森发出此言的前后十年间，在施拉姆的领导下，传播学作为一个学科的建设却大举扩张，成绩斐然。例如，施拉姆在伊利诺伊大学（1948）和斯坦福大学（1955—1956）都成立了传播研究机构。对于贝雷尔森的悲观预测，施拉姆不是清晰地和富于逻辑地阐述传播学的学术宗旨和使命，却拿出传播学学科建设的繁荣来回应。他说他非常忙碌，要参加博士生面试、和相关人员共进工作午餐、参加国际研讨会等等。“我不认为传播学领域面临着死亡，”施拉姆说。

彼得斯认为，施拉姆对贝雷尔森的回应，使他听起来不像一名治学严谨的学者，倒更像一名某新生国家的操满口爱国言辞的领导人。在他的领导下，传播学学科内的各专业、系、中心等等的设置都是为了占地盘，争资源等行政目的，而不是出于清晰的学术理论认识和学术必要性，急吼吼地发展出各种学术体制，结果建好了楼宇，却发现无人居住，成了“鬼城”。

彼得斯指出，在施拉姆看来，贝雷尔森发出的前述哀叹只不过是一名不识时务的败兴者的败兴话。彼得斯以施拉姆的语气问道：“在传播学学科建设方兴未艾之时，要瞎操心什么学术思想的繁荣？”彼得斯接着说：“在传播学中，贝雷尔森象征着垂死之物，施拉姆则象征着新生之物。前者视传播学为一种垂死的学术活动；后者则视传播学为一个新生的制度性事业。”在传播学学科建设大跃进中，传播研究从原来的“人人都可以光临但很少人停留的十字路口”（施拉姆语）变成了现在的一个需要来访者出示护照，经过通关才能进入的“民族国家”。

由于以上两个原因，即信息论对传播学的殖民以及传播学“学术上无建树，建制上争地盘”，传播学的理论和方法渊源被限制得过窄。而且，传播学不仅没能充分认识到自己的狭隘和短视，反而还宣称对一个庞大的领域拥有学术主权。

需要指出的是，彼得斯并没有完全否认施拉姆在传播学学科建设中发挥过的重要的、有影响的和实质性的贡献。他认为，自从1940年代以来，传播学研究者一直在努力研究传播的主题、使命及其与社会的关系，却成效不大，其根本原因是传播学的核心学术问题没有得到清楚地阐明；传播学研究也一直受到社会问题而不是学术问题的驱动。传播学学科体制微小，学术雄心却不切实际地极为宏大，正是这两者之间的矛盾，造成了传播学严重的理论贫困，也造成传播学漠视其他学科领域的丰富的传播思想和传统。

正是基于以上对传播学体制雄心与学术羸弱之间的不相称的反思，彼得斯成为传播学领域历史和现状的一名重要研究者和评论者，以及传播学更深远的学术传统的发掘者和更宽广学术未来的建造者。

一方面，他着意跳出传播学的美国中心主义，将视线扩展至欧洲。他的学术作品对欧洲传播学者引用广泛，视野极为开阔。早在1980年代初期，欧洲传播学理论被北美传播学学者“发现”，并开始产生巨大的影响①。其中有以下几个标志：苏联文学理论家和批评家巴赫金(Mikhail Bakhtin)的作品被翻译成英语；哈贝马斯出版了《交往行动理论》，对批判传播范式影响巨大；科学和技术学者，特别是麦克·加隆(Michael Callon)、布努诺·拉图尔(Bruno Latour)和约翰·罗(John Law)等等，开始从符号生产角度研究科学，从而导致了行动者-网络理论(actor-network theory)的提出；斯图亚特·霍尔推动了英国文化研究学派在批判学者中的流行。彼得斯试图深入挖掘传播学的“史前史”，即在我们所知的传播学成为一门学科之前的历史，而在这个过程中，他也成为以上北美传播学“发现”欧洲进程中的主要推动者之一。《对空言说》则是他的这些努力的集中体现和阶段性成果。

在1986年发表《传播学研究思想贫困背后的体制性根源》一文后，又经过多年的辛勤耕耘，彼得斯对传播学学术合法性的悲观看法出现了

① Littlejohn, S., & Foss, K. (2009). *Encyclopedia of Communication Theory*. SAGE Publications, Inc. p. lxv.

一些改变，认为交流/传播思想的丰富性和多样性为传播学思想史的研究提供了机遇。2008年，在一篇名为《传播学思想史的体制性机遇》的论文中，彼得斯回顾了他1986年的文章，分析其局限性，同时提请同行们更多地注意传播学以下四个学术传统的历史，认为“以下每个方面都可以写出一篇或多篇博士论文”。①

（1）媒介效果的社会心理学传统，相关的思想者包括汉娜·阿伦特（Hannah Arendt）、丹尼尔·贝尔（Daniel Bell）、沃伦·布里德（Warren Breed）、肯尼斯·伯克（Kenneth Burke）、厄文·戈夫曼（Erving Goffman）、C·怀特·米尔斯（C. Wright Mills）、大卫·里斯曼（David Reisman）以及哈贝马斯（Jürgen Habermas）。

（2）控制论传统，相关的思想家包括罗曼·雅各布森（Roman Jakobson）、列维-施特劳斯（Claude Levi-Strauss）、雅克·拉康（Jacques Lacan）、让·许珀莱特（Jean Hyppolite）和福柯（Michel Foucault）等等。

（3）心理治疗传统，他认为心理治疗所密切关注和研究的是人的发疯状态，而这实际上就是一种交流的失败。

（4）文学研究传统，它历史悠久，对传播和媒介艺术有着持续的兴趣。

实际上，正如美国温尼佩格大学（Winnipeg University）修辞与传播学副教授杰森·哈南（Jason Hannan）所指出的，其实还应该有第五个领域，即由彼得斯开创的“传播思想史/观念史研究”或“传播哲学研究”②。

（二）开创传播观念史/传播哲学研究

如我们在《对空言说》中所见，传播学科的历史也许很短，但传播观念或传播哲学却有着漫长的历史。自古以来，哲学家就对交流/传播深

---

① Peters, J. D. (2008). “Institutional Opportunities for Intellectual History”, in *Communication Studies*.

② Hannan, J. (2013). *Philosophical Profiles in the Theory of Communication*. Peter Lang Pub Incorporated. p. 3.

感兴趣。但遗憾的是，由于彼得斯所指的以上原因，基于逻辑实证主义的传播学学科对这一历史悠久、光辉灿烂的传播哲学传统却一无所知。

可以说，是彼得斯重新发现了传播学的哲学源头，使得贝雷尔森预测将要“枯萎死亡”的传播学研究获得新的生机。彼得斯的成果并非一蹴而就，而是有着持久的和扎实的研究积累。如前所述，他的博士论文《重建大众传播理论》探讨的是传播哲学。自1986年从斯坦福大学获得传播学博士学位以来，他继续更加系统地研究众多哲学家的传播思想，成果广泛发表在《大众传播批判研究》（*Critical Studies in Mass Communication*）、《媒介、文化与社会》（*Media, Culture and Society*）、《语言季刊》（*Quarterly Journal of Speech*）和《社会学理论》（*Sociological Theory*）等重要期刊上。而《对空言说》是以上研究成果的一次全面总结和深入阐述。在本书中，他努力开创和培养一种批判的和历史的观念，强调建立扎实理论的重要性，试图给传播思想的谱系进行一个清晰和前后一致的梳理。在《对空言说》中，他将传播思想的根源回溯到早至古希腊、耶稣、圣保罗和圣奥古斯丁这些高大而又古老的人物，将他们视为（西方）传播思想的丰富源泉。他探幽寻微，索隐钩沉，以类似黑格尔的风格和方法对传播思想的几千年历史进行了精细的梳理，希望能为未来的传播研究指明方向。

最近一些年来，传播学研究在某种程度上已经开始引用美国和大陆哲学传统，如杜威、米德、阿多诺、霍克海默、德里达、福柯、哈贝马斯等等，但20世纪还有很多专业哲学家（如列维纳斯、胡塞尔、保罗·利科、梅洛-庞蒂、理查德·罗蒂等）的传播思想则长期被忽视或没有得到充分的理解和欣赏。在《对空言说》出版后的十多年里，彼得斯继续前进，仍在传播哲学领域继续孜孜不倦地开拓和建设。2015年，他提出了建立一种“媒介哲学”的呼吁。

在他的新作《奇云》（*Marvelous Clouds*, 2015）的《绪论》中，他开宗明义地提到：

> 现在是提出一种媒介哲学的时候了。任何媒介哲学都建立在一种自然哲学的基础上。媒介并不仅仅是各种信息终端，它们同时也是各种代理物(agencies)，代表着各种秩序(order)。这些媒介传送的讯息既体现我们人类的各种行为，也体现我们与生态体系以及经济体系之间的关系，而且，在更大范围的媒介概念上，媒介也是生态体系和经济体系的构成部分。有鉴于此，重新审视媒介和自然的关系，对我们而言不无裨益。在本书中，我提出了一种“元素性媒介哲学”，并特别关注我们所处的这个数字媒介时代。这些“元素性媒介”（elemental media），它们在我们惯习和栖居之地中处于基础地位，然而我们却对它们的这种基础地位不以为然。

《奇云》的立论和风格显然与《对空言说》一脉相承——观点新颖大胆、行文隽永耐读，阐述了传播问题与古典和现代哲学、新型社会和认知科学，以及美国文学和通俗文化等等领域的相关之处，必然在传播学界激发新的讨论乃至争议。

五、《对空言说：传播的观念史》的结构与评论

从《对空言说》这一译本中，读者现在应该能比较容易地读出彼得斯论证的逻辑线条，所以我在这里仅仅简要地说明一下书中各章之间的关系。

（一）《对空言说》全书结构

从内容上而言，《对空言说》大致包括三个部分：（1）传播的公共性和私人性：从古代到启蒙运动；（2）19 世纪的传播哲学与传播政治；（3）20 世纪关于传播的梦想和焦虑①。

---

① Eadie, B.（1995）, “John Durham Peters wins NEH fellowship”, *Spectra*, 31(7), 8.

从论证结构上看，《对空言说》大致可以分为两部分，第一部分可以说是“破”，即从文化、技术和科学角度对“心灵融合”（身体不重要）的传播观念的源流进行梳理和评价，时间跨度从公元前500年左右的苏格拉底和柏拉图，到中世纪的奥古斯丁，再到科学革命以及19世纪末期和20世纪早期美国传播技术的出现和普及；第二部分是“立”，即对“撒播”（所有的交流都无法克服身体的局限）的传播观的优势作了分析。这“破”与“立”两者并非以严格的先后次序展开，在全书多处有交叉反复。要而言之，第一部分探讨的是“身体不重要”原则在传播思想中的源头；第二部分则是反驳这一原则，认为“身体很重要，其障碍不可能被克服”。

序论：彼得斯对全书所使用的研究方法作了交代，并指出，我们需要对交流/传播观念相关的历史、宗教、哲学、文学及其伦理和政治含义作出一个全面的梳理；之后，彼得斯分析“交流”（communication）一词的多义性、20世纪20年代的传播学的论争以及二战以来“交流”的技术性话语和治疗性话语。

第一章：提出组织全书的两种交流/传播观，即分别以苏格拉底和耶稣两位古圣先贤为代表的两种对立的传播观念——对话与撒播。随后，彼得斯表明了自己的观点：对话也可能是霸权，单向的撒播“应该是我们更加冷静的根本选择”，是“一种更加友好的方式”，它是“我们全部的身家性命”。

第二章：鉴于“对话”交流/传播观（灵魂、心灵或精神之间的融合）的历史悠久，深入人心，彼得斯在该章中“以错谬之缘起”为题从奥古斯丁、洛克和招魂术三方面对“对话”交流观的产生寻根溯源。概而言之，这三者都认为“肉体不重要，因此交流需要克服肉体这一障碍以实现心灵之间的融合”。彼得斯认为这是一种认识误区，它将我们引入了“一个有联合而没有政治，有理解而没有语言，有灵魂而没有肉体的世界，使得政治、语言和肉体只能以障碍而不是福祉的方式重现”。

第三章：彼得斯转而深入阐述“撒播”交流观，以黑格尔的“承认”和克尔恺郭尔的“匿名”作为“撒播”交流观的代表。他还比较了马克思和洛克在“货币”这一传播媒介上的不同看法。货币实际上也是一种媒介，具有表征、储存和交换功能。洛克认为，货币具有“令人不可思议的神奇”价值，通过它积累个人财富，既不会受制于道德的败坏，又不会受制于身体的极限。马克思将货币视为一种大众交流方式，对之颇为痛恨，认为它充满矛盾、倒错和剥削。马克思认为积累货币资本和积累易逝商品一样，两者都是不公正的。

第四章：该章仍然是对“对话”交流观的批评。彼得斯指出，19 世纪末期随着记录和传播技术的发展，人们心中奢望超越身体去实现“心灵融合”的交流/传播观又被激活。但这显然是不可能的，作者以诠释学和死信为例说明了这一点。

第五章：用更多的例子继续说明“对话”交流观的不可能。所使用的例子包括唯心主义、詹姆斯的灵异研究、奇异的电话通话、广播中的人际传播。彼得斯指出，如果跨越鸿沟去触摸身体是不可能的，那么我们就应该放弃这一奢望而去追求“真正的”联系。

第六章：这是显得最为奇怪的一章，其标题为“机器、动物与外星人：各种不可交流性”，涉及人与机器(图灵测试)、非人类生灵以及外星人的交流。这三个例子看起来怪异，但彼得斯通过它们还是想要说明肉体/爱欲的不可超越性和“触觉与时间的不可化约性”。

最后，在结语中，书中的各条线索如涓涓细流终注入大海。作者指出：“交流注定充满沟壑”，“沟通”既是桥梁，又是沟壑，即交流既是人类实现真正相互理解的可能路径，同时又是人类为了相互接近而必须克服的难题。既然人与人之间必然存在着差异，那么我们试图去消除这种必然存在的而且可能有着积极意义的差异，则实际上可能是在浪费精力。我们应该放弃“追求心灵融合”的交流梦想。应该为我们拥有通过语言和媒介相互联系的能力感到高兴。我们该问的问题不是“我们能相互交流吗”而是“我们能彼此相爱并公正和宽容地相待吗”，我们能彼此谈话，却不能分享我们的存在。他认为，“交流”是人类身份和利益的本质，而我们试图彻底消除交流中误解的做法，让我们远离了“共同建设各自世界的任务”（注意此处“世界”他用的是复数，即“worlds”）。最后，他借用爱默生、威廉·詹姆斯以及阿多诺的话说：

> 我们应该承认，与我们分享这个世界的一切生灵都具有美妙的他者特性(otherness)，而不必悲叹我们无力去发掘它们的内心世界。我们的任务是认识这些生灵的他者特性，而不是按照我们的喜好和形象去改造它们。正如阿多诺所说，尽管人们之间存在着让人羞愧的分歧，但唯一能超越这些分歧的就是从这种分歧中获得快乐，这才是交流的理想境界。

（二）对《对空言说》的评论

《对空言说》立论离奇新颖。迈克尔·舒德森说彼得斯“充满智慧和令人信服地将媒介研究倒了个个”①；另一位书评者认为，如果将《对空言说》压缩整理成一篇5—6千字的论文投到某学术刊物，它很可能会被拒稿，因为其传播哲学之网撒得实在太广，内容太过庞杂②。而且，彼得斯的论证逻辑似乎也并不十分严谨——若即若离，若有若无。我想，说他观点离奇，也许是已有的众多论述太过陈腐乏味？说他内容驳杂，也许是因为其主题恰好是“传播”，它对人的存在已经具有基础性意义，因此驳杂是其应有之义？说他论证不够严谨，正如我们用文字的线性逻辑去评价反对这一逻辑的麦克卢汉，因而显得荒谬一样，对彼得斯这样的人文取向的传播学者，使用他所反对的实证主义的逻辑去要求和分析他，是否公正和有必要这本身就是一个问题。

---

① Schudson, M. & Hearst, A. (2001). “The Psychology of Literacy/Speaking into the Air” (Book Review), *Lingua Franca: The Review of Academic Life*, 11(8), 15.

② Crook, T. (2001). “Book Review — John Durham Peters, Speaking into the Air: A History of the Idea of Communication”. *Journal of Radio Studies*, 8(2), 455 - 458. http://doi.org/10.1207/s15506843jrs0802_20.

其次，读者可能会产生误解，认为彼得斯支持“撒播”是在为商业力量和政治选举中的“一对多”的大众传播方式做背书。而当下，任何人只要为传播的合法性，特别是大众传播的合法性进行任何辩护，都会招致批评和指责，被认为是忽视了“传播通常会被用来维护某些身份和利益，同时也被用来损害其他身份和利益”这一事实。批判理论、文化研究、文学理论、后现代理论、后结构主义等各派理论对这一立场的批评可以说已经是累积如山了。

彼得斯曾经暗示，他之所以不愿意参与这些理论流派的讨论是因为，马克思主义学者经常批判哈贝马斯，认为哈贝马斯对“对话”所具有的自由主义功能太过信奉，而彼得斯则在“为大众媒介的合法性鼓与呼”，因而也感到自己可能会像哈贝马斯一样遭到马克思主义者的类似批判。

实际上，彼得斯对“撒播”(大众传播)的辩护并非出于操纵性的商业和政治目的，而是在提请我们不能总是将其描述为充满分歧、一无是处，而需要从创造性和流动性的角度去关注大众传播，去探索它对民主制度的扩大作用。正是带着这种对大众传播的理解，彼得斯在该书的结论中不断提出吁请。这种吁请如果脱离上下文，会让人觉得太过天真和乐观。他呼吁要建立更加广泛的民主，应该将人类之外的更多的生物都包括进来，因为人类本身就是由很多种族组成的。全面的民主应该是跨物种、跨性别、跨种族、跨地区、跨阶级、跨年龄、跨人类的民主，即爱默生所说的“化学性质的民主”(the democracy of chemistry)，“即使是死者都会得到邀请”。

第三，读者可能会想，既然彼得斯对交流如此无奈和悲观，那么人类的出路何在？事实上，彼得斯并没有对传播失去信心。他所主张的是，传播极大地构成了我们所生活于其中的世界，在这一构成过程中，我们的身份以及他人的身份都变得具有传播性(discursive)和表演性(performative)，我们对此要有充分的认识。而且，他还指出，在获得这种充分认识之后，我们还得思考传播具有的潜力，这样才能对居住在这个星球上的各种人产生新的尊敬。尽管当今的世界秩序还存在着各种不足，但彼得斯认为，重点在于，传播具有我们所想象不到的改变我们行进的“路线”和“终点”的潜力。

而且，彼得斯认为，要实现更广泛的民主，同时将传播作为“（实现）不断地向合作靠近的途径”的这一理想，传播不能以“在人们之间实现真正理解”为追求；我们不能期望他人能“真实地对待我们自己的内在性（interiority）”，而应该接受并宽恕“他人看我们不能像我们自己那样看自己”这一事实。“我们不应过多地关注符号会怎样导致不同的意义，而应更加关注到底存在着哪些原因使我们不能好好照顾我们的邻居和那些与我们不同的存在。”

当然，彼得斯对传播的潜力如此有信心，以至于忽视了传播造成的不平等。这使他很容易招致批评。但在批评之余，我们仍然不能忽视，彼得斯提供给我们的思想是如此丰富，使我们不得不重新思考我们经由传播建立起来的人与人之间的关系，重新思考我们已经习以为常的传播学“主流”理论视角，不得不重新思考我们在此世中的存在。

当然，《对空言说》也存在一些“不足”——与其说是“不足”，不如说是他的观点与主流观点之间的“差异”——也因此而引发了“对话”和商榷。综合来看，一些学者对彼得斯《对空言说》一书的商榷有以下几个方面。

（1）认为彼得斯对“对话”交流观在传播思想史上扮演的实际角色可能估计得过高，或换句话说，“对话”交流观也许并没有占据过如彼得斯所描述的那样绝对的不可一世的地位，以至于产生了“对话”的霸权。如果是这样的话，彼得斯关于“对话霸权”的批评可能仅仅是他先为自己竖起一个此先并不存在的靶子，然后攻击它①。比如说，在柏拉图

① Rob Anderson and Kenneth N. Cissna, “Martin Buber: ‘Bearing Witness to an Experience,’” in Hannan, J. (2013). *Philosophical Profiles in the Theory of Communication*. Peter Lang Pub Incorporated. p. 127.

的各篇对话录中，苏格拉底（或者就是柏拉图本人）一直被视为历史上最伟大的口语传播的支持者。在存在相反证据前提下，《对空言说》沿袭了这一看法，以有利于自己竖起“对话霸权”的靶子。根据哈弗洛克在《西方书面文化的源头》（*Origins of Western Literacy*，1976）中的研究，在柏拉图所处的时代，书面文化的影响已经开始呈现，而口语文化虽处强弩之末，却迟迟不肯退场。沃特·翁指出：“事实上，正如哈弗洛克（1963）那漂亮的阐释所示，柏拉图的整个认识论无意之间注定要排斥口语文化这个古老的、口头的、热烈的、人与人互动的生命世界（这个世界的代表是诗人，可他不允许诗人进入他设计的共和国）。”“当然，柏拉图根本没有完全意识到他心灵里的无意识力量，他的理念是识字人对迟迟不肯退场的口语世界作出的反应，或者说是过分的反应。”①在《对空言说》中，彼得斯也提及翁和哈弗洛克的研究，但似乎对之作了有利于自己的解读。

（2）有学者认为《对空言说》号称“传播的观念史”，但其内容却有太多的缺漏，有些名不副实。如有评论指出，彼得斯在《序论》中表示，该书虽然将很少直接涉及电视、电影或因特网，且时限不会迟于20世纪中叶，但“19世纪后期的物理学研究或20世纪30年代的无线电研究相当准确地说明我们在世纪之交面临的某些问题，如虚拟现实、克隆、电子人以及全球以太网等等”。但该书在后文中却仅仅提到广播，对整个20世纪的其他传播技术发展仅仅是蜻蜓点水、偶尔触及。书中有几处提到了互联网，但是对电视、视频以及其他传播技术却只字未提。因此，读者对“19世纪后期的物理学研究或20世纪30年代的无线电研究”到底如何能“相当准确地说明我们在世纪之交面临的某些问题”就不甚了了。书中也没有提及美国20世纪30年代以来发生的对传播研究和整个社会都有着重大影响的众多非同寻常的社会和文化大事件；而且，

① 沃尔特·翁：《口语文化与书面文化》，何道宽译，北京：北京大学出版社，2008年，第61页。

书中没有涉及性别、种族和族群性。

（3）本书的副书名既然是“传播的观念史”，因此内容最好能覆盖一些东西方的传播思想。虽然梭罗和爱默生的思想中可能折射出某些中国传播思想，但《对空言说》缺乏对东方交流思想的直接论述。对此遗憾，如彼得斯在“中译版序”中所言，他已有明显的意识，他也对我表示过，尽管他熟悉多种欧洲语言，但遗憾他不懂东方语言，尤其是中文，因此造成这一缺漏。这当然是他的遗憾，但更是我们东方传播学者的遗憾。

（4）在研究方法上，全书分为前述两个部分，其中一部分使用了相对可靠的历史研究方法，另一部分使用的则是较为离散的相对主观的分析。而且这两部分之间的逻辑关系不够明显，彼此相互整合尚有改进的地方。

《对空言说》尽管可能存在以上不足，但瑕不掩瑜。彼得斯虽然不赞同苏格拉底的“对话”交流/传播观，但作为一位独特的学者，“他如同苏格拉底一样，通过对知识永不停止的追求来承认自己的无知。他的学术思考和阐述远远比他的同时代人要更深刻、更广阔。因此他的人类交流/传播史为我们提供了新的灵感”。①

六、最后的话：关于“难读”的书

《对空言说》内容极为庞杂，包罗万象，只能用“百科全书式”(encyclopedic)来形容，它颇像本雅明喜欢使用的“意象蒙太奇手法”——用超现实主义的拼贴方法和电影蒙太奇手法，甚至完全用引文来构成一部著作；又像是克尔恺郭尔所言的“策略性模棱两可”，令人读来对作者的意图感到若即若离。在读《对空言说》时，我们掩卷而思，难免会

① Crook, T. (2001). “Book Review — John Durham Peters, Speaking into the Air: A History of the Idea of Communication”. *Journal of Radio Studies*, 8(2), 455 - 458.

觉得彼得斯在读者面前上演的本身就是一场剧中剧——其传播行为就是对其传播内容的直观论证：交流之不可能。

经典的学术专著多半深奥晦涩，极为难读，以至于政治哲学家列奥·施特劳斯(Leo Strauss)指出，西方19世纪之前的所有的哲学家都故意以一种奇崛奥雅(esoterically)的方式写作，他们表面上似乎在对一般大众读者说话，而实际上却操着一套秘密语言同时与另外一群人在说话，而只有那些聪明而有毅力的读者才能读明白其中真意。“就像路德一样，克尔恺郭尔相信，布道者常常要把核心的东西隐藏起来——在给一般人发出信息中可能隐藏着秘密的信息，对之只有知情人才能理解。”(《对空言说》第三章第3节)

与传播相关的书，难读的不少。詹姆斯·凯瑞说杜威的观点很好，但行文却极为难懂；帕森斯的文字废话连篇，C·W·米尔斯用三句话就可以将他一页内容说得清清楚楚，以至于迈克尔·舒德森遐想，为什么帕森斯不能一开始就用简单晓畅的“英语”写作？为什么所有的学者都不这样写作？

传播学中最为经典而又最为难读的书要数英尼斯的《帝国与传播》(1950)和《传播的偏向》(1951)。两书均立论高屋建瓴，如登高一呼；论证细密，实例繁多而波澜壮阔，让人叹为观止。英尼斯虽然是以经济学家的身份写这两本书的，但其内容大多是古代政治制度和至今已不为人知的记录和传输技术，内容远古而庞杂，即使对当代的西方学者而言都晦涩难懂。“它们普遍给人一种粗糙、不完整的感觉。它的文体经常是太隐晦折衷，使读者感到恼怒，感到灰心。”①

《帝国与传播》注释版编者大卫·戈德弗瑞(David Godfrey)曾指出，《帝国与传播》这样的书不免让人犯嘀咕，学术著作的影响力和其写作的清晰度是否成反比关系？——书写得简明，很快就会被人忘记；但是

① 丹尼尔·杰·切特罗姆：《传播媒介与美国人的思想》，曹静生等译，中国广播电视出版社，1991年，第167页。

如果适当混合些模糊不清、语焉不详、佶屈聱牙、深奥难解的内容，再辅之以一种不容置疑、板上钉钉的语气，就能成就一本让后来的学者不断争论、不断解读的作品，即使不一定就能带来影响力，但至少这一潜力也被增加了。①

然而，有的书并没有我想象的那么难读。例如，对西方读者而言，《对空言说》其实是一本“将传播学学术带到大众中间”的书，不仅不难读，反而通俗可爱，能让普通读者感受到学术离日常生活很近，也可以很有趣。②但是对中国读者而言，《对空言说》之难源于以下几个原因：

首先，《对空言说》内容涉及我们多半陌生的西方历史、宗教(三位一体、圣餐、登山宝训以及各种寓言故事等等)、哲学、文学、科技等等，这好比我们中国人通过四书五经、先秦诸子、宋明理学以及《红楼梦》、《三国演义》、鲁迅、金庸、北岛、阿城等等来表达中国的传播思想，而西方人一头雾水一样。③这些广博的内容让我们这些常受马克思主义新闻学以及美国实证社会科学视角的传播学熏陶，言必称施拉姆的传播学子感觉到比较陌生。

其次，作者的行文和论证方式也并非社会科学的演绎或归纳，而是颇有些中国古代哲学家的风格，意在言外，言有尽而意无穷。作者想要表达的意思往往溢出其表达形式之外，对作者意图的解读需要读者投入较多的心智能力。

但是，书难读也不见得是坏事，因为，第一，它往往体现了作者对其的巨大投入。而正如英尼斯所言，一个媒介的耐久性与书写该媒体时，作者投入的努力程度成正比。所以难读的书往往也是流传久远的

① David Godfrey, *Forward*, *Empire and Communications*. (1986). Victoria B. C. : General Pub Co Ltd.

② 但艾奥瓦大学也有一名本科生觉得《对空言说》难读，还写了一篇文章大骂彼得斯。彼得斯倒也心胸开阔，不但不怒，反而将该文挂在自己的网站上，供人下载赏读。

③ 夏春祥：“言诠与我群：评介《话语的摸索与寻绎：传播观念史》”，《传播研究与实践》，2012 年 2(1)，第 203—224 页。

书。也许正是因为难读，《帝国与传播》和《传播的偏向》这两本书更多地为传播学领域的学者所研读和引用，并对传播学学科的发展，特别是媒介环境学派的发展起到了重要的影响。同样，彼得斯的《对空言说》在1999年出版时，已经积累了他从本科时代就开始的思考和写作成果，因此我们在阅读和解读这本书时也应该付出即使不是更多的，也应该是对等的努力吧。互惠对等原则，这是彼得斯正要在该书中所反对的，然而该书本身的编码和解码却证明了对等互惠原则的效力是多么的强大，这恰好也可见他立论之新颖、必要和艰难。

第二，难读的书也给我们带来应对挑战的快乐。正如切特罗姆对英尼斯两本传播学专著的评价，“他要求读者富于探索精神，愿意发挥自己的想象力和坚韧力，来探索他那真知灼见和渊博学识的灿烂星空”。但是，这也正是该书的魅力——它以一个全新的视角向我们展示了传播学的另一面，给我们带来了获得新知的快乐。甚至有“变态”如西奥多·阿多诺(Theodor Adorno)者，认为文本的让人迷惑和不可解读，是他阅读乐趣的一部分。

第三，难读的书也许能提高我们的阅读效率。因为合理的“难读”可以为懒的读者提供一个选好书的简单的参照指标，此其一；其二，对麦克卢汉而言，英尼斯的著作本身是不容易读懂的。但是，只要尝试读那么一次，显然就可以知道他是值得一读的，因为“这样去读他虽然要花掉不少的时间，但还是节省时间。他的每一句话都是一篇浓缩的专论。他的每一页书上都包含了一个小小的藏书室，常常还有一个参考文献库。如果说老师的职责是节省学生的时间，那么英尼斯就是记录在案的最好的老师”。①在此意义上，《对空言说》正是一间藏书室、一座图书馆。

由此可见，在这个信息免费、超载，注意力短浅游移和万事万物均

---

① 麦克卢汉序，哈罗德·英尼斯：《传播的偏向》，何道宽译，中国传媒大学出版社，2013年，转引自 http://book.douban.com/subject/20492450/。

需“傻瓜化操作”的时代，我们不仅不必对难读的学术书避而远之，反而要迎难而上，因为这是我们提高信息处理效率的更好的方法。而且，诚哉斯言“No pain， no gains”，对有价值如《对空言说》这样的书，我们在阅读时付出与作者对等的代价也是合理的。

彼得斯所喜爱的瓦尔特·本雅明在《拱廊计划》书中有一句话：“对于真正的收藏者(collector)，其每一件藏品都是一部百科全书，承载了这一藏品所源于的那个时代的风景、产业及其藏品原主人的所有知识……收藏行为就是一种实际的记忆保存方式。”我觉得，彼得斯就是这样一位收藏家，而《对空言说》一书即是他展示其收藏品的精品柜之一(其他的柜子还有如他新近出版的《奇云》)。囿于展示空间的有限，他都只能遗憾地作部分呈现，我们对它们也只能浮光掠影，匆匆一瞥。奥古斯丁对我们的教诲“不要因人生沿途的美景而忘记我们的目的地所在(天堂)”，但是朱光潜先生在论人生与美时，却告诉我们要“慢慢走，欣赏啊”。我想，《对空言说》无疑是一本不能急于求成，而需要我们慢慢阅读，仔细欣赏的书。Enjoy it。

邓建国

2015年12月28日

于复旦大学新闻学院办公室

目　录

序论：交流之难题

在你口含一词欲说之时，你必须知道，语言并非如一般工具那样，如果其效用不好，你便可以弃之如敝屣。相反，你被它锁定在一条思维之“路”上。这条路来自远古，伸向未来，远不在你的驾驭之内。

——汉斯-格奥尔格·加达默尔

亚里士多德自古就说过，人是“会说话的动物”。然而，直到 19 世纪后期，我们才开始用“具有相互交流的能力”来给自己下定义。这是人类在自我描述上出现的巨大变革，这一变革在思想、伦理和政治上有何含义，我们至今尚未穷究追问。

这样的追问工作，作者愿意以本书为始。一方面，本书对“交流是为了实现人与人之间灵魂上的融合”这一梦想进行批判；另一方面，它追本溯源，考察人们普遍具有的“交流失败感”的源头；第三，它试图找到一条我们考察交流的新思路，既避免认为“对话”具有道德优势，又避免带上“交流失败”的哀婉情绪。我的目的在于，追溯现代“交流”思想的渊源并试图阐明，为什么现代人的“交流”体验常常给人以陷入死胡同的感觉。

“交流”（communication）是 20 世纪出现的各种典型观念中的一种。它对我们反思民主，反思“爱”这一情感，以及反思这个变化的时代，都至关重要。我们时代所面临的一些主要的“两难之境”（包括公共层面和个人层面），要么源于扭曲的交流，要么必须求助于交流才能解决。各种各样的思想家——如马克思主义者、弗洛伊德心理学家、存在主义者、女性主义者、反帝国主义人士、社会学家、语言哲学家等等——都从各个角度对“交流失败”的悲剧、喜剧和荒诞剧进行了研究。我们每天都会遭遇到跨越各种社会边界的交流的困难——这些“边界”包括性别、阶级、种族、年纪、宗教、地域、国家和语言等等。但是，这种“不可交流性”（incommunicability）不仅存在于人的世界中，而且超越人类世界，存在于人如何与动物、外星人和智能机交流等令人头痛的问题中。20 世纪的大众文化，尤其是科幻文艺，在各种新兴的符号处理机所具有的惊人能力上大做文章。这些机器能控制人的思想，运送人的身体，既使人身处险境，又使人感到快乐。同样，20 世纪大量的戏剧、艺术、电影和文学也考察了人与人之间的“不可交流性”。只需举出几个人，如剧作家奥尼尔、贝克特、萨特、尤内斯库、阿尔比(Edward Albee)和哈维尔(Havel)，电影家伯格曼、安东尼奥尼和塔科夫斯基等等，我们就不难想象出人与人之间“对面而无语”的情景。同样，各式各样的知识分子也开始将“交流”作为一个话题，通过它来探索人与人联系的外在极限，用它来衡量我们各自向对方提出的要求。在 1967 年的电影《老手路克》(*Cool Hand Luke*)中，剧中人马丁(由保罗·纽曼主演)有一句台词：“我们在这里得到的，就是交流的失败。”在我看来，这句话具有重大的划时代意义。

“交流”是现代人诸多渴望的记录簿。这个词呼唤的是一个理想的乌托邦。在这个乌托邦里，人与人之间的误解根本不存在，人人敞开心扉，说话无拘无束。我们对不在场东西的渴望最为迫切；我们渴望交流，这说明我们痛感社会关系的萧条荒芜。每每谈到人与人之间的交流，我们总会带着伤感之情。然而，我们是如何陷入这一境地的呢？我们是怎么走到这一步，竟然说某个男人和某个女人“不在同一频率上”呢？①“频率”这个术语一度和电报、电话和广播如何成功地传输信息有关，但后来怎么会被拿来承载当代这么多人的政治渴望和情欲渴望的呢？我认为，只有到了现代社会，人们在面对面时却仍然觉得仿佛彼此间相距千里，进而担心如何才能“交流”。“交流”是盘根错节的思想和文化问题，它反映着我们这个时代与其自身的冲突。要弄清“交流”的意义，就意味着我们不能浅尝辄止，而要去了解更多。我们如何解决自我与他人、私人与公共、内心思想与外在语词之间的分裂所引起的痛苦？“交流”是这个问题的显著答案，它阐明了我们在历史的当下所过着的奇怪生活，它如同一个收纳箱，收纳和隐藏了我们的绝大多数希望

---

① Deborah Tannen, *You Just Don't Understand: Men and Women in Conversation* (New York: Ballantine, 1990), 288.

和畏惧。

一、“交流”的历史性

在本书中，我的目的不是要穷尽探索20世纪思想文化中反映的所有与“交流”相关的问题，而主要是想要说明“交流”怎么会给我们带来这么多麻烦。在策略上，我追随本雅明(Walter Benjamin)[①]的方法。他认为存在两种历史叙事模式。第一种是历史主义的方法(historicism)。该方法认为，历史是预先构成和事先给定的，它存在于同质的时空连续体中，是一根延绵不断的因果关系链条；它矜持端庄，等待历史学者变戏法般地召唤；只要历史学者以足够的耐心和力度召唤，历史就会作出回应并按照其本来面目一一道来。

另一种方法——这是本雅明和我都喜欢的方法——认为，历史学家每一次的历史叙事都包含着一种建构原则。历史学家不是等待历史自己把话完整地说出来，而是积极地将不同的时代对接起来。对本雅明来说，时间不是一以贯之的线性连续体，而是充满裂缝和捷径的“虫洞”[②]。本雅明心中所想的时间观念是中世纪的时间观念 *nunc stans*，也即“永恒的现在”。但是，一如他一直令人信服的其他研究所展示的，本雅明认为，历史学家发掘出各种神秘的历史信源，并非仅仅是为了激发他们的奇思异想，而是与具体的关切有着巧妙的联系。“现在”与过

---

① 瓦尔特·本雅明，德国哲学家、文艺批评家文化史家、法兰克福学派的主要成员之一。1892 年 7 月 15 日生于柏林的一个富有的犹太人家庭。青年时代就读于弗莱堡大学，主修哲学和文学。纳粹政权上台以后离开德国到巴黎避难，同时也加入了法兰克福学派。在纳粹占领法国期间的 1940 年 9 月，他试图转到西班牙避难，但没有成功，后在法国和西班牙边境自杀身亡。其最为知名的著作为《机械复制时代的艺术作品》。——译者

② 虫洞(wormhole)，理论上的神奇的时空通道。虫洞的概念源于爱因斯坦的广义相对论。在这一理论中，爱因斯坦指出，引力是一种假象，它的本质是由于能量引起的时空弯曲，最常见的这一现象就是由大质量的恒星和星系导致的。就在 1916 年爱因斯坦发表相关的论文后不久，物理学家德维希弗·弗拉姆便发现从这一理论可以推导出某种穿越时空的“通道”，从而使得太空旅行成为可能。2014 年克里斯托弗·诺兰导演的电影《星际穿越》即对虫洞现象做了科幻描述。——译者

去的某个时刻之间总是存在暗合。如果能将两者对接起来，“现在”的意义就清晰易懂了。“共时性”固然常常发生在横向的空间中，但也可以发生在纵向的时间中。例如，罗马共和国和法国革命，虽彼此相隔几乎两千年，可是两者之间的联系之密切，超过了1788年和1789年的联系，虽然这两个时刻只相隔一年。时尚也显示出这样的纵向共时性：有的时候，过去的风格（如强劲爵士乐、连鬓胡子和喇叭裤）渐渐消亡以至无处可寻；另一些时候，它们又突然流行起来。过去的现象不时会选择性地在当下复活。历史并非总是以单线展开，而是以星罗棋布、群星灿烂的方式呈现。①

以上思考对本书的意义是：在试图说明“当下”时，我会索隐钩沉地去发掘那些我认为与现在有着暗合之处的“过去”。尽管本书的内容很少直接涉及电视、电影或因特网，所涉时间范围也都在20世纪中叶之前。然而，我认为，19世纪后期的灵异研究（第二章和第五章）以及20世纪30年代的无线电研究——当时人们正操心该如何给冰冷的无线电讯号披上一层人性温情的外衣——能相当准确地帮助我们理解现在千年之交所面对的新问题，包括虚拟现实、克隆技术、生物机器人（cyborg）、全球以太网（ethernets）②等等。同样，苏格拉底和基督（第一章）或奥古斯丁和洛克（第二章）这样的人物，尽管他们在“交流”的历史语义学中担负了何种重要的角色，现在也许不能清楚地证明之，但是借用他们的思想来思考问题倒是不无裨益的。他们很早就以机敏清晰的方式，展现了自己的论点和议题，可是在当代的思想中，这些问题却常常被后人搞得模糊不清。今天，重回如他们这样的思想家，能使我们的思想更加流畅。当然，各个时期的一切历史著述，包括那些明确号称是对过去的忠实记述的历史著述，其实不过是其作者对特定时代的一种评述。本雅明的前述

① Walter Benjamin, “Theses on the Philosophy of History”, in *Illuminations*, trans. Harry Zohn (1940; New York: Schocken, 1968).

② 以太网(Ethernet),应用最广泛的计算机局域网技术,它是一种基于总线的、广播式的局域网络。其典型的网络传输介质为同轴电缆,传输速率为10Mbps。——译者

方法，只不过是更加明确地突出了历史学家应该扮演的角色——“将不同的时代对接起来”。

也许有人会问，我为什么要纠缠于“交流”的历史性？交流这个观念不是到处都使人感到神秘莫测吗？我认为，交流的麻烦被写进了人类的境况之中，这一判断在某种意义上确实有一定道理。威廉·詹姆斯①在《心理学原理》中说得很好：

> 我们每一个人都把宇宙分为两半。几乎每一个人的兴趣都附着在这两半之一上。只不过，不同的人把这个分界线划在不同的地方。但尽管如此，我们大家给这两半各自的命名却是一样的，都叫“我”和“非我”。我这样说的时候，言下之意立刻就清楚明白了。在上帝创造的万物之中，每个人的心灵特别感兴趣的东西——可以称为“我”或“我的”东西——可能是一个道德谜团，然而这是一个根本的心理事实……我们每个人都在不同的地方去分割宇宙。②

从心理学上来说，我们的感觉（sensations）和感情（feelings），都是我们每个人独特的东西。我的神经末梢只在我的心灵——而不是在你的心灵——中延伸并终止；并不存在什么中央交换器，所以我不能把我的感觉发送到你的感知里去。你我之间也没有什么“无线”联系，所以我不能将我对这个世界的直接经验发射给你。詹姆斯认为，个体意识的相互隔绝，是人类生存的既定特征。詹姆斯谈到人与人之间在不同的思想流

① 威廉·詹姆斯（William James，1842—1910），美国著名的心理学家、实用主义哲学和伦理学的主要创始人之一。出生于美国纽约，是神学家亨利·詹姆斯的长子。19 岁进入哈佛大学学医，后在德国留学，同时广泛阅读心理学和哲学著作。先后在哈佛大学讲授解剖学、生理学、心理学和哲学。——译者

② William James, *The Principles of Psychology*, Great Books of the Western World, ed. Robert Maynard Hutchins, vol. 53 (1890; Chicago: Encyclopaedia Britannica, 1952), 187.

(streams of thought)[1]上的隔绝。他写道："这样的思想之间的割裂，是自然界中最绝对的割裂。"[2]根据他的这个观点，个人经验的私密性使得人与人之间不可能像通过电线那样相互连接。交流的问题由此而生。

詹姆斯很可能是对的：任何人都自然而然地与他自己有特殊的关系，所以他不能直接和其他人共享意识。不同心灵之间的直接交流是不可能的，而且这可能是一个基本的心理事实(至少是心理学领域的一个基本事实)。

虽然如此，但仍然值得指出的是，我们在谈论人与人之间的相互关系时，却并非一直都这样看问题。虽然千百年来，人们的眼睛和耳朵都在接受"私密"的材料，因此"私密"对人类之间的交流并非什么大不了的障碍，但是在詹姆斯所生活的世界里，不同个体大脑之间的割裂具有更加重大的社会、政治意义。换句话说，詹姆斯所发现的"人与人之间的交流障碍"问题，既是超历史性的和先天的，同时又在一定程度上是历史的和偶然的。尽管从穴居人到后现代人，我们今天所谓"交流"问题在人类社会中一直挥之不去，然而只有等到进入詹姆斯所处的时代(1842—1910)，交流这个观念才获得了宏大而打动人心的属性。19 世纪末创造的两个词，很好地表明了他的思想视域：1874 年的新词"唯我论"(solipsim)和 1882 年的新词"传心术"(telepathy)[后者是詹姆斯的同事迈尔斯(Frederic W. H. Myers)的发明]。两个词都反映了一种个体本位的文化，在这一文化中，环绕着个体心灵竖起的围墙是问题所在，无论这些围墙是令人高兴地一捅就穿(传心术)，还是令人生畏地无法逾越(唯我论)。自那时起，"交流"这个问题就呈现出一体两面：一方面是人与人之间"瞬间可达"的交流美梦，另一方面是个体茕茕孑立，迷宫

---

① 思想流(streams of thought)，又称"意识流"(stream of consciousness)，这一术语源于美国心理学家威廉·詹姆斯的《心理学原理》(1890)，后成为西方现代派作家运用的一种创作方法，以着重描写下意识的自由联想为其主要特点。运用这种手法进行创作的艺术家往往有意违反客观时空的逻辑顺序，而按作品中人物意识流动。意识流艺术风格在 20 世纪 20 年代最先在小说领域中形成，后广泛流行于小说、电影、诗歌及其他艺术部门。——译者

② James, *Principles of Psychology*, 147.

般难以穿越的交流噩梦。

“交流”具有的这一二元属性——既是桥梁又是沟壑——来自新技术的出现及招魂术(spiritualism)对新技术的接受。在后者的笼罩下，出现了一个悠久的传统——幻想人与人之间能实现“不在场的精神接触”（第二章)。简言之，电报和广播之类技术的出现更新了“交流”这个词的词义。“交流”的原意是指“所有形式的物质迁移或传输”，现在则指“跨越时空的准物质连接”。由于有了电，交流可以克服距离或肉体的障碍而实现。现在，“交流”像魔术一样使一连串悠久的梦想重新浮出水面。这一梦想幻想着人与人之间的交流能像天使间的交流一样顺畅，能让别离的恋人心心相印。“交流”似乎比古老的面对面的，通过语言守望相助的生活不知要强多少倍。它犹如闪电一样迅捷，以太一样细腻，灵犀一样神奇。因此，人们在描述人际关系时，换上了一套新的词汇，这些词汇都来源于“通过技术实现的远距离传输”，如“进行接触”、“调幅收听”、“换频道”、“在或不在同一波段上”、“获得好氛围或坏氛围”，或“地球呼叫赫伯特，请讲！”等等。这时，人的关系问题就被转化成一个正确地调频或减少噪音的问题。

在以后的章节中，我将考察邮局、电话、照相机、唱机和广播之类的媒介，重点不再是它们如何影响面对面的交流——这样的交流已经是人类活动的一个既定领域——而是首先看这些媒介，在那么多的误传、误配和效果扭曲的情况下，如何使“交流”这个观念成为可能。在远距离“交流”中，可能出现混乱——丢失的信件、错误的号码、仿佛从死者那里发来的可疑信号、短路时的模糊信号、错误的投递——所有这些可能导致交流出现混乱的情形现在都已被人当作比喻，用来描绘面对面交流中发生的烦恼。作为人际活动的“交流”，现在只有将其放在各种中介传播的阴影之下，我们才可以思考之。这些中介性传播，最先出现的是大众传播。然而在此之前，柏拉图对“交流的理想是实现人与人之间的相互理解”这一观点作了也许是世界上最早的，而且肯定是最雄辩的论述。在《斐德罗篇》中，他给理想的交流形式下的定义是通过将其与各种扭曲的交流形式(思想操纵、修辞和书写)进行对比而给出的。交流是一种顺势疗法[①]:使用何种疗法要看是何种疾病,因此,疾病类型和治疗方法如影随形。交流是一种补偿性的理想,其力量源于它与交流失败和交流故障之间的对照和反差。交流失败固然令人羞愧,但它正是推动交流观念形成的第一力量。[②]

二、"交流"的多义性

有人可能会反对我把"交流"的意义限定得太窄,说我不无偏颇。他们这么说不是没有道理。"交流"一词值得我们更加细致地分析。和许多被称颂为没有掺假但实际上却不清不白的货物一样,"交流"不幸受困于概念的混乱之中。但是,如果"混乱"仅指"各个学理界定清晰的不同概念之间的不当混合",那么我们即使用"混乱"来描述"交流"一词的意义含混,则仍然显得过于精确。因为在当代话语中,"交流"是一个形态不分明、边界不清的概念性生殖细胞。很少有什么概念会像它这样受陈词滥调的困扰。"交流好,共通性好,更多的共享更加好"。对这些看似理所当然的格言名句,由于我们对它们太不加检视,结果任凭它们将太多的东西径直扫到了地毯下,被我们所忽视。我本希望能够比较容易地在历史中找到能明确而有力地捍卫这些名言警句的思想家,但是我发现很难找到。因为"交流"已经成为政客、官僚、技术专家和治疗专家的个人领地,他们一个劲地想证明,自己是与人交流的行家里手,这导致这个词的流行度已经超过了它的清晰度。那些想在学

---

① 顺势疗法,替代医学(alternative medicine)的一种,其理论基础是"同样的制剂治疗同类疾病",意思是为了治疗某种疾病,需要使用一种能够在健康人体中产生相同症状的药剂。例如,毒性植物颠茄(也被称为莨菪)能够导致一种搏动性的头痛、高热和面部潮红。因此,顺势疗法药剂颠茄就被用来治疗那些发热和存在突发性搏动性头痛的病人。目前医学界一般认为,没有任何足够强的证据证明顺势疗法效果强于安慰剂。——译者

② 参见 Briankle G. Chang, *Deconstructing Communication: Representation, Subject, and Economies of Exchange* (Minneapolis: University of Minnesota Press, 1996), chap. 5。

术研究中将这个词从理论上进行准确表述的人，有的时候只能落得这样的下场：将这种臭气熏天的文化搞得更加形式化、正式化。①结果，关于交流的最丰富的哲学思考——亦即将交流视为主体间性（intersubjectivity）②的问题或彼此理解失败的问题，并对之进行思考——常常来源于那些很少使用这个词的人。③

“交流”是一个历史丰富的词汇。它来自拉丁词 *communicare*，意义是告知、分享、使之共同。这个词在14—15世纪进入英语，其主要词根为mun-（注意不是uni-），和英语词“丰厚”（munificent）、“社区”（community）、“意义”（meaning）以及德语词的“共同体”（Gemeinschaft）等均有联系。

而拉丁词 *munus* 和“公开奉献的礼物或公开行使的职责”有关——实施这种活动的公开场所包括角斗士表演、献礼和祭礼等。

还有一个拉丁词 *communicatio*，与交流有关，但它并不指通过符号交换而进行的人际交往艺术，也不暗示交流双方达到“互相承认”的那种希望。该词的意思完全与心灵没有关系，而一般都与有形物体相关。在经典的修辞理论中，*communicatio* 是一个术语，指一种修辞手法，即演说家在演讲中假装以对手或听众的口气说话。作为一个演讲者分别模仿两个人的对话，以 *communicatio* 手法编造的“对话”，并不

---

① 一个例子是威尔伯·施拉姆。他是体制性传播学学科的创始者之一，参见：“How Communication Works”, in *Processes and Effects of Mass Communication*, ed. Wilbur Schramm (Urbana: University of Illinois Press, 1954)。

② 主体间性（intersubjectivity），现代西方哲学范畴，最初由德国哲学家胡塞尔（Edmund Husserl, 1859—1938）提出，其后萨特和哈贝马斯均有使用。指人与世界以及主体与主体之间交流、对话、共生关系的性质。依其上下文关系可被译为“主体间性”、“主观际性”、“共主体性”、“相互主体性”等。——译者

③ 关于我对作为一个领域（field）的传播学的观点，可参见：John Durham Peters, “Institutional Sources of Intellectual Poverty in Communication Research”, *Communication Research* 13, 4 (1986): 527－559; “The Need for Theoretical Foundations: Reply to Gonzalez”, *Communication Research* 15, 3 (1988): 309－317; “Genealogical Notes on ‘The Field’”, *Journal of Communication* 43, 4 (1993): 132－139; and “Tangled Legacies”, *Journal of Communication* 46, 3 (1996): 85－87。

是真正的对话。①

和在拉丁语中一样，英语“communication”一词的主要意思与“传授”(imparting)相关，这和对话或互动的观念相去甚远。因此，“communication”也有“取走一份共享物”的意思，比如作为圣餐参与者(communicant)领取圣餐。这里，communication 意指通过某种外在行为来表达社会团体的成员身份，这种表达行为并不需要得到回应或承认。在圣餐仪式中吃面包和喝红酒，就是要表明自己和古今圣者属于同一个教会(communion)。但是，这种活动主要不是为了发出某种讯息(除非行为者将其当做一种社交仪式，主客尽欢，或是把它当作给自己或给上帝的讯息)。

而且，“to communicate”指的是接收信息的行为，而不是发送信息的行为。更加准确地说，它指借助接收信息来发送信息。还有两个与此相似的用法是“学术交流”(或学术论著)(scholarly communication/monograph)，以及主要指单方面发布讯息或通知的“交流”。这两种用法虽然也暗示有一个模糊或分散的受众存在，但没有“交换信息”的意思。

“Communication”还有连接(connection)或链接(linkage)的意思。在19世纪的美国，“蒸汽连接”(steam connection)可以指铁路；又如在霍桑②的小说《带七堵三角墙的房子》里，有这样一句话：“她走到门边。这扇门将房子和花园连接在一起，她习惯从这里进出。”③这里的“连

---

① Cicero, *De Oratore*, trans. H. Rackham (Cambridge: Harvard University Press, 1942), 3.204, and Heinrich Lausberg, *Handbuch der literarischen Rhetorik: Eine Grundlegung der Literaturwissenschaft* (Munich: Hueber, 1960), 379－384. 感谢 Donovan Ochs 在这一问题上给我提供的帮助。

② 纳撒尼尔·霍桑(Nathaniel Hawthorne, 1804—1864),美国小说家,西方科学幻想小说的先驱,生于新英格兰地区清教徒家庭,大学毕业后开始写作,作品大都以殖民时期为背景,创作上倾向先验主义。一生主要作品有短篇故事集《古屋青苔》,长篇小说《红字》、《带七堵三角墙的房子》和《福谷传奇》等。——译者

③ 此句的英文原文为: She approached the door that formed the customany communication between the house and garden。——译者

接”用的就是“communication”。在“链接”这个意义上 communication 还可以指性交。[1]令人奇怪的是，communication 曾经含有“性交”的意思，而 intercourse(今天主要指“性交”)则曾经被用来指我们如今所说的“交流”(人与人之间的各种关系)。而语意含糊的“关系”(relations)一词则兼具以上两个含义。

Communication 的第二个主要的意思是指迁移、传输或发射。它指物质性迁移——如热、光、磁性或礼品等的迁移——这个意思现在已经过时，但正如我将在本书第二章中阐述的，communication 的这一意义是其后来获得“精神内容的迁移”这一意义的基础。可以被迁移的心理内容包括理念、思想或意义。约翰·洛克[2]曾论及“思想的交流”(communicaiton of thoughts)，当时他是从物质领域借用了这个词，然后将其用于社会性用途，但洛克的“交流”同样并不一定具有双向交流的意思。人们可以将单向传输的广告和公关说成是 communications ——虽然在广告和公关中受众反馈要么不可能，要么不需要。那些发布广告和从事公关的人，很想让他们的讯息如传染病一样地流行——这是 communication 在“传输”层面上的又一个意义。

Communication 的第三个主要意思是“交换”，即一个涉及两次迁移的过程。在这个含义上，communication 包含交换、共同性以及某种平等互惠。交换的性质各有不同。Communication 可以意味着两个不同终端之间的成功连接，就如人们在电报中所说的。但这里，只要接通，比如寄送普通邮件或发送电子邮件，就足以构成 communication。如果两端的人都知道讯息已经到达，那么 communication 就算是发生了。communication

---

① *Oxford English Dictionary*, s. v. “communication” ,Sb.

② 约翰·洛克(John Locke, 1632—1704),17 世纪英国资产阶级的思想家、自由主义的奠基人,古典自然法学派的杰出代表之一。著作主要有《论宽容异教的通信》、《政府论》、《人类理解论》、《人类悟性论》、《基督教的合理性》等。1690 年,洛克在其《政府论》一书中确立了近代的所有权理论,同时发展了作为财富源泉的劳动价值。他在基于社会契约学说,特别是人民主权学说的国家论中考察了国家征税权与国民财产权的关系,弄清了国家征税的根据。——译者

还包含一个口语层面的意思，指朋友或同事之间应该进行开放和坦诚的谈话。[①]这里，communication 并不是简单的交谈，而是一种特别的谈话，其特点是亲密无间、袒露心扉。Communication 还有一个带有更加强烈“交换”含义的意思，它干脆就完全剔除了“交谈”而假定两个心灵能相会，实现精神语义(psychosemantic)上的共享，甚至是意识上的相互融合。正如列奥·罗温塔尔(Leo Lowenthal)[②]所说：“真正的交流包括心灵的融合，即内心体验的共享。”[③]虽然他的意思未必是说，我们可以不凭借物质性的语词就可以分享内心体验，但是他还是巧妙地给 communication 作了一个风险很高的定义：内在性的接触(contact between interiorities)。虽然这并不是交流的唯一定义，但是这个定义在过去的一百年里获得了显著地位，它具有非常强烈的规范性含义。

Communication 还可以在更加收敛的意义上作为一个高度概括的词，用来指涉各种各样的符号互动(symbolic interaction)[④]，这是它具有的第四个意思。这一意义上的 communication 没有什么特别的诉求，对人类应该做什么，不应该做什么都没有规范性的规定，而仅仅是关于人类的意义(signification)关系的一个描述性字眼。在英王詹姆斯钦定本《圣经》[⑤]对希腊语《马太福音》第 5 章第 37 节的翻译中就有这一层意思：“你们的

① Tamar Katriel and Gerry Philipsen, “‘What We Need Is Communication’: ‘Communication’ as a Cultural Category in Some American Speech”, *Communication Monographs* 48 (1981): 301 - 317.

② 列奥·罗温塔尔(Leo Lowenthal, 1900—1993),德国社会学家,法拉克福学派社会学家。——译者

③ Leo Lowenthal, “Communication and Humanitas”, in *The Human Dialogue: Perspectives on Communication*, ed. Floyd W. Matson and Ashley Montagu (New York: Free Press, 1967),336.

④ 符号互动论,又称“象征相互作用论”或“符号互动主义”,是一种主张从人们互动着的个体的日常自然环境去研究人类群体生活的社会学和社会心理学理论流派。符号互动论起源于美国实用主义哲学家威廉·詹姆斯和 G·H·米德的著作。美国社会学家 H·G·布鲁默最早使用“符号互动”这一术语。1937 年,他用这一术语指称美国许多学者诸如 C·H·库利、米德、J·杜威、W·I·托马斯、W·詹姆斯、R·E·帕克、F·W·兹纳尼茨基等人的著作中所隐含的“社会心理状态”。——译者

⑤ 英王詹姆斯钦定本《圣经》,即 1611 年英王詹姆斯一世钦定发行的英译圣经《英王詹姆斯钦定本》。这部《圣经》用词华丽优美,超过任何年代较近的其他译本,一直到 20 世纪初长期居于主导和权威地位。——译者

话（communication），是，就说是；不是，就说不是。若再多说，就是出于那邪恶者。”这里用英文的communication来翻译希腊文的“逻各斯”（*logos*），而逻各斯是希腊文里意义最丰富的词语之一，其涵盖的意思包括词语、论说、话语、言语、故事、书籍和理性等等。亚里士多德曾说，人是会说话的动物。而作为一个总体性字眼，“逻各斯”涵盖了人作为“会说话的动物”所具备的一切能力。《马太福音》里的这句话要求我们所使用的言语（speech）应该简单明了，但是从其对logos的使用方式，我们似乎可以看出存在着一个关于如何处理人和“逻各斯/传播”之间的关系的总方针。

由上可见，communication也含有和“逻各斯”类似的广泛意义。查尔斯·霍顿·库利[①]1909年曾说：“这里我所指的commmmunication，是人为了发展彼此间的关系而依靠的一种机制——包括心灵中的一切符号，加上在空间里传达这些符号的手段，以及在时间里保存这些符号的手段。”在我的这本书里，我使用复数“communications”时，就是在这个意义上使用该词。雷蒙·威廉斯[②]也给communications下了个比较可行的定义，但是它过于强调心理方面。他说：“Communcations是观念、信息和态度借以传输和接受的制度与形式。”[③]这些制度和形式可以包括坟墓、象形文字、拼音文字、钱币、教堂、电话、唱机、广播、电视、有线电视、电脑、因特网、多媒体、虚拟现实或者任何其他传达意义的媒介。[④]而与communications（复数）相对照，我使用communication（单数）时，指的则是为使“我”与“他者”之间实现调和的努力。我们认为，

---

① 查尔斯·霍顿·库利（Charles Horton Cooley，1864—1929），美国著名社会学家和社会心理学家，美国现代社会学的奠基人，美国芝加哥学派代表人物之一，也是美国传播学研究的奠基人和开创者；他第一次全面、仔细地阐释了传播在社会发展中发挥的巨大作用和影响，他的“镜中自我”、“首属群体”、“有机论”等概念一直为学术界所关注。——译者

② 雷蒙·威廉斯（Raymond Williams），英国著名的马克思主义文化理论家、文学批评家，他把文艺研究扩展到文化研究，并奠定了文化研究的理论基础。——译者

③ Raymond Williams, *Communications* (London: Penguin, 1962), 9。传播学作为学术领域，其英语表达常常使用“communications”一词，但我在本书中使用“communication studies”。

④ 在所有关于媒介的论述中都会列出大量驳杂的词汇，我这里也不能免俗。

复数的交流(communications),即传播技术,可以解决那些在单数的交流(communication)中出现的问题;用更好的连线就可以驱魔除鬼。我认为这种认识是错误的。尽管我不认为 communication 这个词能完全摆脱“无词语接触”的鬼魂的骚扰,但是它却给我们标定了一个令人激动的研究领域:我们这个会说话的物种的自然史。传播理论声称对这一领域拥有主权,但正如我将在下文里论证的,传播理论这个观念的出现并不会早于20 世纪40 年代(当时它指的是关于信号处理的数学理论)。我还将指出,在19 世纪80 年代和90 年代之前,尚没有人将 communication 单独拎出来作为一个明确的问题对待。我在本书中所使用的“传播理论”,均不是指人们现在所习惯的传播研究活动。在本书中,我对“传播理论”一词的使用,意义都比较松散,而且是非历史①的(ahistorical)。它是关于人类境况的一种视野,这种视野认为人在某种根本意义上就是“交流性的”(communicative),正如希腊字“逻各斯”所具有的含义一样。在这个意义上,传播理论和伦理学、政治哲学以及社会理论具有共同的本质性,其关注点都是社会组织中的“自我”与“他者”之间、“自我”与“自我”之间以及“亲密”和“疏远”之间的关系。尽管我在本书考察的所有人物很少有过要提出什么“传播理论”的想法,但是,我们目前所处的位置使我们能从他们的著作中发现原本从未存在的东西。本雅明懂得,“现在”可以为“过去”描绘轮廓,从而创造出各种相会点,实现我们与过去的重逢。

三、20 世纪20 年代:传播学的论争

上文对 communication 一词的辨义并没有穷尽与交流有关的各种观念。在20 世纪有两个阶段,交流的观念曾经是其中思想论争的热点。这两个阶段分别是第一次世界大战之后和第二次世界大战之后。这些论争

① 非历史的,即与历史、历史发展或者历史传统没有关系的。——译者

澄清了有关“交流”这个富有弹性的观念的各种说法，而且给我们提供了一个更加贴近当代现实的窗口，从而为本书后面的论述做好铺垫。在这两次论战之后在传播理论中出现的所有学术思潮，其实在20世纪20年代都已见端倪。

在哲学中，“交流”是一个核心的观念。探索它的可能性和局限性的主要著作有雅斯贝斯[1]的《世界观的心理学》（*Psychologies der Weltanschaungen*，1919）、维特根斯坦的《逻辑哲学论》（*Tractatus Logico-Philosophicus*，1922）、马丁·布伯[2]的《我和你》（*I and Thou*，1923）、奥格登和里查兹的《意义之意义》（*The Meaning of Meaning*，1923）、杜威的《经验与自然》（*Experience and Nature*，1925）以及弗洛伊德的《文明及其不满的人》（*Civilization and Its Discontents*，1930）等。

在更加宽泛的社会思潮里，针对众多人进行的“大规模传播”——无论这些人是“群众”（crowd）、“大众”（mass）、“人们”（people），还是“公众”（public）——都已成为众多著作的主题，如李普曼[3]的《公众舆论》（*Public Opinion*，1922）、滕尼斯[4]的《舆论的批判》（*Kritik der*

---

① 雅斯贝斯（Karl Jaspers，1883—1969），德国著名的哲学家，海德格尔曾称他是“德国存在主义的创立者”。雅斯贝斯1883年2月23日生于德国的奥登堡，先后就学于海德堡大学、慕尼黑大学、柏林大学和哥廷根大学。在胡塞尔的影响下转向哲学的研究，1921年被任命为海德堡大学哲学教授。二战期间受希特勒纳粹的迫害而侨居瑞典埋头写作。主要著作有《哲学》、《时代的精神形势》、《存在哲学》、《罪恶问题》、《哲学概论》、《当代人类的命运与哲学思维》等。雅斯贝斯认为，哲学的根本问题是存在，存在可以称之为大全。自我就是大全，它不仅是一般意识，而且还是一个支持着意识的客观存在。——译者

② 马丁·布伯（Martin Buber，1878—1965），犹太哲学家和神学家，生于维也纳，先后在维也纳大学、莱比锡大学、柏林大学等处求学，在法兰克福大学任宗教哲学与伦理学教授，1938年移居巴勒斯坦，曾出任以色列科学与人文学院首届主席。其主要哲学著作有《我与你》和《人与人之间》等等。他是宗教存在主义的主要代表，其学说对20世纪西方精神生活有一定影响。——译者

③ 沃尔特·李普曼（Walter Lippmann，1889—1974），美国现代政论家、著名记者，舆论学的创始人。1889年9月23日出生在纽约德国犹太移民家庭。1909年哈佛大学毕业。1919年参加凡尔赛和约谈判。先后担任《世界报》主编，《纽约先驱论坛报》专栏作家。两度获得普利策奖。著有《政治序论》（1913）、《趋势与主宰》（1914）、《自由与新闻》、《公众舆论》和《幻影公众》等。——译者

④ 费迪南·滕尼斯（Ferdinand Tonnies，1855—1936），德国社会学家和哲学家。曾任德国社会学会会长、基尔大学教授。——译者

offentlichen Meinung, 1922)、伯奈斯的《舆论的形成》(*Crystalliziing Public Opinion*, 1923)、卢卡奇[①]的《历史与阶级意识》(*History and Class Awareness*, 1923)、施密特的《议会制民主的危机》(*The Crisis of Parliamentary Democracy*, 1923, 1926)、杜威的《公众及其问题》(*The Public and Its Problems*, 1927)、拉斯韦尔的《第一次世界大战中的宣传技巧》(*Propaganda Technique in the World War*, 1927)和弗洛伊德的《群体心理与自我分析》(*Group Psychology and the Analysis of the Ego*, 1922)等等。

在文学艺术中，艾略特、海明威、卡夫卡[②]、普鲁斯特、里尔克和伍尔夫[③]等现代派作家的杰作，也都对交流失败的问题进行了探讨。达达派文艺家的运动在第一次世界大战中达到顶峰，它积极表现交流的失败。超现实主义则对之进行回击，认为世界处处都彼此关联。在20世纪20年代，在世界各地，“交流/传播”的问题都被提上了议程。

在以上极为多样的研究中，communication一词各有所指，意思大相径庭。

其中一种视角认为，它的意思是播撒(dispersion)各种劝说符号，借以管理大众舆论。如李普曼、伯奈斯和拉斯韦尔都就现代社会中“传播”和“宣传”的重要性提供了一种历史叙述。工业化、都市化、社会理性化、心理研究和新奇的传播工具等等，都为在分散的广大人群中

① 卢卡奇(Gyorgy Lukacs, 1885—1971)，匈牙利著名哲学家、美学家、文学史家，西方马克思主义的奠基人。1923年发表《历史与阶级意识》，被公认为西方马克思主义的第一部代表作。——译者

② 卡夫卡(Franz Kafka, 1883—1924)，奥地利小说家。出生于布拉格的一个犹太中产阶级家庭。1901年考入布拉格日耳曼大学学习文学，后转学法律。1906年获法律博士学位。曾在一家保险公司工作。1905年之后，因身体原因，经常住院疗养。同布罗德、魏斯、韦尔弗是挚友，史称“布拉格派”，作品以孤独、压抑为共同基调。代表作为三部长篇《美国》、《审判》、《城堡》，均未完成。短篇有《判决》、《变形记》、《在流放地》、《中国长城的建造》、《饥饿艺术家》、《地洞》等。卡夫卡的作品贯穿着社会批判精神，长篇尤为突出。——译者

③ 弗吉尼亚·伍尔夫(Virginia Woolf, 1882—1941)，原名弗吉尼亚·斯蒂芬，英国文学家、文艺评论家和杂文家。她的创作实践和理论进一步巩固了意识流小说的地位。她的代表作是《达洛威夫人》和《到灯塔去》。前者表现了达洛威夫人在家庭晚会上见到从前恋人彼得之后的故事；后者运用象征手法表达了人对彼岸世界的向往。——译者

“制造共识”[1]提供了前所未有的条件。此外，第一次世界大战的经验证明，符号不仅是审美的装饰，而且是社会组织的“第一推动力”[2]。从战略角度培养的感知，决定着战斗的胜负，并能激发战壕里的士兵冲锋陷阵，慷慨赴死。比如，拉斯韦尔就说，操纵是现代社会秩序中一条不可避免的原则，和过去依靠蛮力的社会控制形式相比，操纵具有绝对的优越性：“假如大众想要挣断铁的镣铐，他们就必须接受银的锁链[3]。”[4]

大规模的符号传播具有大范围、系统性和有效性等特点，这让民主的未来面临着棘手的问题。如果人民的意志和民主理论的堡垒（feste Burge）只不过是由各种刻板印象[5]、审查、心不在焉和力比多[6]混杂在一起的一摊烂泥，听任专家和煽动者操纵，那么这对公众理性（它是共和体制之基础）意味着什么呢？对此，不同的作者作出了不同的回答。

---

① 制造共识（the manufacture of consent）一语最初由李普曼用于其《公众舆论》（1922）一书中。1988年，美国学者爱德华·S·赫尔曼和诺姆·乔姆斯基在合著的《制造共识——大众传媒的政治经济学》一书中指出，美国媒体的新闻报道呈现出一种“系统性偏见”，因而本质上是一种“宣传模式”；他们给美国大众媒体的宣传模式冠以“制造共识”的名号——大众媒体日复一日地通过各种事件，将特定阶层的价值观、信仰和行为准则变成“共识”，并使这种“共识”融入社会整体。——译者

② 第一推动力（The prime mover），希腊文意译，或译“第一推动者”。指一切事物的最终目的和运动的最终原因。实质上是神的别名。为古希腊哲学家亚里士多德首次提出。他认为，宇宙中的万事万物都是运动的，“任何运动着的事物都必然有推动者”，造物主就是那个“第一推动者”。后来伊萨克·牛顿也将万有引力之源归于上帝，认为上帝是“第一推动力”，是上帝将地球踢了一脚，地球才转动起来的。马克思则比喻性地将货币称为“第一推动力”，“是每个单个资本登上舞台，作为资本开始它的过程的形式。因此，它表现为发动整个过程的第一推动力”。——译者

③ 拉斯韦尔所谓的“银的锁链”（chains of silver），相对于奴役身体的铁的镣铐而言，指通过信息宣传对人的头脑进行的操纵。这里“银的锁链”使人联想到大众媒介效果的魔弹论（Silver Bullet）。——译者

④ Harold D. Lasswell, *Propaganda Technique in the World War* (London: Kegan Paul, Trench, Triibner, 1927), 227.

⑤ “刻板印象”或“固定的成见”（stereotype），最初专指印刷铅版。1922年李普曼在《公众舆论》一书中将它作为一个学术术语进入到传播学领域。李普曼认为在舆论形成过程中“刻板印象”发挥决定作用。它就像浇铸的铅版一样牢固，并且难以改变。“一旦我们牢固地产生了这种成见，就很难摆脱它。”——译者

⑥ 力比多（libido），亦称“欲力”、“性力”、“心力”，精神分析术语。弗洛伊德1905年在《性学三论》一书中首次提出，指一种与性本能有联系的潜在能量。他把性欲与自我保存本能作了对比，并用力比多一词开始指性欲或性冲动，后扩展为一种机体生存、寻求快乐和逃避痛苦的本能欲望。——译者

在政治图谱的一端，李普曼认为，“想要尽量实行人民主权”的想法已经过时。他主张用专家治国取而代之。不过，他虽然相信很多人都是可以被操纵的，但他的这一立场又与另一看法相调和：他同样强烈地感到，人民的思想是不可穿透的——民众的非理性特征既可塑，又顽固不变。

才气横溢的保守派政治学者施密特（后来他曾短期出任纳粹的大法官）的观点比李普曼的更进一步。当时人们相信，只要议会的公开讨论做到反映更广泛意义上的公共舆论，政府事务就可以办好。施密特则认为，人们的这种一厢情愿（即相信议会辩论能反映总体舆论）简直是个笑话。这样的做法“就像是给现代的中央供暖系统的散热片涂上红色使之看上去像一堆燃烧的火苗一样可笑”。①

在政治图谱的另一端，马克思主义理论家卢卡奇认为，党的组织不仅是一个革命的技术问题，而且是一个革命的思想问题。革命进程和无产阶级阶级觉悟的提高不可分割。因此，在革命进程中必须选择正确的口号和动员令。②李普曼认为，公共舆论常常是被精心操纵出来的，这证明大众化民主是不可行的。但与此相反，卢卡奇则认为，对公共舆论的这种操纵恰恰是革命行动必要的前奏。然而，彼此相似的是，他们都不相信民众能自发地对其自我意志进行组织。他们两人都认为存在着一种“先锋队”，并都赋予其重要角色，无论这个先锋队是社会/自然科学专家（李普曼）还是党的精神领袖（卢卡奇）。简而言之，在李普曼和卢卡奇看来，传播就是一种将分散的人捆绑在一起，并使之为高尚或邪恶事业去奋斗的力量，它具有造就或摧毁政治秩序的力量。令人感叹的是，传播的这种力量，作为一种观念，也给同一时代的另一本书提供了灵感。这就是希特勒的《我的奋斗》（*Mein Kampf*，1925）。

第二种传播视野将 communication 当作澄清“语义不和谐”的手段，

---

① Carl Schmitt, *The Crisis of Parliamentary Democracy*, trans. Ellen Kennedy (1923; Cambridge: MIT Press, 1985), 6.

② Georg Lukacs, *Geschichte und Klassenbewusstsein* (1923; Neuwied: Luchterhand, 1968), 452, 495.

进而认为传播能开拓出通向更加理性的社会关系的道路。这种传播视野和以上第一种“宣传”传播视野的关系密切，就像药物与疾病的关系一样。剑桥大学的批评家奥格登和里查兹的著作《意义之意义》，大概不仅是这个传播视野最好的代表，甚至也是“传播即不同个体意识之间的准确共享”这一主流传播观的典型代表。“语义和谐”传播观和“意识共享”传播观各自面临的敌人是“唯我论的死胡同”和“名副其实的语言狂的狂欢”（veritable orgy of verbomania）。这两个敌人也就是20世纪20年代的两种经典的焦虑：前者认为外部信息难以企及个体内心，后者则认为大众容易上当受骗（这些关切恰恰折射出唯我论/传心术的二元区分）。奥格登和里查兹两人当时研究的课题名为“象征的科学”（science of symbolism）。后来他们的研究成果被广泛应用，澄清了人类交流中的争议和混乱。他们当时认为，人类交流中许多问题根源于对语言的象征功能和情感功能的混淆。“人们用同一语词同时陈述事实和激发态度。”（有一句老话叫“同一词语，多种用法”。）他们对现代民主的诊断也完全和李普曼的一样。“过去，对人类的大事只有少数人才能够染指；现在，数以百万计的新人参与大事的管理，试图对这些事务形成自己的意见；而与此同时，这些事务的复杂程度已经极大地增加了。”但是，对这一挑战，奥格登和里查兹开出的药方却和李普曼的不同。李普曼认为，公共事务极为复杂，因此必须将统治的责任从一般民众转移到专家。相反，奥格登和里查兹却呼唤培育有良好教养的公众。“替代〔精英统治〕的办法是提高传播的水平，而提高传播水平的办法则是直接研究传播的条件、危险和困难。如果我们对传播作最广义的理解，那么在其实际操作层面，这一事业的推动需要通过教育。”①

---

① C. K. Ogden and I. A. Richards, *The Meaning of Meaning: A Study of the Influence of Language upon Thought and of the Science of Symbolism*, 8th ed. (1923; New York: Harcourt, Brace and World, 1952), 20, 40, viii, x。维特根斯坦认为该书是一本“糟糕的(miserable)书”。他写信对罗素说:“我很少会读到如此愚蠢的内容。”他认为该书对语言的解释太过简单。参见: Ray Monk, *Ludwig Wittgenstein: The Duty of Genius* (New York: Free Press, 1990), 214。

因此，对奥格登和里查兹而言，传播的应用有宏观和微观两个层次。他们对人类部落层次的语言进行的净化研究有助于在国际(宏观)和人际(微观)两个层次上的交流。在西方，一直存在着一个最初源自英国的悠久传统——对语词的“欺骗性”保持警惕。这个传统我们在培根、霍布斯、洛克、休谟、边沁和罗素等的思想中都可以见到。奥格登和里查兹认为，语言是人类必需却存在缺陷的工具：“语词……目前是很不完美的交流手段。”实际上，奥格登花了整整30年的时间倡导他提出的所谓“基本”(British，American，Scientific，International，Commercial，BASIC)英语。这是他提议的世界通用语，只包括850个英语单词。(请注意，以上BASIC缩略语中，每一个词其实都是代表着一个帝国。)语言将我们和远古之根危险地捆绑在一起：“人类甩掉尾巴后已经过去了几万年，但是我们交流的媒介还是源于丛林时代满足丛林人需求的语言。”事实上，语言的魔力在早期的人类文化中非常突出——原始人相信名字会赋予物体以魔力。在20世纪，尽管我们具备了通过“象征手段”来传播各种陈词滥调的能力，但以上认为“语言具有魔力”的观念不但没有消失，反而被强化了。宣传所利用的，就是人类对语词力量的返祖般的着魔；而语义分析则提供了一种交流媒介，为的是满足现代人的科学需求。①

在人际交流这一微观层次上，交流的主要障碍是双方的意图错位：“一般而言，每听见一句话，我们就会自然而然地立即得出结论认为，说话人所指的意义就是我们自己在使用这些词语时所指的意义。”奥格登和里查兹认为，如果说话人和听话人的目的是为了分享思想，这样的结论就尤其令人生疑。既然意义仅存在于说话人的头脑之中，唯我论的迷宫就总会若隐若现。“在大多数情况下，语词的欺骗和背叛只能够通

---

① Ogden and Richards, *Meaning of Meaning*, 15, 26, 29。又见：W. Terrence Gordon, "Undoing Babel: C. K. Ogden's Basic English", *Etc.* 45 (winter 1988): 337－340, and Gordon, "From *The Meaning of Meaning* to Basic English", *Etc.* 48 (summer 1991): 165－171。

过定义来防止；可供定义的用语越多，交流双方出现意思不一致的风险就越小，当然，这需要两个前提，一是我们都认为符号这个外壳本身不具有‘意义’，二是所有人都不会捏造现实中根本不存在的东西。”我们对虚构物的担心，意思取得一致所面临的风险，对科学元语言的需求以及对寰宇充斥各种无源无根意义的恐惧——这些心理，一直都回响在后来的关于传播及其失败的语义学观点中。

对奥格登和里查兹来说，交流不是为了协调行动，也不是为了揭示他者，而是为了心灵之间的匹配和相互认同（*consensus in idem*）。“语言交换或交流可以被定义为‘各种符号的使用’，其导致的结果是，符号在听者身上激发的所指物，在各相关方面都与它在说话人身上所产生的象征意义类似。”

诚然，这个定义容许语言运用上的失误（“在各相关方面类似”的用语就是基于这一考虑），但是，判断交流成功与否的标准还是得看听话人和说话人在意思上是否达成一致。因此，心理学是研究交流的最好的学科。“显然，传播的理论问题是对心理语境的界定和分析的问题，这是一个使用归纳法的问题，和其他学科问题的形式完全一样。”和我们即将检视的其他立场比较，奥格登和里查兹两人的立场正是传统的立场——交流是两个心灵通过某种精细脆弱而且容易出错的符号媒介进行的接触。交流如同水晶般罕见而脆弱。从逻辑上而言，他们两人的心灵主义（mentalism）[①]立场自然就召来了交流失败的幽灵。因为，如果意义不是蕴藏在语词里，而是在传播者脑子里或是在对客体的指称里，那么，任何东西都无法确保意义能跨越两个心灵而实现成功迁移。奥格登和里查兹是洛克正宗的继承人。我将在第二章阐述洛克的传播观。奥格登和

① 心灵主义，是与机械主义语言学（mechanistic linguistics）相对立的语言研究方法的统称。机械主义语言学的研究对象是在某一情景中作为言语行为表现的实际话语，强调了实际语言材料及有关的上下文，但机械主义语言学不从言语行为直观地解释人熟练使用语言的内在能力。心灵主义语言学认为，语言不是人实际言语行为的结果，而是人先天所具有的知识系统。个人心灵主义语言学派的语义分析及转换生成语法的主要原则即属于心灵主义语言学。——译者

里查兹的乌托邦观点认为，不同的个体意识能相会于一个开阔的广场，但这个广场也许会沦为一个庞大的迷宫，踽踽独行于其间的是一个个孤寂的心灵。这些孤寂心灵相互作出的种种交流姿态，纯粹是棋局对弈中作出的无谓弃子。难怪人类这个孤寂的群落是那么容易受到宣传伎俩的伤害！①

奥格登和里查兹对唯我论的忧虑，在20世纪20年代现代主义的杰作中引起了唱和。这些杰作代表了第三种传播观念——交流是无法逾越的障碍。宣传分析是随着社会和政治现代化的出现而出现的。对“交流不可能”的认识，正是现代主义②文学和美学思潮的核心。现代主义文学担心的是单向传播(one-way communication)；现代主义美学担心的是无法交流(no-way communication)。比如，人际交流荒凉的戏剧性正是艾略特影响深巨的诗作《荒原》(*The Waste Land*，1922)的核心思想。该诗极其艰深，导致读者在试图通过阅读而实现交流的过程中，总是归于失败。在很大程度上，这首诗就是一连串交流失败的场景(艾略特一般是用性的失败来暗喻)，在其中，连接的渴望总是归于失败：

——我们从水仙园姗姗回来，
你的臂弯抱得满满，头发濡湿；
我有嘴说不出，有眼看不见，我非生非死，昏昏然不知万物，
只看到光的深处是一片死寂。(第37—41行)

我听见钥匙在门里转动一次，就只一次；
我们想到那把钥匙，每个人都禁锢在他自己的囚室。

① Ogden and Richards, *Meaning of Meaning*, 15, 205, 206.

② 现代主义，通常用来表示欧美第一次世界大战以来被公认为具有独特观点、感受、形式和风格的文学艺术作品，现代主义也被描述为一场文学艺术运动，是现代西方各种文艺思潮和派别的总称，包括19世纪末叶以至今天仍在演变的欧美资产阶级各国的众多思潮及派别，如象征主义、表现主义、立体主义、未来主义、达达主义、超现实主义、抽象主义、存在主义等等。——译者

想着那把钥匙，每个人心里都确认了自己的囚室。（第411—414行）

现代主义的另一代表作是卡夫卡的小说《城堡》（1926），它在卡夫卡去世后才发表。小说内容是主人公与一个看不见的影子进行的一场搏斗，这个影子是一个制度性他者，其身份和动机是一个永恒之谜。对卡夫卡而言，正如我将在第五章里论证的那样，人际交流和大众传播没有区别——两种交流都是对着看不见的、不在场的或罩着面纱的受众的广播。伍尔夫(Virginia Woolf)的小说《到灯塔去》（1927)探索了现代人隐秘内心深处的性别特点。她描绘拉姆塞夫人汪洋大海一般的无限同情和易变的内心，以反衬拉姆塞教授冷漠、月牙弯刀般犀利和富于逻辑的头脑。相反，卢卡奇的《历史与阶级意识》进行的是阶级分析。他认为，“孤独的自我”并非人类普遍的生存状况，而是资产阶级的特有困境。私有财产制度造就的灵魂，只知道利用自己的自由去掠夺其他孤独的个体。他认为哲学中的唯我论和人的生存状况是一对关联因子。“资产阶级的抽象化，既催生了极端的个人主义化，又催生了人的机械般的客体化。”卢卡奇的分析为我们提供了一条路径，让我们可以看到20世纪20年代人们对孤独和宣传的焦虑实际上是一个硬币的两面。[①]与传播有关的许多阴暗面，最先并不是体现在伯格曼的电影或贝克特的戏剧中，而是出现在魏玛德国[②]，出现在“迷惘的一代”的作家笔下。不管怎样，那个“患幽闭恐惧症的自我”的幽灵，贯穿于20世纪的艺术和社会思想中，而与之如影随形的，是对“交流之不可能”的恐惧。

迄今为止，20世纪关于communication的以上三种视野，表现出与19

① Lukacs, *Geschichte und Klassenbewusstsein*, 480, 507.

② 即“德意志共和国”(1918—1933)，因宪法在魏玛城制定而得名。1918年德国十一月革命推翻霍亨索伦王朝后，于1919年2月在魏玛城召开国民议会，制定宪法，宣布成立联邦共和国。魏玛德国时代政治上相对民主自由，文化上开放繁荣，消费主义和享乐主义盛行。——译者

世纪后期的重要连续性。依靠语义达成完美“交流”的梦想再现了传心术的梦想。传心术想要的是两个灵魂不留空白的交汇。然而，唯我论是难以逃避的，对唯我论的恐惧是现代主义文学的微型戏剧中反复出现的主题。再者，“交流即是桥梁”这一概念实际上总是意味着，在某处一定有着一个万丈深渊。甚至在“交流即是宣传”的观念中也有一对反复出现的矛盾——传心术般的交流观同时有一个邪恶的孪生兄弟，即对“大众被宣传催眠而受制于领袖”的恐惧。这就如同人们对唯我论的担心也有一个孪生兄弟——担心孤独唯我的个体会造成孤独的、原子化的、彼此视若不见的大众。我将在本书第二章中说明，灵魂接触的美梦触发了互相隔离的噩梦。个体对分享彼此内在性(interiority)的渴望，对彼此隔绝的恐惧，以及对语言这一朴素媒介的缺乏耐心，所有这些都是随“交流”而生的典型态度，也是我要在本书中予以批驳的态度。

20 世纪 20 年代除了以上三种关于 communication 的视野之外，还有另外两种视野，它们的代表者分别是海德格尔和杜威。这两条路走的人不多，但是它们是传播理论的丰沛源泉，因此我想在此恢复其活力。这两个视野分歧深刻，但相同的是它们都拒绝心灵主义的观点及与心灵主义相共生的意义主观化的倾向；而且它们都回避唯我论/传心术的两元区分。海德格尔的《存在与时间》①(1927)也许是 20 世纪最重要的哲学著作。该书宣告，作者讨厌任何视“交流为心灵共享”的观念，认为“交流/共享(Mitteilung)绝对不可能是经验(比如观点和愿望)从一个主体的内心到另一个主体的内心的传递”。②对海德格尔而言，讯息的传递或对事实的断定属于特殊情况。我们与他人一起“被抛入”这个世界，从根

① 《存在与时间》(*Sein und Zeit*),德国存在主义哲学家海德格尔的代表作,存在主义源出于现象学的象征性著作。该书的目的在于追寻“在”的意义,并由此建立所谓“有”的基本本体论。海德格尔认为,世界上唯一的本体的形式是人的存在,“我的存在”是本体论的“存在”;只有在极度的苦闷中,才能意识到存在的本身;存在的本质是虚无,人生下来就处于“烦、畏、死、绝对毁灭之中”,人找不到存在的理由,无缘无故被抛到世界上来;人的存在本身是冒险。——译者

② Martin Heidegger, *Sein und Zeit* (1927; Tiibingen: Niemeyer, 1962), 162.

本上而言，Mitteilung 的意思就是对这一“被抛”的解释性表达。与人共同存在(being)对我们的生存(existence)而言是基本的。我们要成为人，就必须是语言的和社会的。言语(speech)能使我们彼此的关系明确。但是，对海德格尔来说，人与人之间的交流，根本不存在所谓失败的问题，就像人不可能停止栖居于社会中和语言中一样。在我们开口说话之前，我们就已经由于共同的生存和生活方式而被捆绑在一起了。这里的所谓“交流”不是指传播所表达的与个人意图有关的信息，而是指一种姿态，一种开放而愿意聆听他人身上的“他者特性”(otherness)的姿态。正如雅斯贝斯的《世界观的心理学》或马丁·布伯的《我和你》一样，海德格尔这里所谓的“交流”，涉及关系的建构、对他者特性的揭示或对自我硬壳的打破，而不涉及私密心灵财产的共享。

无疑，对海德格尔而言，交流自有其危险。奥格登和里查兹主要担心的是交流双方彼此意义的不匹配或意义的模糊；而海德格尔的主要忧虑是交流的非本真(inauthenticity)。人群喋喋不休，“常人”(das Man)则若有所思，无处不在。这两者都构成威胁，可能会淹没“良心的呼唤”和“存在的关爱”。“常人”是海德格尔生造的词，根据不同语境，其意思可以是“无名氏”(anonymous anyone)或“他们—自我”(theyself)。“常人”的专制权力不引人注目，难以觉察，但是它可以吞没那个本真的(authentic)自我。[①]海德格尔说他笔下描绘的是人类生命中一个永恒的生存可能性——一种对消遣娱乐的逐渐堕入——但是，这种堕入实际上有着鲜明的历史和政治维度。正如彼得·斯洛特迪克[②]所云：“我们已听说到的关于‘常人’的一切，归根到底，如果没有一个前提，它就会是难以想象的。这个前提就是魏玛共和国以及它在战后给人的忙乱感，它的大众媒介，它的美国化运动，它的文化和娱乐产业以及它发达

① Heidegger, *Sein und Zeit*, 126.

② 彼得·斯洛特迪克(Peter Sloterdijk, 1947—)，德国哲学家、文化理论家，电视主持人和专栏作家。他同时在德国卡尔斯鲁厄艺术与设计大学担任哲学和媒介理论教授。——译者

的消遣娱乐系统。”[①]

另外，海德格尔对公共领域的鄙视清楚体现了他的交流观带有的政治特点。和他的纳粹同党施密特一样，海德格尔认为政治是分清敌友而不是妥协或讨论。他认为，政府治理若以公众舆论为依据，必然会导致其以不值一提的叽叽喳喳的群众意见为依据。与奥格登和里查兹、李普曼和杜威的观点完全相对，海德格尔认为，探讨如何向公民提供精确的信息，这与政府治理根本毫无关系。他没有在“民主的公众”身上浪费一点爱。他的交流观既不是语义学上的(意义交换)，也不是实用主义上的(行为协调)，而是与世界的揭示相关(他者特性的袒露)。[②]

将交流视为“通过语言而实现的自我揭示”，这一交流观以各种不同的形式在许多人的身上产生共鸣，他们都不同程度地受到海德格尔的影响。这些人包括萨特、列维纳斯（Emmanuel Levinas）、阿伦特、马尔库塞、列奥·施特劳斯[③]、德里达[④]、福柯[⑤]等等。有人将海德格尔的交流视野当作一场双方之间不可能实现真正对话的辩论，另一些人则将其当作一种能实现真正接触的途径。然而，在他的这些继承人中，没有哪

---

① Peter Sloterdijk, *Critique of Cynical Reason*, trans. Michael Eldred (Minneapolis: University of Minnesota Press, 1987), 199.

② Stephen K. White, *Political Theory and Postmodemism* (Cambridge: Cambridge University Press, 1992).

③ 列奥·施特劳斯(Leo Strauss, 1899—1973),著名德裔美国政治哲学家,专精于古典政治哲学。他长期任教于芝加哥大学,培育和影响几代政治哲学学者,被认为是20世纪极其深刻的思想家。其最为人知的名作为《什么是政治哲学?》。注意与法国当代著名人类学家、“结构人类学”的创始人克洛德·列维-施特劳斯(Claude Levi-Strauss)区分开。——译者

④ 德里达(J. Derrida, 1930—2004),法国后结构主义哲学家、文学理论家、符号学家。曾在巴黎高等师范学校学习,后任该校哲学系教授。他围绕语言文字问题批判了索绪尔、列维-施特劳斯等结构主义代表人物,并由此出发攻击西方哲学传统中的“逻各斯中心主义”。德里达主要著作有《写作与差异》、《论书写语言学》、《声音与现象》和《哲学的边缘》等。——译者

⑤ 福柯(Michel Foucault, 1926—1984),法国著名哲学家和思想史家,20世纪60年代巴黎结构主义的五巨头之一(其他四位是列维-施特劳斯、拉康、巴尔特、阿尔都塞)。福柯广泛涉猎精神病学、自然科学史、经济学、语言学、犯罪学等领域,主要著作有《癫狂史》(1961)、《临床学的诞生·医生观点考古学》(1963)、《词与物:人文科学考古学》(1966)、《知识考古学》(1969)、《基督与惩罚》(1975)、《求知的愿望》和《性史》(第1卷,1976)等等。——译者

个曾浪费时间去将交流作为“信息交换”来研究。

约翰·杜威在1927年也同样表达了对娱乐/干扰(distraction)的担心：“生活中各种泡沫般的激动，来自对各种变动的疯狂迷恋、来自令人烦躁的不满，来自对人为刺激的需求；但谁也不知道，这些激动中有多少是为了疯狂地去填补一种真空。过去，人们被直接的社区经验联接在一起，如今在这一纽带松散后，便出现了需要填补的真空。”杜威对人类生活中的泡沫进行的历史分析，比海德格尔的更加精确。杜威指出，技术和工业的发展征服和跨越了时空限制，面对面的交流社区随之消亡。和海德格尔一样，杜威回避“语言是心灵之间的交流渠道”的语义学观点。这个观点认为语言“像水管一样传递意义”；语言为思维发挥中介作用，不但没有危险，而且富有成效、不可或缺。杜威认为，企图在彼此孤立的个体之间创造“彼此认同”(*consencus in idem*)是愚蠢之举，无论此举是以精神之名还是以科学之名。然而，在教育雄心方面，杜威还是更像奥格登和里查兹，而不像海德格尔。杜威的目标是大规模地重振交流的活力，以矫正“直接的共同体经验”的消亡。①杜威从实用主义角度将交流视为人类共同体生活中的一种虽不理想但又不可或缺的权宜之计，这是诸家学者对“交流”观念的分析之中的最后一种。

和其他实用主义者以及黑格尔一样，杜威认为宇宙不只是物质加精神，而是向人们敞开的诸多世界。黑格尔所谓的“精神”(Geist)，皮尔士叫作“第三属性”(thirdness)，罗伊斯②叫作“阐释的世界”(the world of interpretation)，杜威则将其称为“经验”(experience)。到了暮

① John Dewey, *The Public and Its Problems* (New York: Henry Holt, 1927), 214; Dewey, *Experience and Nature*, ed. Jo Ann Boydston (1925; Carbondale: Southern Illinois University Press, 1988), 134.

② 乔西亚·罗伊斯(Josiah Royce, 1855—1916),美国哲学家。他是绝对唯心主义在美国最重要的倡导者。绝对唯心主义是由黑格尔创立的哲学体系。这个体系认为,终级现实由观念组成,人们的心灵能够认识真理是因为人们的心灵是“绝对”(或称“世界精神”)的一部分。罗伊斯则要为宗教和上帝的信仰寻找哲学基础。他发展了一种建立在彼此忠诚原则基础上的伦理哲学。——译者

年，杜威又以“文化”指代“经验”。他认为，交流在公共的经验世界里进行，而这个经验世界是由各种共享的符号和习俗编织而成的，因此不能将交流/传播简单化约为人对外部客体的指称，或对其内部心理状态的指称。他认为，能发现个人的私密经验固然具有“伟大的和解放性的意义”，但是如果这种发现将交流描绘成两个独立自我的结合，那又会使人误入歧途。和海德格尔一样，杜威将语言当作思维的前提。“内心独白是社会交流的产物和反射，但社会交流却并非内心独白的结果。”[①]由此可见，在杜威看来，真正的唯我论并不存在，它只是供那些已经社会化了的，并且对自己的历史患有健忘症的人享乐的奢侈品。

杜威视“交流”为“参与”，他是这一学说最出色的理论家，其影响仅次于G·H·米德(George Herbert Mead)。他们两人曾经短暂共事。和米德一样，杜威认为，个体将自己“放在一个与对方共享的处境上”，这种能力是人类得天独厚的禀赋。“交流”是让双方去参与一个共同的世界，而不是共享不同个体意识间的秘密。它涉及的是要建立一个环境，在其间“每个人的活动，都要受到伙伴关系的调节和修正”。意义并非私有财产，相反，意义是“参与的社区”，是“行动的方法”，也是“使用事物的方式，这种使用方式将事物作为实现终极共享的手段”，是“可能的互动”。[②]交流双方产生误解，说明交流者之间的互动出现了问题，而不是他们的心灵无法融合。

杜威的以上分析，通顺晓畅，就如同我们使用语言达成各种目的那样轻松自然。我们去开会、做游戏、付账单、安排车辆、作出承诺、操办婚事等等，都少不了使用语言。海德格尔认为，“存在”具有辉煌的奇异感；奥格登和里查兹担心，谎言和虚构会危险地充斥着宇宙。这一切都和杜威的观点相距遥远：杜威所看到的是那个需要我们去参与的忙

---

① Dewey, *Experience and Nature*, 135, 136.
② Dewey, *Experience and Nature*, 140, 141, 146, 147, 148.

碌尘世。但是，杜威的交流观和海德格尔使用的“Mitteilung”（交流/共享）一词又很相近。Mitteilung 由两个部分组成，其中 mit 是“和”的意思；teilen 是“分享或分割”的意思。杜威将“交流”视为“共同去参与创造一个集体的世界”。这就是为什么杜威认为交流的问题总是涉及民主政治问题的原因。①

杜威认为，一个时代最突出的异化特征，莫过于参与性互动的缺失或扭曲。海德格尔提出的“真实相遇的失落”的观念，和杜威的交流观有着异曲同工之妙。20 世纪 20 年代的社会思想家普遍持有这样一个观点：只有从对话中才能找回荣耀。布伯想用“我”（I）和“你”（Thou）的关系来取代“我”（I）和“它”（It）的关系；海德格尔呼吁真实的对抗；卢卡奇则号召主客体之间进行快乐的妥协。认为“面对面的对话，或至少是面对面的对抗，是冲破现代性坚硬外壳的一条出路”，这一观点是 20 世纪 20 年代以来众多学者们的“交流”思想中的重要主题之一。这一主题既体现在维特根斯坦、阿伦特、列维纳斯等反现代的思想家的著作中——他们都认为，归根结底，对话是不可能的——也体现在其他不那么知名的思想家的著作中——他们则认为，对话最终并非不可能。

总而言之，20 世纪 20 年代，总共有五种显而易见但互相缠绕的传播视野：交流是对公共舆论的管理；交流是对语义之雾的消除；交流是从自我城堡中进行的徒劳的突围；交流是对他者特性的揭示；交流是对行动的协调。每一种视野都抓住了一种具体的实践。视野之所以多种多样，是因为它们基于多种实践，至少这是部分原因。海德格尔想要的是林间的神秘诗歌；奥格登和里查兹想的是无处不在的清晰的语义；杜威想要的是实际的参与和审美的释放；卡夫卡叙述的是人与人之间的“无限接近而不得”；伯奈斯则想要制造人间的亲善，正如希特勒要制造人

---

① John Durham Peters, “Democracy and American Mass Communication Theory: Dewey, Lippmann, Lazarsfeld”, *Communication* 11, 3 (1989): 199 – 220.

间的仇恨一样。海德格尔颂扬语言的神秘，这一点也被解构主义所继承，后者反复揭示交流的不可能性。奥格登和里查兹的成果在语义学中延续，它不但广泛活跃在科学研究之中，而且给现在的主流传播观——人际间意图的成功复制——继续提供灵感。杜威的视野预示着语用学和言语行为理论新研究兴趣的兴起——这些新兴趣关注的是人类语言具有的虽不显眼却威力惊人的、将人统一于行动的能力。对海德格尔来说，交流同时能揭示我们作为社会存在物的同在性和他者特性(togetherness/otherness)。在奥格登和里查兹看来，交流使清晰的头脑相会。对杜威而言，交流支持社区的建立并激励着创新。

以上五种观点，其实也各自有预兆其来临的早期学说。古罗马讽刺诗人尤维纳利斯(Juvenal)就曾提出“交流即宣传”的观点，他的俏皮讽刺名垂青史。他说，面包和娱乐(*panem et circenses*)就足以满足大众的需要，无需其他东西。[①]约翰·洛克追溯过“语义的一致能实现心灵的结合”这一梦想。意识共享的梦想则可以追溯到中世纪的天使学和神秘主义。克尔恺郭尔[②]和爱默生[③]探讨过交流的失败。黑格尔则提出了一个存在主义的口号，认为交流就是要将人群中的每一个体都作为独特的人来

---

① 更详细的有关“大众”(mass)的历史可参见：Salvador Giner, *Mass Society* (New York: Academic Press, 1976)。

② 克尔恺郭尔(Soren Kierkegaard, 1813—1855)，丹麦哲学家、神学家，现代哲学流派存在主义的创始人。从小生活在信奉基督教的家庭中，养成了孤独内向的性格。成年后又面临在宗教与婚姻之间的选择，因此内在的情绪非常敏感。1830年入哥本哈根大学研习美学、哲学和神学。1840年后开始大量著述。主要著作有《非此即彼》、《恐惧与战栗》、《人生道路的阶段》、《哲学片断》等。他反对黑格尔的泛理论，认为支配一切的不是理性，而是意志。宣称“意志从自身创造出真理”，“真理即主观性”，企图寻求客观性就会陷入错误。并认为哲学研究的不是客观存在而是个人的“存在”，亦即个人的生存，“生存”是第一性的，哲学的任务在于答复“如何去生活”，主张哲学的出发点是“纯粹的自我意识”，哲学的终点是上帝。——译者

③ 爱默生(R. W. Emerson, 1803—1882)，美国思想家、诗人和文艺批评家。超验主义代表人物。生于波士顿的一个牧师家庭，毕业于哈佛学院和哈佛神学院。做过牧师，1832年辞职到欧洲旅行，与柯勒律治、华兹华斯、卡莱尔交往甚密，深受英、德浪漫主义和康德唯心主义哲学的影响。回国后定居马萨诸塞州康科德(Concord)，借写作和讲演宣传基督教的博爱和自我道德修养，提倡接近大自然，心系万物，注重精神生活的深化、细化和诗化，注重抽象概念的形象化，注重理论观点的开放性。——译者

认识。以上最后一种交流观，即“交流是行动的协调”。在杜威的《经验与自然》[①]问世之前，该视野很早就体现在英国经验主义者身上，是实用主义的核心主题。因此，20世纪20年代是一个承前启后的窗口，我们可以用之来观照此前和此后的交流学说。

今天，研究交流最有影响的思想家，也许是哈贝马斯和列维纳斯。毫无疑问，这两人都很富有原创性。然而，他们继承的血统又很清楚。哈贝马斯与杜威一样(虽然哈贝马斯更多的是引用米德)，视交流为一种行动方式。这种行动方式意味着存在一个道德上自主的自我，也意味着一个过程——如果这个过程得以扩大推广，就会产生一个民主的共同体。哈贝马斯强调，交流不是要共享意识，而是要协调行动，这种协调行动是为了对“公正”进行协商。对他而言，“交流”这个词具有不可否认的规范性色彩。[②]

相反，列维纳斯继承了胡塞尔和海德格尔的路子，以现象学为根基，认为交流不是融合、信息交换或协调行动，而是轻抚。交流失败不是道德失败，而是一个有缺陷的事业的恰当死亡。1947年，列维纳斯对现代人的孤独作了这样的论述：

> 在现代文学和现代思想中，“孤独和交流失败”这一主题常常被视为是阻止实现人类兄弟情谊的根本障碍。社会主义的情感在永恒的“心灵的巴士底狱”墙上碰得粉碎。在这个心灵的巴士底狱中，每个人都是他自己的囚徒——每每欢聚结束，曲终人散、华灯熄灭之后，人人又都各自重回到狱中将自己锁起来。因为不能交流而感到的绝望……标志着一切怜悯、慷慨和爱心的局

---

① 要了解最早的经验主义哲学家，可参见：George Berkeley, *The Principles of Human Knowledge* (1710), section 20:“另外，和一般常认为的不同，进行思想交流并不是语言的主要的或唯一的目的；语言还有其他目的，如激发某种激情，动员人们从事或者不从事某一行动，或塑造人们的性格等等。”

② 请着重参考：Jurgen Habermas, *Theory of Communicative Action*, trans. Thomas McCarthy, 2 vols. (1981; Boston: Beacon Press, 1987)。

限……但是，如果说交流被打上了这种失败和不真实的烙印，那是因为我们将交流的目标定得太高，并将其作为实现相互融合的途径而导致的。①

他认为，交流失败正好允许怜悯、慷慨和爱心冲破边界，喷涌而出。这样的交流失败促使我们不仅仅去“认识”(know)他人，而且也去寻求各种途径去“发现”(discover)他人。因此，交流失败是对自我狂妄(hubris)的有益制衡。如果将交流当作自我(或自我的思想)在他人身上的复制，那么它就理应崩溃，因为这样去理解交流，实质上是对人的独特性的大屠杀(pogrom)。

在本书中我将论证，我们今天的任务就是要放弃不切实际的交流梦想，同时又保留它激发出来的好处。一方面，说“视交流为心灵共享”的观点行不通，并不是说我们彼此就因此不能进行美妙的合作(杜威正如此认为)。另一方面，我也指出基于交流的各种实用的合作无所不在，但这并不意味着自我和他人之间就因此不存在赫然横亘的万丈深渊(这正是海德格尔的观点)。哈贝马斯贬低语言的奇异性(strangeness)，这正对我的胃口。他的法国冤家如德里达(德里达深受列维纳斯的影响)则贬低语言的工具属性。以上杜威-哈贝马斯谱系和海德格尔-列维纳斯-德里达谱系，都触及了交流过程中存在的某些重要真理——而对这些真理，我们中间那些宣传者、语义学家和唯我论者都未能把握。但是这两个谱系都太单调，缺乏缤纷的色彩。它们中的一个立场非常厚重，另一个立场又似在无重力的实验室中飘浮。哈贝马斯固然冷静清晰，但却失去了皮尔士(Sanders Peirce)所言的“快乐游戏”(the play of musement)；而德里达那狂欢般的妙想，则失去了谈话的平常之心。现在我们的任务是要寻求一种中立的交流观，做到既保留其

① Emmanuel Levinas, “The Other in Proust” (1947), in *The Levinas Reader*, ed. Sean Hand (Oxford: Blackwell, 1989), 164.

珍贵的他者特性(这是交流的核心所在)，又不抹杀用语词行事的可能性。语言对我们的意图有抗拒性，用海德格尔的话来说，不是我们说语言，而是语言说我们；不过，语言又是我们所知道的最可靠的劝说手段。不错，语言是一个黑箱，里面承载的内容，未必如我(能言说的自我)所想的那样，然而，大多数时候它还是能够协调我们的行动。这一中立的交流观在最近的一场论战中有所体现。论战发生在保罗·利科[①]与汉斯·加达默尔[②]之间。但是，我还想将这一中立的交流观视为一种开放的实用主义，这种实用主义同时向神秘和实用开放。爱默生谱系的实用主义一方面牢记我们周围狂乱的符号象征，另一方面又记住那个非常实际的事实：我们必须要找到各种办法去处理生活中的各种实际事务。杜威与哈贝马斯深明后面这个事实，可是却常常忘掉了前者，忘掉了狂乱的符号象征。这个疏忽给他们“通过对话实现民主”的交流视野造成了瑕疵。

四、二战以来“交流”的技术性话语和治疗性话语

20世纪20年代的传播思想有个主要特征，那就是不区分面对面的交流和大众传播。“大众媒介”(mass media)是一个当时新造的字眼，它构成了一道模糊的地平线。在这条地平线上尽管耸立着各种阴影，有“象征工具”(symbolic apparatus，奥格登和里查兹)、“娱乐/干扰”(distraction，海德格尔)、“交流的工具属性”(instrumentalities of

---

① 保罗·利科(Paul Ricoeur，1913—2005)，20世纪法国人文和社会科学领域最伟大的思想家和哲学家之一。其诠释哲学认为，话语是由若干句子构成的有意义的整体，而这个整体又不可还原为独立的句子，文本是由书写固定下来的话语作品。诠释学就是对文本意义的理解进行解释的哲学，强调根据文本自身了解文本，忠实客观地把握文本和作者的原意。——译者

② 汉斯·加达默尔(Hans George Gadamer，1900—2002)，当代德国著名哲学家、哲学诠释学的创立者之一，生于德国马堡。上世纪20年代曾就读于马堡大学和弗莱堡大学，主修哲学和古典哲学，同时学习历史和语言学。深受黑格尔、狄尔泰和海德格尔等人的影响。——译者

communication，杜威）、“广告媒介”（伯奈斯）、“银锁链”（chains of silver，拉斯韦尔）等等，但是将“大众媒介”作为体制性和讨论性活动的独特领域，这一思想那时尚未问世。对 communication 一词的适用范围当时尚无具体说明。它可以出现在大众教育中，也可以用于一对一的交流。到了30年代，大众传播和人际交流的分野的基础开始奠定，传播（communication）和通信（communications）也开始分道扬镳。1930年代的整个十年，经验主义指向的社会研究传统兴起——这常常和商业活动有关。这些研究的关注重点是新兴大众媒介的内容、受众和效果，特别是对无线电广播的研究。拉扎斯菲尔德（Paul F. Lazarsfeld）是这个时期的关键人物。这十年中，大量的社会理论和社会批评源源不断地产生，许多研究关注的是传播及其在大众文化中遭受的扭曲。在这期间，法兰克福学派的许多德国籍犹太人移居美国，他们生产出大量的研究成果；这十年中，宣传分析也盛极一时，其目的是要拨开美国国内广泛弥漫着的干扰认知的烟幕。大众媒介具有何种社会意义？对这一问题的典型态度——认为它提供了相对无害的娱乐，或认为它是塑造社会意识的强大产业——都产生于20世纪30年代。除了我们前面已经提到的之外，这十年中产生的与“传播”相关的其他重要研究成果还包括：葛兰西（Antonio Gramsci）的《狱中札记》、利维斯（Q. D. Leavis）的《小说与读者》（1932）、杜威的《艺术与经验》（1934）、阿恩海姆（Rudolf Arnheim）的《无线电广播》（1936）以及肯尼斯·伯克（Kenneth Burke）的多部著作。此后学术界和公众对“传播”的兴趣的新爆发则是第二次世界大战之后的事了。

二战后的40年代后期也许是20世纪与 communication 正面相对的最伟大的时期。这一时期之所以伟大，首先是因为信息论的产生和快速扩散，并因此而激发的兴奋感［信息论（information theory）最初实际上叫“通信理论”（communication theory）］。信息论肇始于电讯业中的“信息实践”，尤其是发端于20年代的贝尔实验室的电话通信研究以及二战期间的密码研究。香农（Claude Shannon）的《通信的数学理论》（1948）的出版有何意义，不同的人有不同的看法。[1]科学家们从中读到的是它用传统热力学中的热门术语“熵”（entropy）来描述信息；美国电话电报公司（AT&T）从中则看到了它对信号冗余所做的技术界定，从而提供了一个“修正”频率的方法，使一条电话线能同时实现多个通话；此外，它还给美国精神生活提供了一整套词汇，这些词汇很适合当时这个国家在世界军事和政治中刚刚被确认的领袖地位。“通信理论”（communication theory）显然是一种“信号”（signals）理论，而不是“意义”（significance）理论。然而，随着精神生活的扩展，这些术语的意义也得以扩散——而且是急速地扩散，“信号”和“意义”之间的差别就很少被注意到了[2]。这时，“信息”（information）已经变得实在，通信理论（communication theory）则变成了一个既描述信道能力又描述意义的理论。事实上，这个理论之所以令人激动，也许是因为它将在战争、科层治理和日常生活中司空见惯的东西变成了一个科学技术概念。信息再也不是什么未经加工的数据、军事后勤活动或电话号码；它成了一个根本原理，我们凭借它能解读整个宇宙。

信息论（informationa theory）的扩散并非纯净，这样导致的一个后果就是——它改写了“生命存在的伟大链条”（the great chain of being）[3]。在这一链条的最微小层次上，即生命奥秘如何被“编码、储存和传播”的层次上，沃森（J. D. Watson）和克里克（F. H. Crick）发现了双螺旋结构；DNA 被看成是遗传的信息密码。神经触突成为交换台，神经成为电话线

---

① Claude Shannon, *The Mathematical Theory of Communication* (Urbana: University of Illinois, 1949)。韦弗被列为共同作者，但是该理论却是由香农提出的。在同一时代发表的表达更为到位的文献是诺伯特·维纳的控制论，书名：*Communication and Control in the Animal and Machine* (New York: Wiley, 1948)。

② 关于信息论的扩散，参见：Randall Louis Dahling, “Shannon's Information Theory: The Spread of an Idea” (master's thesis, Stanford University, 1957)。

③ “生命存在的伟大链条”（the great chain of being），亚里士多德语，为中世纪的基督信徒们所信奉。也即上帝创造的等级结构。用亚里士多德的话说，上帝是“第一推动者”。有一个伟大的链条将一切物种链接起来，一个接一个，从简单的有机体到人和天使，而低等物种的存在纯粹是为了高等物种。——译者

（这将19世纪的比喻刚好颠倒过来，那时将电报和电话比作人的“神经”）；传递信息的DNA蛋白质获得了“信息体”（informosomes）的昵称。沿着“生命存在的链条”往上走，荷尔蒙和酶被比喻成信使，大脑则是“信息处理器”。在社会领域，我们知道，如果男女双方“更多地交流”，夫妻双方“多就彼此的感情分享信息”，婚姻将更加美满；好的管理人员必须和雇员进行有效的交流（即分享信息）；在国家之间，更好的信息流动有助于和平与谅解。二战后，从生活蓝图到世界政治秩序，交流和信息都占据了至高无上的地位。

二战后信息的话语向其他领域广泛渗透的另一个例子则是高等教育。有不少大学专业将自己界定为“从事信息的生产、操作和解释工作”。计算机科学、电气工程、统计学、说明文写作、图书馆学、心理语言学、管理科学，以及经济学、新闻学和传播学中的大部分内容都对自己作如此定义［直到今天，攻读传播学（communication）的人有时还不得不解释，他们学的不是电气工程（electrical engineering）］。这让人感到，如果没有“信息”这个词作为思想连接，近年来在“认知科学”名目下崛起的跨学科交汇趋势恐怕是不可能的。还有人走得更远，他们说，一切探询人类事务的东西，都必须用新的“三位一体”观念来重新自我描绘一番。这三个观念是：信息（information）、通信/传播（communication）和控制（control）。[①]从笛卡儿到卡尔纳普[②]，很多人一直都有着统一所有学科的梦想，而这新的“三位一体”即是这一梦想的最新版本。现在，“信息”成为这类梦想的刺激因素，就像当初几何学、进化论、热力学、统计学和数学物理学一样；这些学科在其黄金时期都曾经试图要统一人类的一切知识。二战后信息论的放射性爆炸余威至今未息，我们仍能感觉到。

---

① James R. Beniger, *The Control Revolution* (Princeton: Princeton University Press, 1986). 我对该书的评价请参见：John Durham Peters, “The Control of Information”, *Critical Review: A Journal of Books and Ideas* 1, 4 (1987): 5-23。

② 卡尔纳普（Rudolf Carnap, 1891—1970），美籍德国哲学家，维也纳学派的主要成员，逻辑实证主义的主要代表人物，出生于德国巴尔门的罗斯多夫。——译者

这个令人头晕目眩的大杂烩导致的结果之一，便是它催生了将communication视为“信息交换”（information exchange）的观念，这和奥格登与里查兹的“语义交流观”很接近，而其更遥远的渊源，则是有着悠久传统的天使学交流观。天使学交流观认为人类不同心灵之间能瞬间远距离实现接触。更加重要的是，这个将communication视为“信息交换”的观念抹掉了人、机器和动物之间的障碍。世间万物，凡是涉及信息处理，均有资格列于“交流”的队伍之中。“交流”作为一个范畴，其蛮荒无序，可以从一篇文章的开篇明显看出来。这篇文章对众多学者利用信息论进行的跨学科“偷猎活动”起到了推波助澜作用。该文的作者是美国福特基金会的物理学家沃伦·韦弗（Warren Weaver），他在评论香农时，如此说道：

> 这里的通信/传播一词，其意义非常宽泛，包括一个心灵可能影响另一个心灵的任何进程（procedures）。当然，这不仅包括书面语和口语，而且包括音乐、绘画艺术、戏剧、芭蕾——实际上它涵盖了人类的一切行为。在某些方面，将这个词的意义再加以拓宽可能是更加可取的；换句话说，将词义拓宽到包括各种进程，通过这些进程，一种机制（如自动设备追踪飞机并计算其未来可能的位置）能影响另一种机制（如导弹追踪这架飞机）。①

由上可见，韦弗笔下的communication是一个非同寻常的范畴，它包括音乐和导弹，言语和伺服系统。在交流的视角这一问题上，韦弗带着我们一路飞奔，从语义学家喜欢的领域（一个心灵影响另一个心灵），穿过语言和艺术，最后进入人类行为的广阔天地（尽管这个旅程有点颠

① Warren Weaver, “Recent Contributions to the Mathematical Theory of Communication”, in *The Mathematical Theory of Communication*, by Claude Shannon and Warren Weaver (1949; Urbana: University of Illinois Press, 1964), 1.

簸)。接着,他将此定义进一步“拓宽”,并把朝鲜战争时期的落伍军事技术也囊括其中。在20世纪50年代,以上这串长长的关于界定“交流/传播”的话语,让许多富有思想的人心领神会,激动不已。究竟是什么东西让这个定义产生了这样的效果呢?我认为,首先是因为,韦弗的这个定义适合那个时代。产生于第二次世界大战的两种伟大技术——计算机和原子弹不仅有一个共同的源头,它们还拥有共同的文化空间和象征意义。人们常常借用原子科学的术语来谈论信息:半衰期(像放射性物质一样地衰减)、裂变、分子质量、粒子质量。信息和亚原子物理分享共同的符号表达方式:它们以微量方式呈现,闪动、涌动和脉冲,并常常被当成“精神光子”(mental photon),即一种最小的认知量子。在想到可能出现的末世之灾时,原子弹和“信息”让人们同时也感到一种窃喜,这是现代人(非常习惯新事物刺激的人)在思考自我毁灭时感到的一种兴奋。计算机是人类历史上的最新发明,而核弹爆炸则处在人类历史的最后一刻。

如果更加切实些地表达的话,信息传播(communication)是一个能将自然科学(DNA为其伟大的密码)、人文科学(“语言即是交流”)和社会科学(传播是基本的社会过程,施拉姆如是说)结为一体的观念。“communication就是信息交换”,这一交流观念终于将“交流”从享受特权的人体或灵魂中解放出来,使其成为探索人与外星人、动物和机器结合的场所(第六章)。与机器伺服控制机制(servomechanisms)的速度和准确性相比,普通的互动要跨越虚空,显得脆弱而不足。然而,个体寻求与他人真实的接触——仿佛借此可以获得某种补偿——同时又具有重大的文化意义。二战前,存在主义曾呼唤人与人之间真实地相互袒露。二战后,交流被视为“具有治疗功能的自我表达”,并在文化中急剧扩散,形成燎原之势,这即是对战前存在主义的思想“冷饭”进行的回炉再热。

二战后交流/传播思想快速发展的第二个场所是“治疗性交流观”的兴起。正如奥格登和里查兹所说,“交流”此时作为一种“澄清”手段,成为许多人的梦想,它被认为能在人际交流和国际交流两个层次上都发挥效用。具体地说,联合国的建立,尤其是其教科文组织(UNESCO)

的建立，给一些知识分子以无限的希望，他们希望“交流”成为全球启蒙的工具。精神治疗专家沙利文(H. S. Sullivan)1938 年造了一个新词“人际的”(interpersonal)。他在 UNESCO 工作时，带着这样一种想法——既然他能治疗两个人之间或多个人之间的交流障碍，他也就能治疗更大范围内的交流障碍。[①]生物学家赫胥黎(Julian Huxley)在担任 UNESCO 第一任首脑时的梦想是，利用大众媒介在全球范围内普及世俗的科学人文主义，以代替宗教。[②]这种思潮的另一个重要人物则是贝特森(Gregory Beteson)，他一方面因信息论在控制论领域带来的前景而感到激动，另一方面则为“交流作为治疗手段”在精神治疗领域的应用而感到喜悦。[③]

卡尔 · 罗杰斯(Carl Rogers)是二战后人本主义心理学的领军人物。他也许是治疗性交流视野中最杰出的理论家。1951 年，他在一篇讲话里指出：“心理治疗的全部任务就是对付交流失败。”在他看来，交流失败是神经病人的宿命，他们与自己和他人的交流遭受了一定程度的损害。比如，他们在自己的“无意识”(the unconscious)和“自我”(ego)之间遇到了交流障碍。“心理治疗的任务，就是通过在患者与心理医生之间建立起一种特殊关系，帮助患者与其自我进行很好的交流。”随后患者和别人的良好交流自然会接踵而至。他总结说：“可以说，心理治疗就是良好的交流，是人与人之间，人和自己内心之间进行的良好的交流。我们将这句话倒过来，它仍然成立：良好的交流，自如的交流，无论在内心，还是在人与人之间，始终具有治疗效果。”

罗杰斯的观点既承认他者是不可替代的，又重视人与人之间相互理解的交流具有愉快的治疗效果，并将两者糅合在一起。后来，围绕他提出的这种治疗性谈话发展出一个无处不在的文化产业。罗杰斯认为，良

---

① Harry Stack Sullivan, *The Interpersonal Theory of Psychiatry*, ed. Helen Swick Perry and Mary Ladd Gawel (New York: Norton, 1953).

② Julian S. Huxley, *UNESCO: Its Purpose and Philosophy* (Washington, D. C.: Public Affairs Press, 1948).

③ 关于对美国二战后社会科学的思想和政治背景精当分析，参见：Steve Joshua Heims, *The Cybernetics Group* (Cambridge: MIT Press, 1991)。

好交流具有的一个主要好处是，它给交谈者以勇气摆脱自己过于情绪化的个人观点，转而重申交流另一方的观点。这正是穆勒在《论自由》(1859)中提出的人们在公众讨论中应该支持的原则，也是此后在各种传播研讨会上被反复提出的一条具有可操作性的建议。罗杰斯建议将这种常常用于小群组(small groups)的方法拓宽用于更大规模的论坛，比如紧张的美苏关系会谈(这当然是冷战思维)。他认为，如果会谈双方都努力理解对方而不是判断对方，就可能取得重大的政治成果。罗杰斯书中的治疗性交流视野，始终散发着一种救世主的目光，这种视野使灵魂、夫妻关系、群体关系和国家关系都得到安抚而心静神宁。他的忠告是：既然“悲剧性和几乎致命的交流失败总是威胁着现代世界的存在”，那么将交流用于治疗就值得一试。①

如前所述，世人对信息论的评价，往往是希望中带着隐忧。同样，人们对交流在全球范围内的教育和治疗作用，在寄予很大的希望的同时，也伴随着一种隐约可见的危险感。这种危险为何？罗杰斯脑子里想着的是“几乎致命的交流失败”。二战后传播理论——至少是在社会科学范式下的传播理论——的形成受到了冷战的决定性影响。到20世纪50年代，“孤独的个体”(交流不可能)和“受操纵的大众”(交流太强大)这两个幽灵，在传播学文本中又卷土重来，逼视和对抗着二战后的繁荣局面，以及这一繁荣局面的主要代表——电视。正如20世纪20年代一样，这两个幽灵出现的原因之一是人们害怕传播走到坏的方面，怕它或孤立个人或迷惑大众。奥威尔小说《1984》中无处不在的电视屏幕和“老大哥”(big brother)形象常常为大众媒介的批评者所引用。类似的担忧还见诸于以下的著作：里斯曼的《孤独的人群》(*The Lonely Crowd*)、米尔斯的《权力精英》(1956)、安德斯的《人的过时性》(*Die Antiquiertheit des Menschen*, 1956)、霍加特的《读写能力的用处》(1957)、阿伦特的《人

① Carl R. Rogers, *On Becoming A Person: A Therapist's View of Psychotherapy* (Boston: Houghton Mifflin, 1961), 330, 337.

的境况》（1958）、赫胥黎的《美丽新世界》（1958）、威廉姆斯的《文化与社会》（1958）和哈贝马斯的《公共领域的结构转型》（1962）等等。20世纪50年代美国智识生活中的“大众社会”（mass society）意象，至少在某种层次上是一种被误导的偏执心理，这种心理认为那个可怕的“大众社会”确实会在我的真实生活中出现；人们很可能会因看电视而被“铁幕”另一边苏联红魔蛊惑从而成为苏联人的秘密弟兄，而铁幕背后的红魔通向自由的生命线只能依靠一家关键的电台，即“美国之音”（该台象征着“交流/传播”如孪生子般的善与恶）。虽然“大众社会理论”可能从来就没有得到过清晰准确的描述（现在回头去看，这个提法似乎同时是其毁誉双方的共同发明），然而不难发现，在20世纪50年代，人们在思考媒介化世界里的许多人的状况时，确实也提出了一些值得我们关注的观点：所谓“民主的公众（public）”可能只是“乌合之众”（crowd）；消费主义和娱乐至上窒息了公共参与，以及大众社会理论指出的5个“A”现象，即异化（alienation）、失范（anomie）、匿名（annonimity）、冷漠（apathy）和原子化（atomization）。

原子弹塑造了传播理论中的信息意象；同样，原子弹也使人明显感到，信息的潜在力量也可能步入歧途。1947年，芝加哥社会学家刘易斯·沃斯（Louis Wirth）在他就任美国社会学学会主席时发表讲话指出，通过大众媒介制造全球共识的努力未必能确保成功。他说：“人类的交流手段固然在走向完美，但与此同时，科学也使空前大规模屠杀的手段逐渐完善。但是，大众传播工具也好，原子能也好，发明这些工具的人并没有规定该如何使用这些工具。”[①]对信息论也好，对全世界范围的交流治疗梦想也好，原子弹都起到了刺激的作用，使人们因为能获得新能源而激动，同时又因为人类可能遭遇毁灭而焦虑。

然而，塑造传播理论的不仅仅是原子弹，正如克米尔（Kenneth

① Louis Wirth, “Consensus and Mass Communication”, *American Sociological Review* 13 (February 1948): 1 – 15.

Cmiel）所言，对民主制度可能遭到背弃的恐惧和关于犹太人大屠杀的道德谜团，主宰着20世纪40年代人们对传播的思考。社会上的愤世嫉俗情绪和邪恶是当时一些著名社会学家——包括默顿、阿伦特和列维纳斯等——必须首先面对的两个问题。结果，他们各自形成了自己的交流视野，作为他们各自对这两个棘手问题的某种回答。默顿认为，交流是建设国家共同体的工具；阿伦特认为，交流是发现真理的手段，后来又认为它是催生新的政治秩序的手段；列维纳斯则认为，交流是对他者特性的道德义务。由这三位理论家——现代的、反现代的和后现代的——形成的三重交叉，对20世纪后半叶的社会思潮产生了决定性的影响。[①]默顿将交流看成是涂尔干式的社会黏合剂；阿伦特认为，它揭示了人与人之间相互联合的政治潜力；列维纳斯则认为，它是对他人自主权的尊重，这一尊重使工具意义上的交流几乎不可能。

综上所述，二战后“communication”观念发酵的岁月里，两种话语占据了主导地位：一是信息论的技术话语，一是作为“治疗与疾病”的治疗性话语。这两种话语都深深根植于美国文化史之中。从技术角度考察交流/传播的“技术人员”从莫尔斯到麦克卢汉，从库利到阿尔·戈尔，从富勒到托夫勒，他们的身份多样，但是他们都一致认为，人类交流的不完美性可以借助技术的改善而得到改善。他们想用机械或电子手段来模仿天使。AT&T几年前夸下海口说：“四海一家是我们的目标，远程通信是我们的手段。”这句话非常简练地点明了交流的技术性视野。

另一方面，交流的治疗性视野虽产生于人文主义和存在主义心理学的框架内，但其根茎和枝蔓却伸展到很远的地方。在19世纪，是它对加尔文教派发起了攻击，随后它转变成人本主义心理学的“自我实现”的治疗，最后又转变为一种“自我”的文化，流行于美国资产阶级

① Kenneth Cmiel, “On Cynicism, Evil, and the Discovery of Communication in the 1940s”, *Journal of Communication* 46, 3 (1996): 88 - 107.

生活中[①]。交流的“技术”和“治疗”两种视野都宣称，人类在相互接触中面临的障碍和麻烦都可以消除，消除的办法或是更好的媒介技术，或是更好的交流技巧。因此，这两种交流视角都是信奉“灵魂融合”的天使交流梦想的后继者。

本书的中心思想比较严峻，其中提出的交流的问题，就本质而言都是我们难以驾驭的。Communication 一词，无论其含义是什么，它都不是一个改善通信线路或更加袒露心扉的问题，而是涉及人的生存境遇的一个结扣(kink)。在这一点上，威廉·詹姆斯是对的。他认为，我们永远不可能像天使那样交流，这是一个悲惨的事实，但又是幸运的事实。比较健全的交流视野，是认为“尽管交流中不能够实现接触，但它仍然是值得庆幸的”。我再次重申，我认为，交流失败并不意味着我们就是渴望搜寻灵魂伴侣的孤魂野鬼，而是意味着我们有新的办法彼此联系，能共同开辟新的天地。我想强调的是，交流的梦想多亏了鬼魂(ghosts)和神奇的爱欲(eros)。我对此这样强调是想要借之矫正一个已经毫无新意但很多人却仍对之津津乐道的观点——认为交流手段的扩展会必然引起人类思想的扩展。

主张交流有治疗功能的人没有看到“自我”(self)对“自我本身”(itself)所表现出来的古怪之处，也没有看到符号所具有的公共性质。他们将“自我”想象成私人经验性财产的所有者，将语言想象成为其传递讯息的信使。他们开出的药方常常和要治的疾病一样糟糕。正如西奥

---

① 参见：Christopher Lasch, *Haven in a Heartless World: The Family Besieged* (New York: Basic Books, 1977); Lasch, *The Culture of Narassism* (New York: Norton, 1979); Lasch, *The Minimal Self* (New York: Norton, 1984); Ann Douglas, *The Feminization of American Culture* (New York: Knopf, 1977); T. J. Jackson Lears, *No Place of Grace: Antimodernism and the Transformation of American Culture* (New York: Pantheon, 1981); and Lears, “From Salvation to Self-Realization: Advertising and the Therapeutic Roots of the Consumer Culture, 1880–1930,” in *The Culture of Consumption: Essays in American History, 1880–1980*, ed. Richard Wightman Fox and T. J. Jackson Lears (New York: Pantheon, 1983). A fine recent radical critique of therapeutic culture in the United States is Dana L. Cloud, *Control and Consolation in American Culture and Politics: Rhetoric of Therapy* (Thousand Oaks, Calif.: Sage, 1998)。

多·阿多诺[①]所云，“人与人之间的疏远不加区分地广泛存在，而想要打破这种疏远的渴望也同样不加区分地广泛存在。”[②]主张“交流是信息”的技术论者却忽视了人的有限性。他们不知道，任何用来修补那受损的交流的新手段（义肢）都不完全合适，而且还会伤害原来的残体。正如卡夫卡在他作品的篇前题词中所指出的，那些想通过发明新的媒介来消除人与人之间的幽灵成分的人，最终只会落得这样的结果——他们为幽灵创造了更加富饶的繁殖场。

一切试图实现交流的努力都蕴含着怪诞。如果我们对这种怪诞抱着乐观情绪，我们的思想和生活就会有一条清醒得多的出路。交流的治疗话语和技术话语赋予“交流”的成就——理解、合作、共享、爱——的的确确是人类的财富；确实，信息交换必不可少，自有其位置。然而，这些交流成就(the communicative goods)既不会轻易获得，也没有现成可套用的公式；它们的获得很大程度上要看运气、人的个性以及天时和地利。

如果从“找到方法与他人更有意义地共度时光”这一更深的意义上理解交流，那么它更像是一个信仰和风险的问题，而不是技术和方法的问题。如果从“彼此调整到共同的频率”的浅层意义上说，交流这一观念其实最终无助于解决那些最令我们头痛的困惑。它将“知晓(他人)”作为我们和他人打交道时的主导思想。它将负担压在丈夫和妻子上，压在外交官和其同僚身上，要求他们主动提起话筒拨通电话；然而一旦各方用相同的语言晤面之后，这种交流的冒险非但没有结束，反而刚刚开始。一切硬件设施在交流的梦想面前都戛然而止，无能为力。仅仅发出清楚的讯息未必有助于建立更好的关系；我们相互了解得越来越多，同

① 西奥多·阿多诺(Theodor Weisengrund Adorno, 1903—1969)，德国哲学家、社会学家，法兰克福学派第一代代表人物，1903年9月出生于莱茵河畔法兰克福。1924年以题为《关于埃德蒙特·胡塞尔》的论文获博士学位。1930年受霍克海默尔的邀请到法兰克福社会研究所任职。——译者

② Theodor W. Adorno, *Minima Moralia: Reflections from Damaged Life*, trans. E. F. N. Jephcott (1944 - 1951; London: Verso, 1974), 178.

时却对对方喜欢得越来越少。由于仅仅用“信号传输”这个比方来诠释“符号”(signs)是远远不够的，这时“交流”则自告奋勇地站出来，让人以为通过它便能轻而易举地解决人类面临的各种难以驾驭的问题：语言、无限性和多样性等等。但是，为什么别人不像我这样使用语词？为什么他们不像我这样看待世界？对这些问题的回答，不是仅通过调节讯息的发射和接收就能解决的，而是要对我们的“集体存在”(collective being)进行总体上的重装调配，这是一个在世上如何为彼此留下生存空间的问题。总之，无论“交流”是何意义，从根本上说，它是一个政治和伦理问题，而不仅仅是一个语义问题。就这个问题，我在第三章将与黑格尔和马克思进行一番争论。我建议我们放弃“交流”的梦想。我并不是说我们梦想和别人联系是不好的，而是认为，与他人建立联系是件艰辛的工作，而正是这一梦想本身，妨碍了这一工作的进行。本书敦促我们飞出维特根斯坦的苍蝇瓶①。“交流”的梦想误导着我们，使我们偏离了共同去建立世界的任务，这样的情况真是太多了。它试图不切实际地将我们带入一个没有政治而能结为一体、没有语言而能互相理解、没有躯体而能有灵魂的世界。但是，这些企图反而使政治、语言和躯体又重新出现，成为我们交流的障碍而不是福祉。

实际上，我们互相接触最美妙的境界是自由的撒播(dissemination)而不是痛苦的融合共享(communion)。我们彼此之间进行“交流”的尝试终会归于徒劳，但这并不值得扼腕叹息，因为它是一个美丽的境地。我们对交流这一观念提出了各种各样的要求，要求它严肃执著，要求它能像招魂术一样，要求它做到精确和一致等等。我们对交流的这些要求是如何被提出来的？本书所回顾的就是这一段悠久的历史。我们应该将其从

① 苍蝇瓶(fly bottle)，德国著名语言哲学奠基人和数理逻辑学家维特根斯坦(1889—1951)的一个比喻。他将哲学家比喻成苍蝇。众多苍蝇被困在一个小口、颈长、肚大的玻璃瓶中。瓶底涂了蜂蜜，苍蝇一旦飞进瓶子里，要么被蜂蜜粘住，或者只能嗡嗡死去。维特根斯坦认为他之前的哲学家就像这样的苍蝇，他现在的工作是给这些苍蝇指出一条逃离瓶子的路径，但是结果招引了更多的苍蝇拥向瓶口。维特根斯坦认为以往哲学问题的产生是错误地背离了日常语言，这和那些苍蝇错误地飞进瓶子如出一辙。——译者

这些要求中解放出来。在人际交流中，固执地希望交流双方达到互相模仿的境界，可能会走向霸道。在这一点上，爱默生和詹姆斯说到了点子上。他们认为，我们应该承认，与我们分享这个世界的一切生灵都具有美妙的他者特性，而不必悲叹我们无力去发掘它们的内心世界。我们的任务是认识这些生灵的他者特性，而不是按照我们的喜好和形象去改造它们。正如阿多诺所说，尽管人们之间存在着让人羞愧的分歧，但唯一能超越这些分歧的就是从这种分歧中获得快乐，这才是交流的理想境界。

第一章　两种交流观：对话与撒播

在一些圈子里，对话已经取得了几乎是神圣的地位，它被推崇为人与人相遇的最高境界、博雅教育的实质以及能实现参与性民主的媒介。由于它具有对等互惠性和互动性，与单向的公告式的大众媒介和大众文化相比，对话被认为具有巨大的优势。1956 年，精神病医师米尔卢（Joost Meerloo）对电视提出抱怨。后来，这类抱怨就像蝗虫一样萦扰着此后出现的一切新媒介。他说："人际交流和讨论具有一种互通性（mutuality），它能激发自由。但电视屏幕上的画面却不能产生这种互通性。对话已经成为失落的艺术。"①同样，罗温塔尔也将媒介单独挑出来数落："真正的交流会促使交流双方心灵间的融合（communion），这是一种内心经验的分享。这种真正的交流之所以被非人性化，是因为各种媒介的出现，导致交流成为现代文化的附属品——首先是因为报纸，接着是因为广播和电视。"②一直以来，人们都担心权力不负责任以及文化品位降低等问题，这些担心有许多颇有道理，而媒介则一直被当作造成这种担心的替罪羊。如有批评认为，大众媒介会固化社会的"结构性不公正"并使得精神生活华而不实，这是完全公正和非常必要的批评。但是，这样的批评不能忽视：在大众媒介之外也存在着不公；在我们内心深处也塞满了不请自来的华而不实。

而且，我认为抱怨媒介扭曲了对话，是错置了我们的伤感（pathos）③。首先，媒介批评有更加重大的任务要完成，如从政治经济学角度关注媒介所有权的集中以及人类固有的各种近乎变态的贪欲等。第二，对媒介技术的具体应用在体制上可以有多种多样的安排，因此将技术具有的属性和"人们对技术的应用"划上等号是不对的。比如，广播

（指对不具备广播能力的受众进行单向的节目撒播）并不是无线电技术的固有属性，而是一个原因复杂的社会后果（见第五章）。现在的广播缺乏对话，主要应归咎于利益的驱动，因为广播公司发现将受众变成旁观者而不是参与者能为其带来更多的利润。第三，也是最重要的一点，对话也可能是霸道的，而单向撒播却可能是公平的。我在本章要反复对此进行论证。对话常常遭遇扭曲，这不仅仅是一种对对话的滥用，而且是文明具有的一个让人亦喜亦忧的鲜明特征。只有在对话被扭曲后，我们才可能跨越文化、空间和时间，和死去的人、远方的人以及地外生命进行交流。

"对话"——尤其在其指"当面在场的互惠性言语行为"时——为交流设立的标准过高。如果按此标准，我们的很多语言行为都会蒙上污名。在我们的文化中，许多成分并非一定是两两相对，也并非一定是互惠或互动的。对话仅仅是多种交流脚本中的一种。我们悲叹对话已死，呼吁让对话重新焕发活力，这都忽视了非互动的行为以及文化中固有的美好属性。我们和他人在一起的生活常常既是对话，又是仪式行为。在面对面交流时，我们耸肩、嘟哝和呻吟（还有其他符号和手势）。对这些非语言符号而言，"对话"是蹩脚的描述模式。而且，大规模的民主制度需要规范性的、延伸和扩大了的谈话与话语，对这样的谈话和话语来说，"对话"更是一种糟糕的规范性模式。我们文化中的很大一部分内容涉及对各种符号的广泛撒播以及适情适景的交流。这种广泛撒播和得体交流的意义在于，在两个或两个以上的人之间创造出公正的社区，其基础更多依靠的是参与者的想象力、自由度和团结度，而不是依靠在

---

① Joost A. M. Meerioo, *The Rape of the Mind: The Psychology of Thought Control, Menticide, and Brainwashing* (1956; New York: Grosset and Dunlap, 1961), 210.

② Leo Lowenthal, "Communication and Humanitas", in *The Human Dialogue: Perspectives on Communication*, ed. Floyd W. Matson and Ashley Montagu (New York: Free Press, 1967), 336。显然，对专业的人文主义教育者而言，对话具有一种选举式的亲和力。

③ Pathos，（引起观众对剧中主人公表示同情的）哀婉，源于希腊文 *paschein*（"感情激动"）。亚里士多德的《修辞学》认为，说服性的文章可以从三个方面提出诉求：情感（*pathos*）、理性（*logos*）及道德权威（*ethos*）。——译者

“对话”中双方是否平等地分享了时间。诚然，在人这个“会说话的动物”掌握的工具箱中，“对话”当然是一个宝贵的工具，但是它不能被拔高到唯一的、至高无上的地位。

本章并不是要全面介绍当代各种“对话学家”［我生造了“对话学家”(dialogians)这个词，以便和神学家(theologians)押韵］和他们的思想根源。这些“对话学家”包括各种自由主义者、共产主义者、杜威主义者、哈贝马斯主义者、激进民主派，以及那些偶尔上场的后现代主义者和女权主义者(这些人的观点有时相互重叠)。这些人都试图以“对话”为药方治疗我们所遭遇的政治和文化问题。

在本章中，我将勾勒出一条纵深的视域，将其作为各种当代论争的背景。在这个背景中，我将展现最伟大的“对话支持者”苏格拉底和发出最永恒呼声的“撒播支持者”耶稣基督之间的辩论，以重新发现构成“对话”的各种微妙之物，以及各种“非对话”形式——包括“撒播”——的神赐之福。我在这里给“撒播”正名，并不是要为“政委”和“官僚”辩护——这些人专门发号施令，既不深思熟虑，又不谈判协商。我将超越对对话的盲目颂扬，更加深入地探究什么样的交流形式最适合人类的民主政治和道德生活的问题。

苏格拉底和耶稣基督是西方世界道德生活中的中心人物。他们之间的异同是人们长期争论的话题。他们都善于讽刺和反诘；他们都为自己的信念而献身，他们所信奉的“王国”都不在他们眼前的这个世界(此世)；他们都是导师，但是他们留给我们的教导却没有一个字是他们的原话，而都是经过其弟子的转述。因此，他们的个性具有何种历史真实性，便是让人兴味盎然而又迷惑不解的问题。他们两者都在“爱”这一问题上教导学生，告诫他们要撒播爱的种子，但是效果却有不同。柏拉图在《斐德罗篇》中所表现的“苏格拉底”为考察人类的思辨活动提供了一个视野：“对话”体现爱欲生活。福音书中据说是耶稣讲述的寓言则给我们提供了一幅相反的景象：单向撒播的内容和形式保持不变，并对所有关注此事的人公开进行。这两种传播观念——传受双方紧密配对的“对话”和传受双方松散搭配的单向“撒播”——一直持续到今天。《斐德罗篇》要求的是将“施爱者”与“被爱者”双方联络起来的亲密和互惠流动的爱；而福音书中的“播种者寓言”要求的则是对天下所有的人都同样赐福的、弥散的爱。对苏格拉底来说，哲人与弟子的对话应该是一对一、互动、鲜活、独特和不可复制的对话；在前三部福音书，即《马太福音》、《马可福音》和《路加福音》(对第四部福音书，即《约翰福音》我会在稍后讲到)中，圣言(The Word)遍撒人间，而无具体对象，其天命开放而不确定。苏格拉底认为文字是先天难产(delivery，同时有“输送”和“生产”的意思)和后天培养不当带来的后果，他的传播视野偏向传播者。在他看来，交流的问题关键是如何呵护并培育种子，而不在于关注接受种子的人对这个过程有何贡献。与此相对照，耶稣提出的则是强调受者的传播模式，因为播种者对种子的“收获”是无法控制的。而我在这里想要论证的是：20 世纪，人们对无孔不入的传播现象产生的不安，在苏格拉底关于强调“心灵对接”的交流思想中能够找到丰富的源头；同时，在耶稣关于“任何交流配对都必定存在着一定的松散性”的思想中，则能够找到一种矫正的药方。

在此，我的目的是对比在欧洲思想中形成并发挥着历史影响力的两种交流的基本观念：对话与撒播。我考察的重点不是历史意义上的苏格拉底或耶稣，而是他们去世以后留在其重要门徒(柏拉图和福音书作者)笔下的具体形象。我们今天所知道的苏格拉底，也许很大一部分是柏拉图的杜撰；而耶稣在拿撒勒(Nazareth)的布道内容的原创性，一旦置入公元一世纪时初生的犹太教文化背景中，也许会黯然褪色。不过，我关注的重点在他们各自给我们留下的精神和道德影子，而不是他们历史真实性。我将多种关于“交流”的视野融合起来，对它们进行一种重新组织，我的重点与其说是为了阐明柏拉图或福音书，不如说是为了让他们身上具有的“既遥远又熟悉”的特征给我们带来新的教益。只有严肃认真地将传播理论作为一个开放领域并对之思考，我们才能发现这个领域还可能是何模样。

一、《斐德罗篇》中的对话和爱欲

柏拉图[①]的《斐德罗篇》对我们理解“机器复制时代”具有令人震惊的巨大启示。倘若不是这一点，我在这里硬将柏拉图拉来作为交流理论的源头，只会显得纯粹是为了攀龙附凤，附庸风雅。

将柏拉图与交流关联起来，已有部分先例。[②]哈弗洛克[③]认为，我们应将柏拉图的作品放进希腊文化的转折时期里去读；那时的希腊正在从一个即将消亡的口语文化转向新生的书写文化。自哈弗洛克以后，许多人将苏格拉底在《斐德罗篇》末尾对文字的批评泛化成对一切新媒介的具有远见的担忧，包括对我们这个时代新近出现的剧烈变革性传播手段的担忧。[④]比如，沃尔特·翁(Walter Ong)就说，苏格拉底对文字的抱怨——它削弱记忆力，缺乏互动，任意撒播，使得说话人和听话人可以

---

① 柏拉图(前427—前347)，古希腊著名的哲学家和政治家。青年时参加过伯罗奔尼撒战争，目睹雅典民主制的腐败和无能。大约20岁时开始，跟随苏格拉底学习长达8年之久。政治上，他代表贵族奴隶主利益，反对奴隶主民主制。公元前387年柏拉图创立了学园，这是西方最早的高等学府。柏拉图主持学园40多年，在那里除讲授哲学之外，还讲授数学、天文学等自然科学知识，但以哲学为最高级课程。在学园里他培养出了大批的人才，后来的伟大哲学家亚里士多德就是柏拉图的学生。学术上虽然柏拉图在学园中的讲稿均未流传下来，但是他所写的对话几乎全部都保存下来了。他的对话主要有《申辩篇》、《普罗泰戈拉篇》、《高尔吉亚篇》、《美诺篇》、《斐德罗篇》、《泰阿泰德篇》、《会饮篇》、《巴门尼德篇》、《智者篇》、《政治家篇》、《蒂迈欧篇》、《国家篇》、《法律篇》等。这些对话篇章内容为古代哲学的研究提供了大量的第一手材料。——译者

② 1935年，拉扎斯菲尔德首次阐述了《斐德罗篇》对社会科学的意义，参见："The Art of Asking Why", in *Public Opinion and Propaganda: A Book of Readings*, ed. Daniel Katz (New York: Dryden Press, 1954), 675。其他大众传播理论研究对《斐德罗篇》的提及包括：Paul F. Lazarsfeld, *Continuities in the Language of Social Research* (New York: Free Press, 1972), 153; Robert K. Merton, *Mass Persuasion: The Social Psychology of a War Bond Drive* (New York: Harper, 1946), 108; and Lowenthal, "Communication and Humanitas", 338-340。

③ 埃里克·阿尔弗雷德·哈弗洛克(Eric Alfred Havelock, 1903—1988)，媒介环境学多伦多学派早期代表人物之一。他的思想影响了麦克卢汉。其代表作《柏拉图导论》(*Preface to Plato*)对西方学界产生了广泛影响。——译者

④ Eric Alfred Havelock, *Preface to Plato* (Cambridge: Harvard University Press, 1963). 还有一篇非常有启发性的论文，即Alexander Nehamas, "Plato and the Mass Media", *Monist* 71 (1988): 214-234，该文集中讨论柏拉图《理想国》的第十篇而非《斐德罗篇》。

不必亲身在场——和15世纪末人们对印刷术的担心，以及20世纪末人们对电脑的担心都不无相似之处。[①]各种媒介通过各种方式使人可以不必亲身在场，这一直是人们对“交流”观念进行反思的一个起点。而在柏拉图著作中，《斐德罗篇》自然成为今天有志于研究媒介的人最可能要研读的内容。

总体上说，《斐德罗篇》决不仅仅是一篇记录人们各种焦虑——人们对技术如何影响人类交流的焦虑——的纲要。它对文字的批评，仅仅是一个更大的考察意图的一部分。这一更大的考察意图是要分析灵魂和欲望之间的沟壑，这一分析对我们了解其他任何的交流行为都会有所助益。在《斐德罗篇》中，“苏格拉底”关注何时应该接受或拒绝求爱者的恳求，同时他也颂扬充满爱欲但“非肉体”的灵魂结合。如此，苏格拉底清楚明白地阐明了隐藏在20世纪人们对交流怀有的担心中那些未能明示的东西：对无法触碰的他者具有的一种强烈渴望。《斐德罗篇》涉及的问题不是媒介，而是爱欲；不是技术，而是互通性(mutuality)。“对话”之所以对新兴的文字心存疑虑，是因为它意识到了距离和鸿沟(即使是在面对面的直接互动中)带来的可能影响。《斐德罗篇》对比了对话和撒播这两种交流模式的内容(语词、种子、爱)发布方式：对话具有明确的受众，形式上也是互惠的，撒播则对受众漠不关心，形式上是单向的。

在《斐德罗篇》中，苏格拉底对文字的批评，仅仅是他更大的思考内容的一部分。他思考得更多的是人与人、灵魂与灵魂、身体与身体之间的连接。这些连接具有不同的紧密程度。对他而言，交流的问题不仅是心灵间的匹配，而且是欲望间的配对(coupling)。交流的主要原则是爱欲(Eros)，而不是传输。在这一点上，《斐德罗篇》内容之丰富，远远超过了后来传播理论思想史上长期存在的招魂术倾向。招魂术梦想着两个

---

① Walter J. Ong, *Orality and Literacy: The Technologizing of the Word* (London: Routledge, 1982), 79-81.

远距离的灵魂能够像天使一样实现接触。显然，柏拉图对招魂术产生了间接的影响。

《斐德罗篇》还勾勒出了人们抱有的“心灵与心灵间直接交流”的美梦，也描绘了在新媒体环境下，这种交流美梦破灭时堕入的噩梦。《斐德罗篇》中的对话，形式上充满戏剧性，结论广为人知，它喜忧参半，既对人们心灵间的接触充满希望，又对这种接触可能产生的歪曲充满忧虑。面对文字这一新媒介，柏拉图因其“繁殖能力”（multiplication）而忧心忡忡。这里所谓的“繁殖能力”，我们得从“拷贝”（copying）和“性繁殖”的双重意义上去理解。①口语交流几乎总是以单一事件的方式发生，而且其内容只在关注此事的人中间分享。与此相反，文字则容许各种奇怪的配对：远者影响近者，死人对话活人，许多人阅读本来只给少数人看的东西等等。文字这一新媒介会对文化和人产生何种影响？苏格拉底对这一问题的回答受制于他的担忧。他担心文字会使爱欲误入歧途，并会使思想摆脱人体，因此而造成各种幽灵般的爱欲联系和精神联系。他认为，新媒介不仅影响信息交换渠道，而且还可以代替人体本身。他的这种看法预示了19世纪人们对新媒体抱有的类似担忧，而我们今天的“交流”观念就肇始于19世纪。

在古代晚期②，古人对《斐德罗篇》作了各种各样的解读，对其主旨众说纷纭，包括“爱”、“修辞”、“灵魂”、“善”或者“整体的美”等等。③但是，该篇对话前后逻辑不畅，主题不清，长期以来使评论家大惑不解。而在该文中，苏格拉底却说：“任何言语都必须要有自己的有机形态（*soma*），就像一个生命体，它决不能无头或无脚，而必须要有中

① 柏拉图的《第七书》（*Seventh Letter*）中有明确的证据显示他对“书写”这一文化形式有兴趣。

② 古代晚期（late antiquity），指从古典希腊罗马时代末期（公元3世纪）到8世纪初期这一特定的历史阶段，主要描述以地中海和欧洲为中心，包括西罗马帝国、东罗马帝国和近东地区出现的社会转型时期。关于“古代晚期”具体的分期时限学界还存在争议。——译者

③ Gerrit Jacob de Vries, *A Commentary on the "Phaedrus" of Plato* (Amsterdam: Hakkert, 1969), 22.

间的躯干和四肢，其构成要互相适合，与整体结为一体。”[①]这段话让《斐德罗篇》的逻辑不畅尤令人疑惑。《斐德罗篇》的前半段由三篇对话组成，主题是“爱”，内容一篇比一篇精彩，这种谋篇结构使人想起柏拉图的另一篇对话《会饮篇》(*Symposium*)。《斐德罗篇》后半段的“音域”(register)则没有前半部分那么高蹈，说的是演讲词撰写技巧，即修辞技巧，最终以苏格拉底对文字的著名批评结束。《斐德罗篇》的内容缺乏内在一致性，对此不少学者提出了各种创见予以解释。[②]至于我个人，我的解读是，这篇对话是柏拉图对交流——包括其规范形式和扭曲形式——的分析，其水平之高，至今无人能超越。[③]爱默生在评论柏拉图时说得好：“他在我们的创新生产中引起了极大的破坏性震撼。”[④]

《斐德罗篇》一开场就点明了其要涉及的所有主题。斐德罗醉心于雄辩术，热衷于为当时的各位伟大演说家的演讲活动担任组织者和赞助者的角色——在另一篇对话《会饮篇》中，推动对话进行并扮演主持人角

---

① *Phaedrus*, 264c. 后文中我对《斐德罗篇》的引用均将其原始出处按 Stephanus 编码法列出；我参考的《斐德罗篇》为其英译本：Alexander Nehamas and Paul Woodruff, *Phaedrus* (Indianapolis: Hackett, 1995)。另译者注：16 世纪巴黎书商 Henricus Stephanus 大量印行柏拉图和普鲁塔克作品的时候，统一编列了页码，每页平均分为 abcde 五个部分。这套分页法叫作 Stephanus pagination，成为此后国际学术界引述柏拉图言论出处的主要依据。《理想国》是第二卷的 327a—621d。

② Jacques Derrida, *Dissemination*, trans. Barbara Johnson (Chicago: University of Chicago Press, 1981), 74 – 75; Mary Margaret Mackenzie, “Paradox in Plato’s Phaedrus”, *Proceedings of the Cambridge Philological Society* 28 (1982): 64 – 76; G. R. F. Ferrari, *Listening to the Cicadas: A Study of Plato’s “Phaedrus”* (Cambridge: Cambridge University Press, 1987), 30 – 34; 以及 Jesper Svenbro, *Phrasikleia: Anthropologie de la lecture en Grece ancienne* (Paris: Editions la Decouverte, 1988), 219 – 238；见第 228 页的图表。关于《斐德罗篇》行文的前后一致性的问题，以及相关的学术研究，有一本书作了很好的总结，即 Alexander Nehamas and Paul Woodruff, “Introduction”, in *Phaedrus* (Indianapolis: Hackett, 1995), ix-xlvii。

③ 不必说，我这里对《斐德罗篇》的解读是挂一漏万。关于这篇对话还有很多值得提的，比如对话中与柏拉图其他作品之间的互文、对神话的辉煌应用、对历史人物的狡黠评论、关于植物的意象以及对人名地名的游戏性用法等等。

④ Ralph Waldo Emerson, “Plato, or The Philosopher”, in *The Selected Writings of Ralph Waldo Emerson*, ed. Brooks Atkinson (New York: Random House, 1950), 471。在该文中，爱默生对哈罗德·布卢姆的原创性思想造成了很大的破坏。

色的就是他。斐德罗在雅典城外墙根下撞见了苏格拉底。[①]对话的背景是一片田园风光——流水潺潺、悬铃树挺拔、蝉鸣翠绿、芳草萋萋——在行文中对谈话所处的情境着墨如此详尽，这对柏拉图而言是非同寻常的，这一城外场景对对话的主角之一，居住在雅典城内的苏格拉底而言，同样也非同寻常。(比较 230d)这里的美景让人远离喧嚣，给人以灵感，使人的心灵沉浸于语词和爱情。斐德罗极力向苏格拉底夸赞他早上刚听到的一篇讲演，内容与爱情有关，讲演者是吕西阿斯(Lysias)[②]，一位杰出的非雅典政治家和修辞老师。苏格拉底曾说过自己“痴狂于听人演讲，已积习成病”（见 228b）。听到这些，他精神为之一振。斐德罗提出要给苏格拉底背诵演讲的几个要点，因为他尚未能记住演讲的全部内容。这时，苏格拉底注意到斐德罗衣裾下的左手里拿着东西，便问斐德罗那是什么。当他发现那是吕西阿斯演讲的文字稿时，他对斐德罗的演讲背诵再也不感兴趣，因为他完全可以直接听“吕西阿斯本人在场”的“原话”（即文字稿）。在此，《斐德罗篇》中的对话刚开始，文字就已被比喻为一个“爱欲对象”(an erotic object)，被斐德罗藏在贴身的地方。[③]

最终，苏格拉底决定听听吕西阿斯的通篇演讲，但不是由斐德罗向他背诵，而是向他大声朗读。《斐德罗篇》的布景(mise-en-scène)正勾勒出了该篇的主题，即文字越界的流布，它能够超越其原本口头的和互动的语境到各处漫游，就像斐德罗和苏格拉底到雅典城外漫游一样。苏格拉底前述所谓“吕西阿斯本人在场”(228e)，恐怕有反讽的味道，但它暗示出，记录性媒介能以一种幽灵般的方式召唤出不在场的人。与此同

① 将斐德罗作为“主持人”(impresario)来描述，请参见：Ferrari，*Listening to the Cicadas*，5－9。

② 吕西阿斯，古希腊著名演说家。青年时曾求学于著名修辞教师提西阿斯门下，后来在雅典讲授修辞学，并代人写讼诉演说辞。公元前 404 年，寡头派的“三十僭主”政府没收了他家的财产，他的哥哥被处死，他本人逃亡外地。次年到雅典后，他写文章控告“三十僭主”政府的暴行，这篇控告词就是他最著名的演说辞之一。他的演说辞风格明快，语言流利自然。——译者

③ Svenbro，*Phrasikleia*，220.

时，“吕西阿斯本人在场”的这一说法也暗示着，相对于人类有限的记忆力，新兴记录性媒介（文字）具有无可比拟的重放功能，因而应更被青睐。“他者缺席而又在场”因而成为这篇对话的主题，而且也是自此以后一切围绕传播所作的思考的主题。同时产生并延续下来的另一个观念是，在交流中，新媒介越使人在缺席时显得在场，就越会因此而创造出一个新的精神灵异世界（spirit world）。

“吕西阿斯”的讲演辞［这篇讲演辞太适合《斐德罗篇》的主题，因此被视为证明柏拉图为进行戏仿（parody）而可能编造了整个《斐德罗篇》的极佳证据］提出了一个令人觉得不可思议的观点：较之于因真爱而“疯狂”的求爱者，那些精于谋划，受私利驱动的求爱者更应受到年轻人的青睐。正如苏格拉底和斐德罗这两个男人之间的对话一样，这里讨论的爱也指两个男人之间的爱。[①]这里的论证逻辑是，爱情即是疯狂（*mania*），它可以损害理性、友谊、声誉和健康。相反，如果对爱能冷静理性地处事，双方就可以免除因爱带来的悲伤。（年长的）求爱者从年轻人那里占到性的便宜，年轻人则得到有阅历的长者的庇护、意见和建议。对这个时期雅典精英阶级的年轻人来说，通向接受良好教育（*paideia*）的康庄大道是依附一位有权势的长者，这种做法在当时已经成为一种制度，名为 *synousia*。对吕西阿斯而言，不能将“爱情”等同于“恋人之间心灵的和谐”；爱情是一种工具性的“善”，因此处事时最好不要带上疯狂。

吕西阿斯的演说对他自己而言只是一次修辞演练，或许还是为他的强悍辩才所打的广告，其内容有意与常识相抵触，但我们从其中也许能隐约发现吕西阿斯与前述柏拉图观点之间的相似性。[②]吕西阿斯赞扬爱情

---

① 关于对《斐德罗篇》作女性主义的解读，请参见：Page DuBois，“Phallocentrism and Its Subversion in Plato's Phaedrus”，*Arethusa* 18（1985）：91－103。

② Martha C. Nussbaum，*The Fragility of Goodness：Luck and Ethics in Greek Tragedy and Philosophy*（Cambridge：Cambridge University Press，1986），203ff.，该书指出，如果我们将吕西阿斯关于爱的立场视为“恶心”而一笔勾销之，我们会因此而错失不少。吕西阿斯的立场虽然扭曲，但却类似于柏拉图中年时的立场（如《理想国》所体现的）。当然，吕西阿斯代表的是修辞学的理性主义一派，而柏拉图所代表的是修辞学的辩证法一派。在这一点上，两者显然是不同的。

中的“非人格化”（impersonality），将其视为一种能避免爱的疯狂的理性方式。他认为，施爱者（*erastēs*/lover）和被爱者（*eromenos*/beloved）应该缔结友好合约，双方都不能被激情乱了阵脚。这是因为，如果你仅仅以“爱”为唯一的仲裁者来选择你的潜在爱人的话，那么，你的选择余地就会局限于很少的几个人，而且这几个人还得正巧和你一样为爱所困，视爱为一切。相反，如果仅从利益角度谋划，则会大量增加你的选择范围。可以看出，吕西阿斯认为，爱会给恋爱者带来脆弱、激情或损失，因此将它们都排除在“爱”之外。对他而言，所谓爱，就是双方在付出上的交换关系。

在此，《斐德罗篇》中的对话为我们上演了一台“剧中剧”（double drama），其表演形式和内容重合：这里存在着两对关系，一是斐德罗作为朗读者，苏格拉底作为听者，他们两者之间所引起的爱欲关系；一是吕西阿斯作为演说者，斐德罗作为其演讲词的朗读者，他们两者之间的爱欲关系。这两对爱欲关系彼此相似——它们都不平衡。具体地说，古希腊人常常把阅读比喻成进入和被进入的性交关系。因为阅读几乎总是有声的，因此写东西让人读，就是作者对读者的声音和身体施加一种控制，这种控制甚至是跨越时空的。[①]而读者的阅读——这里指大声朗诵——就是将自己的肉体拱手让给另一个肉体来控制。这另一肉体的主人就是文字的作者，他通常是男性，遥远而具有统治欲。写作就是充当施爱者，而阅读就是充当被爱者。一般认为，作者是主导的、积极的，读者是被动的、臣服的。[②]所以在《斐德罗篇》的开篇情景中，吕西阿斯虽未出场，但作为作者，他已经远程控制了读者斐德罗的身体和声音。正是在这个过程中，吕西阿斯的文字钻进了原本不是其接受对象的苏格拉底的耳朵。可见，在文字传播中，会出现接受对象的“扭曲”——其原本的传播针对的也许只是两只耳朵，可是在其被读出来时，其他的耳

① Svenbro, *Phrasikleia*, 157.
② Svenbro, *Phrasikleia*, 213.

朵无意间也听到了。这说明（用媒介）记录内容就意味着放弃对内容的隐私控制权，也就是放弃传播对象的明确性。在斐德罗读出其施爱者（吕西阿斯）的话时，后者就暂时控制了他的身体。这个关系正好反映了吕西阿斯的观点：理性的施爱者和温顺的被爱者之间的非对称关系才是最好的关系。吕西阿斯想爱斐德罗，就像书籍爱其读者一样——这种爱公开表达，不管具体情况，为阅读者为书所用。

斐德罗朗读完吕西阿斯的演讲词后，问苏格拉底对之有何感想。苏格拉底说了许多溢美之词，其实是在开玩笑。在斐德罗的追问之下，他还是哼哼叽叽、兜兜圈子，掩饰他明显的厌恶。对吕西阿斯演讲的形式和内容，他都不喜欢。他羞羞答答地暗示说，他或许知道一篇更好的论述爱的演说辞。这勾起了斐德罗的好奇心。斐德罗做演说辞的买卖，是“演讲说理之父”（father of logos）。他千方百计要苏格拉底出售手中的商品，先是试图贿赂他，继之以武力威胁他，最后则要挟他，要取消苏格拉底从他那里获得进行丰富哲学论争资源的机会。最后，苏格拉底被迫向斐德罗论证以下命题是成立的——“不爱的爱者”（nonlover/nonloving lover）胜过“施爱者”（lover）。于是，斐德罗扮演起吕西阿斯所言的“不爱的爱者”，与苏格拉底相配合。“斐德罗利用苏格拉底，把他当作有生命、会说话的工具。也就是说，他把苏格拉底当作一件物体。”①在此，对话的展开更有戏剧性，再次模仿出《斐德罗篇》整个对话的主题——语词的处境和爱情的互通性。如果在一对伴侣之间，一方是主体，另一方是客体，他们之间的爱还能是爱吗？在吕西阿斯——这里具体是朗读他演讲稿的斐德罗——看来，回答是肯定的。

接着，苏格拉底就爱情作了一番讲演，他将脸遮着。不清楚他此举目的何在，不知是为了遮羞抑或是掩盖其怒火。②演讲之前，他先奉承了斐德罗一番。斐德罗这个名字的意思是“光彩照人的人”——努斯鲍姆

---

① Svenbro, *Phrasikleia*, 226.

② Dubois 在“Phallocentrism”中，把苏格拉底的掩面视作女子的调情之举。

(Martha C. Nussbaum)将其译作“闪闪发光”。苏格拉底夸奖斐德罗，说他在朗读吕西阿斯的演讲词时满面红光。然后，苏格拉底开始了自己的演讲。一开篇，他就揭下吕西阿斯的面具，说他的讲话是一种“施爱者”的策略——而不是“不爱的爱者”的策略——吕西阿斯这样做的目的是试图赢得一名有着众多追求者的年轻人的欢心。苏格拉底因此而不承认吕西阿斯演讲的前提，并宣告，所谓“不爱的爱者”根本不可能存在。苏格拉底认为，吕西阿斯作出“不爱的爱者”的姿态是装模作样，因为所有勾引人的行为都是因爱而起。

接下来，苏格拉底转向定义辨析，这是他的一贯做法。他说，“爱”就是欲望(*epithumia*)(237d)。欲望有两种：非理性的、求快乐的欲望(称为“爱欲”*Eros*)和理性的、求优秀的欲望。爱欲是渴望肉体美——人体美(*sōmatōh kallos*)(238c)；爱欲可能导致危险的疯狂。苏格拉底继续摩挲玩味这样一个观念——爱破坏被爱者的幸福。被快乐奴役的施爱者为了达到自己的目的，会扭曲被爱者，而且不会容忍被爱者比他优秀(238e)。正如吕西阿斯所说，施爱者对被爱者身上的他者特性，要么是征服，要么是忽视。施爱者在被爱者身上培养的，可能不是最好的东西，而是最糟的东西；施爱者会将被爱者圈起来，不让被爱者接触哲学，不让他接触一切对他自身有好处的东西，而是将他变成性奴隶。年长者以年轻人为恋人，就可能会使后者暴露在各种潜在的危害之下。当施爱者陷入激情时，被爱者就不得不忍受他令人讨厌的各种“老年病”；如果他不能忍受，就有可能会被施爱者抛弃。苏格拉底妙笔生花地描述爱情的变幻无常。他本来就爱欲旺盛、感情敏锐，并因此而颇有名气，可是他在这里把爱描绘成一种邪恶，以智者派的高妙方式有意将真理予以悬置。他表现出的论辩才华，令人瞠目。他笔下描绘的“堕落的爱”——从嫉妒、漠视、虐待到剥夺对方的自主性等等——至今仍让人感觉言犹在耳，挥之不去。

在《斐德罗篇》中先后出现了三篇讲演，前两篇可以说都是被迫做的。在第一篇讲演中，斐德罗受到吕西阿斯讲演辞的魅惑，他的每一个音节，每一次换气都对吕西阿斯亦步亦趋。吕西阿斯的演讲辞遥控着斐德罗的身体。第二篇演讲则是斐德罗迫使苏格拉底违背他的意志作出的。苏格拉底甚至将该演讲的作者身份拱手让给了斐德罗，虽然话是从他苏格拉底嘴里说出来的，但那是因为斐德罗偷偷给他“下了药”(*pharmakon*)(242e)。以上两篇演讲其实都是这种或那种药物作用的结果。催生第一篇演讲的药物是吕西阿斯的文本，催生第二篇演讲的药物是斐德罗对苏格拉底的强制。两篇演讲都不是源于灵魂的自由而直接的表白。两篇演讲所涉及的关键问题都是，被爱者应该对谁屈服，以及在什么情况下屈服？这个问题“是爱欲的典型特征，这里，爱欲被理解为存在于施爱者和被爱者之间的一种给予和索取的艺术”，[①]两篇演讲涉及的都是恋爱双方的互相利用而不是互相爱慕。

这两篇演讲也都提出了“不对称的交流关系”问题。第一篇中的不平衡关系是吕西阿斯的文本主宰(dictation)[②]；第二篇的不对称关系是斐德罗的威胁主宰(dictatorship)。两篇演讲都无视爱可能带来悲伤和危险。这里，柏拉图对文字(discourse)提出隐含批评，并不是针对传播媒介(即文字)本身，而是针对(像文字一样)拘束灵魂自主性的任何表达方式。

在苏格拉底起身离别时，又突然被身上的邪魔(*daimonion*)拽住衣襟，他于是留下来做《斐德罗篇》中的第三篇演讲，一篇“罪己书”(*palinode*/recantation)，以弥补前两篇演讲中对爱神的亵渎。这是苏格拉底在《斐德罗篇》中所做的第二篇演讲，其内容在后来的西方历史上产生了广泛的回响。他在演讲中赞扬“爱到疯狂是赐福”（这与前两篇演讲中对“疯狂”的极尽贬低形成对照）；他提到了个体的灵魂在理性(*logos*)、意志(*thumos*)和贪婪(*epithumia*)之间展开的搏斗，他用高大英俊的白马和丑陋的黑马向不同方向拉车竞争的神话故事来比喻这种搏

① Michel Foucault, *The Use of Pleasure*, trans. Robert Hurley (New York: Vintage, 1986), 231.

② 英语单词 dictation 有两个意思，a. 口头告知某人，让其听写记录；b. 向某人发号施令。作者在此显然是一语双关。——译者

斗；他提到了人具有看破过眼云烟，获得永恒真理的独特能力，指出人的外在美是指向天理(divine truth)的线索等等。在这一伟大的语篇里，苏格拉底创造了一种新的爱，同时也提出了一种新的交流视野。此前的两篇演讲提出了两种被“系统性扭曲的”交流视野，在这第三篇讲演中，苏格拉底则提出了一个新的“爱”的观念，它没有主奴之分、主从之别——这就是我们后来所称的“柏拉图式的爱”——一种没有“进入”的爱。苏格拉底有两个最典型的拒绝姿态，一是拒绝文字，二是拒绝“进入”(penetrate)。在《会饮篇》阿尔喀比亚德(Alcibiades)的讲话里对第二个姿态作了描绘；而在《斐德罗篇》里，我们可以发现，苏格拉底的这两种姿态被密切地联系起来。[①]以上的两种“拒绝”，即拒绝文字和拒绝“进入”，都是对各种不对称关系的拒斥。苏格拉底剔除了大量约定俗成的存在于“施爱者”和“被爱者”之间的不平等关系。[②]一般认为，只有在激情消退，恋爱双方进入老年，成为非性爱的朋友之后，双方之间的爱才能达到对等。但是，与这一普遍认识相反，《斐德罗篇》则描绘了一种对等的爱欲关系，即一种存在于哲学恋人之间的爱。苏格拉底解释说，哲学就是爱(爱智之爱)；哲学只能够与自己爱慕的另一人一道去追求。[③]哲学思考需要两个人一起才能进行。

苏格拉底所设想的是，哲学恋人静下心来，一起回忆他们共同的神圣渊源。在此，苏格拉底勾画出一个理想的交流观念——交流者的两个灵魂相互缠绕、对等互惠。直至今天，这个理想的交流观念还保持其活力。然而，这种互相缠绕并不局限于心灵间的交融，它还包括肉体。肉体美是苏格拉底交流观的核心。他认为，肉体美并不会阻碍个体回忆出真理，反而会提醒我们记起，将从前遗忘的荣光带到当下，使其呈现在

---

① Svenbro, *Phrasikleia*, 232.

② Foucault, *Use of Pleasure*, 239.

③ 当然，“哲学”(philosophy)一词来自希腊词根“phileo”(爱)，苏格拉底在此主张的是“erosophy”(更确切的希腊文作“erotosophy”)。

我们眼前[①]。苏格拉底指出，对于那些曾经目睹过神圣美的人来说，一看到美丽的面孔和身形，就会帮助他产生视觉上的回忆(vision)。而那些对天堂没有多少体验的人，面对一位貌美者，也会禁不住“战栗，并会被恐惧笼罩”，以至于他愿意为他美丽的恋人做出牺牲(251a)。爱欲不仅仅是一种野性的和感官上的颤动，也是灵魂的渴求，是与美若天堂的海洋重新团聚的渴求。苏格拉底接下来继续论述“疯狂”(*mania*)这一主题。他说，恋人中一方看到另一方时候，就会感觉自己仿佛被淹没在爱河中，感到他浑身毛孔都开始长出羽毛——这羽毛原本就隐藏在其灵魂的原初圣状中，伺机而生。

我们欣赏美人，就是让美人身上散发着的美如溪流一样地注满我们自己。(这里所指的“美人”，我们今天也许会理所当然地认为是美女，但是柏拉图在这里仅指美男。)[②]如果看不到自己的所爱，爱者就会染上相思病，这是一种让他内心涌动、坐立不安的渴望。这种相思病只有看见心上人，和心上人在一起才可以治好(251e)。爱者时而欢喜，时而痛苦，处境可怜，在爱欲甜美的痛苦中被伤害着。他与心上人如影随形，兴奋狂热，目迷美色而忘掉一切。他渴望心上人时时在场，鄙弃横亘在他和心上人之间的一切中间物。由此可见，苏格拉底并不认为性欲低俗卑贱，而是认为它只是一种普遍存在的思乡之情(homesickness)的间接表现。正如阿里斯托芬(Aristophenes)在《会饮篇》里的讲话一样，直白地说，爱就是努力去找回失去的完整性(wholeness)。

苏格拉底笔下的爱欲，美妙、痛苦而疯狂。到此为止，这种爱欲尚

① 回忆说，古希腊柏拉图的唯心主义认识论学说。柏拉图宣称，灵魂是永恒的，在它堕入肉体之前，本来是在理念世界中存在着的，并且对理念世界的一切早已有知识(如美德等)；但是当它离开理念世界进入尘世之躯后，由于受到肉体的玷污，原先所具有的理念知识被遗忘了，因此人们必须用学习、回忆的方法，去重新获得被遗忘的知识，包括道德知识在内。柏拉图认为真理在我们自己内心，通过回忆(recollection)就可以获得。——译者

② 如果我们认真地延伸解读柏拉图的话，我们可以将其视为一个女性主义者。可参考杜波依斯(Dubois)的相关著作，以及有学者指出的“柏拉图是对男性人称代词的用法提出批评的第一人”。参见：Nussbaum, *Fragility*, 3-4。

主要集中在施爱者身上。一开始，爱欲之箭仅作单向飞行，但是，他的叙述很快就从施爱者过渡到被爱者。他这一视角上的反拨体现出他所阐述的一个更大的观点，即对等互惠的爱情。“反向的爱欲”（anteros/countereros）在被爱者的身上出现，以匹配施爱者的“爱欲”。“反向的爱欲”是柏拉图生造的一个词，目的是要使爱欲能像“哲学之爱”（*philia*）一样对等互惠[1]。一旦“反向的爱”如暖流一样穿过被爱者全身，被爱者才知道自己已经陷入爱河。美如流水般“从被爱者的眼睛进入其身体，而眼睛是通向灵魂的自然之径”（255c）。被爱者开始注意施爱者给予他的温柔，于是，美的流水就开始双向流动。“想象一下，惠风或回声如何从一个光滑结实的物体上弹回至其源头；就这样，美的流水又回流到施爱者的身上，使他振翅飞翔。”（255c）被爱者被爱震撼，陷入其中，却不知爱究竟来自何方：“他不知道，他在施爱者身上看到了自己，就像在镜中看见自己一样。”（255d）雅克·拉康[2]曾说，是苏格拉底发明了心理分析。在这里，苏格拉底所描绘的是一个转化过程，在其中，主体和客体双方深刻交融。在施爱者身上，被爱者捕捉到了他自己美的形象，随后他就爱上了施爱者。

苏格拉底所描述的施爱者和被爱者之间的关系，是一位年长男性和一位年轻男性之间的关系。但尽管如此，苏格拉底的创新之处在于，他首次提出将“对等互惠”作为衡量真爱的标准。而沿着这个标准的梯子往上到几近最高处，就是实现人与人之间的心灵分享，以及循环而平衡的互通性。在恋爱中，每一名恋人都可以从对方的美丽中重拾记忆，回到其神圣的源头中去。爱欲之爱即是回忆之路。恋人一方对另一方的爱能让自己重新长出曾失去的神圣翅膀。为此，苏格拉底创造了一个蹩脚

---

① Nehamas and Woodruff, *Phaedros*, 46 n.115.

② 雅克·拉康（Jacques Lacan, 1901—1981），法国当代心理学哲学家，精神分析学说的著名代表人物，结构主义的代表之一，1901 年 4 月 13 日生于巴黎。在巴黎大学获哲学和心理学博士学位，毕业后长期从事精神分析学的研究、教学与医疗工作。拉康根据结构主义和后结构主义的理论对传统的弗洛伊德主义重新进行了阐述和评价。——译者

的双关词。他将翅膀(*pteron*)和爱欲结合在一起，造了一个新词 peteros，意思是“长翅膀的爱欲”（爱弥儿、天使），并认为“长翅膀的爱欲”地位比一般的爱欲更高(252c)。在苏格拉底描绘的对等互惠的恋爱关系中，既没有单向的交易，也没有强制和操纵。相反，恋爱双方彼此克制，每人都为了对方而唤起自己身上最美好的思想(idea)，正是从这种自我克制中产生了“哲人之爱”。苏格拉底并没有单纯地谴责恋人间的性接触，但他认为，性接触显然要从属于更高层次的共同节欲。由此可见，柏拉图笔下的苏格拉底开启了一个悠久的传统，这个传统把一人与另一人之间对等互惠的接触，视为该人回归故乡——灵魂所栖居之地——的必由之路。这个传统回荡在基督教的博爱(*caritas*)、恋人间的浪漫之爱，以及心理分析理论中，也许同样回荡在黑格尔和马克思的思想中。黑格尔和马克思确信，人类社会的基本单位由两人组成；一方是另一方通向更高知识的门径，是治疗对天堂的思乡之苦(heavenly *Heimweh*)的一剂良药。苏格拉底认为，人际交流不仅仅是一种彼此互通消息的美好模式；在上苍的赐福下，恋人彼此的相爱(这是发挥到最好的人际交流)能拯救对方的灵魂。这一关于“爱”的理念，是苏格拉底留给我们的遗产，它典雅而浪漫，后来经过基督教的过滤，便被人们用来作为衡量“交流”的尺度。这一遗产，作为理想，光荣而苛刻。

苏格拉底的宏论使斐德罗为之倾倒。但是，斐德罗这个人对天外之物并不那么感兴趣，他不会因此而脱离他喜欢的讲演主题。于是，他就一事向苏格拉底求教。他说，最近有人攻击吕西阿斯，指责他只不过是给讲演人当文书，只晓得给想打官司的人或为在政治集会上摇唇鼓舌的人舞弄笔杆子。早先，在另一篇对话《高尔吉亚篇》中，苏格拉底对修辞术发表过严厉措辞，将其当作如烹饪术、化妆品[①]之类的雕虫小技。但此时，苏格拉底一改他先前的立场。他并不谴责吕西阿斯舞文弄墨，而

① 在古希腊社会中，这都属于令人不屑的私人领域；希腊人贬低私人生活，推崇城邦的公共生活。——译者

是区别了好坏两种类型的文字工作。他说："撰写讲稿本身并不令人羞耻。"(258d)接下来，在《斐德罗篇》剩下的篇幅里，苏格拉底就实现所谓的"哲学修辞"是否可能进行了阐述。《斐德罗篇》的内容天马行空，在一个慵懒的六月天下午，先谈天上有翅膀的爱欲(爱神)，然后又落到地上来谈修辞，而蝉虫[①]则不胜其热，在头上嘶鸣——这是缪斯女神来到人间，在暑天酷热里歌吟。这些东鳞西爪的描述就是造成《斐德罗篇》的对话内容缺乏统一，令人迷惑的主要原因。

苏格拉底检查了斐德罗手里吕西阿斯的讲演辞，发现演讲内容对真理把握不够好，对听众的针对性也不强。他指出，要够资格做好讲演，就必须是够格的哲学家。即使是为了欺骗，演讲者也需要把握真相；而要对听众产生影响，讲演者也必须从理论上了解听众的灵魂类型，并在实践中识别出这些类型。正如爱诞生于恋人对天堂的了解，诞生于两人共同的哲学思考一样，精美的修辞也必须有知识的指引，包括关于真理的知识和对听众的了解。正如医生不了解病人的体质就不能开药方一样，演讲者也不能使用不适合听众的词语。药必须对症，修辞学家也必须用适合听众的比喻和其他文学手法。药与身体有关，修辞则与灵魂有关(270b)。那些了解实情(realities)，并能够如医生用药一样巧妙地"配置"实情而获得很好效果的人，才能够将表象(appearances)利用到最好。在这里，苏格拉底几乎是在用现代媒体营销的人口统计学术语思考

① 蝉的意象与古希腊神话《缪斯女神与蝉》相关。很久很久以前，在"缪斯女神"还没有诞生的时候，蝉也是人类。"缪斯女神"包括九个姊妹，她们专门管理天上人间一切美好的事物。有的管绘画，有的管音乐，有的管爱情，有的管哲学，有的管舞蹈。缪斯女神的其中一个作了一首美妙的歌曲。蝉很喜欢这首歌，每天尽情地唱，就像着了迷似的唱个不停，连饭也不肯吃，觉也不想睡。最后唱得恍恍惚惚的，终于连自己的生命也抛弃了。缪斯女神对于蝉这样为音乐而死，心里十分感动。同时也为了酬谢蝉对音乐的爱好，就把蝉变成一种可以死而复生的昆虫。从那时候起，蝉就成为缪斯女神的忠实特使。它们既不懂得什么叫作饥饿，也不懂得什么叫作疲惫。它们一生下来就在树上不停地唱歌，一直唱到死为止。它们死了之后，就去向缪斯女神报告人间的一切。它们当中报告有关舞蹈的，就可以得到专门管舞蹈的特普西可儿女神的爱。报告有关爱情的，就可以得到爱拉脱女神的爱；报告有关哲学的，就可以得到缪斯女神中最年长的卡莉欧碧女神的爱；报告有关音乐的，就可以得到乌拉妮雅女神的爱。——译者

问题："没有谁能够掌握讲演的艺术……除非他能列举出听众的特征，并根据其类别来区分他要讲的所有内容。"（273d-e）。将演讲内容不加区分地撒给听众，让听众不知所云，不知所措，这是很愚蠢的。这里，苏格拉底希望做到的是对演讲对象进行有序区分。

由此可见，苏格拉底关于讲演的观点，和他关于爱的观点如出一辙。如前所述，苏格拉底认为被爱者不能对施爱者盲目屈服；同样，在这里，他认为演讲者对不适合的听众讲演也是错误的。演讲者和听众要在灵魂上紧密结合。爱情也好，演讲也好，灵魂与灵魂之间，以及身体与身体之间，如果两者结合得过于松散就会造成问题。盲目的撒播是不好的，只有亲密对话或将内容和听众完美匹配起来的谨慎修辞才是好的。不适合听众的讲演（作为一种胡乱的撒播）会带来危险的"收获"（harvests）。对苏格拉底而言，讲演者的表达是否细致入微地切合听众，是判断交流好坏的标准。"错谬的修辞最终只会成为'正义'之幻象；真正的修辞却是爱欲之科学。"[①]这里，之所以说拙劣的修辞是对"正义"的拙劣模仿，是因为正义对所有人都一视同仁，而拙劣的修辞对所有听众不加区别，一视同仁。相反，之所以将得体的修辞比喻成爱欲，是因为它如爱欲那样关爱受众中的一个个特定的灵魂。修辞面对许多人，爱欲却只关心一人。但是，对苏格拉底而言，修辞和爱欲的真实形式都涉及说者和听者之间的对等互惠匹配，两者之间形成了一个闭合的交流环路。[②]因此，苏格拉底所设想的大众传播，是一种放大了的对话，在这个过程中，没有逃散的讯息，没有偷听，也没有意外的效果。

但是，对柏拉图笔下的苏格拉底而言，书写却是那种不分对象的随意抛洒（scatter）。书写永远不可能在它与其接受者之间实现真正的契合。文字貌似对交流双方互相关爱，但实际上招致了很多批评，这种批评与

---

① Seth Benardete, *The Rhetoric of Morality and Philosophy: Plato's "Gorgias" and "Phaedrus"* (Chicago: University of Chicago Press, 1991), 2.

② 正如亚里士多德在其《修辞学》中所言，修辞的艺术在于对不同类型的集体受众说话，而不是对不同类型的受众个体说话。

吕西阿斯关于爱的演讲所遭到的批评类似。书写也许能宣称自己在跟读者进行一对一的交流，但是实际上，它对读者的关照不加区分，一视同仁。读者朗读演讲词，不知其意；施爱者玩弄年轻人，毫无爱情。类似的，书面的东西漠视读者的灵魂，对语词进行漫不经心的发布和撒播。一如既往，《斐德罗篇》中不断出现的戏剧性转折总能引发哲学论题。此处，《斐德罗篇》中出现了埃及王泰米斯(Thamus)和传说中书写的发明者特乌斯(Theuth)的一段对话。这段对话是《斐德罗篇》中出现的众多“腹语式”[①]引语之一。通过泰米斯的嘴，苏格拉底道出了他对书写这一媒介的指控——书写破坏人的记忆。苏格拉底认为，文字能够将人的说话声“抛”出去——即使文字承载的是书写者自己的声音——正是这一点最让人生疑。以下是《斐德罗篇》中的一大段批评书写(*graphē*)的话，这也是本书的主题之一：

> 你瞧，斐德罗，书写和绘画有一个奇妙的共性。绘画的产物搁在那里就像获得了独立的生命。但是，如果有人向它们询问什么，它们却保持最庄重的沉默。写下来的字是同样的道理。它们在说话，你会认为它们好像有理解力；但是倘若你想就其所说的提出问题以了解更多，它们却始终不增不减，永远都保持其原来的意思。一旦写下来，每一段话都会到处滚动，它撞上懂的人，也撞上和它没有关系的人，不加区分。它不知道应该对谁说话，不对谁说话。一旦它受到指责，受到不公正的攻击，它总是需要它父亲的支持；脱离了其作者，文字既无法保护自己，也无法支持自己。(275d-e)

这里苏格拉底开出了一张“焦虑的清单”，这是在回应传播媒介变革的过程中产生的挥之不去的焦虑。文字模仿活生生的在场，但是不地

① 腹语，一种不通过嘴而通过腹腔发生说话的技术，常常让人误以为声源来自他人。——译者

道；文字没有人性，缺乏内在性(interiority)，它摧毁正宗的对话，缺乏亲切感，忽视交流对象的个性；它的信息发布是任意乱交的。文字的这些不足后来被用来评价印刷术、摄影、录音、电影、广播、电视、电脑等传播媒介。《斐德罗篇》的伟大之处在于它以令人惊异的清晰笔触，总结并奠定了规范性(normative)媒介批评理论的基础；同时，它还促使我们重新思考，我们在谈论"媒介"(media)时，这个词到底所指为何？在苏格拉底看来，交流必须发生于灵魂与灵魂之间，交流双方必须同时亲身在场，在亲密的互动中进行，而且这种互动必须专门适合于交流的参与者。在苏格拉底看来，正如吕西阿斯的演讲抹杀了"爱者"(lover)和"不爱的爱者"(non-lover)之间的区别，文字作为一种媒介也不知道讯息接受者的"灵魂"为何物。

由此可见，苏格拉底对书写的批评，不仅是为了使他与斐德罗的对话显得精美而采用的花哨装饰，而且还是其论证富有逻辑的延伸。他认为，要建立良好而公正的人际关系，人们需要了解并关爱彼此的灵魂。苏格拉底在《斐德罗篇》这一书面的对话录中抨击书写，这本身就是一个悖论，但也许正是这一悖论使得《斐德罗篇》具有了内在一致性。[①]在苏格拉底看来，交流中的扭曲产生于交流中"人的关系"的消失。由于书写可以大大超越口语表达所处的情景，不同的人会对同一篇文字有不同的理解。吕西阿斯属于智者学派[②]，那些请他代写演讲词或辩护词的客户最多不过是传输者(transmitter)，他们并不理解自己传播出去的内容。这能解释为什么我们将现代社会中存在的一类"智者派"，即代笔者，叫作"捉刀人"(ghostwriters)。真正的说话需要说话人肉体(*sōma*)在场，而文字缺少这种在场。如果从爱的角度看，文字在根本上是不忠贞的。

① Mackenzie, "Paradox in Plato's *Phaedrus*"；并参考 Nehamas and Woodruff, "Introduction" xlvi-xlvii。

② 智者学派(Sophists)，公元前5世纪—公元前4世纪在希腊各地形成和发展起来的一种人文主义思潮或派别，以传授知识和论辩技术为职业。早期智者既是职业教师，又是自由知识分子。主要代表人物是普罗泰戈拉、高尔吉亚、普罗狄柯、希庇阿、安提丰、特拉西马库、克里底亚等人。在哲学方面他们并不构成一个统一的学派，政治态度亦各不相同。——译者

这里产生了一个至今都困扰着我们的两难处境：在一个非个人化的、不忠贞的媒介中，交流一方如何找到确凿的迹象以确保另一方的忠诚和在场。

苏格拉底对书写的最后批评转向了掩藏在“对话”中的爱欲主题。在此，他讨论了各种样式的话语(discourse)是如何种植思想的种子的。以文字撰写就是将种子广为撒播，而不在乎它们被撒到何处；而通过辩论方式传授，则是将种子种入经久耐用的媒介中去。他将知识比喻成种子①，并指出，真正有知识的人会小心翼翼地撒播他的知识。《斐德罗篇》(276c)中聪明的农夫会将他的种子播在那些会让它们开花结果和不断繁殖的地方；愚蠢的农夫则只会经营出一个昙花一现的“阿多尼斯的花园”②，仅供娱乐之用；同样，聪明的教师会在学生丰饶的灵魂中播下种子，而愚蠢的教师则只会将自己的学说写下来，让这些文字冒着被四处撒播的风险。一对一的口头传授是书写合法的兄弟。作为一种话语，一对一的口头传授是“将知识书写在听讲的学生的灵魂中；它可以在面临提问时进行‘自我辩护’，它知道应该对谁讲话，应该对谁缄默”。(《斐德罗篇》，276a）对苏格拉底来说，人的灵魂是比莎草纸更加耐久的“媒介”，这可以解释他那个让我们听起来觉得很奇怪的观念：口头传授是一种比书写本身更加长寿的“书写”。写在学生灵魂中的文字有繁殖能力，可以通过口头再传授而在其他人身上扎根，也可以在辩论中捍卫自己；而与此相反，文字则如同患了不育症，不能受孕繁殖。苏格拉底想要的，是口头一问一答的亲密而不是书写带来的广泛撒播，是受

---

① 自古以来，语词就被比作种子/精子。参见：Pierre Guiraud, *Semiologie de la sexualite: Essai de glosso-analyse* (Paris: Payot, 1978)，以及 Stuart Schneiderman, *An Angel Passes: How the Sexes Became Undivided* (New York: New York University Press, 1988)。

② 阿多尼斯(Adonis)，希腊神话中的一位美少年，被“爱和美女神”阿佛洛狄忒(Aphrodite，即罗马神话中的维纳斯)所爱。阿多尼斯在狩猎中被野猪咬死，由于阿佛洛狄忒的爱感动了冥王哈得斯(Hades)，哈得斯允许阿多尼斯一年中有6个月可以回到光明的大地与爱人相聚。每年春夏相交之季，雅典的妇女都集会庆祝阿多尼斯节，届时在屋顶上竖起阿多尼斯的雕像，周围环以土钵，钵中种植发了芽的莴苣、茴香等。这些植物生长期均比较短，用来寓指阿多尼斯的短命。后来这种屋顶花园被称为“阿多尼斯花园”。——译者

精多产而不是广种薄收(panspermia)。

总结而言，苏格拉底担心的是如何保持父系血统以及如何避免乱交。表达爱欲本身不是问题，有问题的是表达错误的爱欲。他并不谴责书写本身，就像他并不谴责修辞一样。德里达(Derrida)作了这样的概括："《斐德罗篇》的结论，与其说他是在用(交流双方都在场的)口语的名义谴责书写，倒不如说是他喜欢一种书写优于另一种书写；他喜欢丰饶的路子甚于喜欢贫瘠的路子，喜欢播在心里的会生长的种子甚于喜欢被抛洒浪费在心田之外的种子。"[①]苏格拉底给我们展现了一个父系繁殖的视角，认为繁殖过程中最关键的是种子，而不是随后的怀孕；他认为，哲学教育是一种无需妇女的繁殖。[②]在据说是耶稣创作的各种寓言中，"撒播"得到推崇，而与此相对，苏格拉底则为书面词语的撒播性质而感到震惊。他这种论证逻辑是基于一种很早就存在的焦虑，这种焦虑来源于"稳定的父子关系"和"多形态的乱交关系"之间的紧张。对苏格拉底而言，正如对此后的许多思想家一样，"对话"(多产的交合)是常态，"撒播"(洒落的种子)则是偏离。正如柏拉图在其他著作中所提及的一样，苏格拉底这里借用了女性生育的意象(他自称为助产士，给怀在一切男性身体中的思想接生)。他认为，他的这个思想接生的模式比吕西阿斯的不加区别、不负责任的播种要好。简言之，苏格拉底实际上面对的是两种"人工智能"(Artificial Intelligence，AI)。一种是书面文本的人工智能，它能给一名具有爱心的老师以灵感；另一种是书面文本在广为撒播时，如同人工授精，使得父子关系不明。在苏格拉底看来，书写好比一个思想的精子库，受精可以在两个不认识的人之间发生，可以跨越巨大的时空距离对他们之间的结合进行操纵。书面词语释放出一片孢子云，在空间飘浮，等待受孕，在哪里落地生根都行。这两种"人工智能"所戏仿的都是苏格拉底呼唤的整体爱欲的存在和互通性。他认为

① Derrida, *Dissemination*, 149.

② 苏格拉底曾想象男性同性能生殖,参见 Dubois,"Phallocentrism"。

这两者应存在于所谓“哲学恋人”之间。由于文字的这种繁殖性，通过文字传播，要在交流双方的灵魂之间实现鲜明的亲密接触是根本不可能的。

苏格拉底认为，与在灵魂上书写相比，在莎草纸上书写，作为一种爱欲，它具有欺骗性。尽管书写能使人感觉作者在场，但它实际上却像是一种涂了防腐剂的智能，如同古埃及的木乃伊——据说文字就起源于埃及。正如一切新媒介一样，文字作为新出现的媒介，为活死人打开了一个新天地。莎草纸可以让“吕西阿斯本人在场”，可是这个吕西阿斯却隔着空间对文本的朗读者（斐德罗）施加爱欲的魔咒，因而在传受双方间不可能有任何互动。如果能听到弥尔顿的话，苏格拉底也许会打着寒颤表示同意弥尔顿：“书籍不是绝对死的东西，而是确实包含一种潜在的生命。”①在此，《斐德罗篇》预示了 19 世纪后半叶关于新媒体各种说法的出笼，这些说法认为，19 世纪出现的各种记录性和传输性新媒体中渗有人的灵魂（见第四章和第五章）。和卡夫卡一样，苏格拉底发现了存在于人与人之间的幽灵（ghost）成分。

再一次，我们可以看出，苏格拉底的交流视角不是简单地与媒介有关——口语好，书写坏——而且还与人际关系的平衡和紧密程度相关，而这些媒介总是嵌在这些人际关系之中。对柏拉图笔下的苏格拉底来说，媒介不仅仅是一个渠道，而且是一系列的人际关系。他批评写在莎草纸上的文字，肯定写在灵魂上的文字，这始终是《斐德罗篇》的深层主题，即无论是为了爱情还是为了智慧，都需要两个人的合作。文字，和修辞一样，可以切断两个人之间的互通性，将完整的对话切割成支离破碎的语词，将其四处抛散而不顾。这些散落的语词像被放逐的幽灵，到处游荡，亦像发射给海量无形听众的无线电广播。离形去骸（disembodiment）的幽灵，如被莎草纸上的文字捕捉住的吕西阿斯，又回

① John Milton, *Areopagitica*, Great Books of the Western World, ed. Robert Maynard Hutchins, vol. 32 (1644; Chicago: Encyclopaedia Britannica, 1952), 384.

头来扰人。

对《斐德罗篇》的主题连贯性，已有众多学者进行了比我这里所作的更加丰富的解读。我在此所做的，是将其解读为一个与交流方式有关的规范性标准。《斐德罗篇》的第一部分谈“爱欲”——即只与一人进行专一的交流；第二部分谈“修辞”（rhetoric）——即与多人进行广泛的交流。而在《斐德罗篇》的开篇和结尾，则都提到了交流的两个扭曲形态：一是“个性化的修辞”（吕西阿斯的演讲），一是“大众化的爱欲”（文字）。这两种交流的扭曲形态都假装对特定个体表示关爱，但实际上却对交流的对象不加区分，“来的都是客”。从柏拉图的思路看，这两种扭曲都不是发自灵魂的自由言说，而是在受到强制的情况下出现的；两种扭曲都不是“现场直播式”的阐释，而是奇怪的人为之物，甚至是非人性（inhuman）之物。

在“个性化的修辞”这一扭曲形态中，吕西阿斯将他爱恋的对象（斐德罗）当作一个个体来交流，但是斐德罗实际上却仅仅是吕西阿斯众多追求对象中的一员。吕西阿斯的姿态是克尔恺郭尔笔下勾引者的姿态，只不过对所谓“独特的爱的表白”，吕西阿斯是批量（*en masse*）同时进行的，而克尔恺郭尔笔下的勾引者则是对不同勾引对象一个一个依次进行的①。

在“大众化的爱欲”即文字对交流的扭曲中，书面词语之所以出现偏差，却是因为相反的原因——即使文字的目标交流对象是一个人，它也可以和不确定的众多读者结合。“不爱的爱者”（nonloving lover）的口头演讲在发布（transmission）时不分对象；而文字则对其接受者不分对象。然而，真正的爱欲是两两相配的，正如哲学修辞的使用要根据对不同灵魂的了解一样。无论是爱情还是哲学，灵魂和语词之间必须匹配。苏格拉底指出，即使在公共演说中，讲演辞的撰写也应该与听众密切相

① Soren Kierkegaard, “The Seducer's Diary” (1843), in *Eithcr/Or*, trans. Howard V. Hong and Edna H. Hong (Princeton: Princeton University Press, 1987), 1: 301 - 445.

关。对讲演辞的精心打造可以使大规模的讲演达到接近亲密对话的水平。在这里，我们可以看出，如果说“个性化的修辞”和“大众化的爱欲”是两个扭曲了的交流形式，那么“个性化的爱欲”和“大众化的修辞”则是它们相应的正常形式。

苏格拉底（两千多年前）提出的正常的交流模式和扭曲的交流模式，时至今日依然声如洪钟。今天，我们仍然倾向于认为，真正的交流是个性化的、自由的、鲜活的和互动的。按照《斐德罗篇》中的视角，交流如果顺当，交流双方就可能发现对方的灵魂；交流如果失当，它就可能成为勾引和拉皮条，交流双方则会失之交臂，文字也会陷入不分对象的困境——“永远都保持其原来的意思。”[《斐德罗篇》(275d)]柏拉图通过苏格拉底的眼睛清晰地看到，一种新媒介的出现不仅仅是对旧内容的重新包装（新瓶装旧酒），而且会导致各种相关因素（语音、用词、身体和爱欲等）的意义改变。也许，《斐德罗篇》是第一篇传播学论文，它考察的是在传播过程中讯息的丢失和不合理的交合（coupling）。柏拉图笔下的苏格拉底是我们的第一位传播理论家——也是第一位关于“交流的失败”的理论家。

二、对观福音中的撒播

对观福音（the Synoptic Gospels）对撒播的评价和《斐德罗篇》截然对立。这两部经典文献对“爱”和“交流”的看法基于迥然不同的视野。和《斐德罗篇》一样，对观福音也使用了“播种”和“收获”的修辞比喻；与《斐德罗篇》不同的是，对观福音讴歌“撒播”，认为它是可欲求的和正当的。播种者寓言——关于撒播的原型预言（archparable）——所展示的信息发布方式根本不关心谁会接收到撒播出去的珍贵种子。这种撒播强调的是民主，就如《斐德罗篇》主张的是“贵族精英式的”选择性一样。对观福音中还有些寓言指出，相对于不分对象的撒播，《斐德罗篇》提倡的对等互惠性以及紧密匹配的交流模式存在不足。在《斐德罗篇》中，苏格拉底偏爱对话；而在对观福音中，耶稣则喜爱撒播。自古以来，各种道德学说一直都在苏格拉底和耶稣的相对立场间摇摆不定，传播理论也同样如此。

耶稣在三篇对观福音（《马太福音》13、《马可福音》4 和《路加福音》8）中都以布道者形象出现。他在海边对大量各色人群布道，他三次都使用了“播种者寓言”。他说，播种者开始播种，种子四处撒播，落在各种各样的土地上。其中大多数种子都不会结果；有些虽然很快发了芽（如同前文中提到的“阿多尼斯花园”中的植物一样），但却被太阳晒死，或被杂草淹没；还有一些种子发芽后被鸟儿吃掉，或被旅人践踏。只有很少一部分落在欢迎它们的土壤里，生根并结出丰硕的果实，分别产出其原来数量一百倍、六十倍或三十倍的果实。在雄辩地展现出“撒播”这种具有自我反思能力的传播方式后，耶稣说：凡有耳者，皆可听，让他们听吧！

这个“播种者寓言”实际上是一个关于寓言的寓言。和《斐德罗篇》一样，对观福音中的这个寓言是一出“剧中剧”，它同时在语言和表演上传达其意旨，实现其目的；只是对观福音中使用的寓言主题更为集中。如同接受种子的多样的土地，在海滨听耶稣布道的听众背景多样，他们可以随心所欲地理解耶稣的寓言的含义。这个寓言的寓意是，在缺乏直接互动的情况下，信息的接受者会对信息作多种多样的解读。它考察的是，在传者和受者、播种者和收获者这些人之间的联系松散时，会产生什么样的结果。《斐德罗篇》中的观点是：要警惕，不要做撒播种子的蠢事，要避免乱交带来的危险；而与此对照，对观福音中的“播种者寓言”则赞扬撒播是一种公平公正的交流形式，它将意义的收获交给接受者的意愿和能力；由传者首先画出的传播轨迹，必须由受者去完成。撒得很多，收得很少，种子不萌芽未必是什么值得哀叹的事情。就像《斐德罗篇》的后半篇一样，这里“播种者寓言”就像区分土壤（soils）般区分布道听众的灵魂（souls），虽然这种区分并不是为了对听众实施某种营销计划。

这里，“播种者寓言”是一种所谓的“元寓言”(meta-parable)，它又一次阐明了所有寓言的运作机制。所有的寓言，在发布时，其内容都是一样的，但其接收(reception)却是多样的。英语“寓言”(parable)一词源于希腊词*paraballein*(意思是“撒到远方，并置”)，有“将种子撒到土里或将话撒入灵魂”的意思。希腊语中与*paraballein*同根的另一个词*parabole*，有“比较”或“难解之谜”的意思，和英语词“问题”(problem)的意思接近。总之，以上两个希腊词*paraballein*和*parabole*都含有这样的意思：某些需要解读的东西。[①]可见，在希腊语中，“寓言”的字面意思就是“一个需要听众自己去解读的问题”。换句话说，在交流中，如果说话者和听话者之间相距遥远，听话者就需自己承担解读内容的责任。凡有耳者，皆可听，让他们听吧！听话者有责任无需说话者的帮助，自行闭合这个交流的环路。克尔恺郭尔说，这种“间接交流”的目的在于“让接受者自己活跃起来”。[②]或者如斯图亚特·霍尔(Stuart Hall)在评论电视时说的，(接受者)对内容的编码和解码(大致相当于生产内容和消费内容)是相对自主的，这使得受众解读的意义可能和电视制作者的传播意图有天渊之别。[③]不过，我认为，编码时的意义和解码时的意义差别巨大很可能是一切传播形式的特征，但是只有在新媒体出现并对传播现状产生冲击性影响时，这种早已存在但一直被隐藏的编码—解码之间的巨大差别才会显露出来。

根据对观福音的记载，信众在听到耶稣提到“播种者寓言”时，大多数人都对其含义迷惑不解，也许这些听众就是那“不毛之地”吧。后来，耶稣的使徒们(也即福音的所有读者)有机会私下见到耶稣，听到他

---

① 在“七十士译本”(Septuagint，即公元前3世纪左右完成的希伯来文《圣经》的希腊文译本)中，对应于希腊文“parabolē”的希伯来原文是“mashal”，有两个意思，a. 一种犹太教导文体，多使用启发性的轶事；b. 某种令人迷惑或惊异的事情。参见Deut. 28：37。

② Søren Kierkegaard, *Practice in Christianity*, ed. Howard V. Hong and Edna H. Hong (1848; Princeton: Princeton University Press, 1991), 125.

③ Stuart Hall, “Encoding/Decoding” (1974), in *Culture, Media, Language: Working Papers in Cultural Studies*, 1972–1979, ed. Stuart Hall et al. (London: Hutchinson, 1980), 129.

的进一步解释：寓言中的播种者并不是一名发了疯的农夫，他其实是在“传播来自天国的消息”。在布道中使用寓言，其实是一种掩饰手法，是一种用来阻止人们理解教义的手段。①所有人都能接收到信号（signal），但是只有少数人能够理解。对苏格拉底而言，用鲜活的口语进行交流的好处是，这种交流总是会带着说话人（一位引路的父亲或老师）的指引，告诉后者该如何理解所说的话。而与对话相对照的是，播种者发出的讯息，其解读密码隐蔽甚至缺乏，其意义要由听者自己来破解。这里，播种者所做的纯粹是单向的行为：它没有对幼株的培育，没有给予和索取，也不提供关于如何解读其意图的任何指导。

柏拉图笔下的苏格拉底极为重视私密和深奥的交流模式。在亲密的对话情境中，说话人事先就选好接受者，并会小心仔细让后者听个明白。当然，苏格拉底会在雅典的公共场所和所有的来者辩论，但是除了是为了好玩，他拒绝将自己的教义种子广为撒播；更准确地说，柏拉图只录取少数精英进入他的学园（academy）。与此对照，耶稣采用的却是极为公开也同样深奥的意义撒播方式——尽管他的听众常常抓不住他的暗示，而得自己努力去弄清布道的含义。他只向自己的少数忠实信徒揭开他所用比喻的真正意思。对观福音反复压低“对等互惠和私密关系”具有的重要性，而更赞成不对称的和开放的关系。自柏拉图以来，对等互惠式的交流梦想强烈地笼罩着我们对交流的想象，然而基督教传统却认为“撒播”是一种和“对话”一样好，甚至比“对话”更为优越的交流方式。这与基督教传统中的几个因素有关。

在对观福音中（《约翰福音》没有出现寓言），耶稣还使用了其他一些寓言，这些寓言都力图说明在交流中“悬置平等互惠性”的重要性。比如，在《马太福音》中，有一个劳工寓言。多名劳工受雇在烈日下干活，从早干到晚，一天的标准报酬是一个第纳尔。后来新雇的劳工则只要干半天，再后来的雇工则只到最后一个时辰才来干活，可是所有的劳

---

① Mark 4：11－12；cf. Luke 8：10.

工得到的报酬却是一样的，即一个第纳尔。[①]于是，那些干了一整天的劳工开始向雇主抱怨报酬不公，雇主则提醒他们说：他们当初签订的合同规定就拿这么多；别人干得少，雇主付同样多的钱，这是雇主自己的事，和他们有什么关系？这个寓言所反映的是对不同的事情（不同的劳动量）却用统一的回答（相同的报酬），以不变应万变的做法。无论是“播种人寓言”还是“劳工寓言”，它们两者说明的都是，物资（种子或报酬）的分配者泥古不变，对接受者的个体差异明显地视若不见。这非常像苏格拉底对文字的批评——说它总是发出同样的信号，无论接受者对它有什么疑惑，它都不作任何合理的调整。因此，因为其非个性化特征，文字有时候被视作“公平对待他人”的典范。在有些情况下，保持公正就意味着照章办事待人（treating people by the book）。如此这般显然不顾优劣地确定待遇，既让人觉得民主，又让人觉得可怕。

悬置对等和公平的交换，这不仅明显强暴了个体差异，而且这种强暴也可以在关爱个体的名义之下发生。在《路加福音》第15章中关于丢失物品（钱币、羊）和人（儿子）的三个寓言中，补偿的循环机制脱轨了。这三个寓言都是对这一悖论的思考——在爱这种情感中，人们对特定的对象的重视远胜于对一般对象的重视。[②]前两个寓言将一个男主人公和一个女主人公对比放置。一个女人有十个钱币，掉了一个，她为了找到这个掉了的钱币把家里里外外打扫了一遍，直到找到它，随后她高兴地和朋友们庆贺了一番。同样，一个男牧羊人有一百只羊，丢了一只，他就扔下九十九只羊不管，去找丢失的那只，真还找到了，他于是大喜过望。这些故事都是普通人的普通故事，但是它们给人的洞见是：日常行为的动机，既可以是交换的理性和互惠，也可能与这种理性和互惠没有什么关系。有什么样的成本—效益分析可以预测到，竟然会有人因为找

① Matt. 20：1－16.

② Søren Kierkegaard［Johannes de Silentio］, *Fear and Trembling*, trans. Alastair Hannay（London：Penguin, 1985）.

到一个丢失的钱币而比拥有九个没有掉的钱币更加高兴呢？有什么样的生意谋略可以解释，竟然会有牧羊人放下九十九只羊去找丢失的一只羊？激情之产生效果，根据的往往是奇怪的算术。

在第三个寓言，即“浪子回故里”的故事中，发生了同样令人不可思议的事。一名父亲看到浪子回头的小儿子，高兴一场，却忽视了一直就孝敬他的大儿子。父亲宽恕了败家的儿子，送他很多东西——一个戒指、一件大袍、一头肥牛、一个拥抱，还给他设宴接风。尽管浪子准备忏悔，愿意让父亲将他当仆人差使，但是父亲从不给他机会。他还来不及开口说话就被父亲打断了，父亲不想听他作任何解释。按照交流的对等互惠标准和交流中需认真倾听的常规，父亲拒绝听儿子说话，这无疑是不对的，这正如苏格拉底指责书面词语不能参与对话，或劳工抱怨主人对不同工人的工作量差异漠然置之一样，都违反了对等互惠原则。但是，父亲不听儿子解释，这在寓言世界里并没有错。他作为父亲，看到小儿子回家，喜出望外，什么都不能阻挡他的欢庆。他对儿子的任何解释都不在乎。他早就宽恕了儿子，将在父子之间进行任何忏悔性对话的想法扫到了九霄云外。如果说这个寓言里有什么对等相称的东西，那就是：父亲任意挥霍送礼给儿子，就与小儿子任意挥霍犯错误一样。那场欢迎浪子回头的喜庆，纯粹是一方的支出，而不是什么平等互惠。

当然，大儿子听见鼓乐和欢庆声，非常生气，因为父亲甚至忘记了通知他出席。父亲这样奢侈地欢迎弟弟，他觉得太不公平。这么多年，他忠诚地孝敬父亲如犬马，却一次都没有得到过这样的待遇。他的气愤是对互惠待遇的呼吁；他的理性是以功劳和公平酬劳为基础，而不是要求穷奢极欲。“但你这个儿子和娼妓吞尽了你的产业，他一来了，你倒为他宰了肥牛犊。”①这是站在经济立场而反对爱之永恒性的一番抱怨。虽然这个大儿子和《斐德罗篇》中的吕西阿斯迥然不同，但是两个人却

① Luke 15：30 RSV. 注意，大儿子在此用了“你这个儿子”的反对亲情的指责语气。

有同样的担心——担心疯狂会冲昏恋爱者的头脑。《路加福音》第15章中以上三个寓言的寓意是，要做一个好父亲、好牧羊人和好家长，在一定意义上就是要知道什么时候该超越理性、互惠和公平——简言之，就是要知道什么时候爱应该比公正更加重要。正如《斐德罗篇》所示，因爱而生的疯狂自有其地位。

以上所述，都是些关于琐碎事务的琐碎教义。苏格拉底鄙视浪费（尤其是对种子的浪费）；耶稣却颂扬这样的浪费。播种者的做法就是一种浪费，他让种子随意抛撒，事前他并不知道谁是善于吸收的土壤，他把关键的挑选和解读任务交给聆听他说话的人，而不是交给主人。前述“浪子寓言”说的是一个只知浪费的败家子，虽然它也说了一个显然也很浪费的父亲。在更重要的意义上说，对观福音中关于救赎的全部叙事，都是围绕着一个浪费行为进行的。圣子耶稣为了拯救所有生灵而受难，然而大多数生灵却不会接受他的牺牲，它们非但不理解他的牺牲，甚至根本就不知道他的牺牲。作为广泛播种的手段，撒播是很好的，但它不是确保丰收的有效手段。实际上，上帝般的爱——在希腊语《新约》里叫博爱（*agapē*）——常常被比喻为广播（broadcasting）。“要爱你们的仇敌，为那逼迫你们的祷告……保佑你们，让你们可以做天父的儿子，因为他叫日头照好人，也照歹人，降雨给义人，也给不义之人。”①这是耶稣在著名的登山宝训（Sermont on the Mount）中的一段话。他号召听他布道的人超越那强烈但有限的家庭之爱和朋友之爱，用如雨露般普世的爱去惠及世人，这是拥抱全人类——包括仇敌——的爱。《彼得书》同样宣告，上帝“不偏待人”。关于这句最近一个新的译法是“上帝没有宠儿”。不过，更加直白地说，这句话的意思是，“上帝不以貌取人”。②爱应该是普适的，而不应该因人而异。撒播和排除个性也可以是好事。博爱，

① Matt. 5：44－45 KJV.

② Acts 10：34；d. Rom. 2：11，Eph. 6：9. 这个词的原文是*prosōpolēmptēs*。Cf. Lev. 19：15。

或者说耶稣基督之爱，应该是向大众传播(mass-communicated)的爱。①

柏拉图对互惠性的赞美，点明了我们在思考各种交流模式是否公正时一个反复出现的选择。但是，赞颂对话要冒风险，它会使我们忽视“对等互惠的交流模式”中存在的不足。单向的传递未必就不好，而对等互惠既可能是公平的，也可能是粗暴的。会话和贸易固然遵守严格的互惠逻辑，但战争和复仇也同样遵守严格的“互惠”逻辑。正义就是要求以眼还眼、以牙还牙，其隐藏的逻辑是：一报还一报。我们说，定罪量刑，这个罪行要受这样的惩罚；以货定价，这个商品值得起这个价。假如除了互惠对等之外再没有其他东西统领社会关系，那么生活就是单调乏味、没完没了的“等价交换”。社会生活就会变成一个相互支付的循环，而不是一个相互馈赠的循环。没有平等互惠，生活固然会变得非常不公平，然而如果只有平等互惠，生活又会变得过分荒凉冷漠。如果对每一个问题都非回答不可，也就是说，如果每一个问题在被提出来时，都要求必须作答，那后果将会是多么无聊、多么霸道啊。一个公正的社会既依靠针锋相对的理性，又依靠对理性的暂时悬置。“平等互惠”固然至关重要，但是我们还需要其他的原则补其不足：殷勤好客、献礼馈赠、宽恕饶人、博爱众生。生活在群体之中，必然要承担义务；只要一个人的生命是有限的，就不可能偿清其蒙受的所有恩德。

《圣经》中提出“金箴”(Golden Rule)，教导我们要“己所欲，施于人”。但它的内容也不是叫人报恩，而是强调别人与自己很不一样。萧伯纳想削弱“金箴”的力量，提出：“‘己所欲，勿施于人’，因为别人的胃口也许和你的不一样。”②他调侃般地对箴言作了如此修订，但是

① 20世纪20年代，美国路易斯维尔市的一个教堂对无线电广播的威力印象颇深，于是竖起了一个标识，上写“上帝一直在广播”(God Is Always Broadcasting)。参见：Erik Barnouw, *A Tower in Babel: A History of Broadcasting in the United States to 1933* (New York: Oxford University Press, 1966), 104。

② George Bernard Shaw, “Maxims for Revolutionists,” from *The Revolutionist's Handbook*, in *Four Plays* by Bernard Shaw (New York: Washington Square Press, 1965), 483.

仍保留了其原意的关键部分。如果将金箴和耶稣的另一教导——如果别人打了你的脸，请将另一边脸也给他打——相互参照，我们不难看出金箴的精神，即劝导人们对待他者(the other)[①]要像对待自己(self)一样。耶稣的训诫是：对他人的挑衅不要回应，对所有的人都一视同仁，无论其所作所为是否值得被如此对待。无论别人是亲吻你还是扇你耳光，你都要保持同一个状态，就像苏格拉底笔下的文字，如日晷一样始终不变。这一视角让“对等互惠”的交流模式走进了死胡同。耶稣的这个教导和斯多葛学派[②]主张的“无应”(unresponsiveness)伦理有些表面上相似，但是“金箴”里并没有斯多葛派的冷漠或沉静。相反，其中有积极的关爱，或者用克尔恺郭尔的话说，这里有一种“焦虑”。基督徒不会去计较行动的后果和接受者的功过，但却不能不计较交流对方是一个个不可替代的生命，需要关注。斯多葛派信徒会通过心理上的超脱来保持镇定，而基督徒在行善时虽不厚此薄彼，但心理上却是积极参与的。圣雄甘地的消极抵抗理论同样教导其信徒们自我节制而不采取报复行动。由此可见，倘若我们坚持说单向的撒播式“交流”一定有缺陷，或一定很傲慢，那就忽视了我们伦理经验中的一个最明显的事实：在许多情况下，默而不答体现的恰恰是一种高蹈风范。

此外，对他者的个体差异保持盲目，不仅是“公正”的特征之一，也是爱的特征之一。公正不仅需要我们对所有人同等对待，而且要求我们对每一个具体情况保持敏锐——因为，公正不是指给每个人一样的待遇，而是给每个人他应该得到的待遇。同样，爱不只是指个人化和具体

---

① 他者，西方哲学乃至文学批评的一个关键词。在西方的人类学研究中，指西方以外广大地区的民族、族群、社会、文化和文明，代表着过去以及原始。西方哲学有一种“同一性”，始于巴门尼德的“存在”。传统的西方哲学既以“同一”的自主与主权来占有和统摄一切，意味着试图将其他的存在予以吞并，消除异己的差异性。他者问题本质上体现了西方哲学界对于一直以来的以“自我”为中心的主流哲学的反思，也体现了对于人与人之间的关系的思考。——译者

② 斯多葛学派，古希腊罗马时期的唯心主义哲学派别之一。由塞浦路斯岛季蒂昂的芝诺于公元前4世纪创立于雅典。“斯多葛”一词源出希腊语“stoapoikile”，意为“柱廊”。因这个学派的讲学场所有彩色壁画的柱廊，所以斯多葛学派又被称为“画廊派”。——译者

化的关爱，而且还要求这种爱是永久稳定和忠诚的，爱是“表情永远固定的面具”。[1]播种者象征的是将爱的资源平均撒在每个人头上，《圣经·新约》中还说到一种相当细腻具体的爱：对所爱之人如此珍视呵护，以至于将对方的头发都一一数清，生怕掉落了一根(《马太福音》第10章第29—31节)。用阿多诺的话来说，“爱必然无情地背离一般而宠爱特殊，而公正却只能针对一般”。[2]我认为，爱和公正一样，有多个维度，既针对一般，又针对特殊；既统一又有差异化；既弥散又有集中。公正和爱各自既有不变和统一的一面，又有个性化和具体化的一面。没有爱的公正不叫公正，没有公正的爱也不叫爱。正因如此，没有对话的撒播可能会成为胡乱抛撒，没有撒播的对话则可能是无休止的霸道。传播理论的座右铭应该是：和自我对话，与他者撒播。这是我们对众所周知的伦理箴言“待己若待人，待人若待己”的另一种表达。

我们可以从人们的礼物馈赠行为中看到单向撒播的价值。正如耶稣基督的一句箴言所说：“施比受更为有福。”[3]馈赠的一方比接受的一方更重要。毫不令人奇怪，这句话与传播的经济学直接相关。打广告比接受广告赚钱；老师教书有薪水，学生学习不赚钱；导演一部电影比看一部电影能释放出更多的文化资本影响力；讯息撒播总是比讯息接收更有价值。给予可能是一种权力形式，也可能是一种强加责任于他人的方式。我们不清楚，前述寓言中那个回头的浪子在接受了父亲给他的接风酒宴以后究竟承担了什么义务；但是至少这一点可能正是父亲的意思：让他的儿子享受做儿子的权利并承担做儿子的义务，而不是让儿子有做用人的权利和义务。实际上，馈赠总是在“主动的慷慨”(单向给予)和“寻求日后回馈”(平等互惠)之间左右徘徊。

布尔迪厄(Pierre Bourdieu)认为，礼物交换关系受两个方面的约束：

---

① William Shakespeare, *Sonnet* 116, line 5.

② Theodor W. Adorno, *Minima Moralia: Reflections from Damaged Life*, trans. E. F. N. Jephcott(1944 - 1951; London: Verso, 1974), 164.

③ Acts 20: 35.

交换物的差别和交换行为发生的时间差。①如果交换物等值，而交换行为并不同时发生，我们就说这是“借贷”；如果交换物不等值，而交换行为同时发生，我们就说这是“贸易”；如果交换物等值，而交换行为同时发生，我们则可以说这实际上就是“拒绝”。礼物馈赠在交换物的价值比较和交换行为的时间比较中发挥着战略性作用：在馈赠礼物时，礼物必须在种类或价值上有足够的差别，在时间上有足够的不同步，才能使送礼人看上去有内心的善意，而不是为了追求对等的报酬。这里，布尔迪厄的精明洞见超越了一般的结构主义分析。在试图揭开表面现象发现背后的实质时，结构主义分析仅仅指出，在礼物循环往来中，各参与者都在自欺欺人，让自己觉得好像是在对等互惠，礼尚往来，而实际上并不如此。布尔迪厄则认为，分析礼物馈赠行为时，如果仅从时间体验角度而忽视了空间逻辑，观察者很可能会越看越迷惑，不免会得出结论认为礼物馈赠方和接受方所实施的都是单方面行为，以及在这些循环往复的送礼行为中，参与者不过是在自欺欺人。布尔迪厄指出，在礼物赠受中，参与者们表面上都无视这些送礼行为最终都会实现双方的对等互惠这一事实，但这并不是他们无意犯下的错误，而是有意实施的一种具有社会生产效果的策略，它有助于维持一个丰富的社会网络，使得社会关系的各方都相互承担义务。通过礼物馈赠和接受，人们似乎都在试图免除自己的某些义务，这些义务的存在人人都知道，可是人人都予以否认——但是最终人人都得履行它们。一切礼物馈赠都附加了条件，但是对这个事实的承认却是被禁止的。不承认这个事实，使人能够将关系网中的欠债和还债往后推。大家回避正视眼前的对等互惠机制，从而使得更高层面的、更长远的对等互惠机制得以生效。礼物馈赠催生了一种道

① Pierre Bourdieu, *Outline of a Theory of Practice*, trans. Richard Nice (Cambridge: Cambridge University Press, 1977)。Michael K. Sáenz 就布尔迪厄向我提供了建议，特在此致谢。

德经济(moral economy)[1]，涉及可以跨越很长时间的循环往复、暂时搁置、暂不计较与互动往来的馈赠关系。道德经济当然是一种经济，但是它的运行其实靠的是遵循公认的规则，而不是严格的对等互惠。

如果每一个社会行为都是由欠人情(indebtedness)推动的，我们就变成动作迟钝的演员；爱与卖身、送礼与付酬也就没有什么区别了；这样，吕西阿斯就会大行其道——他公开号召只对那些有能力回报的人行善。[2]礼物馈赠既可以加速社会互动，也可以阻止社会互动(由于害怕随礼物而来的义务，人们可能会拒绝收礼)。布尔迪厄引用拉罗什福科[3]的一句话说："太积极偿还欠情，是内心毫无感谢的外在表示。"在拉丁语中，有一条谚语完美地表达了与这句话相反的意思："你如果给予太快，你就会成倍付出。"(*Bis das si cito das*)给予者不应该记账，也不应该马上要求回赠。在对方感谢我们时，我们会说"无足挂齿"。礼品的单向性并非其不足，而是其优势。社区中轮流坐庄主持的夸富宴[4]，这个习俗在组织社会生活中的力量，就像直接的对等互惠一样强大。我们对"对话中断"怀有一种恐惧，其实这种恐惧也可以是由公正待遇带来的福佑。有时候，我们喜欢他人把我们当作与众不同的个体(如当作家人和朋友等等)；别的时候，我们又想得到与别人一样的待遇(如在法庭或市场上)。个体具有的特点既可是对公正的阻碍，也可以是个性化之爱的基础。没有因人而异的互动(对话)，生活中就缺少爱；没有一般意义上的接触(撒播)，生活中就缺少公正。

以上是用礼物馈赠打比方来说明"交流"，由此我们可以看出，交

---

① 道德经济(moral economy)，指一种主要以道德教育为手段来发展的经济，是劳动者道德素质状况所体现出来的经济行为和经济效果。——译者

② *Phaedrus*, 233e-234a.

③ 拉罗什福科(La Rochefoucauld, 1613—1680)，法国思想家，著名的格言体道德作家。学界对其作品《道德箴言录》的研究，流派众多，成果纷呈。——译者

④ 夸富宴(Potlatch)，又称散财宴，是一种古老的民俗，在世界各民族中均有所见。主人邀请各方人士参加，宴席极其丰盛，并有丰厚的馈赠，其背后隐藏着交换的动机和保证交换得以顺利实现的机制。——译者

流除了追求对等互惠之外，还应该有更加重要的东西。19 世纪出现了各种让我们感觉陌生的扩展了的对话形式，包括闪电般快速传递的电报线、挑战死神的摄影照片等等，它们让人们可以跨越时空交流。在当时很多人眼中，这些新的交流手段不可思议、离奇古怪，而实际上，它们正是我们的外形。我们披着它们在人群中生活和行动。显而易见，“撒播”作为一种信息的单向流动方式，它并没有什么道德上的缺陷。存在于发送者和接受者之间的裂缝，并非总是需要去填平的鸿沟；有时候，这些鸿沟应该是我们需要欣赏的景色或尊敬的距离。最近人们经常哀叹人与人之间难以建立联系——这也许正是人类命运中核心和有益的特征吧。理想化的交流之梦，过于忽略了人与人之间不可企及这一事实。交流中的非个人化特点可以是保护心灵隐私的围墙。试图用所谓“更好”的交流去“修补”交流中的沟壑，可能反而会榨干存在于这些沟壑中的精华——团结和爱心。

苏格拉底的爱欲和耶稣的博爱(*agapē*)，有关这两者的对比研究引人入胜，但如果不小心，就很容易夸大它们之间的差别。①实际上，柏拉图传统和基督教传统早就合流了。苏格拉底和耶稣两人都想超越一种狭隘的理性——苏格拉底所用的名义是更高层次的互通性，耶稣所用的名义是更高层次的撒播(scattering)。两人都把爱看成一种“福佑的疯狂”(blessed madness)。柏拉图的爱欲涉及强烈的灵魂活动(那能长出爱的翅膀就是灵魂)；而基督徒所言的“对邻居的爱”则极为关爱邻居的身体，视之为必不可少。

爱欲，它洋溢着呓语和疯狂——这是一种不顾及任何回报的，纯粹从爱人身上得到的喜悦。正如基督教长期的神秘传统所经历的，爱欲也

① Anders Nygren, *Agape and Eros: A Study of the Christian Idea of Love*, trans. A. G. Hebert, 2 vols. (New York: Macmillan, 1938 - 1941); Denis de Rougemont, *Love in the Western World*, trans. Montgomery Belgion, rev. ed. (New York: Pantheon, 1956).

能给提倡不考虑任何最终回报，无条件热爱上帝和“你的邻居”的基督教交流模式提供富有教育意义的参照。[①]另一方面，苏格拉底对任何忽视被爱者福利的爱的观念——如吕西阿斯所推崇的那种爱——一概拒绝。初看之下，我们似乎得出结论认为，苏格拉底的爱欲仅涉及肉体上的激情，而耶稣基督的博爱则仅涉及对灵魂的关爱。然而，如果仔细考察，我们会发现，苏格拉底的“爱欲”与耶稣的“博爱”实际上是彼此融会贯通、你中有我，我中有你的。

但是，爱欲和博爱之间还是有一个重要的差别。苏格拉底实际上最终并不支持我们去爱“不完美的”或“特殊的”事物。在《会饮篇》中其演讲的末尾，苏格拉底说，真正的哲学之爱(philosophical love)会对“狂热的个人的爱”进行调和，方式是让这种爱在爱的阶梯上进入一个更高级的阶段，即让它变成一种对一切美好东西的普世的、无个人情感的爱。“基于个人情感的美不值一提”。哲学提供的是“处处皆美的学问”。[②]不可替代的爱人总是会死的，因此终究是一个不值得去爱的对象。苏格拉底的这一观点令人惊惧不已，不寒而栗，难怪在《会饮篇》中的稍后处，阿尔喀比亚德(Alcibiades)对之进行了猛烈的批驳。[③]对苏格拉底来说，不能泛化和普及的爱，根本说不上是爱。他绝对不会同意克尔恺郭尔的观点：在爱这一问题上，具体高于一般。

我们都由脆弱的材料做成。对观福音里的寓言劝导我们去拥抱这种脆弱，而不是逃离它。柏拉图的爱欲为“美”所吸引；对观福音中的爱却是因“需求”而驱动。有时候，如在“善良的撒玛利亚人”(The Good Samaritan)寓言里，爱甚至是受厌恶和污秽的驱动的，因为寓言中那个受

---

① Catherine Osborne, *Eros Unveiled: Plato and the God of Love* (Oxford: Clarendon Press, 1994), chap. 4.

② Plato, *Symposium*, in *The Works of Plato*, trans. Benjamin Jowett (New York: Modern Library, 1956), 377 - 378.

③ Martha Craven Nussbaum, “Socrates, lronist and Moral Philosopher”, *New Republic* 205 (16 - 23 September 1991): 34 - 40.

伤垂死的人躺在路边，活像一具死尸。[①]在苏格拉底的想象中，吸引施爱者的是被爱者身上最永恒、最美妙的东西；而对观福音中的施爱者则如被施了魔咒一样地执著于被爱者身上最脆弱、最不完美的东西。这里的根本的问题是：典型的爱应该是两个平等的人之间身心具在的爱呢，抑或应该是存在于差异巨大的双方之间的跨越鸿沟的爱。如果是第一种情况，那么，交流就应该被设想为一种朝着“实现恋爱双方交融一体”方向作出的腾空一跃；如果是后者，那么，交流就应该被理解为一种在我们和他者身上拾掇一些能找到的碎片，因陋就简的凑合。对观福音中所提及的人类个体——那些为痛苦和强制所困扰的个体——在古典时期的希腊人眼中，奇怪而陌生。

《斐德罗篇》和《会饮篇》所描绘的爱是渴望“融合为一”（oneness）的爱；对观福音中的爱则是对他者特性施加同情的爱。前者喜欢对称、往复和对等互惠；后者喜欢差异、非对称和延后。苏格拉底夸赞灵魂被美色拨弄，蹬着红云，狂喜升天；对观福音却嘱咐我们要落到地上，要深入体恤他人的伤痛。“苏格拉底”不承认实现两个人之间的真心结合会存在障碍；对观福音的寓言却教导我们，正是因为存在障碍，所以我们要去爱。广义地说，基督教提倡的爱不是同志情谊[亚里士多德的“爱”（*philia*）就是这样一种情谊]，不是对美的欲望，即爱欲，也不是因家族或城市而存在的“自然”纽带，而是因为我们认识到我们都是亲如一家的上帝造物。苏格拉底的爱的理念对被爱者或演讲听众的“灵魂类型”作了区分，但是对每个灵魂的独特性几乎不予考虑。在施爱者眼中，被爱者成为更加壮阔的天堂之美的完全替代。而在耶稣看来，播种者的公开撒播却能让接收者产生最大程度上的个性化和独特的收获，每个人都能听到他或她想听到的东西。苏格拉底的爱欲从具体的爱走向一般的爱；基督教的博爱则是从一般的爱走向具体的爱。爱是产生于对肉

---

① Julia Kristeva, *Powers of Horror: An Essay on Abjection*, trans. Leon S. Roudiez (New York: Columbia University Press, 1982)，此书讨论了“卑贱”观在基督教中的核心地位。

体的超越呢，还是产生于和肉体的接触？我们应该把交流看成是完美的接触呢，还是看成正因其不完美所以需要我们展现的耐心？交流的两种模式——对话和撒播——之间的对照，归根到底就是一句话：我们能够在多大程度上宽恕人类的愚蠢。

总而言之，虽然对等互惠是道德理想，但是这个理想是不充足的。基督教关于交流即是撒播的教义，提倡的是单向行善，它不指望好心一定要得到好报。在完全平等的关系中，爱是难得出现的稀罕之物。父母爱子女并不是因为他们能得到子女的平等互惠的爱。对观福音赞美并提倡馈赠而不考虑回报，并将“博爱”视为存在于那些不可能有回报的关系中的爱。撒玛利人和躺在路边垂死的人、基督耶稣和麻风病人、上帝和人类——在这些两两关系中，双方都是很不对称的。耶稣在登山宝训中要信徒悄悄布施，其目的是不让自己的性善成为赢取民心的手段；“不求回报，只需施舍”；“不要计较，上帝爱乐于馈赠之人”。诸如此类的格言是要告诫人在行善时不要对后果思前想后，而要让对等交换的逻辑走投无路。比如，关爱动物、关爱儿童，关爱地球，就不用考虑对方是否有平等交换的能力。婴儿虽不能直接和父母交流，但是他们全都向父母和他人辐射出信息。他们渴望接受爱抚，这使他们具有惊人的吸引力，人见人爱。

一句话，单向传播没有什么有失尊严或自相矛盾的地方。通过“对话”实现心灵间的真正结合并非是唯一选择。实际上，对交流怀抱崇高期望可能会使我们看不到，单向的撒播或延时的“对话”自有其精妙之处。在论及好的交流可能是什么样时，在许多人的想象中，对话仍然占有压倒性优势，但是我认为，单向的撒播应该是我们更加冷静的根本选择。作为符号性动物，我们用许多古怪的习惯来表达意义，并且相当笨拙地试图本着公平和善意和他人打交道。但是，就我们的这些实践而言，单向撒播是一种更加友好的方式。与相互匹配的分享相比，公开的撒播是更加基本的形式。在少数绝佳的场合，公开撒播甚至可能是激发对话的基础。撒播不是断壁残垣，而是我们全部的身家性命。

第二章　错谬之缘起：奥古斯丁、洛克和招魂术

直到19世纪后半叶，“交流”才获得了新的意思，即两个灵魂之间的非物质性接触。然而，此时其思想建构和意象业已经过长期的酝酿。在本章中，我将探讨历史上对“灵魂间的对话”这一交流视角进行明确阐述的三个时期。我首先探讨早期基督教，尤其是奥古斯丁①的著作；接着探讨英国经验主义，尤其是约翰·洛克的著作；最后探讨19世纪的各色招魂术，包括梅斯梅尔的催眠术和心灵研究(psychical research)。在“交流应该为何？”这一问题上，基督教中的主要宗派将“灵魂与灵魂的对接”确立为其规范；洛克则率先对“交流”一词赋予持久的哲学意义并使用之，将其作为言语(speech)和语言(language)②的基本原理。19世纪的招魂术给我们留下了一套词汇(媒介、渠道和交流等)，还留下了一整套意象(催眠术、感知共享或异地恋人间的心灵感应)。这些词汇在我们思考“交流”可能是什么意思时也许用得上。如果我们硬是要指出，在以上类型多样的思想运动和情绪之间有着某种一以贯之的传统，那会显得有些牵强。但是，它们的确代表着一套若隐若现的资源，常常挂在我们的嘴巴上，以至于每每我们说到“交流”时，它们就会像幽灵一样出现。诚然，其他许多相关的资源也可以供我们召唤，但是我这里将它们略去了，而仅引用以上三个资源。借用耶稣的话吧，“凡有耳者，皆可听”。

圣奥古斯丁和洛克都明确捍卫过现代交流观念的思想基础(虽然其目的迥然不同)。他们认为自我有内在性(interiority)，符号如空容器，等着思想内容去填充。在日常习惯用法中，“交流”依据的正是这样的说法，认为每人都有一个思想的和愿望的百宝箱，为其所独有。这类说法

还会指出，我们的内心藏而不露，困在每个个体所独有的感觉中，困在我们独特的心灵里。我们关于疼痛、颜色、甜蜜和欢乐等的经验为我们每个人独有，旁人无法触及，就像旁人对我们最深层的思想和梦境无法了解一样。语言和符号仅仅是我们内在生活的粗糙外在载体。语词最多也就是因约定俗成而存在；它们“指示”存在于人脑中的意义，也“指示”外在世界中的客体。我们在表达自己思想的时候，将自己内心私密的东西托付给公共符号这样的“代理”(proxies)。其他人在与我们交流时，得到的也仅仅是这些“代理”，而不是我们在表达内心时具有的非常丰富的原意。因此，我们说出的每一句话都要么在符号交通的十字路口处趔趄摔倒，要么是径直穿越它，因而这个十字路口总是充满着互撞和堵塞。

所以，一切交流，无论是面对面还是远距离的交流，都成了一个“中介”(mediation)问题。常常有人哀怨地说，要是那些表意的媒介(如语言)能够完全消失，那该多好啊，这样我们就能够洞悉彼此的心灵和头脑，真正的交流就会成为可能；要是我们能像天使那样有透明的肢体和透明的思想，那该多好啊。然而可惜的是，媒介不可能消失，我们也不可能变成天使。

尽管上述描绘有一点偏向浪漫的凄楚情怀，但是关于交流的这类想法却已经深深地扎根在我们的思想史中(奥古斯丁对思想史的建构产生了重大影响)，也扎根于英语的结构中(洛克是英语语言学的重要设计师)③。我将通过 19 世纪的招魂术(spiritualism)运动这个局部来透视整个招魂术的传

---

① 奥古斯丁(Aurelius Augustinus, 354—430)，基督教著名神学家、哲学家，教父哲学主要代表人物，早期基督教哲学体系的完成者。生于北非的塔加斯特。早年就读于文法学校，16 岁时入迦太基的省立大学，习修辞学。后又研究哲学。曾任希波神父、大主教。著作卷帙浩瀚，其中哲学、伦理学著作主要有《上帝之城》、《忏悔录》、《论灵魂的性质》、《论自由意志》、《独语录》、《论公教道德和摩尼教道德》和《论幸福生活》等。——译者

② 索绪尔在其出版于 1916 年的《普通语言学教程》中将人的言语活动区分为“语言”(langue)和“言语”(parole)两种，对现代语言学的影响很大。它们对应的英文翻译为 language 和 speech，前者一般指整套的语言规则，后者指对这些规则的具体应用。——译者

③ Michael J. Reddy, “The Conduit Metaphor”, in *Metaphor and Thought*, ed. Andrew Ortony (Cambridge: Cambridge University Press, 1979), 284 - 324.

统。我所称的“招魂术传统”，其核心是这样一个命题，即认为“最好的交流是那些能超越肢体和语言，偏向更加空灵的思想转移的交流”。这一传统认为，人与人之间纵然可以进行谈话，然而如果谈话中没有内心的交汇，那不是比鸟兽之间简单地互整羽毛和拍打好不了多少吗？该传统认为，意义和媒介并非不可分割，内容和形式也不是必须在一起。符号和肢体一样，仅仅是精神的容器。交流的任务就是要超越或绕开“符号-肢体”（sign-bodies）的局限，直接获得纯粹的“意义-心灵”（meaning-minds）；该传统认为，精神内容应该能从一个心灵直接倒入另一个心灵；两个心灵之间达成一致，不仅是可能的，而且是必须的。

正如我们在本书的序论里已经看到的，并不是所有的理论传统都对交流持这样的观点，或都带着伤感去欢迎这样的观点。然而，奥古斯丁和洛克确实有这样的主张，而且他们都理由充分，论述精细；其他一些名气稍小的理论家也是如此。最终，这些人形成了这样的交流视野，它建立在这样一个“自我”的基础上，这个自我实则就是人的灵魂，它是永恒的、自我同一的（self-identical），①其性质不受它所依存于其中的肉体的影响。灵魂可以独立存在、可以与肉体相分离——它可以永存，可以不受尘世的污染。鉴于此，交流的目的则是要在两个不同灵魂之间建立某种程度的同一性。但也存在着与此相对的另一种不同的视野，我将在本书稍后提到。届时，我将追随黑格尔的思路指出：所谓“不同灵魂间的同一性”仅仅是对人与人之间差异的短暂遏制。用查尔斯·泰勒②的

---

① 这是黑格尔经常用到的一个说法，有时也用“与自我相等同”（equal to itself），意思是概念所具有的特性——内部融洽，不矛盾，因而也是抽象的、静止的和孤立的。——译者

② 查尔斯·泰勒（Charles Taylor，1931— ），当代著名的思想家、政治活动家，西方社群主义代表人物之一，曾任牛津大学齐切里哲学与伦理学讲座教授，现任教于加拿大麦吉尔大学。其研究涉及政治哲学、道德哲学、分析哲学和宗教哲学等领域，同时他还是一位西方思想史和黑格尔研究专家。泰勒以其对黑格尔哲学的解读、对西方文化中自我认同观念的梳理、对“承认”的政治的研究等强烈地影响着西方思想界。主要著作有《黑格尔》（1975）、《自我的根源：现代认同的形成》（1989）、《现代社会想象》（2004）、《世俗社会》（2007）等。因其对恐怖主义的分析和研究，泰勒获得2007年度坦普尔顿奖（Templeton Prize），2008年获得京都人文与哲学终身成就奖。——译者

话说，“同一性是同一性和非同一性之间的同一”[①]。这意味着，交流是个体差异性的互舞，而不是个体精神的交汇。我在第三章将要说明，交流的问题已经不再是一个考虑如何打磨自己的思想工具，使它们能更加精确地运输精神内容的问题，而是一个考虑如何去建设一个人们能够公正参与于其中的、充满爱心的生存环境的问题。我认为，交流的问题是一个政治性问题，它涉及接近权和机会的可获得性，而不是一个心理学或语义学问题，后者仅仅涉及如何使媒体更加纯粹透明。

交流的招魂术视角在“梦想”和“麻烦”之间摇摆。“梦想”是试图通过交流而实现灵魂共享的梦想；“麻烦”则是因媒介仍存在不足而造成的麻烦。处于梦想和麻烦之间的还有一个很少被人们注意到的实用主义折中观点。媒介，类似人的身体，它之所以能吸引人们的兴趣，仅仅是因为它像水管一样容易被堵塞。不过，媒介又不仅仅是“管道”。媒介对交流实践之所以重要，是因为参与者在交流中的亲身在场是重要的。身体是我们的存在，而不是我们的容器。请允许我在这里就我的结论先说上一句：我们的身体不是可以随意抛弃的载体，在一定的意义上，身体是我们正在旅归的故乡。如果要对语词和身体的(gesture)——或者最广泛意义上“交流”的——社会生活进行充分描绘的话，我们就需要面对这个既美妙又有缺陷的物质载体。只有凭借这个物质载体，我们人类才能够彼此参与和从事共同的事业。我们在交流上所取得的任何成就，都是因为存在差异，以及由差异而生的和谐乐章。这是上帝的恩赐，而不是诅咒。

本章无意将人类长久以来对交流的渴望斥为误入歧路而将其一笔勾销。我们对神秘经验的追求，对实现与自己的另一半完美融合的浪漫渴望，从阿里斯托芬[②]到耶稣再到网络空间，都一以贯之。在柏拉图的《会饮篇》里，阿里斯托芬的演讲词欢闹戏谑；在《约翰福音》中，约翰将

---

① Charles Taylor, *Hegel and Modem Society* (New York: Cambridge University Press, 1979).

② 阿里斯托芬(Aristophanes,前444—前385)，古希腊早期喜剧代表作家。生于雅典，熟悉希腊文学和艺术,与同时代的哲学家、文学家交游甚广。相传写了44部喜剧,现存《阿卡奈人》等11部。对后世的喜剧影响甚大,被称为“喜剧之父”。——译者

耶稣基督描述为神秘的“灵魂的新郎”；而近来，人们又希望通过网络空间实现灵魂间的远距离匹配。所有这些都表达了可贵的渴望。对这样的渴望，我们固然不应该站在屋顶上大声宣扬，当然也不应该将其当作常规模式，用来指导人与人之间的权利和义务关系。叶芝[①]说，两个心灵可以混合“在一个蛋壳里，就像蛋黄和蛋白一样”。这一意象用在诗歌中当然会让人觉得奇妙无比。然而，这种境界在现实生活中却难以企及。尽管今天人与人之间已经能够充分有效地合作，但我们却仍然觉得彼此间不可能交流，并为此感到绝望。因此，如果我们硬是要求语词(word)和语词游戏(wordplay)也得达到那种融合人与人的灵魂的高蹈境界，这会很危险。此外，“交流是两个灵魂间的融合”的观念还会使我们难以区分“不交流”表象背后的两种原因：一种“不交流”是因为内心根本就拒绝交流；另一种“不交流”则仅仅是因为交流一方想维持一种矜持。但是，在“交流是两个灵魂间的融合”的规范性观念下，那些“不交流”的人，只有一种可能——他们是坏人。这未免打击面过大。期望实现“同质论”(consubtantiality)的梦想，一方面会直接催生交流失败的噩梦，另一方面也会使人鄙视那些在人际关系中不愿意参与这种互相模仿游戏的人。在交流中，我们不能总是哀叹壁垒，渴望桥梁，而需要通过各种方式去尊重“边界”；这种边界，既体现于不同灵魂之间，也体现于人们对彼此的相互要求上。

一、“交流”观念的基督教根源

我在第一章里提到，基督教传统中有些宗派强调，关系的不完美和不对称是产生悲悯(compassion)的前提；但是，后来的基督教主流教义

---

① 威廉·巴特勒·叶芝(William Batler Yeats，1865—1939)，爱尔兰著名抒情诗人和剧作家，爱尔兰文艺复兴运动领导人之一，1865年6月13日生于都柏林。他因其“始终富于灵感的诗歌，并因为他以高度的艺术形式表达了整个民族的精神”而获1923年诺贝尔文学奖。——译者

（其地位在古代晚期得到稳固）则提倡，爱人者要以纯粹非肉体的方式互相存在于对方之中。交流是一出悲喜剧，它既可能失败，也可能成功地实现交流双方的灵魂融合。这亦悲亦喜的混合仍然为今天的传播理论所参照，而《约翰福音》也许是该典型的混合体的第一个来源——与其他三部福音书①相比，《约翰福音》中有大量面对面的对话，其中许多对话或多或少都存在着让人惊异的交流失败：水井边的妇女，误会了耶稣给她的关于“水”的教导，向耶稣提出她的愿望，说她希望能有一口井，水永远都流不干②；耶稣叫尼哥德慕（Nicodemus）③“重返母腹”，这让他疑惑不解，实际上他是误解了耶稣要他“再生”这一训诫的意义；使徒们不能“理解”耶稣的布道，似乎愚钝，就像曲解犹太律法的法利赛人④——这当然是某些人对法利赛人的故意刻画，引发了不少的争议。

---

① “福音”一词原意为“好消息”、“喜讯”。福音书系《圣经·新约全书》的第一部分，包括《马太福音》、《马可福音》、《路加福音》和《约翰福音》四卷。是基督教最根本的神学之一，即基督论。主要内容是记述传说中的耶稣的生平、受难和复活的故事。叙述中存在着许多相互矛盾的地方，比如，《马太福音》中并没有提及耶稣的生平与早年事迹，而在以《马太福音》为蓝本的《马可福音》和《路加福音》里，为了论证耶稣确实是救世主，就编造了耶稣的家谱、出生和童年的故事，但说法又互相矛盾。——译者

② 《圣经·新约·约翰福音》第4章第6节有这么一个故事。在天气最热的正午时分，耶稣经过雅各井边。他没有选择一个阴凉之处以避开阳光的直晒，而是坐在阳光下的井边略作休息。他在等候一个人。这时来了一个女子，她肩头扛着一个水罐。接下来耶稣与这女子有一段对话。耶稣说道：“凡喝这水的，还要再渴；但是人若喝我所赐的水，就永远不渴。我所赐的水要在他里头成为泉源，直涌到永生。”（约4：11—14）。妇人听了耶稣的话，就恳求耶稣将这“水”赐给她，这样她就能永不再口渴，也不必冒着这么大的太阳老远来打水。这里，耶稣所说的话显然是在用水做比喻，劝该女子皈依上帝，但该女子将这一比喻意义上的“水”误解为能喝的水。作者在此用此作为“交流失败”的例子。——译者

③ 尼哥德慕（Nicodemus），也译“尼歌底母”，是圣经《新约》中的人物，法利赛人，任以色列律法教师和犹太官员。一天夜里，尼哥德慕来见耶稣，与他谈论耶稣教义的具体细节。他曾在犹太法庭前为耶稣辩护，后来又与亚利马太人约瑟一道为耶稣的尸体裹布加香，准备安葬。尼哥德慕赞同犹太人关于弥赛亚的说法，认为弥赛亚是一个政治头领的形象，他将把人民从罗马统治中拯救出来。他对耶稣关于上帝之国的精神内容的教义感到迷惑。他的好奇心促使他去向耶稣请教，可他的谨慎又使他不能公开声张。——译者

④ 法利赛人，希腊文 Pharisaios 的音译，意为“隔离者”。公元前2世纪至公元2世纪犹太教的一个派别，宣扬自己维护犹太民族传统文化，并永远尊崇犹太律法。主要由文士和律法教师组成。流放巴比伦期间，犹太人被剥夺了去教堂的权利，只得以随身带到巴比伦的《律法书》为自己宗教生活和其他行为的准则。在叙利亚人统治以色列期间，法利赛人一跃成为犹太传统律法的解释者。尽管他们人数不多，但其神学思想在犹太历史上影响不小。——译者

《约翰福音》的篇章结构在许多方面是基于“对话的失败”。聆听耶稣的人总是把喻体(body of metaphor)误解为精神(spirit)(使徒约翰语)；而且常常出现这样的情况：在对话崩溃之时，当事人才恍然大悟，此时更为重要的东西才突然洞穿迷雾。由此可见，使徒约翰并非在鼓吹所谓的“对话主义”(dialogism)——这种“主义”信奉对话可以产生相互澄清的效果。《约翰福音》教导说，对话常常首先是因误解而起。而当更加强大的力量——风、光或者来世——降临在现场时，对话则顿时逃遁，化为另一种物：祈祷、迷失、迷惑或深信不疑。

使徒约翰在宇宙的天幕上绘画。《约翰福音》全书说的都是光的启示和对这一启示的抵制。①对话中的各种冲突就是一面面普通的镜子，折射出更大规模的，发生在光明和黑暗之间的战争。耶稣的呼吁没有得到响应，光明也没有得到重视。目击真理被说成是丑闻。耶稣的布道用面包象征生命，冗长而富于暗示。在布道结尾，高潮到来，他令人震惊地叫门徒领圣餐，吃他的肉，喝他的血。他说：“叫人活着的乃是灵，肉体是无益的；我对你们所说的话，就是灵，就是生命。”②在这里，“灵”(spirit)被视为比“肉”(body)更重要，这不仅是玄奥的道德训诫，而且是日后回响在基督教诠释学(hermeneutics)中的解释原则，它余音绕梁，挥之不去。③就《约翰福音》来说，所谓正确的理解，是不为媒介特性所困而能抓住内容之要义。我们都应栖居于圣餐暗喻的含义中，而不能拘泥于它的机械力学(mechanics)——这样，我们就能在肉体中发现逻各斯(*logos*)。然而，大多数人却并不能理解这一点。

《约翰福音》中的第四个福音戏剧性地表现了交流中“既透明又阻

① 约翰所使用的媒介和所传达的讯息被视为上帝的意图，请参看：John Ashton, *Understanding the Fourth Gospel* (Oxford: Clarendon Press, 1991), chap. 14。

② John 6: 63 KJV.

③ Augustine, *The City of God*, Great Books of the Western World, ed. Robert Maynard Hutchins, vol. 18 (Chicago: Encyclopaedia Britannica, 1952), 313 (10.24).

塞”这个二律背反(antinomy)[①]。也许，在其第14章到17章耶稣和门徒的告别辞中，尤其是第17章的告别辞中，这种矛盾表现得最为强烈。在第17章的高潮中，耶稣代替门徒向上帝祈祷；他提倡心灵层面上的共同存在，这是他的门徒相互之间、门徒和他之间以及门徒和上帝之间可以共同达到的最高境界。鉴于在《约翰福音》中其他各处展现的因对话制造的各种蠢事，在这里耶稣作如此说，也许是对“对话”存在的不足所作的补偿。《约翰福音》常常用到语法中所谓的“本体与格”(the ontological dative)，它是一种修辞手法，用来指“一个人存在于另一个人身上”的现象，如上帝存在于基督身上，基督存在于门徒身上。“本体与格”的修辞使我们能够思考人与人之间何以能够实现“精神实质”(spiritual substance)上的共享，这对于圣父、圣子、圣灵三一说(Trinity)以及天使学(angelology)和传播理论都十分重要。当然，《约翰福音》并没有将“交流”说成是在人们心灵间实现的符号性的连接方式。然而，关于“交流”，一方面，《约翰福音》的确提供了一种“同质论”(consubstantiality)视野，这种视野只有在精神层面上才能达到；另一方面，它着重指出了我们应该提高敏感度，对所有那些阻止我们视线的障碍要有更好的认知。面临障碍去理解，抱着希望为融合，这种“兼而有之”就是使徒约翰在“交流”这一观念上留给我们的遗产。

奥古斯丁：灵魂超越文字

在许多方面，奥古斯丁可以说是交流/传播这一观念的源头，也是语言学理论史上的关键人物。托多洛夫[②]认为，在符号学中，奥古斯丁是介

---

① 二律背反，也可译为“互相冲突”，德国古典哲学家康德的哲学术语。指可以同时成立的两个正相反对的命题，因而造成矛盾。康德把人的认识能力分为三种，即感性、知性、理性。康德认为，当人们的认识从感性、知性发展到理性阶段时，人的思维中就不可避免地出现两个相反的命题，这两个命题都可以得到逻辑证明。——译者

② 托多洛夫(Tzvetan Todorov, 1939—　)，法国著名的文学批评家，20世纪60、70年代结构主义叙事学的代表人物。他对《十日谈》叙事结构的语法分析曾被大家当作经典之谈。因其突出的贡献一度被理论界誉为“结构主义先生”。——译者

于柏拉图和索绪尔之间的关键人物。[①]他的语言和符号思想，无论其原创性如何，都可称得上全面周到，对后世影响巨大而深远，对此谁也不能否认。他是拉丁语世界基督教思想的建筑师，对从公元5世纪到文艺复兴时期的欧洲生活产生了巨大影响。而且，由于他影响了马丁·路德[②]和清教徒，所以他对现代精神生活的影响也不容忽视。[③]他通过著作《忏悔录》（*Confessions*）而形成的著名文风，至今仍然空前活跃。也许，这位令人高山仰止的伟人并没有像我们这一样使用过"交流"（communication）一词，然而他的确为该词后来的蓬勃辉煌创造了条件。他打造了新柏拉图主义的潮流和基督教学说。他认为灵魂是非物质的，他提出的一整套两两相对的概念，至今还是我们在传播学中要解决和再现的东西。这些成对的概念有：灵魂与身体、心智与感觉、永恒与时间、内在与外在等等。在构建"内在自我"这一概念，以及在构建通过交流而超越这一"内在自我"的梦想的过程中，奥古斯丁都发挥了作用。[④]如果说，"交流"是让别人接触我们内心的私密，那么这一定义就预设了——甚至必然要求——"内在性"的存在。[⑤]

奥古斯丁在他很多的著作中都阐述了其符号理论。在他早期的对话体《论教师》（*De Magistro*）一书中，他阐明了在许多关键问题上的立场，但该书对后世衍生出来的许多重大的神学问题却没有触及多少。符号

---

① Tzvetan Todorov, *Theories of the Symbol*, trans. Catherine Porter (Ithaca: Cornell University Press, 1982), 15; Giovanni Manetti, *Theories of the Sign in Classical Antiquity*, trans. Christine Richardson (Bloomington: Indiana University Press, 1993), 157; Ake Bergvall, "The Theology of the Sign: St. Augustine and Spenser's Legend of Holiness", *Studies in English Literature* 33 (1993): 22-42, at 24.

② 马丁·路德（Martin Luther, 1483—1546），德国宗教运动改革者，基督教新教路德宗的创始人。出身于矿业家庭。1505年入爱尔福特圣奥古斯丁修道院专攻神学。1512年获神学博士学位，并任维登堡修道院副院长、维登堡大学神学教授。1517年发表《95条论纲》，抨击教皇出售赎罪卷，被视为是宗教改革运动的肇始。——译者

③ 例如：谢林、克尔恺郭尔、弗洛伊德、海德格尔和维特根斯坦等。

④ Charles Taylor, *Sources of the Self: The Making of the Modem Identity* (Cambridge: Harvard UniversityPress, 1989), chap. 7.

⑤ 参见：Briankle G. Chang, *Deconstructing Communication: Representation, Subject, and Economies of Exchange* (Minneapolis: University of Minnesota Press, 1996), chap. 2。

(sign)同时是“内在于人的现实”和“外在于人的现实”的标记。它指向并说明那些先于其(符号)就已存在的东西，但是作为想象物或发明物的“代理”(agent)，符号并不必然是合法的。“语词仅有充足的效能去提醒我们，以便我们看见其所指的事物，但是语词并不能向我们展示事物以便让我们对其有所了解。”老师可以使用符号，提醒学生注意某个专题的某些侧面。但是，归根到底，“任何东西都不是仅借助符号就可以学到的”。无论在什么情况下，学生从老师那里学来的东西最终都不是通过各种符号。教育不是通过语词实现的，而是“通过上帝让各种事物自己在学生的灵魂里显示出来”而实现的。相对于指向事物的各种语词，事物本身具有无限的优势。总之，“我们给语词赋予的意义不能超过其恰当适合的水平”。语词就像提示卡片，或是指向精神内容和物质内容的教鞭。语词的价值在其自身之外。①在这里，奥古斯丁和索绪尔②有天渊之别；索绪尔认为，语词本身具有意义，其意义存在于语词彼此的符号关系中。他和维特根斯坦的立场也相去甚远；维特根斯坦认为，语词的意义存在于语言游戏，也与其所指的具体物有着千丝万缕的联系。

对奥古斯丁而言，符号是一个被动的容器，为了它所容纳的内容而压制着自己。从某种意义而言，奥古斯丁也许是“媒介”概念的发明者。③交流能发生，既需要媒介又不需要媒介。他所谓的媒介是广义上的，其所指有点像我们的身体，我们的身体是实现某种目的的手段，是传送某种东西的工具。手段或工具是供人使用(*uti*)，其目的则是供人享

---

① St. Augustine, *De Magistro*, trans. George G. Leckie (New York: Appleton-Century, 1938), 46, 43, SO, 55 (from chaps. 10, 11, 12, 14).

② 索绪尔(Ferdinand de Saussure, 1857—1913),瑞士语言学家,结构主义的先驱。曾任巴黎大学、日内瓦大学教授。早期从事历史比较语言学的研究。1878 年发表《印欧语的原始元音系统》一书而享有盛名。1907 年起在日内瓦大学讲授普通语言学,提出成为结构主义语言学基础的新语言学理论。——译者

③ Paul A. Soukup, "Thinking, Talking, and Trinitarian Theology: From Augustine to Aquinas on Communication", paper presented at seventy-second annual conference of the Speech Communication Association, Chicago, 1986.

受(*frui*)。在《论基督教教义》(*De Doctrina Christiana*)一书中，奥古斯丁自始至终主张，符号的作用在于传达精神内容；只要符号不去篡夺这一极端重要的精神内容，它作为一种辅助性解释工具就是合理的。人们读《圣经》时，可以调动一切辅助手段，包括各种知识，如希伯来语、希腊语，或语法、修辞、历史、科学和哲学等异教艺术——只要不将辅助手段和终极目的混为一谈就行。解释性的字眼，如“好比……”(as)是可以用的，它可以用一个东西来说明另一个东西，只要我们能借助它获得真正的含义，一达目的就踢开这个辅助的梯子就行。奥古斯丁所要求的是，解释者不能陷入技术困境，在传输(transmission)内容的过程中不受干扰，否则就是沦为文字的奴仆，而不是获得灵魂(spirit)上的自由。

事实上，奥古斯丁以上用到的“手段”(means)例子，常常是我们所指的“媒介”(media)，包括交通运输媒介和交流传播媒介(毕竟，这两个意思在拉丁语中是同一个字)。实际上，他关于“旅行”的暗喻既体现了他前述关于“语词与内容”的观点，又体现了“人不过是在这个世界上的短暂旅客”这一更加广泛的意义。他写道，“我们不能将人类对自己的爱(self-love)当作可靠的依赖而对它心怀爱慕和欣喜，而是要抱着‘人在旅途’的心情去看待它，就像我们对待道路、车辆等纯手段性的东西一样。”[①]对媒介我们是不能去喜爱的，它只能为我们所用。我们作为朝圣者所面临的危险，就是混淆应为我们所用的东西和应为我们所爱的东西。“我们在途经的乡间看到的美景和行走本身给人的乐趣，都迷住了我们的心，把这些只应该为我们所用的物体变成了我们所喜爱的对象，于是我们不愿意尽速赶到旅途的终点，我们沉迷于虚假的快乐中，思绪偏离了我们的故乡，但是只有故乡的快乐才能是我们真正的幸福。这就是我们在这必死的人生中所面临的情境。”[②]这也是那些在文字中流

① Augustine, *On Christian Doctrine*, Great Books of the Western World, ed. Robert Maynard Hutchins, vol. 18 (Chicago: Encyclopaedia Britannica, 1952), 634 (1.35).

② Augustine, *On Christian Doctrine*, 625 (1.4).

连忘返的人所面临的困境。

奥古斯丁借用肉体和灵魂之间的反差来解释符号。正如人可以被分为肉体和精神两部分一样，词也被分为肉体(声音)和精神(意义)两部分。词的声音是物质的，而其意义是精神的。为了解释词(word)，奥古斯丁经常诉诸“道”(The Word)——在《约翰福音》中称为逻各斯——即“肉身之道”，也即圣父、圣子、圣灵三位一体中的圣子；他在讨论“道成肉身”(Incarnation)时总会提到语言，这种做法始终如一，令人惊叹。正如“肉身之道”以泥塑之身来表现以便堕世之人能够理解道的意思一样，我们内心的思想也一定要以语音为住所，才能够让他人听懂。在以上两种情况中，具象化的在场(embodiment)都被当作交流或显圣的手段。他说：

> 我们在说话时，让心里的思想通过听者的耳朵进入他心里，我们让我们心里的词语成为外在的声音，这就叫言语(speech)。然而，我们的思想不会在声音中消失，而是仍然保持完整；它采用了言语的形式，可是它的性质在这个过程中并没有改变。同样道理，我们可以说：道(the Divine Word)虽然变成了肉身——但它的性质并没有发生变化——这样上帝就可以居住在我们之中。①

这个比喻非同一般，其意不言自明。思想和道变成可为人理解的形式之后，并不会失去自身的意义，其性质在新的载体中保持不变。具象化的在场(embodiment)不过是展示的权宜手段，并不具备本体上的重要意义。在奥古斯丁看来，交流就是两个内在思想的交汇，这种交汇不受它们各自物质表现形式的干扰；无论以何种具象化在场，交流的内容始终保持一致。

事实上，人们心中的这个“内在语词”(inner word)与人的身体、文

---

① Augustine, *On Christian Doctrine*, 627 (1.13).

化或历史几乎没有关系。人们的“内在语词”并不是拉丁语、希腊语或希伯来语，这些外在语言只不过是它使用的可感载体而已。在《上帝之城》[①]中，奥古斯丁对巴别塔和天使阐发幽思——两者分别是西方传统中两个与交流相关的伟大原型，一个是交流失败的原型，一个是交流完美的原型。他认为，上帝之语不需要语言那样的载体。上帝对天使说话，“用他那难以言传的方式说话……并不通过那听得见的、出口即逝的声音”。这是因为，上帝可以直接唤起天使心中的“内在语词”，他跟天使说话不需要中介。与此相对，上帝对人说话时则要适应我们人类粗糙的工具。上帝之所以对人类使用感官上的能指，是他对我们凡人肉身的迁就。然而，如果我们特别放开自己，上帝的话就可以绕开我们所用的实体符号中介，直接被我们从内心感知到(而不是听到)。不过，一般地说，人类彼此之间只有凭借声音或视觉的手段才能够把握对方的意思。“因为(真理的传播)无非是两种情况：针对理性的人，不变的真理以难以言表的方式直接对理性的心灵说话；针对变化无常的人，不变的真理将精神意象传达给其精神，或者通过感官发出的声音传达给其感官。”[②]奥古斯丁用不容置疑的口吻说，用难以言表的方式直接对理性的心灵传播“不变的真理”显然比通过感官的视听刺激来传播优越。

对奥古斯丁而言，上帝在世人面前显圣(Theophany)本质上是一个媒介问题。因为，他问道：既然上帝无形无相，他怎么可能在先人和先知面前“露面”呢？如果上帝似乎确实是露面了，那他一定用了计谋，乔装成某种样子，目的是为了照顾凡人的原始感官。上帝显圣的说法，要么是上帝对人的欺骗，要么是人对上帝的贬低。奥古斯丁的“交流”观

① 《上帝之城》(*De Cititate Dei*)，奥古斯丁著所著早期基督教神学和历史哲学的重要论著。分两部分，第一部分论述罗马帝国灭亡的原因，批驳异教者的各种指责和不符合基督教思想的其他学说，指出罗马帝国的灭亡是罪有应得，罗马人敬奉的神是假的，基督教的神是唯一的真神，柏拉图哲学与基督教教义最为接近。第二部分论述“上帝之城”和“人间之城”的性质、起源、发展和终结，认为“上帝之城”和“人间之城”代表两种不同性质的统治。——译者

② Augustine, *City of God*, 426 (16.6).

念解开了这个谜团："思想形成于寂静的大脑，而声音传达思想，因此这个声音并非思想本身。同样，既然上帝的本质是无形无相的，因此他以一个看得见的形态出现时，这个形态并不是上帝本身。"上帝的显身和语词在人中间的流动，都将身体视为次要的，也许我们可以称之为"肉体不重要"原理。"尽管如此，上帝本身确实被人以某个形态看见了，就像思想本身通过语音被人听见了一样。先人们认识到这一点，认为虽然那个人形不是上帝，但他们还是看见了无形无相的上帝。"①借用使徒约翰的话来说，上帝是有形的，但不具有形的特征。真理存在于内心。

在奥古斯丁的笔下，上帝愿意和聆听他教诲的人面对面。他之所以使用类似腹语(ventriloquist)表演的方式，是为了让人类明白——用奥古斯丁的话说——上帝甚至会让自己的声音遵循真实空间里的声音共鸣规律。"因为上帝对某人说话的方式，并不是通过某个生灵的耳语，靠空气振动让此人听见他的声音，从而将他和此人联系起来。"虽然人类可以觉察到这种振动，但是振动并不是上帝存在的直接表征。这样的接触在会死的凡人和永生的上帝之间是不可能的。这是因为"上帝说话借用了一个人形般的手段，而且上帝和人之间还似乎存在着空间上的间隔"。②上帝与人类的交流，其效果是根据人类感官能力设计的。由于上帝在空间上既无处不在，又无处可寻，在时间上既永恒存在，又从不存在，因此他必须为其信徒们制造自己存在的效果。奥古斯丁对上帝和人类交流的描绘，预示着现代传播的出现，也预示着这样一个挑战：在面临一个在时间、空间和程度上都显得遥远而不在场的受众时，如何才能制造出一种真实可信的在场感？

总而言之，在奥古斯丁看来，词语是同时指向外部现实与内部现实的标记，其关键作用是揭示内心世界，即思想和精神的世界。正如肉体

---

① Augustine, *City of God*, 307 (10.13).
② Augustine, *City of God*, 323 (11.2).

是包裹人的外壳，语词也是包裹思想的外壳。上帝和天使与我们人类交流时，也许偶尔能绕开我们的身体，但是一般地说，他们不得不屈就我们的身体。对奥古斯丁而言，绕开语言就意味着让我们人类试尝一下摆脱肉体羁绊的滋味，就是让我们向天使学习。天使不受外在符号的羁绊，可以只靠内在意义而自由翱翔。奥古斯丁认为，摆脱语词而交流，是人类的合理愿望，这种理想也许可以帮助人类摆脱“地上之城”中的巴别塔困境。奥古斯丁说：“如果我们用内心的耳朵去聆听上帝给我们的哪怕是部分的教诲，我们就接近天使了。”①或者用马库斯②的话说：“对奥古斯丁来说，人类的语义活动——即用语言实现相互理解和交流——清晰地说明了人类所需要作出的超越，这是一种最具普遍意义的超越。只有在试图去理解这个我们所共享的世界中的行为时，我们与他人心灵上的结合才能实现。”③如何处理人和符号的关系，这涉及人类的精神自由这一重大问题：“在人类灵魂中，有一个使人能脱离野蛮状态的部分，即心智(intelligence)。如果人类心智在其对文字的盲目推崇下而屈从于肉体，那就是无可比拟的灵魂的死亡……显而易见，如果我们误将符号当作实物，不能使心灵之眼超越肉体和上帝的造物，如果我们不能使心灵吮吸永恒的荣光，那绝对就是让灵魂受到悲惨的奴役。……”④人类被淹没在声色犬马的世界里，要突出重围努力找到道路重新回到上帝身旁，这是人类的宿命。我们在交流这一问题上苦苦挣扎，这是人类堕落的标志，也是人类宿命的组成部分。奥古斯丁规劝我们要克服身上的不足——我们愚钝的肉体和不羁的意愿——去成为一个个天使，那时人类彼此间的关系将不再受形骸的羁绊。

---

① Augustine, *City of God*, 426 (16.6).

② 马库斯(R. A. Markus, 1925—2011),英国著名中世纪教会史学家,因研究奥古斯丁而闻名。——译者

③ R. A. Markus, “Signs, Communication, and Communities in Augustine's *De Doctrina Christiana*”, in *De Doctrina Christiana: A Classic of Western Culture*, ed. Duane W. H. Arnold and Pamela Bright (Notre Dame: University of Notre Dame Press, 1995), 100.

④ Augustine, *On Christian Doctrine*, 660 (3.5).

奥古斯丁“肉身之道”的神学理论、肉体和精神的形而上学，以及内在和外在的心理学，都支持他关于“交流是不同内心间的协调”的视角。他觉得，人的命运受欲望驱动，这些欲望常常是一种想获得不应获得的东西的欲望。他的这个观点与柏拉图和弗洛伊德等人提出的爱欲视角彼此共鸣。对他而言，连语言都是受激情驱动的。虽然在这里，我还没有真正触及奥古斯丁思想的细腻之处，但从上述简略的介绍中，读者应该已经能明白，为什么他近来很容易成为批评的靶子。在《哲学研究》一书中，维特根斯坦拿奥古斯丁的语言理论作鲜明的反衬。在维特根斯坦看来，奥古斯丁认为语词的意义源于它们所指的事物，而不是来自它们在各种生活实践组成的生态系统中所居的位置。[①]虽然德里达花费了更大的工夫试图从卢梭、黑格尔或海德格尔的思想中钩稽出一些本体神学的线索，然而奥古斯丁作为“逻各斯中心主义者”[②]、“超验主义[③]所指”(transcendental signified)的忠实信徒和本体神学主义者，他傲视天下，无人能敌。[④]奥古斯丁将书写置于言语之下，试图阐述一种文字学的宰制(grammatological regime)。而这正是德里达苦心孤诣要摧毁的。奥古斯丁说：“然而，一方面我们展示……肢体性符号(bodily signs)，让在场的说话对象能看到或听到；另一方面我们又发明了字母，以便我们也能与不在场的人交流；但是这些字母是口语词的符号，正如口语词是我们

---

① Ludwig Wittgenstein, *Philosophical Investigations*, trans. G. E. M. Anscombe (Oxford: Basil Blackwell, 1953), sees. 1-4.

② 逻各斯中心主义，亦称“逻各斯中心论”，与“在场形而上学”是一体的两个侧面。这个词是德里达生造的，它合并了逻各斯(logos)与中心(centre)两个词，又加上一个“主义”后缀(-ism)。德里达用这个词概括了古往今来一切形而上学的思维方法。——译者

③ 超验主义(transcendentalism)，又译“超越论”，源于拉丁文 *transcendentis*，意为“超越范围”。超验主义是发生在19世纪前半叶美国的哲学文学运动。首脑是拉·华·爱默生，主要参加者有梭罗、阿尔柯特(1799—1888)、黎普里(1802—1880)、玛吉丽特·福勒和昌宁等人。超验主义最先由康德提出，他认为人的本质和先天性格可以超越体验。超验主义哲学观点认为认识客观世界的最佳方式是询问主观直觉。——译者

④ Susan Handelman, *The Slayers of Moses: The Emergence of Rabbinic Interpretation in Modern Literary Theory* (Albany: SUNY Press, 1982), 118; see 107-120.

在交谈中使用到的，代表我们心中所想到的事情的符号一样。”①有鉴于此，我们不必上下求索就可以看清楚，奥古斯丁主张的明显是“在场的形而上学”(metaphysics of presence)。②

但是，和一般意义上的基督教诠释学一样，奥古斯丁的传播理论意味着更大的政治风险和伦理风险。基督教诠释学认为，只有精神的才是自由的，而字母则意味着奴役，这也是奥古斯丁主张的诠释学。③德里达更大的目标，也许是不仅要将书写从言语的奴役下挽救出来，而且还要拯救人，使爱书者(people of the book)从这种诠释学的压迫下解放出来。德里达将犹太人单独拿出来做例子，说他们是最受文字奴役的人。他说，非犹太人把实际的真理当作文字比喻，而犹太人却把文字比喻当作实际的真理。④德里达认为两者都犯了严重的精神错误(虽然他认为犹太人比非犹太人略微正确一些，因为犹太人至少是因虔诚于上帝而屈服于文字)。此外，我们解释世界时，依据何种方式(文字的还是精神的？)不仅仅是我们观察世界的眼镜，而且反映了我们的精神症状。无论从道德角度还是从诠释角度看，奥古斯丁显然都同意使徒保罗的说法：“字母叫人死，圣灵叫人活。”⑤

近来有些人对“交流是灵魂之间的汇聚”的观点提出了不少批评。从以上论述我们可以看出，这些批评来自两个方面：一方面认为对这一交流观的描绘尚不够充分；另一方面则认为这一交流观有一个很长的“迫害传统”，它长期与诋毁文字的做法纠缠在一起。正如汉德尔曼⑥所说，弗洛伊德、布卢姆(Harold Bloom)、拉康(Jacque Lacan)、舍勒姆

---

① Augustine, *On the Trinity*, trans. Arthur West Hadden, in *The Works of Aurelius Augustine*, ed. Marcus Dods (Edinburgh: Clark, 1873), 7: 399 (15.10.19).

② Jacques Derrida, *De la grammatologie* (Paris: Minuit, 1967).

③ Allan Megill, *Prophets of Extremity: Nietzsche, Heidegger, Foucault, Derrida* (Berkeley: University of California Press, 1985), chap. 8.

④ 见 *De Doctrina Christiana*, book 3。

⑤ 2 Cor. 3: 6 KJV.

⑥ 苏珊·汉德尔曼(Susan Handelman)，当代美国学者，她在经典犹太教思想与后现代理论关联方面的研究成果在西方学术界具有较大的影响。——译者

(Gershom Scholem)和德里达等思想家，继承的都是犹太人的异端性解释传统；长期以来，该传统都在抵制基督教认为“精神的地位高于文字”的高高在上的解释。基督教试图以这种解释作为一种排除异己的机制。[1]而这些学者反对以上“交流是精神传送”的交流观，其实是有着政治和道德上的动机的，即是为了捍卫“异”高于“同”，或捍卫“同”中存“异”。德里达等描绘出这样一个世界：文本没有外表，人的内在性不是内在的心理学的特征，而是外在的话语的特征；而且，在生者(诠释者)和死者(文本)之间往往会进行着奇怪的互动。然而使徒约翰和奥古斯丁都支持人具有内在性，而且他们笔下的文字都含蓄地带着反犹主义的痕迹。约翰和奥古斯丁呼唤人们在交流中灵魂融汇，理解通透。对他们的这些呼吁，我们如果要作出负责任的解读，就必须考虑他们的反犹太主义立场。[2]而作为本书的作者，我不会将“基督教-罗马诠释学”的思想价值(sublimities)仅仅视为一种升华(sublimation)的结果，也不会将其对“精神融合”的渴求化约等同于它对世界的仇恨。基督教传统(如果我们认为有这么一个传统的话)鼓励我们不放弃，并认为这一可能性是存在的——即，基督教既能实现精神交融，又能使自己不因此被指责为在“寻找替罪羊”而蒙受声誉损害。这一基督教传统的乌托邦思想最终想要建立的是一种团结(solidariy)，在其中任何他者都不会被放逐。与此对应，犹太传统却提醒说，不仅存在他者特性，而且它还无处不在，甚至(或尤其)存在于我们最不想其出现的时候——即在我们试图与“自我”这一“文本”实现相互交融的时候。基督教的传统给我们带来喜讯，告诉我们与他者的调和已然发生；而犹太传统则提醒我们，这种调和尚未发生。这两种传统，一种是赎罪的希望，它宣称在所有的上帝造物中实现了团结，另一种是反复出现的“这种团结尚不存在”的强烈意识。也

---

① Handelman, *Slayers of Moses*.

② 丹尼尔·博雅琳(Daniel Boyarin)分析了保罗思想中相互交织的普世主义和种族主义，为处理与之相似的各种微妙和敏感主体提供了参照模式，参见：*A Radical Jew: Paul and the Politics of Identity* (Berkeley: niversity of California Press, 1994)。

许，位于这两个传统之间的处所，正是我们的栖息之地。（顺便说一句，这也许就是《约翰福音》中所描述的邻里社区。）

天使："肉体不重要"原则

对天使作各种猜想，这始终是人们考察欧洲思想史中的"交流"观念时的主导性思考方式。[①]因为天使没有肉体，所以他们能够在纯粹的精神极乐中交融。天使学(anglology)的传统五花八门，正宗的、神秘的都有，遍及基督教诺斯替教派[②]、伊斯兰教苏非派神秘主义[③]以及犹太教神秘主义(Kabbalah)。天使给人们提供了一个"应然"的交流模式。它给我们提供的是关于"理想的言语情境"的一个永恒视角，亦即一个没有扭曲或干扰的"交流"视角。天使——其希腊词是 *angelos*，意为"信使"——不受距离的阻碍，不受所谓肉体局限的羁绊，能够毫不费力地实现精神与肉体的对接，所指和能指的对接，神和人的对接。他们是纯粹的意义载体(bodies of meaning)。

天使具有重大的现实意义，它们不只是我们早已忘记的幼儿时期的想象物。诋毁中世纪经院哲学(Scholasticism)的陈词滥调之一，便是指责它竟然琐碎到去计算在针头上可以容纳多少个天使跳舞。但是这个问题对传播理论倒是有一定的意义，因为它涉及一个重要的意见分歧背后的物质基础。符号是物质的吗？它是信息吗？如果意见分歧极小，那这种

① 参见斯图亚特·施耐德曼(Stuart Schneiderman)不为人知但冷峻睿智的专著：*An Angel Passes: How the Sexes Became Undivided* (New York：New York University Press, 1988)。

② 诺斯替教(Gnosticism)，基督教异端派别。2—3世纪从古代诺斯替教演变而成。"诺斯替"一词的本义是真知即神秘的超自然的知识或智慧，诺斯替教认为通过这种智慧就可以了解宇宙，把人从物质世界中拯救出来。其思想来源于巴比伦的宗教神秘观念，波斯宗教的善与恶、精神与物质的二元论，以及万物从神流溢出来的新柏拉图主义。——译者

③ 苏非派(Sufism)，伊斯兰教神秘主义派别。"苏非"系阿拉伯语音译，原意为"羊毛"，因早期苏非主义者为表示清贫、质朴而穿着粗羊毛织衣而得名。产生于7世纪末。当时一部分穆斯林为表示对倭马亚王朝宫廷的奢侈腐化和世俗倾向的不满和消极抗议，提倡禁欲、守贫、苦行，他们身穿粗羊毛织的衣服，终日以粗茶淡饭度日。8世纪中叶以后，苏非派开始以神秘主义为特征，宣扬神秘的爱、泛神论和神智论思想，提倡内心修炼、索居冥想，认为只有通过这种修炼方式方能达到"无我"之境。——译者

分歧在物质上又意味着什么？讯息的载体是否占据一定的空间？意义（“精神”）和符号（承载该意义的“肉体”）是可以分开的吗？只需稍作引伸，“针头这个天使的舞厅能容下多少天使？”这一问题就可以把我们带进符号学的核心地带：“能指”（针头舞厅）和“所指”（天使）之间如何对接的问题。如果一个针头可以容纳无数个天使在其上跳舞，那么这说明天使没有肉体，或者他们的肉体就是灵魂，或与灵魂同体合一（consubstantial）。在某种程度上而言，这种“同体合一”是柏拉图笔下的恋人梦寐以求而不得的东西。倘若真是这样，不受限制的交流就是可能的。然而，倘若天使跳舞的针头竟会变得拥挤不堪，那么我们就能推断出，天使显然是有肉体的，而且还占有一定空间，无论这个空间多么小。因此，一个“空间有限”原则随之出现，针尖上“天使舞会”的请柬就应该有一定的限额。既然由于天使是有肉体的，并因此而导致针头舞场的面积有限，那么这就说明，精神性的内容确实就与肉体相关——即，思想也许有重量和四肢。这就会给那个无形无相的“交流梦想”带来麻烦。这再一次使我们想起前述奥古斯丁关于肉体和文字的说法。

鬼魂和天使同时困扰着现代媒介。这些现代媒介都有能力如鬼魂或天使一样神不知鬼不觉地将语音、形象和语词传送到很远的地方，而这些东西却不会死亡、不会衰朽。德国唱片公司（Deutsche Grammophon）的徽标一直是一个天使，手握铁笔，直接把声音记录到唱片之上；美国电话电报公司（AT&T）也用丰润的天使形象装饰电话线，以吹嘘它设备的速度之快和传播范围之广。[①]天使递送的电报绝对不会丢，既不会被送错地址，也不会在路上被搞得乱七八糟，至少优秀的天使不会这样。天使一直是启蒙学者嘲弄的主要对象——霍布斯（Hobbes）、伏尔泰、吉本（Edward Gibbon）和弗洛伊德既戏弄天使，又从天使身上演绎出各种理论——然而，天使不但主管着西方文学中一些制高点（但丁的《天堂》、

① *The Magic of Communication: A Tell-You-How Story* (N. p.: AT&T Information Department, 1932).

弥尔顿的《失乐园》、歌德的《浮士德》；它们也俯视着现代主义文学和艺术[如拉什迪(Rushdie)的《撒旦诗篇》、温德尔(Wender)的《欲望之羽翼》、库什纳(Kushner)的《美国的天使》等等]。童年纯真的形象、女性的长期苦难、族群性(ethnicity)和网络空间，都受益于天使学的丰富母矿。尤其重要的是，天使体现了我们对交流的担忧，构成了我们可以回到天国的可能性视域。至少从奥古斯丁以来，天使就一直是完美交流的象征，是我们在消弭了阻碍后相互说话的模式。即使从17世纪初“瞬间实现人际远距离交流”的梦想发轫以来，天使的倏忽快捷始终是衡量人的交流能力的标尺。在交流方面，天使始终比我们人类更胜一筹。

施耐德曼(Stuart Schneideman)说，我们可以将天使学当作另类的符号学。天使的身体，以及它们之间身体上的融汇可以被类比为符号(signs)及句法(syntax)。但是，在主导性的托马斯主义(Thomistism)传统中，天使代表的却是一种交流方式，在这种交流中，身体似乎无关紧要。阿德勒[①]是天使学的重要研究者。他认为，天使能够给我们的教益之一是，他们让我们知道，如果没有性(sex)和社会性别(gender)，爱应该是什么样子的。[②]他说，没有任何个人内容的、普世的爱才是最高尚的爱。不过，他所言的天使没有爱欲器官。更加致命的是，这些天使没有肉体，而只有在具备肉体时才会有脆弱，才会激起其同类的同情。我们尚不清楚，在天使眼中，爱欲或博爱有多真实。阿德勒眼中的无形无相的天使说明，人们对“交流”的强烈渴望有多么的贫瘠，这种贫瘠一直延续到今天。当然，也有反传统的堕落天使或爱管闲事的天使。它们有的很淘气，与凡人、神和其他上帝造物搞性乱或其他调皮捣蛋的事情。

---

① 莫蒂默·阿德勒(Mortimer Adler，1902—2001)，美国哲学家，曾任芝加哥哲学研究所所长，著作有《如何阅读一本书》(1940)和《哲学的条件》(1965)等。——译者

② Mortimer Jerome Adler, *The Angels and Us* (New York: Macmillan, 1982).

圣阿奎那[1]是天使学的神学权威(Doctor Angelicus)，也是阿德勒的灵感源泉，他代表着经院哲学在天使学上的巅峰水平。阿奎那给“交流的梦想”提供了一个美好的例子。在“天使的语言如何发挥效果”这个问题上，他比奥古斯丁说得更加清楚：天使本身按照不同等级被分为不同的种类，或不同的“席位”(choir)。圣阿奎那认为，天使之所以有相互交流的需要，不只是由于他们尘世知识和视野的不足造成的。不同等级的天使对上帝和上帝的作品各有不同的了解，因此天使之间必然就有交谈的动机。[2]与奥古斯丁和柏拉图一样，阿奎那区分了内言语(思想)和外言语(speech)。凡人的内言语(inner speech)为两种东西所包裹：沉重的肉身和交流的意愿。因具体情况不同，这些包裹既可能是偏离的，也可能恰当的。因为阿奎那笔下的天使没有肉体，没有需要掩藏的东西，也没有理由掩藏任何东西，所以外言语“不适合天使，天使只有内言语”。既然对凡人而言，外言语只是“被掩藏的东西”的外显化，那么，对天使这样清醒而聪明的存在物，外言语有什么用处呢？天使只需直接把“观念”或精神内容发送出去就能“使另一个天使直接明白”。阿奎那关于天使相互接触的视角，类似于物理研究中所谓的“思想迁移”(thought-transference)或传心术。天使的言语虽然“是内在的言语，但这是另一个天使可以感知的言语”。[3]一个天使能将其内在性传送给另一个天使，而且既无损失，也无剩余。既然天使形式纯粹，没有肉体，那么“时间上的不同或空间上的距离对他们就都没有任何影响”。天使之间的精神交流穿梭来往却无声无息，不需要外部语言或物质的手段。阿奎那进而又说，就这样，在耶稣复活之后，人的思想不再能互相隐藏。一方面，这使正义的人高兴；另一方面它又使邪恶的人恐惧。对阿奎那来

① 托马斯·阿奎那(Thomas Aquinas，1225—1274)，意大利人，经院哲学唯实论的代表人物，基督教神学体系经院哲学的完成者。——译者

② Thomas Aquinas, *Summa Theologica*. Great Books of the Western World, ed. Robert Maynard Hutchins, vol. 19 (Chicago: Encyclopaedia Britannica, 1952), 546.

③ Thomas Aquinas, *Summa Theologica*, 549 - 551.

说，天使之间的互相理解是通过其内在性的瞬间实时的袒露而实现的。对天使而言，自我和他者在各自眼中都是通体透明的。

总之，从天使身上，我们应能找到一条出路，使我们能够飞出难以逃避的私人的“苍蝇瓶”。在一切存在物中，只有天使不会遭遇交流失败的问题，因为他们没有被囚禁在肉皮囊中，也不会受制于任性的意愿。他们的自我(selfhood)既是个体的，又是集体的。物质是个性化的前提，既然他们的身体是非物质的，所以他们同时既代表自我又代表他们整个种群。[①]和天使的“同出一源性”(conaturality，这是托马斯的用词，由此而派生出的法语词是 *connaitre*，意即“认识、熟悉”)相比而言，我们人类低层次的“交流”努力，似乎实在是很不完美，让人心痛！

二、洛克：“交流”之意义从物质到精神的转变

奥古斯丁、阿奎那等人的天使学给“内心共享”(shared interiors)这一交流的梦想提供了思想基础。不过，他们的阐述是以拉丁语进行的，他们并没有对拉丁词 *communicatio* 给予额外的重视。拉丁词 *communicatio* 的意思是“(物质)共享”或“使……共享(物质)”，而并不特指“思想共享”[②]。大致到 17 世纪，现代英语中的“交流”一词才获得了“思想共享”的新含义。

我们只要简略地考察一下 17 世纪英国科学中的几个主要人物，包括培根、格兰威尔[③]、威尔金斯[④]和牛顿，就可以看出这个新观念的演变过程。当时，人们拿磁性、传递、引力等物理概念来描述人们之间的心灵

---

① Frederick Copleston, *A History of Philosophy* (1948; Garden City, N. Y.: Image Books, 1985), 2: 330 – 331.

② *Oxford Latin Dictionary* (Oxford: Clarendon Press, 1968), 369.

③ 格兰威尔(Joesph Glanvill, 1636—1680)，英国作家、哲学家和教士。——译者

④ 威尔金斯(Bishop John Wilkins, 1614—1672)，英国作家、教士，英国皇家学会的创始人之一。——译者

活动，从而产生了今天为我们所知的“交流”的含义。在17世纪，communication这个词始终被用来指经院哲学家所谓的“远程作用”（*actio in distans*）。至少从经院哲学家时代开始，“远程作用”始终是自然哲学面临的一个难题：如果不借助明显的接触，一个物体或身体(body)怎么能对另一个物体或身体施加影响呢？[①]正是对物体或身体间“远程作用”的猜想，以及对心灵间“远程作用”（即培根所谓“非物质效力的传递”）的猜想，使得“交流”的词义发展接上了现代意义的轨道。长期以来，灵魂(soul)之间的理想关系一直被理解成是一个如何实现“远程作用”的问题——古希腊柏拉图所言的互不触摸的精神恋人、中世纪阿奎那笔下可以超越时空的天使等等，莫不如此。17世纪，这个交流的理想又重新浮出水面，出现于科学家关于交流的“准物理性”（quasi-physical）的梦想中；到19世纪，它则出现在招魂术士身上。

Communication的词义演变史和各种心理-生理学猜想大有关系。比如，现代科学最早的代言人培根就认为：“我们作如此思考还是很有趣的：人们彼此共处时，他们身体和身体之间，灵魂和灵魂之间至少都会进行某种微妙的交流(effluxions)。”[②]他列举了一长串的“传送运作”，这些运作过程不依靠接触而可以远距离产生作用，包括光、声、热、引力(这还不是牛顿所说的引力)和磁性；也包括嗅味、感染和“情感”，还包括“交感传送”（sympathetic transmission），比如护身符和保护行为之间的关系，或剑与剑伤之间的关系，无论受伤者处在多远的距离。培根所列举的这样一个大杂烩，让后世的思想家颇感不安，因为它无视“自然”和“社会”虽然互依互赖，但是实际上又彼此不同这一事实。自然

① Mary B. Hesse, *Forces and Fields: The Concept of Action at a Distance in the History of Physics* (Westport, Conn.: Greenwood, 1970).

② Francis Bacon, *Sylva Sylvarum, or A Natural History* (1605), in *The Works of Francis Bacon*, ed. Basil Montagu (Philadelphia: Carey and Hart, 1848), 2: 129.

和社会这种双重关系，就是拉图尔[①]所谓的“现代建构”（modern constitution）[②]。

培根将人的心理现象也视为一种远程作用机制，这和后继的心理研究者很相似。培根的学生格兰威尔爵士用声学中的“交感振动”（sympathetic vibration）来解释一个人的心灵如何“束缚”（秘密控制）另一个人的心灵。他的想象是：大脑皮层活动激活“以太”（Aether），并通过这种“液态媒介”扩散传递到其他大脑，正如弹拨琴弦会引起乐队中的其他琴师恰当的呼应一样，虽然琴师与其同伴之间有一定距离，并没有感官上的接触。他进一步解释说，这样的远距离共振现象能够说明，“天使为何能将思想注入我们人类的脑子，为何能知道我们在思考的什么……”[③]人们在想象力上的移情现象（empathy）或声学作用，是自从毕达哥拉斯[④]以来就始终驻留在我们的道德世界和物质世界中的一种交感观念。在此，格兰威尔提出这样一个理论框架：心理作用和物理机制借助微妙的以太实现融合。在以后的两百多年里，人们都将在这个框架下思考与“交流”有关的问题。[⑤]

---

① 布鲁诺·拉图尔（Bruno Latour，1947—　），当代法国科学知识社会学家、社会建构论者、爱丁堡学派早期核心人物和巴黎学派领军人物。其开创的“实验室研究”，直接促成了科学知识社会学继“社会学转向”之后的又一次转向——“人类学转向”；他在实验室研究基础上构建出的“行动者网络理论”（actor-network-theory，英文缩写 ANT），标志着科学研究中与爱丁堡学派分庭抗衡的新学派——巴黎学派的诞生。此学派将实验室实践与更大范围的技术—政治磋商联系起来，认为科学实践与其社会背景是在同一过程中产生，并不具有因果关系，它们相互建构、共同演进，从一个侧面说明当代科学研究（science studies）的实践转向的重大趋势。——译者

② Bruno Latour，*We Have Never Been Modern*，trans. Catherine Porter（Cambridge：Harvard University Press，1993）.

③ Joseph Glanvill，*The Vanity of Dogmatizing*（New York：Columbia University Press，1931），199 - 200.

④ 毕达哥拉斯（Pythagoras，约前 580—前 500），古希腊时期著名的数学家、哲学家、天文学家，最早提出万物皆数的观点，据说是他创造了“哲学”（*philosophia*）一词，并自称“爱智者（*philosophos*）”。他曾用数学来描述音乐，在古希腊数学史、哲学史、天文学史和音乐学史上都占有重要的地位。——译者

⑤ 关于文艺复兴时期人们对“自然而生的同情”（natural sympathy），参见：Michel Foucault，*The Order of Things*（New York：Pantheon，1970），17 - 44，以及 Francois Jacob：*The Logic of Life: A History of Heredity*，trans. Betty E. Spillman（New York：Pantheon，1974），20 - 32。

与此同时，天使在交流中具有的敏捷性则给17世纪的人们带来了灵感，激发了他们对“远程通信”(telecommunications)的畅想。1641年，威尔金斯主教写了一本书，书名长得令人咋舌：《墨丘利，或神秘而迅捷的信使，是如何让一个人能以私密和迅捷的方式克服任何距离将其思想发送给其朋友的》。和格兰威尔一样，威尔金斯也崇拜培根，并参与建立了皇家学会。该书名本身就体现了人们始终具有的勃勃雄心，希望能够实现远距离私密而快速的交流。(和阿奎那一样)威尔金斯认为，天使之间的交流是“在了解彼此特殊之处的同时，向对方揭开笼罩在自己本性上的面纱”。然而，由于人类具有“有机身体”(Organical Bodies)，“他们相互之间不可能如天使那样容易和迅速地交流思想。因此，人类就需要一些肉体手段，以接收和传送知识”。①和天使的工具比较起来，我们的工具——眼、耳、舌、足——迟钝得就像乌龟爬。而天使的速度却快得可以和托勒密②宇宙最高的“第十层天”(*Primum Mobile*)一争高下。由此可见，我们的身体面临多重残障。为了弥补我们的残障，威尔金斯建议我们通过各种视觉或听觉媒介(如吹号、响铃、击鼓、生火、放烟等)编制一套二进制编码字母表。当时威尔金斯还没有想到用电报之类的物理手段去传送信号，那是19世纪才出现的事。他依靠的是眼睛和耳朵，认为只有这些器官才“能够迅速感知远距离的物体”。③威尔金斯所谓的距离，仅限于眼睛能看到或耳朵能听到的距离，而且受到地球球面的限制。当时他还不知道电信号具有瞬息万变、无远弗届的特性。

牛顿物理学的出现是18世纪欧洲科学和哲学发展中的重要事件。该

---

① John Wilkins, *Mercury, or The Secret and Swift Messenger: Shewing How a Man May with Privacy and Speed Communicate His Thoughts to a Friend at a Distance*, 3d ed. (1641; London, 1707), 1-2.

② 托勒密(Ptolemy,约90—168),古希腊天文学家、地理学家和数学家。生于埃及,公元127—151年在亚历山大里亚城进行天文观测。他总结希腊古代天文学的成就,著有《天文学大成》十三卷,论述宇宙的地心体系,又叫“托勒密体系”,即认为平面形的地球处于宇宙中心不动,日、月和其他行星围绕其运行。——译者

③ Wilkins, *Mercury*, 69.

事件为有关“远程作用”的猜测提供了新的动力，也为“交流”思想的发展带来了好运。1687年，牛顿在其《自然哲学的数学原理》［简称《原理》（*Principia*）］一书中阐述了万有引力的存在及其作用。万有引力实际上是关于“远程作用”最重要的阐述。牛顿认为，万有引力和磁、光、热一样，在一种“难以想象的”或不可感知的流体中流动。牛顿给这个流体取名为“媒介”（medium），英文和拉丁文用的都是这个词。[①]他将这种“无处不在的、微妙的”的媒介称为“上帝的感知系统”（*sensorium dei*）。他认为整个宇宙都沐浴在一种无处不在的智能之中，这种智能通过一种非凡却不可见的要素进行远距离交流。这种力量或智能防止我们离开地球飘进太空，使月亮按轨道运行，使潮水有涨有落。和他的19世纪末的后继者一样，牛顿并没有将万有引力仅仅视为一个贫瘠无趣的物理事实，而是认为它充满着精神上的意义。牛顿当时所言的“交流”和“媒介”（medium），这两词在当时的词义差别已经具有许多现代意义，只是当时它们还没有得到现代意义上的使用。“交流”主要指远距离传送非物质力量，而“媒介”则指前述这种传送的机制或载体。

培根、格兰威尔、威尔金斯和牛顿等人并不是疯子，而是17世纪英国科学精英和现代科学文化的奠基人。他们对天使和以太的兴趣，对远距离的自然交流和文化交流的兴趣，不是倒行逆施，而是承前启后。我在这里所列出的例子说明，在历史上，“交流”一词主要指的是两个东西：传输的物理过程和形而上学的同体过程（consubstantiation）。在这两个意义上，主体和客体之间的边界是交错而模糊的。而且，有形物（如衣袍、财产、植物和商品）和无形物（如光、热、祝福、赞许、秘密、恶习、思想、观念等等）都是可以被“交流”的。[②]以上这些现代科学的奠

---

① Leo Spitzer, “Milieu and Ambiance”, in *Essays in Historical Semantics* (New York: S. F. Vanni, 1948), 179－225.

② *Oxford English Dictionary*, s. v. “Communicate”.

基人在将经院哲学中的各概念转化为科学概念的过程中，也使“交流”的观念经历了一个新的转折。

洛克：“意义”之作为“私有财产”

在“交流”一词从物质到精神的转折过程中，洛克也许是发挥了决定性推动作用的人。他是英语世界中个人主义文化和政治（以及其他众多方面）的主要塑造者，因此将他视为我们现在所理解的“交流”一词的原创者，具有举足轻重的意义。洛克用“交流”一词描绘人们之间的思想共享，这颇具创新。虽然在洛克之前，英语中已有相似的用法，但是约翰逊博士[①]的《英语词典》（1775）和后来的《牛津英语词典》（1928）都将洛克作为“交流”一词获得精神方面的新含义的源头。尽管如此，洛克在其散文中实际上是将“交流”的新旧意义并在一起混用。他笔下的“交流”，不仅指人与人的思想交流，还指上帝向天使发出的完美信息，又指精神与身体的交流（或互动）。洛克在修辞上和实践上都提出了自己的理论流派，影响重大，但是他并没有将“交流”视为某种言语、修辞或话语，而是将其作为这些言语、修辞或话语所能达致的理想境界。是洛克将“交流”这个词送上了从“物质共享”到“精神共享”的漫长的漂移历程。在奥古斯丁看来，交流所遇到的障碍常常是身体，而在洛克看来，交流的障碍却是语言本身。他认为，思想在心灵之间轻松地流动，如同天然磁石和铁器之间那种轻松的“交流”，而语言却在这个过程中形成了阻碍。洛克认为，语词必须“服从交流的目的……而交

① 塞缪尔·约翰逊（Samuel Johnson，1709—1784），18 世纪英国大文豪，辞典编纂家及作家。早年穷困但刻苦自学，靠文字工作为生。50 岁后成名，晚年受都柏林三一学院和牛津大学赠予名誉博士学位。其编撰的《英语词典》（又称《约翰逊词典》）自 1755 年出版以来一直是英语的词义标准和使用法式，并被评论家称为英语史和英国文化史上的划时代成就。——译者

流则是话语和语言的目的”（《人类理解论》[1]第3.9.6节）。他的这一观点，实际上发明了一个“关于语词的”新语词，即“交流”[2]。

洛克提及了话语和语言的“目的”，并认为“思想是内在的”，而“表达思想的语词是外在的”，这使他和奥古斯丁有些相似。他们对人类命运的看法也存在着连续性：“我们都是人，都容易犯错误，而且都犯下了不少错误。”（《人类理解论》序）[3]然而，在总体上，洛克和奥古斯丁是截然不同的。奥古斯丁将交流的符号视为人的肉身；洛克则将交流的符号当作个体的“私人财产”。奥古斯丁提出了一种“符号-身体”神学；而洛克则提出了一种个人主义的政治理论。洛克将语词具有的意义当作存在于个体内心中的某种私人财产。实际上，他的个人主义思想源于他的政治理论（见《政府论：下篇》[4]），并延伸到他的心理学理论和语言学理论（见《人类理解论》）。他的政治学、心理学以及语言学理论都能够帮助我们理解其“交流”思想。洛克认为，意义的主人是个体，而不是社会、语言或传统。既然个体是意义的主人，个体获得的意义就只有自己能理解，那么不同个体之间如何能相互理解呢？这是一个非常

---

① 《人类理解论》(*Essay on Human Understanding*)，也有译为《人类理智论》、《人类悟性论》的。17世纪英国哲学家约翰·洛克著。写于1671至1687年间，1690年出版。全书共分四卷，六十九章，主要是探讨包括道德知识在内的人类知识的起源、可靠性和范围等问题，论述和发挥了培根、霍布斯经验论的原则，建立了唯物主义经验论的理论体系。——译者

② 在本书中，我对《人类理解论》的引文位置用括号中的数字表示。我参考的版本是：Peter H. Nidditch (1690; Oxford: Oxford University Press, 1975)。

③ 斯贝尔曼(W. M. Spellman)在《约翰·洛克与道德堕落之问题》[*John Locke and the Problem of Depravity* (Oxford: Clarendon Press, 1988)]一书中指出，18世纪的众多思想家，包括孔狄亚克、爱尔维修、塞缪尔·理查森和切斯特菲尔德等，对洛克思想的解读都是不对的。这些思想家都认为洛克视人性为“白板”(*tabula rasa*)。该词在《人类理解论》中没有出现，而是出现在洛克论教育的文献中。这些思想家贬低洛克对教育的专业评判能力。但是斯贝尔曼认为，洛克确实在调和“人类教育中存在道德堕落”这一观点上发挥了重要作用，同时又承认了人类是天生容易犯错的。

④ 《政府论》(上、下篇)，洛克最具代表性的著作，在其中他对1688年刚刚结束的英国“光荣革命”进行辩护和理论总结。他在《政府论》中确立了“财产权”问题的核心地位，把自然权利学说看作是“财产”个人主义、绝对所有权的逻辑基点，把人权作为其整个理论的出发点和最终归宿，并且用劳动价值学说为物质财产权找到了合法性基础，同时扩展了人格权(创造物是自己人格的扩张)，使“财产权”具有了人权基础。该书集中体现了洛克的政治思想，对整个世界的进程起着至关重要的影响。——译者

迫切而又充满困难的问题。洛克的“个体是意义的主人”理论形成了一种社会和思想条件，使得人与人之间的“交流”既必不可少，又难以进行。当然，直到洛克之后两百年，这种与“交流”相关的渴望和焦虑才达到白热化程度。像笛卡儿一样，洛克是使世界“主体化”[①]的主要人物之一。[②]

洛克的交流观念建立在他对心灵和语言的理解上。首先，从他的心理学理论看，他让个体在意义生产中具有自主性，这与他认为个体在财产所有权上具有的自主性类似。在人类理解问题上，洛克观点的核心是所谓“观念之观念”（idea's idea），这是建立在笛卡儿理论的基础上的。笛卡儿认为，我们对真实世界其实是无法直接触及的[③]。我们的心灵不可能看见天上的云朵、触摸眼前的桌子、闻到玫瑰的香味；是我们的眼睛、手指或鼻子带给我们关于这些实体的各种“观念”（ideas）。而这些“观念”之间具有何种关系，笛卡儿认为我们对这种关系的认识是“由各种感官知觉作为中介而建立起来的”。洛克认为，观念“是心灵（the Mind）的直接对象。心灵感知到这个观念，让后者呈现在自己面前，并将观念本身与该观念所凭借的声音符号相互区别开来”（《人类理解论》“致读者的信”第14页）。虽然洛克对“观念”一词的使用种类繁多，常令人摸不着头脑（对此其批评者早已指出），但是“观念”已成了指代洛克式认识论的通用词。洛克还对“观念”作了进一步细分，包括“简单观念”，指一切知识的原材料，所有真正的知识最终都可以追溯到“简

---

① 主体化[subjectification（法语：subjectivation）]，也称“非对象化”，是最早由福柯提出的哲学概念，与主体客体化相对，指在主体和客体相互作用的过程中发生的客体外在因素向主体渗透、转化，客体的对象化形式内化为主体的本质力量的过程。客体主体化既体现在物质生产活动中，也体现在观念、意识活动中。——译者

② Hannah Arendt, *The Human Condition* (Chicago: University of Chicago Press, 1958).

③ 关于“观念”（idea）一词的哲学渊源，参见：Godfrey Vesey, “Foreword: A History of Ideas'”, in *Idealism Past and Present*, ed. Godfrey Vesey (Cambridge: Cambridge University Press, 1982), 1–18。关于“观念”这一观念，参见：Ian Hacking, *Why Does Language Matter to Philosophy?* (Cambridge: Cambridge University Press, 1975), 15–53, 163–170; Richard Rorty, *Philosophy and the Mirror of Nature* (Princeton: Princeton University Press, 1979), 48–50, 192ff。

单观念”。他否定观念是内生的，认为心灵里的一切东西，无一不是首先来自感官。“简单观念”是那些不能被进一步再定义的直接的“感觉与料”（datum of sense）。对洛克而言，人类理解最基本的组成部分既不是社会的，也不是语言的，而是感官的，这种感官体验只能由个体自己去获得。例如，任何人不能给你“甜味”或“红色”的体验，也不能向你说清楚这个体验是怎样的，你必须自己去尝去看。洛克将知识的基础建立在个体的感知上，这使得人与人之间的知识共享成为一个极大的困难。知识被视作是孤立隔绝的，其他人无法接触，仅局限于我们个人的感觉器官。

洛克将个人的感觉器官视为知识的权威来源，他这么做显然抱有政治动机，我们这样评价他并不过分。知识可以是个体赢得解放的基础：通过感觉器官，个体可以按照事物的本来面目认识事物，而不是按照教会、王权或习俗描绘的样子去认识事物（《人类理解论》第4.3.20节）。洛克举了很多例子，如菠萝的味道、颜色、黄金的可塑性等等，用以说明个人感官对知识获取的重要性。在他看来，这些例子所体现的人类经验，一方面明显是我们司空见惯的，另一方面，它们又莫名其妙地难以言传。例如，我永远弄不清楚，我所谓的“绿色”、“红色”和你所感觉的是否一致。在洛克的图式中，既然感官经验是一切意义的基础，那么要确认两个不同的心灵是否实现了真正的接触，就像是要靠近一条永远在后退的地平线一样困难。这里我们可以看出，洛克一方面为个体提供了挑战传统的理论资源；另一方面，他又打开了不同个体间可能因意义断裂而无法交流的“潘多拉盒子”。对洛克而言，“意义在个体身上”，而不是在文化之中。语言绝不是知识之源，它既非思想的塑造者，也不是人之存在的本质（essence）性构成。语言是上帝赐给人类的“伟大的工具和社会的公共纽带”，是为了使人能够成为社会动物（《人类理解论》第3.1.1节）。洛克曾一度认为语言与“理解力”并不相关，因此他认为在阐述人类的理解力时，不必过多涉及语言。但是，后来在写作《人类理解论》的第3卷“论语词或一般性语言”这一部分时，洛克的行文却似乎出现了变化。这时，洛克改变了他先前对语言的态度，承认语言与人的心灵之间存在着某种相关。

和奥古斯丁、阿奎那及许多17世纪的思想家一样，洛克的构想之中有两种“话语”（discourse）：一种是内在的思想流，来自感觉和对感觉的思考；另一种是外在的或公开的对语言的使用（我们今天使用的“话语”是这第二种意思）。正如洛克的同时代人、皇家学会会员沃利斯（John Wallis）1687年所说：“我们英语里所说的话语，有时和心灵的内部思考相关，有时又和外在的说话相关。”[①]沃利斯还说，语词是思想的“外部符号或可感知的符号”。正如奥古斯丁一样，沃利斯认为内部语词（洛克叫作“观念”）有权威性。洛克认为，没有“观念”支撑的符号是“没有意义的声音”（《人类理解论》第3.2.2节）。洛克常常把语词比喻成货币，认为它只有以储存在人们心灵中的思想现金作为支持，才是安全可靠的。如果语词的流通没有“观念”的支持（令洛克懊恼的是，他认为语词确实常常没有思想的支持），它们就会像伪钞骗子一样，设计害人，引起混乱（洛克将语言比喻成货币，见《人类理解论》第3.8.2，3.10.2-5，3.11.11节）。[②]

语言使“观念”在人脑内部的活动——如菠萝的滋味、颜色的种类、物体的质感等等——能让他人接触到。如前所述，奥古斯丁认为，道变成肉身，这一形式上的变化并不影响“道”的性质。同样，洛克认为，理想的情况下，思想本身不应该受到表达思想的语言的影响：

> 虽然人有各种思想，他自己和他人也都可以从中获得好处和乐趣；然而这些东西全部都在他的心里，别人看不见，这些思想也无

---

① 引自 Wilbur Samuel Howell, *Eighteenth-Century British Logic and Rhetoric* (Princeton: Princeton University Press, 1971), 32。

② 洛克在《人类理解论》中提到最多的物质(substance)就是“金子”,关于洛克和自创词,参见: Joyce Appleby, “Locke, Liberalism, and the Natural Law of Money”, *Past and Present* 71 (May 1976): 43-69; Marcelo Dascal, “Language and Money: A Simile and Its Meaning in Seventeenth Century Philosophy of Language”, *Studia Leibnitiana*, 8, 2(1976): 187-218。

法主动让自己为人所见。如果没有思想交流，社会的舒适和益处是无法让人得到的。有鉴于此，人必须要找到某些外在的可感符号；凭借这些符号，那些由看不见的观念所构成的思想，也许才能被他人所知。（《人类理解论》第3.2.1节）

洛克沉湎于英式思想中的那套唯我论玄想(solipsistic fantacy)，比如孤岛余生的鲁滨逊不得不单枪匹马、重造文明的那一套东西。在此，这种玄想也强化了洛克的个人主义政治思想。洛克所描绘的是这样一种情景：语言并非先于个体而存在，而是需要每个个体自己去发明。语词的意义不是“来自它们在整个符号系统中的相对位置”（这是索绪尔的观点），也不是“来自它们对外在客体的指称”（这是维特根斯坦笔下的奥古斯丁的观点），而是“来自它们对心灵中观念的指称”。“语词的首要或直接的意义并非来自其所指之物，而是来自使用该语词的个体的心灵中的观念。”（《人类理解论》第3.2.2节）语言不是“诱惑的艺术”（这是卢梭的观点），不是我们阐明自己的存在(being)的方式(这是海德格尔的观点)，也不是个体“实施行动的方式”（这是奥斯丁的观点），而是“传输观念的手段”。洛克强调，语言的认知功能比诗意功能和寒暄功能更重要。[①]传输是否成功是洛克衡量语言功能的标准。“一人向另一人说话时，就是为了让后者可能听懂他；言语的目的就是通过声音(一种符号)使言说者的观念为听者所知晓。”（《人类理解论》第3.2.2节)这个观点将语词视为意义的容器，就像将身体视为灵魂的容器一样。它使交流问题成为一个运输“精神货物”的问题。实际上，洛克把语言叫作“伟大的渠道”(the great conduit)(《人类理解论》第3.11.5节)[②]。

---

① Roman Jakobson, “Closing Statement: Linguistics and Poetics”, In *Style in Language*, ed. Thomas A. Sebeok (Cambridge: MIT Press, 1960), 350 - 377.

② 保罗·德·曼(Paul de Man)对《人类理解论》第三卷中的“管子/通道”意象做了很多的揶揄，参见：“The Epistemology of Metaphor”, *Critical Inquiry* 5 (1978): 13 - 30；又见：Reddy, “Conduit Metaphor”。

在以上洛克对交流的设想中，“交流的失败”的影子赫然迫近。外部的声音符号（即语词）和观念之间，是如何具体联系起来的？在洛克看来，这完全是个人的事情。语词是“自愿性的符号”（《人类理解论》第3.11.5节），其意义是基于其与使用者之间的共识而获得的，因为每个人都有“不可剥夺的自由，让词语按照他喜欢的方式代表任何他想要其代表的任何意义；谁也没有权力强迫别人心中的观念和自己心中的观念相同；在使用某语词的时候，任何人都没有权力让别人在使用同一语词时，在他们的心中与在他自己心中那样激发相同的观念”。（《人类理解论》第3.3.8节）在语义学上，洛克坚守约定俗成观（conventionalist），[①]对他而言，外部语词和内部观念之间的联系是一种社会契约，是由不同个体之间基于合意而共同缔结的。他推断，语词和观念之间的联系是人为的，而不是自然生成的。因为如果是后者，那么全世界就会操同一种语言。他认为，既然这种连接是人为的，那么，任何人在任何时候都可以退出某一语言，虽然日常交流的具体实践几乎要求每个人都最好“默认”该语言按其目前被使用的情况发挥作用（《人类理解论》第3.3.8节）。按洛克的说法，个人可以自由地生产意义，但是如果真是这样，人与人之间的思想交流是否还可能，这就令人怀疑了。个人具有语义自由，不可侵犯，这既使个体得到保护，又使他不至于受到他人意志的非法控制，然而这同时也意味着，在和他人交流时，我们永远无法确定，我们与交流对象之间是已经实现了思想上的共享呢，抑或仅仅是用自己的声音填塞了空气而已。总而言之，洛克认为个体是能指之主人（the lord of the signifier）。

洛克的语言理论使得“交流”观念成为一个悖论。一方面，洛克主张个体可以自由地将任意语词对接任意观念；另一方面，他又希望这种对接能做到完美契合。“为了让语词服务于交流目的，就需要……它们

① Hans Aarsleff, *From Locke to Saussure: Essays on the Study of Language and Intellectual History* (Minneapolis: University of Minnesota Press, 1982).

在听者的心中唤起的观念和说话人心中的那个观念完全相同。没有这一点，人们就只是在用噪声和语音塞满彼此的心灵，却不能传达思想，不能将自己的观念向对方袒露，然而相互袒露观念却正是话语和语言的目的。”（《人类理解论》第3.9.6节）洛克把“交流”这个词不偏不倚地放置在个体身上，但是这一个体却是有着私密认知和独立思考能力的个体。这正是问题所在。在交流中，为什么一方非要承认和接受另一方随意附加在符号上的意义呢？如果每个人都有给符号立法的权利，那还有什么东西能够阻止整个社会沦落为“一堆单子”（monads）①——每个个体都沦为被禁锢在各自的符号-意义编码规则中的单子呢？“每个个体都是自由的”（即个体对自己的自我意识都拥有至高无上的主权）这一说法和个体与个体之间的“交流”（人与人之间的思想内容似乎可以被复制），两者并置在一起，令人感到局促。洛克的理论是自相矛盾的：一方面，他认为交流的梦想是为了实现人与人之间观念的复制，另一方面他又坚持每个个体都对其自我意识拥有主权。

他的这一矛盾既反映在哲学层面，也体现在物质层面。洛克的政治理论和他的语义学理论不分彼此。他的两个理论都捍卫个人的私有财产权，无论这个财产是个人意识（“观念”）方面的，还是真实物质财产（“生命、自由和不动产”）。两个理论都是基于同样的主张：个人对其身体的私有权力。但是，财产是私有的，交流却是共有的。洛克要做的是，如何解决个体意识的“私有”（由一个人或少数人所有）和“交流”中的“共有”（由大家所有）之间的矛盾，以实现两者之间的自由流通。洛克借用其基本政治理论（个人自由不可侵犯）来表达其基本的语义学理论（交流中的意义是约定俗成的）。洛克关于财产的论述见于他匿名发表的《政府论》第二卷，该书与《人类理解论》在同一年（1690）出版。《政府论》第二卷的主要宗旨是考察私有财产的起源，以给他提出的所

① 17世纪德国杰出的数学家、哲学家莱布尼茨（G. W. Leibniz，1646—1716）将不可再分的，因此是最简单的组成单元称为“单子”（monad）。——译者

谓“市民社会”(civil society)赋予合法的地位。在《政府论》第一卷中，洛克试图推翻“君权神授”理论。该理论认为，上帝给了亚当和他尊贵的后裔排他性的权利，特许他通过连续不断的父权制(君权神授)方式来统治俗世。该理论被用来论证君主制王权继承的合理性。在《政府论》第二卷中，他试图回答这样一个问题：既然上帝最初将世界作为共同遗产均等地赐予了所有的“男人”(man)(不包括女人)①，那为什么后来人与人之间会存在财产差别呢？洛克试图阐明人类财产差别的起源。洛克设想，既然“自然界是我们大家的共同母亲”，而世界上的所有物质材料都是自然界的自然产物，那么，显然任何人都无权独占这些物质材料。然而，这个原初的共有状态并没能持续多久，因为一旦人们在这个世界中行动，并且以这个世界为行动对象时，他们就将自己的劳动和上述物质材料“混合”起来了。而“劳动”不是公共财产，而是个人的私有财产：“虽然地球和低级动物都为所有人共同所有，然而每个人在他自己的身上都拥有一种**私人财产**，这一财产除了个体自己之外，谁也不能对其主张权利。由个体身体所实施的**劳动**，以及由个体双手进行的工作，我们可以恰当地说，是属于他自己的财产。”②我们可以自由地用自己的时间来创造属于自己的财富。在这个劳动过程中，我们将私有的劳动和共有的自然界混合在一起，然后就可以将自然界的一部分圈到属于自己的范围里。洛克说，所有的产品，其全部价值几乎就是蕴涵于其中的劳动的价值。最初劳动者对自己劳动的所有权因而被转移到劳动所投入的物质材料中。因此，当我们说“劳动涉及属性/财产转移”时，可以有双重含义：一方面，劳动依附于人，因此它具有个人属性(property)，另一方面，劳动又可以是实实在在的财产(property)③。(我将在第三章中

---

① Carole Pateman, “The Fraternal Social Contract”, in *The Disorder of Women: Democracy, Feminism, and Political Theory* (Stanford: Stanford University Press, 1989), 33 – 57.

② John Locke, *Two Treatises of Government*, ed. Peter Laslett (Cambridge: Cambridge University Press, 1988), sec. 27；着重号为原作者所加。

③ Property 有“属性、财产”的意思，这里作者同时使用了这两个意思。——译者

阐述洛克的“货币”思想存在的问题。）

“共同”（或公共）和“私人”之间的区分，既是洛克财产思想的基础，也是他交流思想的基础。他的财产论所要解决的问题是如何从伊甸园的财产自然共有状态过渡到市民社会的财产私有状态。他把财产共有状态等同于原始社会的懵懂之境，他这么做，部分原因是他此前读到的有关美洲印第安人的生存境况。与此相对的是，当人们开始运用自己的各种官能(faculties)改造世界时，财产私有就出现了。洛克认为，财产共有是先天既定的，而财产私有则是后天成就的。私有需要保护，共有却可以视之为理所当然。（洛克在共有和私有两者上的倾斜权重正是他与托克维尔①等后来的个人主义的批评者之间的区别。托克维尔想保护公共领域，使之不受私人领域的侵蚀。）洛克的语言理论面临的问题，是他的财产理论面临的问题的颠倒：个体从世界获得体验，并成为这些体验的所有者；既如此，这些不同个体之间如何能团结起来，获得对世界的共同理解呢？在洛克看来，这需要通过“交流”。交流是将私人的东西变成共有的途径。个体对其感觉器官的运用和个体的劳动类似。在感知世界的过程中，个体将世界的零碎片段储存到自己身上。既然洛克将个人劳动视为最为基础的东西，那么他就面临着一个任务——他得解释，不同的个体之间如何可能获得共同的理解。

由此看来，洛克的财产理论和他的交流理论是一对孪生子。关于财产，他必须说明，如何从共有过渡到私有(物质上的私有)；关于交流，他必须解释，如何从私有回到共有(心灵上的共有)。我认为，洛克的语言理论，尤其是他对“交流”一词的创新性使用，是为了弥补自己理论上的漏洞。此前，洛克理论上的漏洞在于他无法充分解释各个自由的个体如何能相互合作组成社会。洛克先假设，个体间的“共同的意义”起

① 托克维尔(Alexis de Tocqueville，1805—1859)，法国政治理论家、社会学家和历史学家。出身于保皇的贵族家庭。1827年进入政府机关。1831—1832年访问美国后，写出了不朽的《论美国的民主》，共分两部分，分别发表于1835年和1840年。——译者

初并不存在，然后他问：那么“共同的意义”后来又是如何产生的呢？而至于“个体心灵”又是如何产生的（是否与社会有关），他并不视其为问题。但是他最后却将“公共意义”描述得模糊不清，仿佛是不可能成就的事。洛克之所以如此做，是因为他当时正陷入一场政治斗争，为了与王权、教会和传统等“集体力量”抗衡，他不得不将个人放在首要位置。洛克通过提出“交流”这一概念，试图说明个体与个体之间存在共处的途径，而且不必以牺牲自己的主权为代价。在洛克眼中，个体几乎就像天使，他们总能够实现思想的共享。

公平地说，洛克难能可贵的地方是，他并没有将天使交流当作其交流观念的理想模式。他考虑到了，并且容许个体在使用语词时采取一些实用主义的临时对付措施。在交流这个问题上，他与他之前和之后的梦想家之间有一个不同。那就是，虽然他将“思想的传递”视为有效使用语言的一种范式［“为了让语词服务于交流目的，就需要……它们在听者的心灵中唤起的观念和说话人心灵中的那个观念完全相同。”（《人类理解论》第3.9.6节）］，然而洛克并不认为我们人类可以像天使那样交流。他写道：“和我们人类相比，神灵（spirits）有一个更加完美的思想交流方式。我们热衷于使用身体性符号……然而，对于即时和无中介的交流，由于我们在自身内部从未有过这样的体验，因而对神灵的交流方式根本无从认识，也根本‘没有观念’①——我们根本就弄不清，既然不使用语词，神灵又怎能迅速进行交流；既然没有身体，神灵又怎能成为自己思想的主人，怎能任意交流或隐藏自己的思想。所以，我们认为神灵具有这些威力，这种认识只能是建立在假设的基础之上。”（《人类理解论》第2.23.36节）洛克是在他的认识论边缘跳舞，探索他从来没有任何感官经验的东西。当然，这也正是其观点中的应有之义——我们对天使、六翼天使（seraphim）和圣灵等本来就无法理解。（洛克问道，天使竟

① 这里原文用的是“have no idea”。这里洛克是一语双关：一是该短语的常规用法，意即“不理解，不清楚”；一是指头“没有洛克所谓的‘观念’”。——译者

然没有身体，那他们的私密想法何处存放？洛克如此发问，正说明他认为个体的肉体是私有财产的源泉，是存放个体“内部性”的容器。）同样，洛克认为个体在传递观念时候，是通过将外部“语词”与其内在“观念”契合起来，而这种“契合”可以有不同的精确度，他因此而区分了“平民”（civil）的交流和“哲学”（philosophical）的交流（《人类理解论》第3.9.3节）。前者允许语词-观念之间存在松散的关系，后者则适合于科学研究，它需要非常精确的契合。

由此可见，洛克的“交流”观念是以下三者的结合：奥古斯丁的个体“内”和“外”有别的符号学、一个关于个人自由的政治纲领，以及一种试图让“思想得到清晰传送”的科学想象。洛克将“交流”看成是对个体之间思想传送的一种规范（norm），但是这种思想传送如何能实现，对此问题，他的语言理论和政治理论都无法给出完美的解答。洛克揭示了“交流”中存在的自我矛盾所造成的后果——要么是个体间可能实现思想共享，要么是个体各自陷入可怕的唯我论状态（solipsism）。即使洛克也许对这些后果没能完全阐明，但他仍然给后来与“交流”有关的思索指明了这一方向。

今天，洛克留给我们的遗产还清晰可见：我们哀叹语词不足以捕捉我们内心的感情，害怕语词的残暴力量，赞扬科学方法是人类理性交流的保证。洛克告诫我们要将个体视为意义的居所，这是因为在政治上他要借个体来对抗王权、教会和传统。洛克衣钵的继承者们担心，如果主张个人不是意义的控制者，或者说意义存在于人们的个人经验之外，暴政就会骤然而至。认为意义存在于个体之外的其他任何处所，都是对个体尊严的严重冒犯，因此只有坏人才会认为意义存在于个体意识之外。但是，另一方面，如果主张语词完全脱离其所属的社会关系，那么在最好的情况下，这些语词也只能是我们用来认识自我的笨拙工具；而在最糟糕的情况下，它们则可能堕落为暴力的工具，被用来将意义强加在我们独特的个人经验之上。个体心灵中的“观念”是个体的私有财产，这一说法既使得“交流”成为人之必需，又使得“交流”几不可能。

对洛克思想的继承者而言，交流既注定要失败（唯我论），又令人庆幸地可以无需语言的帮助而成功，“目击而道存”（意识一致论，即传心术）。[1]洛克将意义和物资财产的自主权赋予个人，这为后来人们对交流抱有的复杂态度奠定了基础。对交流，人们既抱有希望，又提防其危险。洛克的思想即使不是后来“交流”思想的全部肇始，至少也是后来许多与“交流”相关的研究的参照范例。将“交流”定义为“语言的社会性活动”，这固然能将个体提升为“能指的主人”，但是它却模糊甚至妖魔化了“意义的公共性”。洛克在个体身上找到了“交流”的最初血脉并对之坚信不疑，这既统领了“交流”，又造成了混乱。现在，每当我们认真思考或谈论“交流”这个观念时，我们几乎总是不知不觉发现自己已沉浸到一出富有哲理和政治意义的戏剧中去了，而这出戏最早的执笔者就是洛克。

三、“心灵融合”交流观之社会影响：19 世纪的催眠术和招魂术

洛克并不是一名浪漫主义者。他的宇宙由各种感官知觉和粒子组成，干净澄明、秩序井然。疯狂、神秘、对遥远的爱的渴望、亡灵的滋扰——诸如此类的东西在他的著作里难觅踪迹。但是，在漫长的 19 世纪，从法国革命到第一次世界大战，有关“交流”这一观念的各种主导性话语却始终被包裹在浪漫主义的云雾之中。“唯我论”和“意识一致论（传心术）”只不过是洛克语言理论中的两个极端；但在大多数时候，至少在日常的用途中，人类语言都能很好地运转（而不至于陷入这两个极端）。然而到了 19 世纪，人们因孤独而倍感痛苦，对相互融合的渴求也

① 亚当·斯密明显借用了很多洛克的心理学概念，认为不可能存在“灵魂共享”这样的事。从这一点看，亚当·斯密继承了一大帮否认存在“直接交流”可能性的人的衣钵，参见：John Durham Peters, “Publicity and Pain: Self-Abstraction in Adam Smith's Theory of Moral Sentiments”, *Public Culture* 7 (1995): 657-675。

日益强烈，其程度均远超洛克所处的时代。浪漫主义的代表布莱克[①]早期曾经表示，他对洛克感到“鄙视和厌恶”，并且断言，“过去仅仅是想象的东西，如今已经得到证明了”。在浪漫主义的影响下，物质世界和心灵世界现在开始靠近、混合并广为扩散，而希望能像天使那样交流或与亡灵对话的想法也迅速蔓延。

梅斯梅尔医生及其流体

催眠术（mesmerism）起源于梅斯梅尔医生（Franz Mesmer，1734—1815）。催眠术及其各种派生戏法对19世纪的文学和思想产生过巨大而隐秘的影响。梅斯梅尔的催眠术充分展现出了洛克“语义个人主义”（semantic individualism）理论所引发的某些文化后果。在催眠术中，被催眠者与他人结成一体，不仅可能实现“个体在心灵上与他人和谐共处”这一美梦，也可能导致“个体失去自我、屈从他人意志”的噩梦。梅斯梅尔的催眠术，侵入个人的私域，既使人害怕，又令人狂喜，令许多人既感到神往，又感到恐怖，这些人甚至包括法国、德国、英国和美国的很多作家：巴尔扎克、莫泊桑、费希特、霍夫曼、坡、霍桑、布朗宁夫人、斯蒂文森、莫里哀等等。莫泊桑笔下一位接受过梅斯梅尔治疗的人物曾发出了这样的哀叹：“有人摄取并控制了我的灵魂；有人指挥我的一切行为、一切动作、一切想法。我自己什么都不是，只是一个吓得魂不附体，受人奴役，对自己的行为只能袖手旁观的看客。”[②]莫里哀的《翠尔碧》（*Trilby*，1894）是19世纪90年代甚至整个19世纪最畅销的小

① 威廉·布莱克（William Blake，1757—1827），英国诗人、版画家，英国浪漫主义艺术的先驱者。生于伦敦一个杂货商人的家庭，小时跟母亲学习。1779年入皇家美术学院学画。他的诗歌讥讽当时黑暗社会，描写人民生活，歌颂资产阶级革命，同时也有些宗教色彩。他常常将自己所写的诗歌内容制成版画，如《法国革命》、《亚美利加》等。——译者

② 引自Henri F. Ellenberger, *The Discovery of the Unconscious: The History and Evolution Of Dynamic Psychiatry* (New York: Basic Books, 1970), 165；关于梅斯梅尔催眠术对文学的影响，参见：Robert Darnton, *Mesmerism and the End of the Enlightenment in France* (Cambridge: Harvard University Press, 1967), chap. 5，以及：Ellenberger, *Discovery of the Unconscious*, 158-170。

说，它讲述的是这样一个故事：神秘的斯文加利(Svengali)用催眠术将一个五音不全的英格兰妇女翠尔碧变成一位大歌唱家，但也因此给她的身体和心灵造成了极大的伤害。催眠术给我们留下了“控制人和引诱人”的印象，挥之不去；但是，这样的自我矛盾——自我要么因自主而封闭，要么因开放而危险——却是最先由洛克指出的。梅斯梅尔催眠术说明，浪漫的精神交流可能是一柄双刃剑，既意味着幸福的罗曼蒂克，又意味着令人恐惧的心灵践踏。

人们在使用“催眠术”这个词时常常不会想起，该词来源于一个真实的历史人物梅斯梅尔。他自认为是研究人类灵魂的牛顿。现在，“梅斯梅尔术”(mesmerism)和“进行梅斯梅尔治疗”(mesmerize)这两个词会让我们联想“催眠术”(hypnotism)，而很少会想起梅斯梅尔医生。“梅斯梅尔术”在19世纪40年代被重新命名为“催眠术”。在梅斯梅尔所处的时代，人们都喜欢用自己的名字给电学现象命名，如伏特(Volta)、加尔瓦尼(Galvani)、高斯(Gauss)、瓦特(Watt)、欧姆(Ohm)、安培(Ampere)等等。梅斯梅尔认为，他发现的现象——他名之为“动物磁力”(animal magnetism)——是打开“物理的吸引力”(重力)的钥匙，也是打开“社会的吸引力”(爱)的钥匙。[当时还出现了一个词——“宇宙磁力”，既指天体之间的吸引力，也指人类之间的吸引力，但该词的源头更早，见于德国人如帕拉切尔苏斯(Paracelsus)和基尔希(Athanasius Kircher)的思想。][1]当时维也纳先后出现过一批号称掌握了灵魂秘密的医生，梅斯梅尔是这批人中的开山鼻祖。他是怪异的启蒙主义者(*Aufklärer*)、共济会会员以及江湖庸医，夸夸其谈但有时也会显出几分诚意。在法国大革命(1789)前夕，即1778至1785年间，他在上层阶级中混得潇洒而成功。他对这些上层人士面授机宜说，有一种弥散在宇宙中的“流体”，是帮助人们祛除疾病，获得健康的钥匙。该“流体”在人与人之间以及人和宇宙之间流

① Michael Neumann, *Unterwegs zu den Inseln des Scheins: Kunstbegriff und literarische Form in der Romantik von Novalis bis Nietzsche* (Frankfurt: Vittorio Klostermann, 1991), 456-459.

动，能像“磁力”一样远距离发挥作用。他生造了“动物磁力”[1]一词，以和“物理磁力”区别；英语“动物”(animal)一词的拉丁语 *animus* 有“精神”的意思，因此他所谓的“动物磁力”就是精神磁力。18 世纪后期，“流体”观念是科学的前沿观念，比如在现代化学始祖拉瓦锡(Antoine-Laurent Lavoisier)的著作里就出现过。罗伯特·达恩顿[2]在《催眠术》一书中一语双关地说：“当时充斥着各类‘流体’，它们的数量已经足够多，也受到了足够多的各类哲学家的支持，足以将 18 世纪的读者弄得晕头转向，如坠流水中。”[3]

梅斯梅尔及其门徒并不认为自己在装神弄鬼或是上演马戏团的把戏。相反，他们认为自己在理性上迈出了一大步，认为他们提出的是能同时适用于物质力量和道德力量的统一理论。正如万有引力能使星球在固定轨道上旋转一样，他们提出的“精神磁力”使人的心灵充满爱意、永葆健康、彼此交流。梅斯梅尔用精神磁力治疗病人，对象主要是贵族妇女，一般的病症是后一代人所患的所谓神经症(neurosis)。经治疗，患者通常会出现令人惊奇的“康复”，梅斯梅尔认为这种康复是自然而不是心灵造成的，它是生理而不是心理的结果。好比哥伦布发现美洲大陆一样——梅斯梅尔发现了“无意识”这个新大陆，以及“神经症”和“催眠术”这两个“半岛”。哥伦布误将美洲当成了亚洲，至死都蒙在鼓里，而梅斯梅尔对自己所发现的“新世界”实际为何物也至死不知。[4]梅斯梅尔的治疗术几乎是对浪漫诱惑的一种戏仿(parody)——之所以如此，部分原因是他的催眠术为男女浪漫关系提供了关于爱和因爱痴迷的各种意象。在治疗中，磁疗师(magenizer)或催眠师能通过其眼睛和双手

---

① 鉴于 animal magnetism（动物磁力）也就是精神磁力，为便于读者理解和与“物理磁力”相对，后文中都将 animal magnetism 翻译成精神磁力。——译者

② 罗伯特·达恩顿(Robert Darnton, 1939—)，西方书籍史和阅读史研究领域的代表人物和领军人物，被视为出版史领域的麦克卢汉。其代表作之一《启蒙运动的生意：〈百科全书〉出版史(1775—1800)》(1979)被广为阅读。——译者

③ Darnton, *Mesmerism*, 11.

④ Ellenberger, *Discovery of the Unconscious*, 57.

将精神磁力流集中起来，从而使病人陷入一种“危机”状态（如歇斯底里、癫痫）。这里的催眠师通常是男性，这是很适合的，因为与后来的心理分析术（如在《翠尔碧》中）一样，在催眠术中一般是由一个男性催眠师对一个女性患者进行治疗。在实施催眠术的工作室内，墙上塞满了各种填充料，营造出一种神秘慑人的氛围，而男催眠师和女患者的这种配置，不仅没有降低反而增加了催眠对象的心理焦虑（性与非性的焦虑）。①实际上，在一桩有名的案子中，梅斯梅尔被控强奸了正在接受他治疗的盲人作曲家帕拉迪（Maria Theresia von Paradies），他曾经短暂地“治好了”她的眼睛，让她重见光明。梅斯梅尔治疗时会使用各种道具，包括磁棒、磁化的瓶装水、魔棒，以及身体按摩和音乐。在治疗中，如果他发现流体不能从患者身上流过，这就意味着患者身上有“障碍物”，因而产生疾病。这时，梅斯梅尔会对患者进行全身按摩，寻找病人身上磁场的“磁极”，或者用磁体在病人全身“打开通道”（make passes）。梅斯梅尔的这种做法也许正是后世“眉来眼去”（make a pass）一语的来历。有很多词语最先产生于梅斯梅尔的催眠术，然后被用在浪漫主义（romanticism）中，最后再传到男女浪漫关系（romance）中。

精神磁力形成了一个引人入胜的意象——两个或两个以上灵魂间的融合。这个意象，加上浪漫主义和神秘主义思潮，响彻在19世纪的欧洲文学和美国文学中。梅斯梅尔催眠术中使用的一个字眼“en rapport”——经常被翻译为“在交流中”（in communication）——是他从电学中借来的又一个词。②此前，在18世纪末期，已有实验证明人体可以导电。当时伦敦、巴黎等地有一个流行的游戏，让参与者手拉手组成一条电路，体会

---

① Donald R. Hoffeld, “Mesmer's Failure: Sex, Politics, Personality, and the Zeitgeist”, *Journal of the History of the Behavioral Sciences* 16 (1980): 377 - 386.

② 早期摩门教的重要神学家布拉特（Parley Parker Pratt）在其论文“Key to the Science of Theology”（1855; Salt Lake City: Deseret Book, 1966），第106页中写道：“两个人，或两百万人，或任意数量的人，如果将他们置于交流中，他们就会共享一个心灵（mind）。”Pratt明确将“在交流中”描述为“一个现代磁力学术语”。这意味着他认为“在交流中”是一个从梅斯梅尔催眠术借来的词。

电脉冲穿过人体的感觉。如果出现断点，就没有电的“交流”。要使电路畅通，人们就得保持“en rapport”或者说保持接触。[①]梅斯梅尔似乎借用了“电传播”的观念来描述他所使用的以下治疗手段。在治疗中，多名患者站在一个圆桶(baquet)——他发明的一种缸状容器——的周围，每人手扶一个铁格子，用来收集患者身体上的精神磁力。患者会感到有流体在周身流动，并会先后经历到一种“危机”感。一会儿过后，病人就可以脱离那个圆桶，而只需要与催眠师隔空对视就行了。此时，两个“交流之中”(en rapport)的灵魂就可以共享所有的思想感情。有些催眠师声称，哪怕病人远隔数百英里，也可以实现“感觉共享”(community of sensation，该词后来成为另类心理学术语)。[②]这是电学词汇迁移成为心理学词汇的又一个例子。

据说在催眠中，精神磁力同时对催眠者(主体)和患者(客体)具有控制力，但是在这一点上，很快就出现了分歧，论者分成了两派，即流体论者(fluidists)和精神论者(*animists*)。早在1785年，这种裂痕就出现了。流体论者紧紧守护难以捉摸的“流体”观念，而精神论者则认为，梅斯梅尔催眠能取得效果是得益于社会心理因素，尤其是催眠师的意愿。后者就是现今催眠术的鼻祖。1784年，一个科学委员会使得梅斯梅尔声誉扫地。这个委员会由拉瓦锡、居洛丹(Joseph-Ignace Guillotin)和富兰克林(Benjamin Franklin)三人组成。委员会宣告，梅斯梅尔催眠术完全是基于幻想，完全没有物理根据。(这一结论甚至比培根都更符合现代科学法则！)此后，梅斯梅尔只能在默默无闻中了却残生。

精神磁力说还有第三个派别，即政治催眠术(political mesmerism)，

---

① Ellenberger, *Discovery of the Unconscious*, 152.

② 查尔斯·杜兰(Charles Ferson Durant), *Exposition, or A New Theory of Animal Magnetism* (1837; New York: Da Capo Press, 1982)。杜兰还带着洛克式的离形去骸的口吻说：“电磁溶液的组成元素是众多的球形分子，它们相互紧挨着，在一个人的大脑和另一个人的大脑之间形成多根弦(或电磁弦)。”(79)

它是最短命的。政治催眠术由伯加西(Nicolas Bergasse)最先提出，[①]他是梅斯梅尔门下最具影响力的学生，曾在法国革命中发挥了重要作用。在那个时代的新兴民主情绪中，梅斯梅尔催眠术的出现恰逢其时，它似乎说明，每个个体都有天赋的力量，专制或暴政都无法剥夺之。[②]曾有人认为，人在被催眠时进入的所谓“交流”状态(*en rapport*)，其实就是卢梭提出的“悲悯”政治理论(politics of pity)自然而圆满的实现。但伯加西对此持不同看法，他将梅斯梅尔催眠术视为一种纠正卢梭哲学不足的方式。卢梭和亚当·斯密[③]等都将个体“设身处地为他人考虑的能力”(即他所说的“悲悯”)当作个体风度和道德的基石。然而，伯加西认为，这两位学者都对“悲悯”能力背后的机理语焉不详。他认为，我们不应止步于仅仅去“理解”他人，而是要进一步获得一种与他人接触的保险的方法。他认为，梅斯梅尔催眠术实现了卢梭的“悲悯”政治理论，因为该催眠术证明，人类个体之间精神上的兄弟情谊实际上是有物质基础的，这种情谊需要磁力的物质转移，而不只是基于一种想象。[④]它需要交流双方真正的感觉共享，而不是一方对另一方单向的移情(empathy)。

德国唯心主义奠基人费希特(J. G. Fichte)将精神磁力称作“物理化了的唯心主义”[⑤]。精神磁力及与之相似的派别显然是一种“民享的唯心主义”(idealism for the people)。这些派别将精神、灵魂以及对时空的消除带进了人们的起居室和会议室。在费希特看来，这种物理化了的唯心主

---

① Vincent Buranelli, *The Wizard from Vienna: Franz Anton Mesmer* (New York: Coward, McCann, and Geoghegan, 1975), 205.

② Darnton, *Mesmerism*, chaps. 3-4.

③ 亚当·斯密(Adam Smith, 1723—1790)，英国著名古典经济学家、情感主义伦理学家。古典政治经济学理论体系的建立者和杰出的代表人物之一。于1776年发表《国民财富的性质和原因的研究》(简称《国富论》)，把政治经济学发展为一种完整的体系。——译者

④ Darnton, *Mesmerism*, 118-119.

⑤ Gtinter Schulte, "Obersinnliche Erfahrung als transzendental-philosophisches Problem: Zu Fichtes 'Tagebuchüber den animalischen Magnetismus' von 1813", in *Der Transzendentale Gedanke*, ed. Klaus Hammacher (Hamburg: Meiner, 1981), 278-287.

义完全没有了它常带的对物质的严厉否定意味，其本身就已经作为一种物质实体而存在。例如，在霍桑的《福谷传奇》（*Blithedale Romance*，1952）一书里，就有一位大嗓门的“教授”在一个村议事厅里发表长篇大论，其内容明显是某种梅斯梅尔催眠术。小说中的叙述者评价该教授的讲演说，“他言辞雄辩，匠心独具、颇为可信；虽然表现出一种令人迷惑的精神性，但是，整个讲演自始至终都表现出一种冷酷而死板的唯物主义。”该叙述者又说，“即使教授说他手中握着的瓶子里装的就是那种弥漫宇宙的‘流体’——他确实认为这是一种弥漫宇宙的流体——我也不会觉得吃惊。”①难怪爱默生会反对梅斯梅尔催眠术。②爱默生自己提出的“超灵”（Oversoul）③概念绝对不是那种可以装进玻璃瓶的“流体”。但是，如果有一个崇尚“超灵”的曲高和寡的爱默生，肯定就有一屋子愿意一览其风采的普通人，他们充满好奇地地盼望听到像梅斯梅尔催眠术这样娱乐而有趣东西。

梅斯梅尔催眠般的控制观念，通过后来的催眠术进入到群体心理学（crowd psychology）中，也出现在大众传播理论，以及20世纪被滥用的大众传播实践中。④尽管梅斯梅尔催眠术在法国革命中曾是一支活跃的政治力量，可是后来它很快夭折了。虽然如此，梅斯梅尔催眠术还是阴魂不散，它作为源头仍不断支持着大众传播后来具有的救赎兼恶魔的形象，这是由于催眠术影响了群体心理学，而群体心理学又影响了大众

---

① Nathaniel Hawthorne, *The Blithedale Romance* (1852; New York: Bantam Books, 1986), 180.

② Ralph Waldo Emerson, "Demonology" (1839), in *The Early Lectures of Ralph Waldo Emerson*, ed. Robert E. Spiller and Wallace E. Williams (Cambridge: Harvard University Press, 1972), 3: 151 - 171.

③ 超灵，以爱默生为代表的美国新英格兰超验主义（Transcedentalism）提出的概念，指宇宙间的一种精神本质或一种生命力量，所有的灵魂或个体都能参与其中，因此它高于所有单个灵魂或个体。——译者

④ John Durham Peters, "Satan and Savior: Mass Communication in Progressive Thought", *Critical Studies in Mass Communication* 6, 3 (1989): 247 - 263.

传播理论。[①]催眠术的强大效果显示，洛克设想的具有自主表达意愿的城堡般的个体实际上是脆弱的。如今，催眠术已经成为一个重要的比喻，用来描绘政治独裁者和广告业如何通过广播、电影和电视对受众施加魔咒。20 世纪，大众媒介被视为进行大众控制和劝说的工具，而梅斯梅尔的阴魂在塑造人们对大众媒介作如此理解的过程中起到了推波助澜的作用。大众媒介不断重复、无处不在并对受众潜意识进行不当利用，从而能绕开公民警惕的意识，直接调动隐藏在个体内心深处的原始的动物性恐惧、愚昧或惰怠。

招魂术中的灵媒与媒介

梅斯梅尔生不逢时，他没能看到后来的电报是如何让人处于“交流之中”(en rapport)的。不过，对有线电报和无线电报，人们都迅速和普遍地接受了，这说明人们心中的“实现灵魂融合”的梦想是多么地经久不衰。1842 年，莫尔斯(Samuel F. B. Morse)向美国国会申请拨款，用于资助铺设从华盛顿到巴尔的摩之间的电报线。当时一名来自田纳西州的令人尊敬的议员认为这个申请荒谬绝伦，居然挖苦说，如果莫尔斯的拨款申请能得到批准，他建议将拨款的一半用于研究梅斯梅尔催眠术。显然，这位议员当时觉得很轻松就能将梅斯梅尔的精神磁性和电报磁性混为一谈。[②](莫尔斯后来确实得到了 3 万美元的拨款。)梅斯梅尔催眠术和莫尔斯电报技术都是基于一个共同的文化设想：个体之间通过电来实现远距离联络。电报既利用又刺激了过去那些有关非物质的远距离联系的

① Serge Moscovici, *L'age des foules: Un traite historique de psychologie des masses* (Paris: Fayard, 1981)。该书梳理了三位主要的群体心理学家(勒旁、塔尔德和弗洛伊德)思想的渊源,其中多处显示出催眠术对该书的影响。还可参见：Susanna Barrows, *Distorting Mirrors: Visions of the Crowd in Late Nineteenth-Century France* (New Haven: Yale University Press, 1981), 以及 Jonathan Miller, "Crowds and Power: Some English Ideas on the Status of Primitive Personality", *International Review of Psychoanalysis* 10 (1983): 253 – 264。

② Ann Braude, *Radical Spirits: Spiritualism and Women's Rights in Nineteenth Century America* (Boston: Beacon Press, 1989), 4 – 5.

话语。当时所谓的“电线”(lightening lines)引发出一个问题。和诺伯特·维纳[①]一样，詹姆斯·凯瑞[②]将这个问题称为“信号简省”(economy of the signal)问题，即非物理形态的信息(而不是物理形态的货物)在由传者发出到受者接受的这段时间内，两者间是否存在信息差异的问题。[③]这里，中世纪经院哲学中“多少天使能在针头上跳舞”的问题，已经转变为一个电信号的问题——这个问题看不见、摸不着，然而它依赖电线电路的闭合和连续。在许多人看来，新出现的电报似乎只是那个“天使和神灵远距离神秘传送智能”的悠久传统的最新延续而已。[④]唯一不同的是，与天使的交流相比，电报只是多了一位电报员来解码和编码。电报打开了通向神灵世界的天地，这并不是我事后诸葛亮牵强附会而提出的空想比喻。电报这个新媒介使大众产生了招魂术(spiritualism)的联想，从根本上塑造了大众对这个新技术的接受；而招魂术这种和亡灵交流的艺术，后来则又明显模仿了电报远距离接收讯息的能力。诚然，人类试图凭借中介实现与亡灵接触，这一抱负古已有之；然而，作为有组织活动的招魂术却到1848年才真正诞生，而此时离华盛顿-巴尔的摩电报线路实验性接通成功也才四年。招魂术的发明者是两姐妹，她们姓福克斯，名字分别为凯特和玛格丽特，住纽约州的海德斯维尔镇(Hydesville)，该镇位于纽约州的所谓“过火区”(burned-over district)[⑤]的中心——源于该

① 诺伯特·维纳(Norbert Wiener, 1894—1964),20世纪最伟大的数学家之一,信息论的先驱,控制论的创史人。对现代计算、通信、自动化技术和分子生物学等前沿学科都有着极为广泛的影响。1933年当选为美国科学院院士,1935年来我国的清华大学讲学一年,1963年获美国国家科学奖章。——译者

② 詹姆斯·凯瑞(James Carey, 1934—2006),美国著名传播学家、文化历史学家。先执教于美国伊利诺斯大学,后执教于哥伦比亚大学。他独辟蹊径地从文化角度开启传播研究,提出了传播的“仪式观”,形成了独特的有关传播文化研究的思想。——译者

③ James W. Carey, *Communication as Culture* (Boston: Unwin Hyman, 1989), chap. 8.

④ 我这里指的是电磁波电报;另有一种基于机械装置、依靠肉眼远距离读取信息的所谓“视觉电报”(类似于旗语)早在18世纪后期就投入使用了。参见:Geoffrey Wilson, *The Old Telegraphs* (London: Phillimore, 1976)。

⑤ 过火区,1950年史学家惠特尼·克罗斯(Whitney Cross)的用语,描述纽约州中、西部在第二次宗教大觉醒(Second Great Awakening, 1800—1830)期间的状况。当时各宗派在此地区强烈宣讲福音,常有频繁的和狂热的宗教活动,因而得名。——译者

“过火区”的其他运动和事物还有：摩门教、基督复临安息日、女权运动、柯达相机、施乐复印机(罗切斯特镇是“复印机制”的故乡，包括招魂术、摄影术和复印术等)。①1848 年，福克斯家的这两姐妹向外界宣称，她们发现家里出现了一个亡灵发出的击节声，她们认为这是一个多年前被谋害的冤魂发出的。②对她们的说法，一开始就有人予以揭露，指出击打声实际上是这两姐妹发出的，因为只要她们不在场，就听不见这种声音。直到四十一年后的 1889 年，两姐妹之一，即玛格丽特，才公开承认那些击打声是她偷偷用自己的脚指头关节发出的。但是，对招魂术笃信不疑的人仍然认为，玛格丽特的这一坦白并不可靠，因为这可能是她因受到强迫或因年迈脑子犯糊涂而做出的行为。

两姐妹将击节声当作电报式的编码，试图用它来填补生者和亡灵之间的鸿沟。在这两姐妹兴起的招魂术运动中，最初亡灵只能够回答那些答案是“是/不是”的问题(这里又可以看到“信号简省”原则的影子)，后来，她们让亡灵走出数字的局限。她们向亡灵诵读字母表，在她们读到亡灵认为“对”的字母时，亡灵就击打三次表示确定。这一方法虽然吃力，但还是能将单词和句子拼写出来。这个做法成为后来出现的“显灵板”(Ouija board)的工作原理。③“依照字母而敲击的方式和电报是如此相似，以至于‘灵魂电报’这个词几乎从一开始就被用来描述招魂术。”④[19 世纪 50 年代，纽约市一个重要的招魂术周刊就以《招魂电报》(*The Spiritual Telegraphy*)为名。]1852 年，福克斯两姐妹访问英格

---

① Tom Gunning, “Phantom Images and Modern Manifestations: Spirit Photography, Magic Theater, Trick Films, and Photography's Uncanny”, in *Fugitive Images: From Photography to Video*, ed. Patrice Petro (Bloomington: Indiana University Press, 1995), 42 – 71.

② “Spirits and Spirit-Rapping”, *Westminster Review* 69 (1858): 29 – 66; see 35 – 36.

③ Burton Gates Brown, “Spiritualism in Nineteenth Century America” (Ph. D. diss., Boston University, 1972), Chap. 2。“ouija”一词是法语和德语的“是、对的”两个词组合成的一个复合词。

④ Brown, “Spiritualism in Nineteenth Century America”, 44.

兰，当时报上有一篇报道说她们使用的是一种“系统性的电报模式”。[①]这种精神和技术领域的杂交，在造就传播学的现代词汇和视野的过程中，发挥了决定性作用，也是对洛克和梅斯梅尔传统的延续。对远距离信息的收发能力使得福克斯姐妹成为灵异世界的电报员。但更加重要的是，在她们宣称的与亡灵进行的交流中被有意无意地嵌入了一种“结构性疑问”。揭批她们的大有人在，但每每有人怀疑她们与幽灵世界接触的真实性时，她们总是能技巧娴熟地给出不置可否的回答，给这个问题留下悬念。“交流的不可能性”（这里是生者和死者交流的不可能性），不仅没能抑制人们的胃口，反而刺激了它，使人们越发企图实现这种交流。

招魂术的叩击声像流行病一般席卷美国，然后又越洋席卷欧洲。到1850年，专门的招魂术杂志已经诞生，各种招魂术团体也建立起来，遍及纽约、费城、波士顿和普罗维登斯(Providence)。福克斯家两姐妹受雇于娱乐业巨头巴纳姆[②]，成为英美两国的名人。自19世纪50年代开始，招魂术能成为一个声势浩大、参与者众多的运动，其原因之一是，它就像霍桑小说《福谷传奇》里描绘的那样，富有戏剧性，引人入胜。它给当时精神上饥渴和厌倦的大众带来了精神食粮和娱乐闹剧。在19世纪，美国、英国和其他地区的人们都深受宗教信仰危机和时代动荡的痛苦，招魂术运动则给他们带来了安慰。另外，招魂术也给美国人提供了一种新的宗教视野，使人们得以摆脱原来严酷和消极的加尔文教派。[③]在该新的宗教视野下，人们发现了一种可以与“彼岸”交流的新方式，它对交

---

① John Morley, *Death, Heaven, and the Victorians* (Pittsburgh: University of Pittsburgh Press, 1971), 105.

② 巴纳姆(Phineas Taylor Barnum, 1810—1891)，美国游艺节目演出的经理人，善于创新。首展是1842年在纽约举行的广为宣扬、场面豪华的“美国博物馆”。在19世纪30年代的“便士报”运动时期，巴纳姆利用报纸为自己的马戏团制造了一个又一个神话，获得了相当的经济利益。在1842—1868年期间，他主办的展览和演出吸引了8 200万观众，其中包括狄更斯和爱德华七世。——译者

③ R. Laurence Moore, *In Search of White Crows: Spiritualism, Parapsychology, and American Culture* (New York: Oxford University Press, 1977).

流者并没有严苛的道德要求，而且通过它，交流者可随时与“彼岸”对话。

招魂术运动颇具个人主义地强调指出，任何个体——包括妇女或者说特别是妇女——都有能力成为灵媒。该运动和当时的各种社会改革运动均有联系，包括女权运动、废奴运动和禁酒运动等。实际上，招魂术运动和女权运动刚好同时在1848年诞生。那年，斯坦顿(Elizabeth Stanton)和莫特(Lucretia Mott)发动的现代女权运动全国代表大会在塞尼卡福尔斯城(Seneca Falls)召开，昭示着女权运动的开始。最先接受福克斯两姐妹的则是废奴派人士。布洛德[1]认为，招魂术给妇女提供了改变针对女性的刻板印象的手段——具体而言，招魂术能改变梅斯梅尔催眠术给人的“妇女仅仅是敏感的和被动的精神现象的接受者”这一刻板印象。招魂术运动让当时的妇女有了公开讲话和行动的力量。它对妇女形象的帮助至少要到19世纪70年代才逐渐淡去，因为到此时，美国社会已经进入所谓“进步时代”[2]，此时围绕在“灵媒”身上的文化威望已经消失，灵媒失去了人们的尊敬，招魂术活动也被视为不入流的行为。[3]但在维多利亚时代(1819—1901)的文化中，精神领域(spirituality)至少是对妇女开放并使之能成名成家的一个领域。建立在“灵媒”(mediums)基础上的交流史不像建立在媒介体制(media)基础上的交流史，前者始终是由妇女主导的。媒介/灵媒(medium)一词既能描绘“电报”(跨距离的交流)，又能描绘(有能力在生死两界之间交流的)“人这个渠道”。但不管怎样，这两种手段——灵媒也好，媒介也好——都需要对“以太”般空灵的远距离印象非常敏感。

---

① 布洛德(Ann Braude)，现为哈佛大学神学院高级讲师，研究美国宗教史与女性议题。——译者

② 进步时代(Progressive Era)，亦称“改革时代”。从19世纪80年代到20世纪20年代，美国正处于由农业社会向工业社会、从近代资本主义向现代资本主义转型的阶段，美国在政治、经济、社会、文化等方面都发生了深刻的变革，经济飞速发展，政治结构和社会结构都发生了巨大的变化，这一时期被称为“进步时代”。——译者

③ Braude, *Radical Spirits*, chap 7.

到19世纪50年代中期，灵媒与亡灵之间的交流已不再局限于仅仅通过叩击声进行。灵媒们这时候已采用各种媒介去弥合阴阳两界的鸿沟，包括旋转桌子、写字、说话、画画、唱歌、跳舞、置换有生命和无生命的物体、拨弄乐器尤其是吉他等等。①最典型的招魂术流派当然是所谓"降神会"（seance，该词源于法语，意思是"坐着"或"学习或会议时间"）。在"降神会"上，一名"灵媒"或某位"感觉灵敏的人"常常会代表悲痛的家属召唤逝者的亡灵。比如，美国总统林肯的遗孀玛丽·林肯(Mary Todd Lincoln)就曾请一名灵媒到白宫去召唤她去世的孩子(一名招魂术摄影师还曾给玛丽拍过一张照片，照片中玛丽坐着，背后站着的是亚伯拉罕·林肯的亡灵，若隐若现，用保护性的目光凝视着她)。招魂术是维多利亚时代亡灵崇拜的显著表现，降神会则提供了多样的宗教体验，这样的体验既可能经得住实证检验，又能使人免于对"堕入地狱"或"被诅咒"的恐惧。彼得·华盛顿(Peter Washington)说得好："降神会提供了一种新形式的宗教性的精神融合；在这里，证据取代了信仰，现身的亡灵取代了圣餐②中的血和酒。"③有了降神会，和隐形亡灵(spirit)的接触不再以人自身是否性善为前提，而取决于是否采取了合适的灵媒/媒介，人从中得到的启示也不再依靠信仰，而是依靠感官。亡灵所展示的东西并非总是很崇高。正如大卫·梭罗④的妙语(他总是乐意让他这样的北方佬的精明显得极为滑稽)所言：如果那些灵媒"敲击者能够向他描述并让他信服长生不死是可能的，那他情愿拿他的这

① "Spirits and Spirit-Rapping", 39 - 45.

② 圣餐，基督教新教、天主教、东正教均施行的一种宗教仪式。在仪式中，教徒们领食少量的饼和酒表示纪念耶稣。传说耶稣受难前夕与门徒聚餐时曾以饼和酒象征自己的身体和血液，分给门徒们吃。——译者

③ Peter Washington, *Madame Blavatsky's Baboon* (New York: Shocken, 1995), 10.

④ 大卫·梭罗(David Thoreau, 1817—1862)，美国作家、思想家。与超验主义领袖爱默生过从甚密，并深受其影响。反对奢侈虚荣，主张返朴归真，同大自然融为一体。曾在瓦尔登湖边度过两年自给自足的生活，完成了《瓦尔登湖》的写作。他是最早欣赏中国思想的价值的美国思想家之一。——译者

个长生不死换一杯啤酒”。[①]但是，在降神会中，梭罗所表现出来的这种爱伦·坡[②]式的对死亡的浪漫调侃倒不常出现；我们常常看见的是些安抚心灵的打油诗，再就是些生者与亡灵之间进行的让外人不知所云的对话。

照相机的情况和电报也差不多。亡灵摄影术演变出多种形式和风格。众所周知，当时的人们普遍认为，银版照相法不是在装神弄鬼就是在试图篡夺上帝的地位。银版照相由于曝光的时间很长，被摄者常常需要在镜头前静止不动长达二三十秒，在此期间他们的身体不免会轻微移动，导致最后的成像模糊，人物形象如同幽灵。尤其是儿童，由于他们不大可能摆好姿势一动不动，因此常常只能在他们睡觉的时候照相，这导致照出来的相片与为悼念而拍摄的遗容照类似，总让人产生不祥之感。[③]亡灵摄影术最初始于人像摄影，典型的做法是给被摄者曝光两次以上，以便产生死者被幽灵包围或拥抱的效果（从电影的角度说，这些幽灵可称“临时演员”）。据说这些幽灵无法为人的肉眼所见，但摄影镜头却能够捕捉到。在19世纪，亡灵摄影术发挥了多重功能，包括文献记录功能（它证明幽灵的确存在）、抚慰功能（它体现出生者对逝者的关爱）和娱乐功能（它和19世纪的其他视觉内容一起为人们带来娱乐）。

美国南北战争（1861—1865）之后，招魂术更加偏重视觉，这是因为有了能让亡灵显身的灵媒。这些灵媒或变幻出一些影像，或声称能够在降神会中拍摄到幽灵的影像，或能展示出飘浮的乐器、手、脚，甚至是完整的幽灵。1874年，由灵媒库克（F1orence Cook）小姐所展示，并被克

① John B. Wilson, “Emerson and the ‘Rochester Rappings’”, *New England Quarterly* 41 (June 1968): 248 - 258.

② 爱伦·坡（Edgar A. Poe, 1809—1849），美国诗人兼小说家。与法国象征派诗人波德莱尔一起被西方评论界视为西方现代主义文学的远祖和侦探小说的鼻祖。生于波士顿，22岁开始写诗，有诗集《帖木尔》、《艾尔·阿拉夫》和《诗集》，其中《给海伦》、《安拉贝·李》和《乌鸦》最为著名。他强调写忧郁情绪，诗中大多是古怪、奇特、病态的形象。——译者

③ Cathy N. Davidson, “Photographs of the Dead: Sherman, Daguerre, Hawthorne”, *South Atlantic Quarterly* 89 (1990): 667 - 701.

鲁克斯(William Crookes)拍摄到的"凯蒂·金"(Katie King)即为一例。①和同一时期的媒介技术一样，19世纪的灵媒也走进了一个更加复杂的道具——"衣橱"(cabinet)。这是一个封闭空间，观众坐在其中，幽灵在里面的表演更加喧闹滑稽，它们可以发出响亮的音乐声，对观众进行骚扰；尤其重要的是，幽灵们还可以活生生地显灵。在降神会上，灵媒会变换打扮，充当亡灵，在参与者中徘徊穿行，抚摩甚至亲吻他们，从而给参与者带来一种肌肤相触的无可辩驳的亡灵在场感。汤姆·贡宁(Tom Gunning)在他的书里描写过这种衣橱内的降神会，他认为，这种仪式以一种令人惊奇的方式暗喻了19世纪后期的各种影像呈现。②

亡灵显身最令人惊异的是所谓"外质"(ectoplasm)③现象。在降神会上，灵媒身上出现的"外质"显然是灵媒的身体直接投射出的图像。此时，灵媒可以超越媒介(media)，不仅仅能从视听上显现亡灵，而且能直接展现出亡灵的身体。"外质"是"19世纪幽灵世界的精致产品"，它"色白，质稠，带臭氧味"，偶尔还会"呈绿色、黑色甚至是肉色"。④当时对灵媒"外质"的生理学特征描述，其具体程度超过了19世纪末对摄影术、电影和打字机[见弗里德里希·基特勒⑤著述中的描述]，营造出一种"非虚拟现实"，在其间，似乎不仅眼睛、耳朵等感觉器官可以通

---

① 据历史记载，从1873年12月起，灵媒现象研究者克鲁克斯与知名灵媒库克小姐合作，持续5个月表演降神会。降神会的过程通常是这样的：库克小姐走进一间小室，进入灵魂附体状态。过一会，小室中走出一位身穿白色长衣、戴头巾的女性，据称是亡灵显灵的形象(该形象被称为凯蒂·金)。克鲁克斯看到这一幕并且拍摄了40多张照片。克鲁克斯对库克小姐观察了三年，并在自己家中的实验室里细致研究了数月，最后得出结论认为库克小姐不会作假，这种显灵是真实的。——译者

② Gunning, "Phantom Images and Modern Manifestations"。我的分析受益于该篇精确恰当的文献。

③ 外质，在生物学中指原生动物的细胞质靠近表膜的一层，光镜下外质透明清晰，较致密。在变形虫中可以看到外质与内质会相互转化。——译者

④ Christine Berge, *La voix des esprits: Ethnologie du spiritisme* (PariS: Metailie, 1990), 91; Fred Gettings, *Ghosts in Photographs: The Extraordinary Story of Spirit Photography* (New York: Harmony Books, 1978), 115.

⑤ 弗里德里希·基特勒(Friedrich Kittler, 1943—2011)，德国著名文学学者和媒介理论家，研究关注媒介、历史、传播技术、军事，被誉为"数字时代的德里达"。近年来，英美传播学界对他的关注开始增加。——译者

过降神会被远距离复制，就连肉体本身也可以被远距离复制。法国有一位自称为爱娃·加里尔(Eva Cariere)的灵媒，她在灵媒研究文献中被简称为爱娃·C。据说她可以从自己的嘴巴、乳头、肚脐和阴道中幻化出“外质”。还有些灵媒则会用人体上的其他入口，包括鼻孔，释放出的外质或为固态，或为气态。一名作者甚至写道，外质是“灵媒对自己进行的一种物质上的复制”——或说是另一种形式的幻影幽灵(doppelganger)。①慕尼黑的内科医生诺特钦(Baron Von Schrenck Notzing)在1900年代末和1910年代初曾和爱娃·C进行过相互勾结的合作研究(这种勾结在多大程度上是他自己主动，尚不太清楚)。诺特钦在他大部头的《显灵现象》(*Phenomena of Materialisation*)一书中，描绘了爱娃·C通过释放“外质”显灵的情况：白色的线条、云雾、手、手指头、头颅、肢体、假足、处在不同生长状态的白色肉质物体，以及“人和动物的肢体”都从她身上喷薄而出。诺特钦的书读来令人毛骨悚然，近乎淫秽。这位正人君子医生，用其所谓的医学的冷静和客观，阐述了他对光着身子的爱娃·C进行全面检查的情况。检查在她显灵前后各做一次(以防止她使用任何道具作假)。此外，在书中他还附录了爱娃·C的225张照片，其中一张拍摄的是他在某次显灵中获得的一小块人类皮肤，被放在培养皿中。②

在招魂术的亡灵显灵中，包括在所谓的“肉体远程运输”(Teleplasm，这是一个令人叫绝的生造字)中，交流工具(即灵媒)似乎不仅能在视觉、听觉和言语上实现复制和再现，而且能够传输或“激活”

---

① Gustave Geley, *Clairvoyance and Materialisation: A Record of Experiments*, trans. Stanley De Brath (London: T. Fisher Unwin, 1927), 176. Morley, *Death*, *Heaven*, *and the Victorians*, 109，书中提到，一家创办于1872年的公司(Sylvestre and Company)曾经发行过一本货品手册，里面列出了一套名为“与鬼魂欢跃”(Gambols with the Ghosts)的专业灵媒用道具，包括“带发光功能的手和脸的模型”和“带发光功能的鬼魂和形状”。不知该公司是否也供应“外质”，至少我没有找到相关信息。

② Albert von Schrenck Notzing, *Phenomena of Materialisation: A Contribution to the Investigation of Mediumistic Teleplastics*, trans. E. E. Fournier d'Albe (London: Kegan Paul, Trench, Trubner, 1923), 15, 75 -76, and fig. 16.

(energize，这是《星际迷航》系列电影中的用词)人类肉体上的共享。换言之，让亡灵显灵的目的就是要通过具有远程通信能力的灵媒/媒介再造肉体。当然，活生生肉体的再生产是女人的专属。我没有听说过有男性灵媒。“外质”是对基督教圣餐(Eucharist)的拙劣戏仿(用身体的局部来证明其所代表的看不见的力量)，也是对人类生育能力的拙劣戏仿(爱娃·C这名职业的夏娃，俨然是一切生命之母)。[①]卡夫卡认为，铁路、汽车、飞机这些发明中都包含着人类抱负的一种雄心——试图不通过“灵”(spirit)，而通过“肉”(body/flesh)来远距离输送人的“魂”(soul)。这一雄心命运多舛，而“外质”也许是它最为迫切的版本。但无论“外质”的意义是什么，它用最奢华的方式表达了一种重现“不可否认的在场”的努力。这是19世纪末和20世纪早期仍在发展的媒介文化所作的一种努力，这种努力试图去平息当时人们心中令人痛苦的疑虑，这种疑虑源于当时新型传播媒介中出现的各种模拟、作假和交流失败。(见第五章)

正如我在前文所言，招魂术是传播思想的重要场域之一，各种新兴传播媒介的文化含义和形而上学，都在其中演绎。此外，招魂术还是我们今天许多传播学术语的来源(如媒介、信道和交流等)。灵媒，由于她们有千里眼和顺风耳的能力，非常类似于我们今天的能远距离传送声像和视像的大众媒介。招魂术作为一种文化现象，鱼龙混杂，既包括江湖骗子作出的马戏团似的丑剧表演，也包括非常认真的研究，试图探索与天国的幽灵接触是否有可能。后者这些严肃的人士包括英国社会主义之父罗伯特·欧文[②]、与达尔文同时发现进化论的艾尔弗雷德·华莱士(Alfred Russel Wallace)、克鲁克斯爵士(Sir William Crookes)、约瑟夫·

---

① 1870年代招魂术的“物质化”趋势使得灵媒在招魂活动中开始采取被动的角色。从前她们是主动的，现在则常常是被缚住和静止的，并听从主持人的吩咐，这可能会让人联想到妇女待产时的状态。参见：Braude, *Radical Spirits*, 176－177。

② 罗伯特·欧文(Robert Owen, 1771—1858)，英国空想社会主义者，19世纪三大空想社会主义者之一。他被称为英国社会主义之父。曾在美国进行社会主义实验活动。——译者

洛奇爵士[①]，以及后来的柯南·道尔爵士[②]。在招魂术中，“交流”既指物理传送(电报)，也指精神传送(来自亡灵的信息)。至今，“媒介”(media)带有的招魂术意象仍然与之如影随形，挥之不去。[③]

仍然与“灵媒召唤亡灵”这一传统很合拍的是，今天的招魂术已经会纯熟地使用现代视听媒介来接收亡灵的消息。在今天的欧洲、北美和拉丁美洲，招魂术的传统和运动仍然强大，只是规模比从前稍小。对招魂术从业者的民族志研究发现，他们仍在从事与“交流”和“中介”问题相关的活动。如有研究考察了英国威尔士的一群招魂术从业者，据研究者的描述，他们执着地关注“痛苦的私密性、对孤寂的体验以及对交流的焦虑”。[④]一篇关于法国灵媒的新近研究报告考察的内容则是，招魂术从业者是如何创造性地通过视听媒介实现与亡灵的接触的。[⑤]最近，一位美国灵媒解释她为什么更喜欢用录音机进行招魂术的工作：“比方说，自从我们有了‘自动书写’[⑥]，你真的不知道，是你的潜意识在说话呢，还是亡灵在通过你说话。”[⑦]但如果使用录音机这样的机器，就能更加客观地记录来自亡灵世界的信息。具体地说，任何白噪声[⑧](white noise)源，既可以掩盖也可以揭示亡灵的轻声耳语。灵媒会用录音机录下这种噪音，然后对之进行分类和筛选——快听、慢听、快进、快倒等

---

① 约瑟夫·洛奇爵士(Sir Oliver Joseph Lodge, 1851—1940)，英国物理学家和作家，曾参与无线电报有关的众多专利技术的研发。——译者

② 阿瑟·柯南·道尔(Arthur Conan Doyle, 1859—1930)，西方侦探小说创作的集大成者。他在继承爱伦·坡的基础上将侦探文学的表现视野提升到了全新的高度。其福尔摩斯系列小说自19世纪末问世以来，以其严谨的科学思维、缜密的逻辑推理而风靡全球。——译者

③ 有关此方面在当代的最新发展，可参看这一有趣分析：Sarah Waters, “Ghosting the Interface: Cyberspace and Spiritualism”, *Science as Culture* 6, 3 (1997): 414 - 443。

④ Vieda Skultans, *Intimacy and Ritual: A Study of Spiritualism, Mediums, and Groups* (London: Routledge and Kegan Paul, 1974), 2.

⑤ Berge, *Voix des esprits*. 另见 Hildegard Schafer, *Stimmen aus einer anderen Welt: Chronik und Technik der Tonbandstimmenforschung* (Freiburg: Hermann Bauer, 1978)。

⑥ 自动书写，指灵媒被亡灵控制后，其手能不在灵媒自己的意识控制下“自动”写出文字，从而帮助实现亡灵与生者的交流。——译者

⑦ Christine Berge, “Machines a convertir: Les magnetophones transmettent la voix des morts”, *Techniques et Culture* 17 - 18 (1991): 331 - 343.

⑧ 白噪声，在固定频带宽度内频谱连续并且均匀的噪声。——译者

等，目的是为了寻找出亡灵说话的蛛丝马迹，这无疑是一个工作量极为巨大的枯燥工作。亡灵说的话似乎总是存在语法和句法问题，但是它们支离破碎的语言风格，倒也符合电报语言的传统（不足为奇，人类的世俗历史似乎也决定着亡灵世界的习惯）。1995 年，《大众电子》（*Popular Electroics*）杂志甚至发表了一篇如何录制鬼魂声音的文章，该文文风冷峻从容，与内容倒颇为合适，俨然这些声音客观存在无疑。①总而言之，19 世纪招魂术运动所探索的始终是我们在试图跨越鸿沟进行相互交流时的遭遇——这种遭遇或是困境，或是乐园。

以太的嬉闹：灵异研究

后来，招魂术在物理学和形而上学之间扮演了一种桥梁作用：前面提到的洛奇和克鲁克斯，都是研发无线电的关键人物。无线电技术和招魂术的相关性没有逃过他们两人的注意。正如亨利·亚当斯②所说，英国的科学伟人——牛顿、达尔文和麦克斯韦（James Clerk Maxwell，1831—1879）——都曾在不同时候“在超感知的海洋里欢快地遨游”。③这样的遨游，最显著的表现是 1882 年在伦敦成立的“灵异研究会”（Society for Psychical Research，缩写为 SPR）以及 1884 年成立于波士顿的美国灵异研究会。英国灵异研究会是一个松散的组织，成员有招魂术的笃信者、思想开放的怀疑论者（他们愿意用科学检验超自然现象）、公开率直的揭露批判者以及当时一些有名的科学家。当时成立这个研究会抱有两个目的：一方面，它试图阻止在中下层阶级中因招魂术流行而造成的混乱局面；另一方面，它想要从科学角度对当时的一些超感知宇宙议题作出恰

---

① Konstantinos，“Ghost Voices：Exploring the Mysteries of Electronic Voice Phenomena”，*Popular Electronics* 12（October 1995）：37－41.

② 亨利·亚当斯（Henry Adams，1838—1918），美国历史学家和小说家。出生于波士顿，1858 年毕业于哈佛大学，曾任美国历史学会主席。他是亚当斯家族的成员，查尔斯·弗朗西斯·亚当斯的儿子，约翰·昆西·亚当斯的孙子。——译者

③ Henry Adams，*The Education of Henry Adams*（1907；New York：Modern Library，1931），452.

当的把握，这些议题包括以太的扩散和心灵的发送等等。这样的双重目的导致英国灵异研究会“左右摇摆，如履钢丝”。这种两边倒的状态在以下例子中体现得非常明显。19 世纪后期物理学的泰斗开尔文爵士(Lord Kelvin)曾赞成，人类除了具有通常的五种感知之外，还存在第六种被称为“磁力感知”的能力；尽管他持如此观点，但他还是注意以居高临下的姿态和那些“匍匐在地的迷信”拉开距离。他所谓的迷信即是指梅斯梅尔催眠术和招魂术。[①]英国的许多物理学精英，或因友谊、或因家庭及个人倾向，在政治和道德上都与保守力量颇为接近。例如，西奇威克(Eleanor Balfour Sidgwick)长期担任英国灵异研究会的主席，而她也是英国托利党政府首相贝尔福(Arthor James Balfour)的妹妹。而灵异研究会认为，宇宙被一种超验的、看不见的秩序原则——以太——结为一体，这样宇宙观自然和保守的社会观产生了共鸣。[②]

“以太”这个观念使人想起牛顿提出的“上帝的感知器官”(*sensorium dei*)的说法，它也是人们关于“物质世界和灵异世界终极统一”的各种猜想的繁育场所。迈尔斯(Frederic W. H. Myers)是古典学的博学鸿儒、柏拉图主义者和灵异研究会创始人。他曾说：“我所想要做的是，在心灵领域完成分光镜和万有引力定理在物质领域里所完成的东西。”[③]19 世纪末诞生的物理学成就有何文化意义和哲学意义？亨利 · 亚当斯或许是这一问题最机敏的探索者。他认为，以太是“对物质和心灵提供同等支持的、没有任何歧视的一种物质”。[④]在这些言论中我们可以看到，和 17

---

① James Coates, *Seeing the Invisible: Practical Studies in Psychometry, Thought Transference, Telepathy, and Allied Phenomena* (London: L. N. Fowler, 1909), 6 - 7.

② Brian Wynne, "Natural Knowledge and Social Context: Cambridge Physicists and the Luminiferous Ether", in *Science in Context: Readings in the Sociology of Science*, ed. Barry Barnes and David Edge (Cambridge: MIT, 1982), 212 - 231.

③ F. W. H. Myers, *Human Personality and Its Survival of Bodily Death*, ed. Susy Smith (1903; New Hyde Park, N. Y.: University Books, 1961), 208.

④ Henry Adams, "The Rule of Phase Applied to History", in *Degradation of the Demoaatic Dogma* (1909; New York: Macmillan, 1919), 275。关于亚当斯对物理学的解读，参见：Stephen G. Brush, *The Temperature of History: Phases of Science and Culture in the Nineteenth Century* (New York: Franklin, 1978)。

世纪一样，19 世纪的交流观念仍然在物理和灵异两个领域间徘徊。

以太被认为是一切通过光、电力和磁力实现远距离作用的媒介之母。麦克斯韦提出的方程式首次将电、磁、光、热统一起来，他是现代无线电通信的源头，大概也是牛顿之后和爱因斯坦之前最伟大的理论物理学家；可是在以太这个问题上，他越来越充满狂想（虽然和一些过分投入的同事相比，他仍然也将以太视为一种尚待证实的猜想）。他说：

> 处于行星之间和星球之间的辽阔区域再也不会被认为是一片宇宙荒漠了。对于这片荒漠，造物主并没有用他王国里的多层级的秩序符号去填满它，因为他认为这样做并不妥当。我们将会发现，这些区域已经充满了以太这种奇异的介质；以太在太空中充塞得很满，试图通过人力从极小的宇宙空间抽取出一部分以太来也是不可能的；人要在以太无限的连续性里制造最小的断裂也是不可能的。以太在星球之间延展，连续不断。即使天狼星上的一个氢分子的振动，也会导致以太这个介质随之振动。①

麦克斯韦接续了牛顿的传统，他在以太这种媒介中读出了上帝秩序的迹象，它支撑着星球之间的区域。也是在这同一介质中，他预见到了无线电远距离感应技术，以及无线电具有的能力——它能通过奇异的以太媒介接受无限远的振动。②我们所身处其中的宇宙似乎一直处在不断的自我交流之中。③

---

① James Clerk Maxwell, "On Action at a Distance", in *Scientific Papers*, ed. W. D. Niven (Cambridge: Cambridge University Press, 1890), 2: 322。关于麦克斯韦，这里我要感谢 C. W. F. Everitt 教授对我的帮助。

② 早期无线电的是"以太海洋"。关于这一比喻，参见 Jeffrey Sconce, "The Voice from the Void: Wireless, Modernity, and the Distant Dead", *International Journal of Cultural Studies* (1998): 213 - 235。

③ James Clerk Maxwell, "The Ether", in *Scientific Papers*, ed. W. D. Niven (Cambridge: Cambridge University Press, 1890).

1881 年，以太作为一个科学概念，被迈克尔逊-莫雷(Michelson-Morley)实验所质疑。据说以太能改变光速，但该实验并没有确证这一假设；1905 年，该假设又被爱因斯坦的狭义相对论彻底粉碎，但是“以太”一词还是被沿用到 20 世纪中叶，用来比喻“无线电广播讯号”(airwaves)。比如，BBC 的创始人瑞斯爵士(Lord Reith)1924 年就写道：“无线电媒介显然依赖无处不在的以太，它是一种迷人的、令人难以琢磨、也许还令人难以理解的媒介。”①瑞斯爵士言辞华丽闪烁，令人疑惑。在物理学知识上他是落伍了，但在以下这一点上他却完全正确：在 20 世纪 20 年代，关于无线电广播媒介的公共话语一直笼罩在一种鬼魅般的氛围中。

显然，“无线电”(wireless)一词夸耀的是远距离作用之可能；无线电通信则是一个世纪以来的物理学发展——从奥斯特(Hans Christian Orsted)到法拉第(Michael Faraday)，再到麦克斯韦以及赫兹——之后出现的技术皇冠。无线电广播凭借的是当时新近被发现的电磁波频谱[频谱(spectrum)一词曾一度被用来指称“鬼魂”(spectra)]。无线电具有的各种特征，无一不让电报显得奇幻无比(由电传送的、瞬间能到达的智能)，而且它还具有一个额外的优势——除了依靠无处不在的以太之外，它再也不需要其他任何媒介。这里，我们已经进入了人类交流问题的核心地带：如何凭借一种看不见、难琢磨的物质连接，实现人与人之间的接触。无线电的发现和应用再次激活了人们对“天使交流”以及梅斯梅尔催眠术的梦想，然而对这些梦想——如我将在第五章中论述的——无线电却鞭长莫及，无法满足。

人们在 19 世纪 90 年代对无线电的畅想，加上 20 世纪前 20 年对无线电的实际开发，催生了大量“匍匐在地的迷信”人群，足以让开尔文爵士及其同胞惊慌失措。X 光、放射性物质和无线电，全部是 19 世纪 90 年代发现的。这些发现激励了各式各样的作家。他们留下的文学作品现在

① J. C. W. Reith, “Broadcasting”, *Quarterly Review* 242,481 (1924): 398-414, at 398.

仍然占据着不少大学图书馆里好几英尺宽的书架，上面却布满尘埃，无人问津。对当时社会上关于无线电的升腾发酵的氛围，我们从一本书的书名就可见一斑。1913 年一位名叫斯坦顿(Horace C. Stanton)的人写了一本书，书名极长，名为《天国的传心术：今世的灵异现象预示着来世的超验能力；心理学和〈圣经〉证据显示，天国之人可以立即跨越无限的距离，刹那之间实现交流》。对此，亨利 · 亚当斯评价道："这是为形而上学而痴迷发疯的物理学。"①

有人竟如此充满热情地将"无媒介交流"和深刻的形而上兴趣结合起来，对此我们也许会忍俊不禁，然而无线电的早期历史确实与这样一些大胆的狂想不可分割——各种灵魂四处飞翔、只闻其声不见其人、刹那之间隔空现身等等。做到缺席又在场的无身体接触，这一梦想不仅是激发大众话语的关键条件之一，而且是激发技术发明的关键条件之一。比如，前述克鲁克斯爵士这个人就具有不同的身份——他是法拉第的学生、钻石专家、光谱学家、铊元素的发现者、阴极射线管的发明者、招魂术士和亡灵摄影师。他发表于 1892 年的一篇文章《论电之可能性》对第一代无线电发明家产生了极其重要的影响。对这篇文章，有人作了如下评论："在许多对无线电初兴过程发挥过重要作用的人中，没有哪个重要人物不会提及克鲁克斯爵士 1892 年的文章。他们在回忆录或通信中，都会提到这篇文章曾使物理学为之一变。"②在《论电之可能性》一文中，克鲁克斯爵士大胆探索了通过"不用电线的远距离感应"实现"收发智能的可能性"。③通过莫尔斯电码，将两台设备调到同一频道，两个朋友就"可以随时多次进行任意长时间的交流"。克鲁克斯爵士的

---

① Adams, *Education*, 382.

② Hugh G. J. Aitken, *Syntony and Spark*: *The Origins of Radio* (New York: Wiley, 1976), 114.

③ William Crookes, "Some Possibilities of Electricity", *Fortnightly Review* 51 (February 1892): 173 - 181, at 174.

这一描述预见了后来的所谓“火腿无线电”[①]；随后他还预测，将来可以无需任何设备就实现人与人之间的远距离交流。他大胆地设想，也许“脑电波”可以从一个大脑传递到另一个大脑。顺便说一下，脑电波(brain wave)的概念是在19世纪80年代一次灵异研究中提出的，用来指大脑之间可能发生的远距离感应。但是，直到20世纪30年代，脑电波一词才获得了电生理学(electrophysiological)上的意义。[②]对克鲁克斯爵士而言——其他许多人也如此认为——信号的复制扩散和思想的共享，即使并非不可区分，至少也具有一定的相关性。正如一位热心的灵异研究者所说，思想不是身体所表达的一种符号，而是“一种力量，一种以未知形态存在的活跃能量”。[③]如此看来，“交流”的问题就不是一个与“爱”或“对等互利”有关的问题，而是与“恰当地相互调整频道和渠道”有关的问题。因此，这时的传播理论仍然是对过去传统的延续，这个传统费希特称为“物理化了的唯心主义”。这一传统认为在这个世界中我们与他人接触时出现的一切真实存在的精神问题和物质问题，都可归结为“无线电调谐”(radio tuning)的问题。

传心术是无线电(radio)的附身幽灵。1899年，哈佛大学物理学家特洛布里奇(John Trowbridge)曾经给莫尔斯作传。他写道：“传心术是上帝赋予我们人类智能的礼物，而无线电报(wireless telegraphy)是上天赋予我们人类智力的最接近传心术的手段。”[④]如前所述，克鲁克斯爵士将脑电波和无线电发送联系起来；与此类似，1907年一位灵异研究者猜想：“倘若机器能产生以太波，而且也具有认知和交流的能力，那么我们自

---

① 火腿无线电(ham radio)，官方发执照许可的业余无线电操作员。此处ham一词的用法源于其19世纪早期的意思，意为“水平拙劣的”。——译者

② *Oxford English Dictionary*, s. v. “brain-waves”.

③ Coates, *Seeing the Invisible*, chap. 8.

④ John Trowbridge, “Wireless Telegraphy”, *Popular Science Monthly* 56 (November 1899): 80.

身具有这种能力的可能性就也应该存在。”[①]1913年，一封投给《科学美国人》编辑的读者来信也表达了类似观点。这位读者认为，马可尼[②]的各项发明一旦被投入广泛应用，“相隔遥远的人们之间就可以随时随地、随心所欲地进行交流”而不必借助任何技术设备。正如无线电在发报和收报时，两端的设备必须先调节到同一频率上一样，人与人之间要实现这样的交流，也必须先“统一目标和思想，强有力地团结在一起”，只有这样交流才不必借助机器。[③]但是《科学美国人》编辑在回复这名读者时，作了一个重要区分：“无线电报传送的并不是思想本身，而只是无线电信号，这种信号被收到后被转译出来，让人可以理解，从而实现交流。而传心术涉及的则是直接的思想交流。”[④]这名编辑还真是够聪明的，他竟然看出了人类交流过程中必然存在的符号中介(semiotic mediation)。

而反过来，传心术所模仿的显然是电报(或许还包括电话)超越媒介的能力。“传心术”一词是迈尔斯于1882年生造的，意指“任何印象在不借助我们已知感官渠道的前提下，从一个心灵到另一个心灵之间的传递”。[⑤]在这一定义之下，“交流”在两种含义之间摇摆，一边是纯粹物理学意义上的“传输”(transmission)，另一边是理想状态下社会意义的“瞬间接通”(instant contact)。和其现在的含义迥然不同，“传心术”一

---

① Frederic Fletcher, *The Sixth Sense: Psychic Origin, Rationale, and Development* (London: Fowler, 1907),8.

② 马可尼(Guglielmo Marconi, 1874—1937),意大利发明家、无线电通信发明人之一。青年时代即热心于无线电通信试验,1895年夏成功地进行了无线电波传输信号的实验。1896年到英国,后取得上述发明的专利。——译者

③ Scudday Richardson, “The Law of Magnetic Communications Between Human Beings”, letter to the editor, *Scientific American* 109 (6 August 1913): 127.

④ *Scientific American* 109 (6 August 1913): 127。《科学美国人》(*Scientific American*)就灵异研究发表不少文章。如其稍晚时候有一篇文章探讨了如何将无线电台播音室用作一个广播心电感应的场所。参见: J. Malcolm Bird, “Telepathy and Radio: Results of the Scientific American Test of Thought Transference from the Broadcasting Studio”, *Scientific American* 130 (June 1924): 382, 433。

⑤ F. W. H. Myers in *Proceedings of the Society for Psychical Research* 1, 2 (1882): 147.

词最初并没有什么“超自然”的含义，它最初不过是灵异研究者试图科学地解释招魂术的一个用词。[①]灵媒对死者或生者之间的某些私事，正常情况下是根本不可能接触到的，然而令人惊讶的是，在招魂术中灵媒体现出知道这些事情。“传心术”一词因此被发明用来解释灵媒具有的这一令人惊异的能力。迈尔斯认为，灵媒能获得他人的隐私信息并不是因为她能与亡灵交流(当时不少人是这么想的)，而是来自她和降神会参与者之间进行的无意识的思想传输，这种思想传输是一个准物理过程。迈尔斯对灵媒的角色进行了简单化的解释，这是不是为了符合“奥卡姆剃刀”[②]原则还有待进一步考察，但是对招魂术中的“超自然”交流现象，迈尔斯至少是从灵媒与生者(即生者与生者)之间的交流，而不是生者与死者之间交流的角度来解释的。不过，在“传心术”一词出现后，其他生造词也接踵而至，但却没有流传下来——如心灵麻醉(telsthesia, 1892)，指远距离的情感共享；心灵致动(telekinesis, 1890)，指用灵异力量使远处物体移动等等。到 19 世纪 90 年代，传心术的观念已经传遍了整个英美文化圈。正如一位作者所言，这是古代人和现代人共有的症状——渴望能够“克服空间、克服巨大的距离，在相距遥远的两个基站之间不需要任何已知的物理接触而传递信息”。[③]这段话描述的不是传心术，而是马可尼的无线电实验。这时，无线电感应已经取代了奥古斯丁笔下的“上帝之城”(City of God)而成为通向实现天使般交流的道路。

---

① 参见：Ian Hacking, “Telepathy: Origins of Randomization in Experimental Design”, *Isis* 79 (September 1988): 427 - 451。

② 奥卡姆剃刀(Ockham's razor)，欧洲中世纪英国经院哲学家、唯名论者奥卡姆(William Ockham，约 1285—1349)提出的在认识问题上的“经济原则”。他认为哲学的对象只能是经验和根据经验而作出的推论。他将亚里士多德以来西方哲学中的“节约原理”运用于思维，认为“能以较少者去完成的事情，若以较多者去做，便是徒劳”，后人把它概括为“如无必要，勿增实体”——为了节省精力和时间，应该把隐蔽的一类累赘的东西，用经济原则这把剃刀统统剃掉。——译者

③ James T. Knowles, “Wireless Telegraphy and Brain Waves: ” *Living Age* 222 (8 July 1899): 100 - 106, at 100.

最后，我再举两个例子作为本章的结束。这两个例子，一早一晚，均能说明无线电是如何被用作精神交流的手段的。第一个例子是吉卜林[①] 1902 年的小说《无线电》。小说内容说的是一名年轻的药剂师，他罹患肺结核，又思念一位名叫“凡尼”的姑娘而不得。他身体日益虚弱，料及自己来日无多，他不由自主地开始“创作”，写出的诗句竟然与济慈[②]的原诗一模一样。小说明确交代，青年此前从来不知道济慈，更没有接触过他的诗作。更令人惊异的是，该青年的生平也与济慈的极为相似，这也许让他在浩瀚的幽灵世界里对上了济慈的频道，获得了他的灵感。小说中与此形成对照的是，在药剂师的楼上住着一名业余无线电爱好者，其时他正想和其他无线电报员联系，但几经努力却只能听到英吉利海峡过往船只之间的通信。这是一个交流失败的典型场景，令人扼腕，使得小说的作者吉卜林写道：“真可怜。你见过降神会吗？有时，这个无线电爱好者的遭遇使我想起这样的降神会——讯息支离破碎，不知从何而来——这里一个字，那里一个词。完全没有用。”[③]这个故事给我们的教益是，“人与人之间有着各种各样的感应方式”。当然这里的“感应”(induction)是一个术语，意思是从空中接收信号。这篇小说的不同之处在于，(药剂师)诗意的感应要比业余无线电爱好者的无线电的感应效果更好。信息令人迷惑而被囚禁在深渊；灵媒则对远方的细微振动深具敏感。这些观念在无线电时代之前很早就因招魂术而为人熟知。早期的

---

① 吉卜林(Joseph Rudyard Kipling, 1865—1936)，英国小说家及诗人，1865 年 12 月 30 日诞生于印度孟买。6 岁时被送回英国接受教育。1882 年大学毕业后重返印度，在印度报社工作，为报纸写通信报道、特写和短篇小说。他具有双重文化身份，作品数量很多，题材丰富，形式多样。因为他惊人的想象力、敏锐的洞察力、非凡的创造力、雄伟刚劲的风格和卓越的叙事能力而成为第一个获诺贝尔文学奖的英印作家。——译者

② 约翰·济慈(John Keats, 1795—1821)，英国诗人。1795 年生于伦敦，后父母先后去世，由监护人安排学医，当过医生的学徒、助手。1816 年始发表诗歌，继之放弃学医，决心从事文学创作。他一生穷困，不满于英国现状，曾加入以亨特为首的激进民主集团。1821 年 2 月 23 日因肺结核病在罗马去世。济慈是英国最有才气的浪漫主义诗人之一，诗作大都是赞美大自然的和谐，向往古代希腊的艺术美，最著名的有《夜莺颂》、《希腊古瓮颂》、《秋颂》等。——译者

③ Rudyard Kipling, “Wireless”, *Scribners* 32 (August 1902): 129 - 143, at 143.

无线电和降神会反映的是人们对互联的追求，而这些追求又常常遁入迷宫，这个迷宫里充满了各种迷失和难解的讯息。我们在书写无线电的历史时，如果仅将招魂术视作其赘疣，是误入歧途。招魂术恰恰是我们了解无线电发展史的一把钥匙。

下面是我要讲的第二个例子。厄普顿·辛克莱[①] 1930 年写了一本书，名为《心灵无线电》(*Mental Ridio*)，书中描述他的妻子具有接收远距离图像的能力。书中所述的传输媒介有点像广播传输所凭借的以太。该书的德文版序言为爱因斯坦所作，全书共有 146 幅插图，多数是两两成对的：一幅是原作，由辛克莱或其他人所画，另一幅则是他的妻子玛丽·辛克莱凭她的感觉重绘的。在重绘之前，玛丽不能看原作。原作或被藏在盒子里，或放在一个远方的朋友处，由辛克莱盯着。玛丽在重绘时只能集中精力想象那幅原作，然后独立将其画出来。重画完毕后，原作和复制品常常被作为证据一同陈列，以证明心灵无线电(我们今天也会觉得称之为“电视”更为合适)的存在是可能的。这个例子说明，辛克莱不但梦想着交流是等值物的相互配对，而且试图用毋庸置疑的视觉证据来证明这个梦想是可能的。

但是实际上，面对这些配对的原作 A 和复制品 B，若非先入为主，观察者是很难看出两者之间有多少相似之处的。辛克莱给每一幅图都配了长篇的说明文字，详细解释检测当时的背景和参加者的意图，以说明在表面的干扰之下，A 和 B 之间确实存在着共同之处。从这个例子我们可以看出，辛克莱之所以要不厌其烦地为图加上文字说明，这正好显示出，在证据缺乏时，要对传者的意图进行解读会变得多么费力——而这正是 20 世纪交流失败时的常见情形(见第六章)。辛克莱使用的解读手段则恰好证明了他试图反驳的观点：他妻子之所以能复制原作，是因为她

① 厄普顿·辛克莱(Upton Sinclair，1878—1968)，美国小说家。生于马里兰州，后迁居纽约。祖上为名门贵族，后家境败落。曾就读哥伦比亚大学。1902 年参加社会党。后由该党一家周刊派往芝加哥调查屠宰场情况，据此写出著名长篇小说《屠场》，是 20 世纪初美国文学“揭发黑幕运动”最早的作品。——译者

依靠了一个更广泛意义上的符号过程，而不是来自她当时的直接感知。辛克莱满怀热情且颇费周折地试图证明以上 A 图和 B 图两者是相同的，而这却恰好说明，这两幅画的差异令人很难把握。另一方面，辛克莱的证明方法也给人以几乎无限的解读自由。19 世纪 80 年代初，皮尔士对传心术的真实性，特别是对其中涉及的人类感知能力的无限敏感性，进行了检测。皮尔士为此发明了双盲实验法，以防止实验者与实验对象之间无意的合作。①但是，在解释他妻子的灵异能力时，辛克莱却没有注意到要将自己的主观意图排除在外。在他的解读中，被不断证明的是符号的丰富性(semotic plenitude)，以及这样一个事实：无论我们将什么东西并置在一起，都可以让它们产生联系。我认为，如果辛克莱和妻子能认识到在解读过程中他们自己也扮演着超现实建构的积极作用，情况也许会好得多。如果他们真能如此，那么这个故事的戏剧性将不在于“心灵无线电”的奇异性，而在于辛克莱和妻子在解读时投入的创造性劳动，他们的这种创造性解读作为一种桥梁，弥合了交流双方之间的鸿沟。但是，辛克莱却坚持认为，只有超越常规渠道的交流，才是令人惊奇的交流。

在《心灵无线电》中还有一个辛克莱精心挑出来的场景。玛丽·辛克莱在一个黑点的周围画了些同心圆，又在这些同心圆的右下方涂了一团墨迹。她解释说，这是她患结核病的兄弟要“出血”的预兆。几天之后，她兄弟来访时，辛克莱夫妇发现他真的“出血”了，但是出血与肺结核无关，而是痔疮出血(hemorrhoid)。然而辛克莱尔却仍然得出结论说：“我相信，要证明传心术存在，不可能有比这更加明显的证据了。”②倘若从严重致命的结核咯血(hemorrhage)滑向无关紧要的痔疮出血，这种反高潮(bathetic)的变化仍能证明“超自然”的灵异能力的存在的话，那么这

① Hacking, “Telepathy”.

② Upton Sinclair, *Mental Radio* (Pasadena, Calif.: Station A, 1930), 63. See figure 19a。该书的出版商于 1934 年为了竞选加州州长而印刷出版了辛克莱的册子，又参见：Franklin Prince, “Mrs. Sinclair's ‘Mental Radio’”, *Scientific American* 146 (March 1932): 135－138。

也足够让人认为人类的交流梦想早已经实现了，至少对梭罗而言是这样的。从辛克莱《心灵无线电》的例子看，心灵也许可以像无线电那样可以视通万里，但它和其他形式的人类交流一样仍然受制于文字的执拗，因为辛克莱将肺结核咯血和痔疮出血两者联系起来，似乎仅仅是因为这两个词有一个共同的词根 hemorrh，而不是他妻子真有什么“视通万里”的心灵无线电功能。

无意之间，辛克莱发现了解读的不可超越性、语境对意义的细腻决定作用，以及在试图验证他人的内心状态时，验证者除了信念之外别无所依。如洛克一样，辛克莱想寻找一个基于人类感官的、比言语更优越的“知”的途径，结果他最终却又回到了挥之不去的言语符号，不得不重新面临言语的执拗。辛克莱想绕开言语符号，但事与愿违，他反而要更直接地去面对更大的劝服和信仰上的困难——这是我们自远古以来就一直无法逃避的残酷事实。在这残酷事实面前，交流的梦想不断被倾覆，那些被压抑的东西又冒出来了——我们必须去解读，这解读无法回避；灵魂皆是独特，这独特性不可抹杀。

总而言之，在现代的交流思想史上，曾出现过一长串的不同观念，它们均认为人类的交流可以不需要媒介，不需要额外解读。这些观念包括神祇对文字的鼓吹、天使间的瞬间交流、用感官符号进行的思想“交流”、精神磁力对不同心灵的接通、传心术中闪电般的灵感绽放、广播发射的无线电波及脑电波以太等等。一直以来，“交流”一词被用来指称“远距离作用”，这种作用既有物理意义上的，也有形而上学意义上的。尤其是在电报通过电而实现人与人之间的讯息传递之后，“交流”一词开始被用来指代人们之间的一种共同理解和瞬间产生的同情状态，它无需文字或言语这类粗糙的媒介就能实现。但这里隐含的一个困境是，即使是借助电报和传心术，人类的交流也很少能做到完全充分，毫无障碍。人类交流的梦想，一面是电子媒介带来的新世界，另一面则是各种各样交流的不幸、错发的通知、无主的死信、断头的电线以及无法清晰解读的含混讯息。我们人类面临着一种棘手的道德困境，它源于我们多元的生存境况——我们生活在许多其他物种之中，然而它们的视角从未与我们的视角完全契合，对之我们也无从知晓。在本书后面的章节中，我们将看到，我们所抱有的交流梦想，仅仅是强化了我们摆脱这一道德困境的欲望。[①]

① "多元性"(pluarity)这一概念借自阿伦特《人的条件》(*Human Condition*)，第7—8页以及全书各处。——译者

第三章　一个更强有力的精神视野：黑格尔、马克思和克尔恺郭尔

类似于前述招魂术传统，黑格尔将“精神”(Spirit/Geist)置于交流的核心位置。但与招魂术传统不同的是，黑格尔笔下的“精神”总是有形的，而且总是带有悲剧性的冲突。与招魂术传统相反，黑格尔及其叛逆的弟子卡尔·马克思和克尔恺郭尔(Søren Kierkegaard)认为，有形的肉身是不可化约的，自我有着双重维度，意义具有公共性。他们感兴趣的问题是：首先，自我的产生如何可能？它的产生需要哪些客观条件？与招魂术从业者相比，他们更关注主体间关系(intersubjective relations)中存在的病理、权力和扭曲。人与人之间的交流如果可能，需具备哪些条件？他们对这个问题的分析比后来的大多数思想家深刻得多。在他们三者中，虽然只有克尔恺郭尔就交流本身发表了大量文字，但是他们三人——尽管彼此间存在巨大而重要的差别——都就自我、符号和世界提出了多种视角，这些视角能让我们对“交流的现代意涵”进行重新思考。

一、黑格尔的交流观:“承认”

与其叛逆的思想继承人马克思及克尔恺郭尔一样，黑格尔①将“爱欲”视为一个原则，认为它能整合世界，使其成为一个囊括一切的统一体。我这样说，并不是要将黑格尔描述成一个情欲上的浪漫人物。实际上，黑格尔比谁都更加憎恨浪漫情感的奔涌释放(*Schwärmerei*)。黑格尔的昔日同事谢林②曾提出一个极具浪漫主义精神的宏大计划，试图将整个世界都美学化，从而使之成为人间乐园。黑格尔认为，谢林的这个宏

伟计划未能全面严格准确地阐明我们所面临的各种问题，但如果我们要实现真正的赎罪，我们就必须面对这些问题。尽管如此，追求主体和客体之间的调和，仍然是黑格尔成熟体系的——尤其是他的自然哲学和精神哲学体系的——“第一推动力”。这种追求也贯穿于黑格尔终身的思想发展过程。黑格尔深受柏拉图《斐德罗篇》和《会饮篇》的影响；他的爱欲原则至少可以部分地追溯到柏拉图的这两篇著作，我觉得这样说并不为过。

用黑格尔自己的话说，他的整个体系的目的就是交流，这里的交流并非指信息共享，而具有更加丰富的意涵，它指人类共同建立一个自由世界的整个过程。

解说黑格尔是件令人头痛的事。作为思想家，他的活力激励了青年马克思和杜威；但同样是这位思想家，在一些人的眼里却是一个自大的集大成者，他对极其贪婪的资产阶级自我意识作出了理论总结。马克思曾讥讽黑格尔，说他头着地、脚朝天倒立着走路；克尔恺郭尔则讥笑与他同时代的丹麦黑格尔主义者，说他们脑袋太大，身体太小，无法支撑，以至于可能要身首异处。今天，自由主义者和后现代主义者都能找出反对黑格尔的理由。如查尔斯 · 泰勒所言，黑格尔因为创新太多而受害颇多。在他身上，不同读者能为各种理论——马克思主义、存在主义、无神论、基督教神学、维多利亚家庭观、法西斯主义、后结构主义——找到源头。对黑格尔之所以能如此众说纷纭，甚至众说相抵，部分原因是不同读者从不同的视角切入他的文本。正如霍索尔（Vittorio

---

① 黑格尔（Georg Wilhelm Friedrich Hegel，1770—1831），德国古典哲学的著名代表之一，客观唯心主义者，哲学思想发展史上第一个系统地阐发唯心主义辩证法的哲学家。他把康德开创的德国古典唯心主义哲学推向高峰，创造了庞大的客观唯心主义体系，同时也系统发挥了德国古典哲学中的辩证法思想，创造了概念辩证法。——译者

② 谢林（Friedrich Schelling，1775—1854），德国古典哲学家。出生于新教徒家庭，15 岁时破格进入图宾根神学院，毕业后，担任过家庭教师、耶拿大学编外教授，讲授自然哲学和先验哲学，后在许多大学任教，1890 年前后转向神秘主义，在大学讲授“天启哲学”。其哲学思想经历了自然哲学、先验唯心主义、同一哲学、天启哲学几个发展阶段。主要著作有《先验唯心论体系》（1800）等。——译者

Hösle)所说，黑格尔是哲学上的一个分水岭。黑格尔之前的哲学，从笛卡儿到费希特，关注的是主体性；而黑格尔之后的哲学关注的则是主体间性(intersubjectivity)。因此，在阅读黑格尔时，是将其当作最后一位伟大的"我思"(*cogito*)思想家呢，还是将其当作思考"他者"的第一位思想家，这是个难题。霍索尔的主要观点是，黑格尔哲学体系中存在着一条分界线(fault line)，一边是他的《逻辑学》(*Logic*)，这是他论述"绝对的主体性"(absolute subjectivity)的巅峰，另一边是"现实哲学"(Realphilosophie，即自然和精神的哲学)，其主要目的在于提出关于"主体间性"的洞见。在黑格尔的整个哲学体系中，无论这两个方面的分配比例倒向哪一边，这条分界线始终存在。霍索尔认为，黑格尔为了保持自己理论体系的整体连贯性，不得不付出代价而压制了"主体间性"，这样造成的结果是，他的《精神现象学》比《哲学全书》的意义丰富得多。①在这里，我将集中简要讨论《精神现象学》；我得承认，如果要全面讨论黑格尔交流理论的源头，那还需要涉及多得多的内容。②

黑格尔在其晚年说，《精神现象学》是"一部不同寻常的早期作品"。这本书提出的几种原则，对我们重新思考交流的招魂术视角(它视交流为"意识的共享")非常有助益。首先，黑格尔认为，任何内容都必须具有某种形式。黑格尔一定不赞成在天使学中处于核心位置的那种对具体身体形式的漠不关心。他的哲学方法是一种具身(incarnational)分析的方法。"现象学"是一种关于"显露"的逻辑，是一种"显露知识的科学"。③黑格尔认为——至少他在《精神现象学》中如此认为——如果脱离了哲学

① Vittorio Hösle, *Hegels System: Der Idealismus der Subjektivität und das Problem der Intersubjektivität*, 2 vols. (Hamburg: Felix Meiner, 1987). See, e.g., 2: 385, 407.

② 我在另一篇文章中对此进行了更全面的解读，参见：John Durham Peters, "The Root of Humanity: Hegel on Communication and Language", in *Figuring the Self: Subject, Individual, and Spirit in German Idealism*, ed. David E. Klemm and Gunter Zoller (Albany: SUNY Press, 1997), 227-244。

③ G. W. F. Hegel, *Phänomenologie des Geistes* (1807; Hamburg: Meiner, 1952)，在后面的注释中我将其简称为PhG，并加上相应的页码和段落号。相关的英文翻译我参考自：*Hegel's Phenomenology of Spirit*, trans. A. V. Miller (New York: Oxford University Press, 1977)。

原理产生于其中的时代精神和物质条件，我们是不可能真正理解该哲学原理的。我们必须依循经验的路径，对产生该哲学原理的各种条件和背景有着感同身受的理解，才能把握它。哲学是一种上下求索的历史追问；这种追问不会将各种周边细节仅仅视为偶然事件。

奥古斯丁认为，我们不过是这个世界的匆匆过客，我们在此世的经历，恰如影视剧背景中的群众演员，只要可能，我们便可以尽量忽视；黑格尔则与奥古斯丁不同，他认为我们不能将手段和目的分离。知识之路需要我们一一走过，脚踏实地去全部完成，试图走捷径就会导致我们丧失智慧。知识的最高境界不在于消除一切表象——这是某些版本的柏拉图可能的主张——而是存在于表象和本质的多重统一中，这就是黑格尔所谓的“图像的画廊”（gallery of images）。[①]如果用20世纪二战后的传播理论术语来说，黑格尔认为，信息（message）不能脱离信道（channel）。简要言之，对黑格尔而言，离开了身体，精神就绝不可能存在。[②]这个主张深刻地影响了后世黑格尔主义者对“交流”的看法。

黑格尔还认为，交流同时既是主体问题也是客体问题。交流的目的不是为了使一个主体和另一个主体融合，而是要建立一系列历史关系，在这种关系中，主体在客观上变得可能。用查尔斯·泰勒的话说，在黑格尔的本体论中，“最低级的存在形式必须被理解为不完美的最高级的存在形式的初始型（proto-form）；这个最高级的存在形式就是主体”。[③]自然和历史中都孕育着主体性的胚胎。精神的任务就是扮演助产士，将这些胚胎培养成熟。潜在的主体仅仅以“an sich”的——即自在的或隐性的——方式存在，它必须变成“für sich”，即自为的或显性的。这些主体的“胚胎”常常很难识别，并且常被误认为仅仅是物质的，而不是精

① *PhG*, 563, par. 808.

② 尽管在黑格尔的体系中，最传统的基督教信仰和实践没有多少位置，但基督教三位一体的思想不可否认地影响了黑格尔体系。在本书中，遵从 A. V. Miller 的做法，我使用“精神”（Spirit，S 大写）一词来指称黑格尔所称的“精神”（Geist）。

③ Charles Taylor, *Hegel* (Cambridge: Cambridge University Press, 1975), 235.

神的。在《精神现象学》里，主体性很多时间都陷在客体性的泥潭里。这个石头、那棵树、这些象形文字、一切梦想着要写而未写的书、这个孩子、那个奴隶——所有这一切都必须从里到外、按照其本来面目去了解。这些东西，每一样都间接地是宇宙意义的一部分，都需要我们给予其机会去解读。万物参差不齐，各有其独特性，真正的知识必须欣赏这种独特性及其在宏大交响乐中的地位。我们对这一内在性的揭示，这种对精神(spirit)的逐渐关注，既是一种解读，也是这个世界中的一种客观表象(objective appearance)。

由此可见，“交流”常常不仅仅是指精神内容在人与人之间的穿梭，它是一个世界存在的基础。对黑格尔而言，交流并非一种让两个心灵相处和谐(en rapport)的心理学任务，而是一个政治和历史问题；它要建立条件，使有着自我意识的个体之间的互相认可(mutual recognition)成为可能。这里所涉的问题是要调和主体与其所身处其中的世界之间的关系、主体与自己以及与他人的关系。再一次，从广泛意义上而言，交流的问题又变成了一个爱欲问题。既克服彼此的差异，又珍惜彼此的差异，这样才能实现人与人之间的互相承认，这是黑格尔思想的主旋律；这在他写作《精神现象学》之前，以及在该书中都表现得特别明显。在《斐德罗篇》中，苏格拉底希望的哲学恋人追求的东西，从某种意义上说，也是黑格尔形而上学的主要原则：“统一与非统一之间的统一”(the union of union and non-union)。①

如果没有了客体性，主体性只不过是虚无缥缈的梦想或蒸汽，因此，自我绝对不是自足的，它既不是能指(the signifier)的主人，也不是任何别的东西的主人。过于急切地要成为“主人”，只会使自我孤立并摇摇欲坠。《精神现象学》里有名的“主奴戏”(master-slave drama)在20世纪常常被认为是理解黑格尔整个体系的万能钥匙。在书中，通过“主

---

① G. W. F. Hegel, “Fragment of a System” (1800), in *Early Theological Writings*, trans. T. M. Knox (Philadelphia: University of Pennsylvania Press, 1988), 312.

奴戏”比喻，黑格尔想表达的观点是：没有他者就没有自我。正如黑格尔所言，“只有在彼自我意识中，此自我意识才能够满意。”[①]在19世纪的作家中，有一长串的人——德国浪漫主义作家、霍夫曼、坡、波德莱尔、陀思妥耶夫斯基和弗洛伊德等——都对“双重性”(doubles)感兴趣。和这些人一样，黑格尔认为自我像一条莫比乌斯环[②](Mobius strip)，即一个具有两面但统一的整体。然而，黑格尔感兴趣的，与其说是“相似对子/复制品/鬼魂”(doppelgangers)所体现出来的细腻的病态，不如说是这个世界中的“自我”和“他者”之间的理性调和。企图脱离历史关系，在其之外去获得“自我确定性”(self-certainty)，无疑是愚蠢的。在两个“自我”相遇时，我们首先遭遇到的是“精神”这个观念。黑格尔给这个观念下的定义是：它指这样一种体验——多样性与统一性共时而生、相辅相成，“我”即是“我们”，“我们”即是“我”(I that is We and We that is I)。[③]罗伯特·威廉姆斯(Robert R. Williams)写道：“这种平等互惠彼此认可的境界，是交流自由的境界；在黑格尔笔下，这种境界是自我在他者中宾至如归的境界。”[④]早些时候，费希特和谢林用“我=我”(I=I)的公式作为他们哲学体系的出发点。与此不同，黑格尔却坚持个体在共同体中的精神体验：“我=我们”(I=We)[⑤]。有鉴于后来的传统，我们将黑格尔的这个公式看成是他对“何为交流？”这个问题作出的回答，这并无不妥。这里的晦涩在于：如果“我=我们”，那

---

① *PhG*, 139, par. 175；着重为原文所有。

② 莫比乌斯环，1858年，德国数学家莫比乌斯(Mobius, 1790—1868)和约翰·李斯丁发现，把一根纸条扭转180°，两头再粘接起来做成的纸带圈，具有魔术般的性质。普通纸带具有两个面，即一个正面，一个反面，而这种纸带圈却只有一个面，一只小虫可以爬遍整个曲面而不必跨过它的边缘。这种纸带被称为“莫比乌斯环”或“莫比乌斯带”。——译者

③ *PhG*, 140, par. 177. Robert R. Williams, “Hegel's Concept of Geist”, in *Hegel's Philosophy of Spirit*, ed. Peter G. Stillman (Albany: SUNY Press, 1987), 1-20。在黑格尔体系中，存在三个彼此相互竞争的精神(Geist)模式：作为超验自我的精神，作为人性(humanity)的精神，以及作为社会或互为主观性的精神。我和威廉姆斯都赞成第三种意义上的精神。

④ Robert R. Williams, *Recognition: Fichte and Hegel on the Other* (Albany: SUNY Press, 1992), 149.

⑤ Cf. *PhG*, 257-258, par. 351, and PhG, 471, par. 671.

么一个个的“我”被消融进“我们”了吗？抑或说，他们仅仅是在多样性中实现了和谐呢？黑格尔提出的原则是：在特定时刻，自我的个性特征被辩证地保留下来，而不是被完全消灭。如果是这样的话，那么我赞成以上第二种解释，即“我＝我们”的解释；当然，我也意识到，其他人也可能有充分的理由对黑格尔作出不那么宽容的解读。

黑格尔批驳了洛克关于交流的核心观念和人们的常识性交流观念。对他而言，自我是没有“内在”(inside)的——自我对自己的发现是在日用伦常的光天化日之下发生的，是在他者的陪伴之下发生的。如果你提出，你不可能知道我“内在”的想法和感觉，那就是对交流之必要性的侮辱。他说：

> 如果一个具备常识的人会诉求于他的感觉，或诉求于他内心的启示，那么他和不同意其意见的人就不会再有任何关系；对与他有不同认识和感觉的人，他只需说，他到此为止，不再表达任何意见，这就行了。但换句话说，他这么做，实际上是践踏了人性(*Humanität*)之根本，因为人性之本质是要努力和他人求得一致；实际上，人性的本质只存在于已经实现的意识共同体(*Gemeinsamkeit*)中。那些反人性者和动物性者总是将自己局限于感觉层面，并局限于只在这一层面进行交流(*sich mitteilen*)。①

在这一段哈贝马斯式的话语中——博尔赫斯②指出，每个作者都得为

① *PhG*, 56, par. 69.

② 博尔赫斯(Jorge Luis Borges, 1899—1968)，阿根廷小说家、诗人、文学翻译家，1899年8月24日生于布宜诺斯艾利斯一个有英国血统的医生家庭。与智利的聂鲁达并称为当代拉美文学两泰斗。童年受英国家庭教师教育，涉猎大量欧美文学名著，第一次世界大战爆发后，全家移居瑞士，后就读于剑桥大学，精通英、法、德等国语言，熟读欧美文学名著。重要作品有《小径分叉的花园》、《阿莱夫》、《死亡与指南针》、《布罗迪报告》等。1956年获阿根廷国家文学奖；1961年获西班牙的福门托奖；1979年获西班牙的塞万提斯奖。——译者

自己的理论找到一个先驱——黑格尔提出了一个“人有达成共识”的人类学冲动。

与存在于人内心的启示不同，黑格尔以上所描述的个体之间“互相认可”过程说明，个体自我的外在性(exteriority)对自我是隐蔽的，正如自我的内在性对他人是隐蔽的一样。对黑格尔而言，自我的内在性和外在性之间的区别体现在时间上，而不是空间上：个体还没有被他人认可时，他的主体性是“自在和隐性的”(*an sich*/implicit)的。此外，黑格尔甚至认为，实际上个体的内心中根本没有所谓“启示”，因为在他看来，自我与个体自身并没有直接的关系。对我内心所想但却没有外在表达出来的细节，你未必知晓；但是我同样不太清楚我在你的心目中是什么样子，或者说我不太清楚我的外在是什么样子。我不可能很清楚我在公共场合是什么样子；别人怎么看我，我的行动对世界有何影响，甚至我有何怪癖和个性，我都不太清楚。[①]我的“自我”，在他人看来虽然明白无误，但对我自己来说它却基本是模糊的。我的“私下的自我”对你是模糊的，但是我的“公开的自我”对我来说也是模糊的。在很多方面，你对我的了解肯定胜于我对自己的了解，这时，我的“私下的自我”对我而言也是模糊的，因为“私下的自我”也是由公开的材料构成的。这意味着，我要依赖别人才能认识自我——并不存在什么秘密的路径能让我通向神秘中的最神秘之境。

由此可见，相对于个体自身，自我和他人而言都处在同一位置上。用兰波[②]的话说，“我即是他者。”(Je est un autre)用克尔恺郭尔的话(他意在模仿黑格尔)说，自我是它自身与他者之间的关系。美国实用主

① Walter Benjamin, *Illuminations*, trans. Harry Zohn, ed. Hannah Arendt (New York: Schocken, 1968), 137。本雅明认为,在屏幕上看到自己的形象或听到自己的录音,人会有一种异化感,这是只有现代人才有的感觉。镜子则更为古老。

② 兰波(A. Rimbaud, 1854—1891),法国象征主义诗人。生于法国北方的一个工业小城。自幼才华过人,少年时期即开始诗歌创作。早期作品受帕尔纳斯派诗歌的影响,追求形式的完美。普法战争和巴黎公社时期的作品突出了对现实社会的遣责和反抗情绪。——译者

义者则将这个洞见用来描述社会，成效卓著。正如皮尔士所说，“一个人认可另一个人的人格时，其所借助的手段，和他意识到自己的人格时所借助的手段，在一定程度上是相同的。”①罗伊斯也说过类似的话，“个体在认识自己时，所用的推断方法，类似于我们在试图解读邻居的心思时所使用的那些有着指导作用的推断方法……虽然你确实置身于你的‘内部’(interior)，但是你绝对不可能退避到你最深层的直觉里，通过内在感受去寻找到一个真正的自我。”②同样，对黑格尔来说，“自我”并没有特别的通道来了解其自身；它仅仅是在事后才能发现自身，或者仅能从另一个自我中发现自身。而且，这“另一个自我”必须是对前一个“自我”已经作出了认可。自我与他者都置身在同一客观和公开的东西之中，并都凭直觉相互感知对方。这个东西就是“精神”，精神正是由这种中间性(in-betweeneness)构成的。③

在黑格尔这里，不存在洛克所面临的问题。洛克认为，有一个预先存在的“自我”将其内部思想(ideas)与外在的语词(words)对接上，才能实现和另一个自我的交流。黑格尔认为，“自我”之所以能以“人”的方式存在，是因为其基础本身就依赖于他者对自我的承认。至少在这个问题上，奥古斯丁会赞同黑格尔——我们如何解读世界，不仅决定着我们如何看待世界，而且决定着我们在宇宙中的位置。互相承认使人性成为可能；只有在得到他者的承认时，自我意识才能存在。④个体“自我认可”的内环同时也必须经过一个外环，这个“外环”就是“另一个相称的‘彼’自我意识对‘此’自我意识的认可”。劳赫(Leo Rauch)曾用一

① Charles Sanders Peirce, “The Law of Mind”, *Monist* 2,4 (July 1892): 558.

② Josiah Royce, *The Problem of Christianity* (New York: Macmillan, 1913), 2: 138－139。罗伊斯这里似乎说的是皮尔士，参见：“Some Consequences of Four Incapacities”, in *Philosophical Writings of Peirce*, ed. Justus Buchler (New York: Dover, 1955), 228－250。

③ Josiah Royce, *The Spirit of Modern Philosophy: An Essay in the Form of Lectures* (1892; New York: Dover, 1983), 208－209, n.2。在柏林版《百科全书》的436节(该节论述的是：不同个体的自我意识彼此确认对方，即“承认”)中，罗伊斯将黑格尔的“普遍性”(allgemeinheit)翻译成“公共性”(publicity)，以强调这一点。

④ *PhG*, 141, par. 178.

句贝克莱[①]式的话来评论黑格尔的观点：存在即是被承认(*esse est agnosci/* to be is to be recognized)[②]。

最后，黑格尔的精神观念认为“意义”产生于公共领域而不是私人领域。他将个体的自我意识视为与个体自身并列，并认为其以物质形式存在于自身之外，这就为我们理解《精神现象学》的剩余篇幅打开了大门——这是一个“图像的画廊”，里面充满了各种的形式扭曲的主体间性，从奇形怪状的到高蹈崇高的，从战场的暴力到社区艺术品的喜悦。黑格尔认为“自我”和“自我意识”与“精神”一样存在于由物质和会死的凡人组成的脆弱世界中。他这样认为无疑要冒风险，然而，正如他反复强调的，精神的实现很难避免悲剧的发生。[③]道成肉身导致耶稣受难，这一事实从来就没有远离过黑格尔的思想，这也是“肉体化的精神遭遇到辉煌的灾难”[④]的最高表现形式。

在其早期完成于法兰克福的论爱情的著作中，黑格尔指出，爱摧毁一切确定性(positivity)，也就是摧毁一切偶然性的东西——尤其是人的肉体。爱情、信仰、希望被认为都是一种精神状态，它们完全无形(worldless)，对客体不能留下任何印记。但是，自从他迁居耶拿(Jena)以后，他就主张，真正的爱情必须包括恋人的所有方面，包括公开的和私下的方面，正如信仰必须基于真正的知识，希望必须建立在伦理生活上一样。“因为，爱情能将某两人从其他人群中区分开来，然而该两人彼此却是绝对不能分开的。”[⑤]

---

① 贝克莱(George Berkeley, 1685—1753),18 世纪中叶英国基督教主教、主观唯心主义哲学家。出生于爱尔兰一贵族家庭。毕业于都柏林的三一学院。后留校任教。1720 年后主要从事宗教活动。在哲学上,提出过物是“感觉的集合”、“存在就是被感知”的命题,竭力否定唯物论的物质观。——译者

② Leo Rauch, “Introduction: On Hegel's Concept of Spirit”, in *Hegel and the Human Spirit: A Translation of the Lena Lectures on the Philosophy of Spirit (1805 - 1806) with Commentary*, ed. and trans. Leo Rauch (Detroit: Wayne State University Press, 1983),33.

③ 参见 Williams 在第 9 及第 10 章,对承认问题所作的出色讨论。

④ G. W. F. Hegel, *Lectures on the Philosophy of Religion: The Lectures of 1827*, ed. Peter C. Hodgson (Berkeley: University of California Press, 1988), 465 - 468.

⑤ Hegel, *Lectures on the Philosophy of Religion*, 418.

既然黑格尔认为凡是有意义的主体性都是与其客观条件相互调和的，那么我们可以认为，“精神”会同时具有一个精神的形态和一个物质的形态。不过，精神并没有什么鬼魅般的可怕之处。黑格尔明确指出，精神有其文化形态。高级层面的精神成就——法律、国家制度、艺术、诗歌、宗教和哲学——的确以物质形式（文本、城市、社区、石头、绘画、语言等等）存在。但是，这些物质形式，只有在其所具有的超越其具体形态的意义得到承认后，才能被视为是以精神方式存在的。承认的过程必然是解释的过程。对于某件雕塑，一只动物也许能看到它，但充其量只会将其看作是一块具有遮风避雨或其他作用的石头，除此之外，这只动物绝不可能认识到，这块石头还是一件“雕塑”，它不可能认识到这块石头还具有超越于动物性用途的其他地位和意义，不可能认识到它还是一件存在于人类某一特定共同体或某一特定历史时刻的作品。能认识到雕塑是一件人类艺术品或关于人类表达的作品，不仅意味着该人已经成为该雕塑所属世界的成员之一（只有在这个世界中，这件雕塑作品才有意义）；这还意味着，该人已经能够对这个世界的实践活动进行智能性的参与。所以，“精神”既体现在特定文化的物质叙述中，又存在于由诠释者组成的实体共同体之中。艺术作品以及哲学都具有主观的、内在的一面，正如人类诠释者同时也具有客观的一面一样。《蒙娜·丽莎》这件艺术作品本身就具有一种精神，这种精神完全独立于观画人的感知。该作品具有的意义不仅仅是众多观画人眼中的意义之和。它具有一种客观的知性，这种知性不能被化约为所有观画人个体心灵经验的总和，而这种“总和”观正是洛克和心理学的传统可能赞同的。如果人类作为一个物种完全灭亡了，而《蒙娜·丽莎》这幅画幸存下来，在其他幸存的动物眼中，它绝不会被当作“人为”的东西，而最多只是一个有趣的带某种图案的东西。它的地位如同奴隶，只能自言自语、悄无声息，它没有观众，不受承认，找不到任何能读懂它的人类共同体。蕴藏在该画中的人性将成为逐水之萍，无本之木；不过即使无人听它诉说，这幅画还是能透露些信息。洛克断言，人的个体才是意义的主人；黑格尔则为意义的世俗性和客观性辩护。黑格尔乐意看到，一幅画和一个人同样都具有主体性；他们如果得不到认可，两者所具有的人性地位都会受到致命的打击。

黑格尔认为，人工制造物与有机体一样，也能具有智能。他笔下描述的交流，同样适合人际接触已经出现巨大变化的时代。对他而言，意义既可以寓于人，也可以寓于事，既可以存在于心灵(mind)，也可以存在于物质(matter)。在19世纪，随着各种新的传播技术的出现，人类的“精神”表达可以从时间和空间上与承载这一精神的身体分离开来，如照片形象、电报信号、唱片声音、电话、无线电和动画等，均可以与发出这些表达的身体分开来。而当时的人们也已经越来越熟悉这些与其主体分离开来的精神表达。当然，至于文字，黑格尔将其视为包含其他一切媒介的媒介，这是因为他过早去世，没能看到后来那些能按时间线性捕捉感官刺激的新媒介(如电视)的出现。①如前所述，洛克认为意义只存在于个体身上。对长期受洛克理论熏陶的人而言，黑格尔的“精神”观念始终是可怕甚至是可怖的。然而，精神作品能从亡灵世界向我们说话，而且始终不渝，这并非如苏格拉底所言是恐怖之源，而是文化连续性的基础所在。不以具象方式存在的知性，似乎有一点让人觉得离奇恐怖；但是如果没有在某种程度上能超越身体羁绊的知性，人类交流的梦想就只会是镜花水月。在没有人形的知性面前，我们为什么要感到震惊呢？苏格拉底认为，文字是其作者可怕的、有爱欲的替身，但是他的这种担心难道不也同样适用于人体发出的其他一切有意义的东西如声音、触摸或手势吗？招魂术和灵异研究为了解释某些现象而装神弄鬼，但是用黑格尔的“精神”概念——即“人类自我表达的规律性物质记载”——却能将这些现象解释得更好。招魂术和灵异研究的以上过分做法，实际上是为了避免直面人类所具有的非人性；然而我们人类，和动

① Friedrich A. Kittler, *Grammophon*, *Film*, *Typewriter* (Berlin: Brinkmann und Bose, 1986), 58 – 59.

物一样，却必然带着这种非人性。

我举个例子。洛奇爵士在《雷蒙德传》（*Raymond*，1916）中提出了一个古老的艺术哲学问题：艺术与观众的关系。洛奇不愿意承认，贝多芬的乐谱和伦勃朗的画作本身就具有知性（intelligence）。他认为，作品的知性是作者赋予的，如果这些作品的背后没有一个原创性的心灵，音乐和绘画就仅仅是声音的扰动和色彩的涂抹而已。他坚持认为，作品如果仅有“物质形式的储蓄物”并不能产生“情感上的影响力”。情感并不存于这些作品之中；作品中的声音和色彩只不过作为渠道，让贝多芬和伦勃朗尚具影响力的亡灵如传心术一般“摄住”观众。由此观之，这里洛奇否认存在着这样一种真正让人心生恐惧的可能性，即贝多芬的乐谱和伦勃朗的绘画，在脱离其作者的监护性心灵后照样可以具有深刻的意义。洛奇不愿意让文本具有独立的地位。他坚持认为所有的意义都源自人类个体的心灵，因此，为了解释艺术作品为何能影响人，他不得不变幻出幽灵（spirits）来强作解人。传心术成为他总体的交流模式。他说：“物质是心灵间的间接交流媒介。即使没有这一切间接的物质中介，心灵之间直接的传心术交流应该是可以发生的，对这一点实在不值得大惊小怪。”①

与洛克类似，而与黑格尔相反，洛奇否认知性还可以存在于人类心灵之外的物质形态，如文本、雕塑、建筑或各种群体生活方式中。黑格尔的“精神”观念指在历史过程中出现的，那些能对自己进行规律性诠释的物质；然而，对洛奇而言，不管有没有物质形式，交流都能发生。洛奇贬低物质，没有认识到物质也可以承载光辉可爱的知性类型。他认为知性只能基于有机体的生命循环，而对其他可能性都视而不见。

---

① Oliver Lodge, *Raymond, or Life and Death, with Examples of the Evidence of Survival of Memory and Affection after Death* (New York: Doran, 1916), 339。此处所有的引语均引自该页。洛奇认为，人类缺乏额外的感知交流能力是一个进化论上的优势，因为我们只要简单通过走出他人的影响力范围，就可以避免让自己的心灵受到他人的心灵的侵袭。

那么，文本是如何与其读者互动的呢？这里，我不像洛奇那样从传心术的角度来解释。传心术的解释方式是，在交往双方各注入一个幽灵，即作者的幽灵和读者的幽灵，然后让这两个幽灵彼此互动。我不这么认为，而是相信互动发生在文本和读者之间，并将这种互动视为人类一般的交流模式。人活着就是要为人所知。要向别人说话，就要生产出各种符号，并让这些符号脱离符号生产者的灵魂独立去传播，让它们脱离生产者的控制去接受他人的解读。黑格尔邀请我们将主体看作是与客体相互纠缠的主体，将自我看作是与他者纠缠的自我；他将意义看作是公共的意义而不是仅存在于个体内心中的意义。英美文化中有一个强烈的信念，认为只有坏人或法西斯才会相信“精神”具有客观性。与此迥然不同的是，在解释人如何建立共同的文化世界，人们何以能够进行各种层面的“交流”这些问题时，黑格尔的精神观念更具有说服力。他坚持认为，人类之外的各种其他物种，以及包括生者和死者在内的更大范围的共同体，都是可以理解的。在这里，黑格尔并没有号召大家去消灭个性，而是试图说明，个性如何能得到张扬。他认为，“精神”恰恰体现在“我”和“我们”的交流之中，体现在特定社会的交往习惯中[诚然，“共同体”(community)这个词已被滥用，其到底是何所指也众说纷纭，这里我们暂时将这个问题放在一边]。本质而言，“精神”是乔西亚·罗伊斯(Josiah Royce)所称的“诠释”(interpretation)问题，也即指特定民族的整个符号生活。对黑格尔而言，交流的问题与其说是指个体之间的接触，不如说是要建立一套富有活力的社会关系，以便于建立共同的世界。和天使学传统以及该传统在以洛克为代表的自由主义学派中的盟友们不一样的是，黑格尔认为，交流不是一种思想的原状运输，而是我们对自己的生活状态进行的一种组织活动，目的在于让所有的人都能得到相互认可。这一组织活动充满危险，有时甚至具有悲剧色彩。需要特别指出的是，黑格尔坚持强调“自我”对个体自身的奇异性以及精神的客观性，这可以帮助我们克服当代传播思想中的弊端。

二、作为媒介的货币：马克思 vs. 洛克

和黑格尔的《精神现象学》一样，我们既可以将马克思的作品当作一种与中介化传播有关的理论来读，也可以将其看作是对“主体性如何被扭曲地表现”的批判性阐述。我们不难发现，马克思作品的核心中有一种明显的交流视野；如果我们将其作为一种对资本主义病态作出的隐性诊断看待，马克思作品中的交流特征就会非常明显。起初，对于黑格尔理论中的“诡异奇崛的旋律”，马克思很难提起兴趣。和黑格尔一样，马克思并不认为交流是不同灵魂(soul)之间的接触。他给“精神”(Geist)下的定义不是非人性的或超人性的，而是具有鲜明的反神学的人本特征。他分析主体和客体之间的不愉快关系——这在其早期著作(对之我将重点分析)中特别明显。与此同时，他也坚持黑格尔的以“追求和谐赞同”[①]为特征的令人心醉神迷的交流视野。黑格尔，以及在此之前的柏拉图(借苏格拉底之口)，都对此视野作了明确的阐述——交流是不同的个性在爱欲中实现的充分匹配。而马克思将黑格尔的交流定义作了引申和修改，指出：交流是不同的个性在劳动中实现的充分匹配。

如前所述，洛克认为交流是个体用外在的语词契合内心的思想。但和黑格尔一样，马克思认为洛克的观点站不住脚。马克思认为，个体所具有的个性是个体参与集体生活后的结果，而不是其参与集体生活的出发点。马克思对颠倒的货币和商品世界进行的分析预示了后来出现的很多思想，这些思想认为，“中介化交流能让外星生命发出声音，显示出中介化交流的不可思议性”。没有躯体的智能和没有灵魂的躯体让马克思感到恐惧。现代社会使用非人道的方式来替代人的个性，恐惧感是他对此作出的一种反应。马克思的分析就本质而言关注的是“人类记录的难解之谜”，因此他给我们提供了从深层结构上分析现代媒介的众多资

① “Das versohnende Ja” 这是黑格尔的原话，*PhG*，472，par. 671。

源。正如《斐德罗篇》中的苏格拉底一样，马克思对毫无生气的、撒播性的媒介提出了批评。

货币实际上也是一种媒介——它不仅是交换的媒介，而且是表征的媒介。[①]货币具有象征功能、价值储存功能以及其他一些精神品质，洛克和马克思对此都表现出急切而浓厚的兴趣。因此，我们在此比较他们两人的观点，可以使我们重温撒播与对话两种交流视角之间的差别。在19世纪的视听媒介兴起之前，一般地说，文字垄断了对知识的储存，正如货币垄断了对抽象价值的储存一样。苏格拉底因为文字具有奇异的思想储存和扩散能力而感到焦虑，这种情绪在洛克和马克思的作品中重新出现。货币具有价值储存功能，洛克和马克思的考察都集中于货币的这一奇异力量，但是得出了不同的结论：洛克欢迎货币的撒播能力，马克思则对之表示痛恨。

如前所述，洛克的财产论是基于人的劳动，个体通过劳动在物质上打上印记，从而将原本为人类所共有的财产变成其个人私有财产。人类每一个体都对他（注意，洛克说的是“他”而不是“她”）自己的生命和身体拥有主权，而私人财产就源于这种主权。“每个人对他自身拥有产权；除了他自己之外，任何其他人对他的身体都不能主张权利。”[②]在货币出现之前，财产是按照有限性标准来界定的——即根据个体能够付出的劳动量来决定其私人拥有的财产量。洛克认为，个体投入的劳动量和他拥有的财产量成正比。和卢梭笔下的“高尚的野蛮人”不太一样，洛克笔下的“原始劳动者”被比喻成美洲的印第安人，他们通过自己的劳

① Georg Simmel, *Philosophie des Geldes* (Frankfurt: Suhrkamp, 1989); Marc Shell, *The Economy of Literature* (Baltimore: Johns Hopkins University Press, 1978); Jean-Joseph Goux, *Les monnayeurs du langage* (Paris: Galilee, 1984); Eugene Halton, *Meaning and Modernity: Social Theory in the Pragmatic Attitude* (Chicago: University of Chicago Press, 1986), chap. 10; Walter Benn Michaels, *The Gold Standard and the Logic of Naturalism: American Literature at the Turn of the Century* (Berkeley: University of California Press, 1987).

② John Locke, *Two Treatises of Government*, ed. Peter Laslett (1690; Cambridge: Cambridge University Press, 1988), sec. 27 in original。此处着重号依照洛克的原文。

动去圈占上帝赐予大家的共有世界。洛克描绘的自然状态是一个互惠对等的田园世界。他所谓的“劳动”类似于客观世界里的对话：成比例、独特而有个性。

洛克所指的个体对自然界的占有过程，其规模自然而然是有限的。有人批评他，说他的理论意味着“任何人都可以尽情地占有”。对此，他坚定地回答说：“非也，同一个自然法则，既赋予我们财产，又限制我们的财产。”（第31节）在自然状态下，财产积累过多会造成浪费，因此“是否会造成浪费”就成了财产积累的上限。上帝赐予了我们这个世界，让我们享受，然而对这个世界的任何无节制的使用都会侵犯他人的生活权利。“上帝为人类创造的所有东西，都不容许人类去糟蹋或毁灭。”（第31节）一旦我们占有的东西超过我们的使用必需，我们就逾越了自然或上帝对私人财产所做的限制。超过财产的使用期而囤积财产自然要受到遏制，非理性地浪费和邻居的抱怨就是这种遏制的体现形式。而人类生存所依赖的大多数必需品“其保存期通常都不长。比如说，很多必需品如果不及时消费掉，它们就会腐烂或消失”（第46节）。决定个体是否恰当获利的上限的，是商品的保质期。从这个意义上而言，个体所能拥有的财产量之有限性，不是一个数量的问题，而是一个保存时间的问题。这是一种“适当性法则”，它具有物质财产和人际礼节上的双重意义。

但在货币出现后，奇怪的事情发生了。财产物品的有限生命期，不再是私有财产积累量的自然上限。货币废除了限制积累的“适当性法则”。贵金属可以长期储存而不会腐烂。洛克清晰地对比了两种囤积。有一种囤积是错误而浪费的，如国王的国库里塞满了牛肉，多得腐烂，而与此同时农民却食不果腹。相反，“金银的囤积却不会伤害任何人，这些金属在占有者的手里是不会腐烂的”（第50节）。在货币身上，洛克找到了一种储存型媒介，它既不会受制于道德的败坏，又不会受制于身体的极限。更重要的是，这个观点和马克思的观点形成对照。马克思认为，一切财产关系都是生产关系——富人能打扮得漂亮，是因为穷人用苦难为之买了单。洛克却说，囤积货币财富并不会给邻居带来伤害，因为货币具有“令人不可思议的神奇的”（fantastical，马克思用的也是这个词）价值。洛克不认为贵金属和直接的生活商品不一样，也不认为在贵金属的积累过程中也存在着主体间义务（intersubjective obligation）。

货币登上历史舞台之后，其杠杆作用搁置了原有私有财产中的平等互动模式。现在，劳动能够被储存和撒播到其原初范围之外。正如在《斐德罗篇》中一样，货币出现后，私有财产领域对话式的平等互惠性被货币这种新技术破坏。货币超越了原有的边界，同时又将新的扭曲而复杂的关系强加在人的头上。洛克和马克思的关键分歧是：作为规范性模式的，应该是原有的主客二元关系呢？还是这种主客二元关系应该被舍弃而代之以某种更加扩展和多样的模式？这个分歧对20世纪的政治经济生活产生了重大的影响。简言之，洛克认为，货币能引发多种多样和盘根错节的关系，这是好事；而马克思则认为，货币带来了一种新的机制，它充满矛盾、倒错和剥削。不过，尽管存在着以上分歧，洛克的“自然状态”和马克思早期抱有的共产主义乌托邦梦想之间却有共同之处，两者都推崇一对一的互动关系，这种关系既没有被放大，也没有被扭曲。

至少从麦克弗森[①]开始，总有人将洛克当作资本主义财富无限积累的辩护士，认为他是货币的吹鼓手，大力赞美货币可以超越劳动，成为经济发展的引擎。[②]不过，洛克强调财产积累应遵循“适当性原则”，以及财富占有者应该具有引领意识——即在任何占有行为中，要对所有物和邻居尽应尽的责任——这使他既像原始资本家，又像中世纪的基督徒。对财产的占有只能基于人的生存需求，人的攫取欲望被我们对共有世界的尊敬所遏制，两者取得平衡，使得财产占有获得了一个恰当的界限。

---

① 麦克弗森（C. B. Macpherson，1911—1987），加拿大政治学家。1929年入多伦多大学政治经济系学习，1932年赴英国留学，受业于拉斯基门下，深受其思想影响。1935年获硕士学位后回国。1955年获伦敦大学博士学位。后为多伦多大学政治学教授。着力于民主理论的建构和对自由主义民主思潮模式的分析，强调人的存在价值的政治理论。——译者

② C. B. Macpherson, *The Political Theory of Possessive Individualism: Hobbes to Locke* (Oxford: Clarendon Press, 1962).

在洛克笔下，财产更多是指对共享资源的恰当关爱，而不是指私人财产的积累。洛克的世界既不完全是工人阶级的苦难世界，也不完全是有产阶级穷奢极欲的世界。货币具有无限的价值撒播和价值储存的力量。我们要正确解读洛克，关键在于弄清洛克认为货币的以上力量造成了何种影响。由于本书的目的并不在此，因此这里仅需指出，就像后来电话、留声机和无线电广播的出现对对话思想产生了巨大的冲击一样，作为一种记录性媒介，货币的出现，将对话转变成了撒播。

马克思也作了与洛克类似的对比：一边是劳动与物质之间的最初互动，另一边是不再局限于人类需求的货币中介体系。但是，马克思的阐述比洛克更清晰。马克思将货币视为一种大众交流方式，而且他对之颇为痛恨。尽管洛克笔下的“货币”偶尔也呈现出如腐烂的鹿肉或腐烂的苹果那样怪诞的形象，但他对货币的描写远不能与马克思的分析相比，后者笔下的货币呈现出丰富的意象。马克思的任务不仅和洛克的任务相反，和古典政治经济学中洛克思想的继承者也针锋相对。马克思想要说明的是：积累货币资本和积累易逝商品一样，两者都是不公正的。

他将资本积累看成是吸血鬼般的吸血行为；通过货币资本，死人对活人进行着迫害。在此，马克思向我们展示了一系列比喻，这些比喻后来为现代传媒评论提供了灵感，如活死人、偶像崇拜、主客相混等等。在其1844年的《政治经济学手稿》中，马克思指出，在财产私有制下，对于劳动者，劳动产品已成为一种“异化物和独立存在的力量”。我们已然进入一个暮光之城：鬼魂出没，异类临门，人类的力量被他物吸干，然而它们却号称“为人服务”。[①]和黑格尔一样，马克思对主体间性的腐朽和边缘化的形态提出了批判。但是和黑格尔的“奴隶”不同，马克思的“劳动者”是没有出路的，至少他们通过劳动过程是找不到出路的。工人所面临的异化生存是其自我都无法认识的产物。而且，这个产

① 众所周知，这里的意象借自马克思在《资本论》所描述的“商品崇拜”。

物是“由凝结在客体中的劳动组成”（71 页）[①]。“劳动者将其整个生命都投入到客体中，可是他的生命却不再属于自己，而是属于客体……他授予客体以生命，而该生命却反过来成为敌对或异化的东西，与他对抗。”（72 页）劳动变成为“异化的、神圣的或残暴的活动”（74 页）反弹回劳动者身上。劳动者身上的精华被贪婪的异化力量榨干。在这里，自我以他者的面貌出现，正是弗洛伊德所称的“诡异情形”（the uncanny）[②]的突出表现。劳动者和劳动产品之间彼此近距离的遭遇让他们两者之间没有互相承认的可能，因为他们之间没有交流。在工人和产品这个二元关系中，马克思呼应了黑格尔的主-奴比喻，后者是现代交流失败典型场景。[③]马克思发扬费尔巴哈[④]的精神，希望解开“异化的他者”的面纱，揭露其“自我的异化劳动”（estranged work）[⑤]的本质。他忠告我们，这个“异化的他者”并不可怕，它仅仅是我们内在活动的外在投射，它是一个噩梦，但在我们梦醒时它就会退去。马克思无时无刻不在想要将自我的虚假投射和真实的他者特性剥离开来，并对尚未完全实现的主-客关系作出诊断。

马克思的批评方法是要表现出隐藏在非人类物质材料中的人的力量。私有财产是异化的人类劳动具有的“物质和感性的形态”。洛克认

---

① 后文括号中的引文均来自：*Marx-Engels Reader*, ed. Robert Tucker（New York: Norton, 1975）。

② 弗洛伊德所言的各种“诡异”（uncanny）现象包括人的死亡本能、沉寂于孤独、黑暗、活埋、似曾相识感（Déjà vu）、双重身份（Doppleganger）以及腹语和复制品、鼹鼠、心灵感应和幽灵文本等。——译者

③ 马克思在其《政治经济学批判大纲》（*Grundrisse*）中指出：“预设主-奴关系存在就是对他人意愿的征用。”（*Marx-Engels Reader*, 266）如前文所述，这句话对梅斯梅尔催眠术也是适用的。

④ 费尔巴哈（Ludwig Feuerbach, 1804—1872），德国资产阶级革命前夕杰出的唯物主义哲学家和无神论者。费尔巴哈的唯物主义是马克思主义哲学的直接理论来源之一。——译者

⑤ 汉娜·阿伦特在其《人的境况》中将人的实践分为劳动（labor）、工作（work）和行动（action）三种类型。劳动和工作分别是与人的生物性和世界性相关联的境况，而行动则是与人的独创性与多样性相关联的境况。在这里，作者彼得斯在描述马克思的劳动理论时，在用词上没有作此区分，将 work 和 labor 混用。——译者

为，私有财产是个人劳动清楚而直接的表现，马克思则认为，私有财产基本上是扭曲的媒介，它记录着我们身体手足所进行的劳动，但是这种记录是一种歪曲了的记录。洛克认为，（货币这种）媒介超越面对面交流的方式是文明社会的基础，马克思则认为，（货币这种）大众媒介无论其能发挥何种杠杆作用，都是腐蚀性的，它是造成文明社会充满"一切人反对一切人的战争"①的部分原因。

在分析产业工人的悲惨遭遇时，马克思阐明了他所使用的指导性诠释原则。他说："对工人来说，一切客体(objects)都成了他对自己的客体化(objectification)。"(88页)一切客体都是客体化的结果(和黑格尔一样，马克思认为整个世界不言而喻都是主体)。在马克思的眼里，每一件商品都意味着劳动者的被置换，都意味着一个用自己的力量对异化物体进行任意挥霍的"自我"。不过，客体无声无息地存在，并且与主体之间难以清楚地区分，对此马克思并不感到悲哀。他赞扬劳动过程是使世界和人实现相互协调的手段。他抱怨的是客体与工人之间的疏离，而不是主张一定要让主体性渗透到所有客体中去。在19世纪的文化中，到处都是主体和客体相互跨界的领域，如各种照片、精灵、商品、墓地、留声机、蜡像馆、电话与货币等等。马克思主义的任务之一，就是明确这些领域存在的合法性。

19世纪40年代，马克思对货币的批评明确提出了一些原则，这些原则对我们理解当时正在发生的克服时空局限的新兴力量很有帮助。和洛克一样，他认为货币的"放大"力量非常奇异，不过他对货币的道德评价刚好和洛克的相反。马克思认为，货币的罪恶在于它扭曲了人与人的规范性关系。

---

① "一切人反对一切人的战争"(*Bellum omnium contra omnes*)，语出17世纪英国政治哲学理论的奠基人霍布斯。霍布斯政治理论的基础是所谓的"自然状态"，即人与人之间的原初生活状态，同时也形容国与国之间的敌对政治状态。霍布斯认为，人生而自由平等，拥有无限的自然权利。但由于人的利己天性，当这些权利彼此冲突时，为了求得自己的利益和安全，就必然会压制别人，侵犯他人的权利和利益，所以是"一切人反对一切人的战争"恐怖状态。——译者

马克思眼中的公正交换是平等互惠的。“将人看成人，将人与世界的关系也看成是人性关系；只有这样，你才能实现用爱来换取爱，用信任换取信任。”（105 页）在这种平等互惠的世外桃源（Arcadia）[1]中，我们对他人的影响力仅与我们个人的能力或主张相关，而不是依据那些如权力、地位、金钱等外在因素。马克思有一段重要的话不仅早于哈贝马斯田园牧歌式的、纯粹而没有扭曲的交流，而且表达了柏拉图-黑格尔式真正的个性化交融的梦想。他说：“你与人和自然的每一关系，都必须是一种具体的表达，它应该与你欲求的目标相对应，与你真实的个人生活相对应。如果你付出爱而无法激发他人以爱作回报，如果作为一个在爱着的人，你却无法通过活生生的表达使自己成为一个被爱的人，那么你的爱就是软弱无力和不幸的。”（105 页）人的每一关系都必须是他个人独特人格的“具体的表达”。这里没有吕西阿斯之流的容身之地！吕西阿斯们所盘算的爱，对被爱者的个性视而不见，毫不关心。所有的角色扮演、捷径寻求和中介干涉等等都毫无用处。马克思鄙视“单向撒播”那种浪费行为。人与人之间，意愿与意愿之间必须双向选择。和苏格拉底一样，马克思担心单向撒播会造成悲剧。这里我们看到的是，《斐德罗篇》中的核心主题——两个灵魂在哲人之爱中互相倾心——又回来了，以劳动、生活和爱情等形式体现在马克思笔下的规范性描述中。在马克思看来，资本主义的罪恶就是将单向没有回报的爱当作了所有人都需遵从的社会规范[2]（norm）。

《斐德罗篇》认为大众化的爱欲是不好的选择；类似地，马克思批评金钱的核心问题是“它扭曲了爱欲”。“金钱是人的能力的异化”，（104 页）是主观意愿和客观现实之间的守门人，它给一切人与人的关系及

---

① 阿卡迪亚（Arcadia），希腊南部伯罗奔尼撒半岛的山岳地带，被视为理想的家园。——译者

② 规范或标准（norm），此词有两种主要用法：（1）某个社会或社会集团中的正常行为或惯常行为；（2）人们认为或某个立法机关规定行为必须符合的理想或标准。两种用法可能一致，但经常有所区别，如酒后不得开车可能是第二种意义上的规范，而不是第一种意义上的规范。——译者

人与自然的关系带来了一种令人不安的影响。作为社会关系的中介，金钱无所不在，因而也是非常可怕的中间人。“金钱是人的需求和对象之间的皮条客，也是人的生活和生活资料之间的皮条客。然而，这一在我的生活中起中介作用的东西，同时又在我和他人的存在之间起中介作用。”（102 页）正如在吕西阿斯的计谋里展现的一样，金钱可以在个人之间做性交易，交易双方可以丝毫不关心对方的个性。有了金钱之后，“我是谁，我能够做什么，都不是由我的个性来决定的。我即使容貌丑陋也可以买到最美丽的女人”。（103 页）马克思的批判澄清了爱的规范，它应该是互相吸引的两个人之间互相的爱，而不应该受到外在或外部因素的影响。马克思使用的比方——金钱是皮条客，有钱人用它来嫖娼——暗示着原本应该存在着一种与人的附加特征无关的爱欲交合（这类似苏格拉底所谓的灵魂的交合）。卖淫是公然的、展示的、公开传播的。正如大众传播一样，它向一切来访者开放，传播者与接受者之间很少或者根本没有历史的交集。“因此，金钱是对个体特性的总的推翻……使人的一切自然和社会属性混淆不清，乱成一团。”（105 页）它是各种颠倒的关系，其中没有一个是“真实的个人生活”的“具体表达”。

马克思在其著作中多处对“交往”（*Verkehr*）和“交流”（*Mitteilung*）发出暗示性的评论，但是在任何地方他都没有对“交流”进行过长篇的论述。尽管如此，马克思仍然为我们提出了一个交流模式，区分了他所认为的公正的（just）交流和不公正的（unjust）的交流。[①]在他看来，公正的交流是个性化的，真实而互惠的；非公正的交流则受害于外部因素，因其规模而变得扭曲。与柏拉图及黑格尔一样，马克思也提倡两个灵魂的个性化融合，它不因金钱、市场或媒介的扭曲机制而受到污染。“交

① 参见：*Marx and Engels on the Means of Communication*, ed. Yves de la Haye（New York：International General, 1979）。该书的主要内容涉及我们今天所说的“交通运输”（transportation）。

往”（*Verkehr*）——指交通或交换——是他用到的，最接近交流（communication）一词的用语。对马克思而言，交流的世界就是颠倒的世界（verkehrt Welt）！①

马克思呼唤对话关系，认为私有财产是整个系统层面上的吸血鬼，它吮吸活人的血。顺着他的这一逻辑，媒介作为一种中介，它不仅催生了异化和认知的迷雾（此乃标准的马克思主义式批评），而且使得人们（与自然、与自己生产出来的产品、与他人、与自我之间）的面对面交流遭受扭曲和中断——而这样的面对面交流是实现全面的人性所必需的。正如《斐德罗篇》一样，马克思主义提出了一系列关于生活、劳动和语言的梦想，这些梦想都以“对话”为最高理想，无疑是可爱的。自1989年以来，马克思的思想中的有些东西也许已经掉价，但无论如何，在评估现代生活对我们造成了何种扭曲和压迫的时候，马克思提出的梦想仍是重要参照。马克思的论述主要聚焦于二元关系，但他同时也认为，我们的交往实践，其实质不仅是要协调社会各界间的关系，而且是要为“什么是美好社会”提供一个标准（比如，哈贝马斯作出了巨大的努力，提出了一个系统的交流行动理论，他的目的就是要让马克思的交流批判思想的规范性内核重焕活力）。在我们今天的世界中，充满着治疗性话语和技术性话语的自负。这些话语想当然地认为，我们不必对社会生活的物质和文化结构进行重组，只要让所有的人都能享有言说的途径、安全和自由，就可以将当前在交流中出现的各种混乱轻易消除。马克思的思想是对这一自负的有力回答。

马克思提出的交流观对我们是有益的提醒，它使我们认识到，交流失败的症结所在主要不是语意不匹配，而是符号和物质资源的不公正的分配。但是，尽管马克思的交流思想明显优于过去数十年来的大多数同类思想，它仍然存在着不足。马克思仅仅将“对话”这一狭小的交流实

---

① 德文中，名词Verkehr意思是“交通、交往”，而形容词verkehrt则有“颠倒的、反常的、错误的”等意思。作者在此玩弄了一个文字游戏。——译者

践纳入到其考察范围。我们在日常生活和公共生活中，不可避免地会面临大规模的长串对话及其中断。如何应对这些情况，马克思的交流思想并不能提供很好的指导①。在提供好的公共交流模式方面，马克思主义的应用政治学也没有做出什么特别突出的成绩。在这方面，他只提出了两个观点，一是实现一种乌托邦式的所有人同所有人之间的对话；二是以阶级觉悟或宣传的名义实现少数人对多数人的操纵。当然，我这里这么说，不是要将马克思的有些所谓继承人们犯下的罪过全部都算到他的头上；然而很清楚的是，马克思确实不太重视协商（deliberation）和言说（speech），也没有将这两者视为真实地定义"人之为人"的主要人类活动。②正如查尔斯·泰勒所说，马克思"似乎根本没有注意到，在广大的人群中，人与人之间交流和决策必然是模糊的、间接的"。③马克思相信，人类交流在终极意义上是透明的。他认为，那些远距离、中介化和分层的人类相互联系与交流的方式，肯定是堕落的交流方式，更不是必须存在的和有价值的交流方式。

马克思之所以这样认为，在一定程度上是由于他认为"集市"（*agora*）④——这一言语的原生场所——是非理性和滥用的发源地。⑤在《哥达纲领批判》中，他认为商品有着一种魔咒，部分原因是因为市场分散，使得市场上的商品都脱离了其地理上的原产地。⑥市场扭曲了买卖规模，是导致市场滥施权力的关键原因。在他看来，产品与其原产地之间的脱节，造成了场所的消失，以及真实形体的消失（disembodiment），

① 我在另文中对这一点进行了论述，参见：John Durham Peters, "Public Journalism and Democratic Theory: Four Challenges", in *The Idea of Public Journalism*, ed. Theodore L. Glasser (New York: Guilford Press, forthcoming)。

② Hannah Arendt, *The Human Condition* (Chicago: University of Chicago Press, 1958), part 3.

③ Taylor, *Hegel*, 554.

④ Agora，公众集会之处，尤其指古希腊雅典的集市。——译者

⑤ Allan Megill, "Über die Grenzen einer gewissen Art von Sozialtheorie: Marx, der Rationalismus und der Markt", in *Republik und Bürgerrecht*, ed. Klaus Dicke and Klaus-Michael Kodalle (Weimar: Biihlau, 1998), 363－398.

⑥ James W. Carey, *Communication as Culture: Essays on Media and Society* (Boston: Unwin Hyman, 1989), chap. 8.

这是问题的症结所在。在该书的一些段落中，马克思似乎认为技术是中性的，但是在深层次上，他仍然有一个倾向，认为面对面的交流才是蕴含真理和公正的真正所在。他认为，交流为外部的异化因素所困扰，这意味着社会已经出现了宰制性力量，因此需要对这些异化因素进行重新整合，并加以克服，而这个任务的最终完成只有通过革命。在马克思看来，如果人类生命中存在着什么我们尚不能理解的、自然而神秘的东西，这东西就是“我们会向权力俯首称臣”。神秘物是神秘化的结果，自然总是乔装打扮的历史。马克思在“诡异”（the uncanny）之中发现了病兆，于是他试图为之找到解药。他认为，进行物质层面的重组足以驱魔，一切的交流问题终有可解。

本书在后文中将会阐明，我并不认为我们能逃离鬼魂，也就是说，我认为，交流中存在的仇恨和动物性是不可能从人类命运里完全清除的。因此，人类不可避免要经受某种程度的异化。和黑格尔及克尔恺郭尔不同，马克思缺乏足够的悲剧感。我们不必将我们与他人以及与其他生物之间的“联接”和“失联”看成是我们这一悲惨境遇的病征；在这些“联接”和“失联”中，我们其实还可以获得悲天悯人（compassion）的奇妙教益。

这里再一次证明，在交流中清晰地表达自己的观点至关重要。阿伦特曾说，批判马克思是一件颇具风险的事，因为如果你表达不清，别人就有可能将你和那些以批判马克思为业的人混淆在一起，而实际上，相对后者中多数人的观点，你可能会更同意马克思的观点。①以上我指出了马克思规范性的“对话式”交流视野中的不足，然而我这么做并不是要讴歌什么“物化”②，也不是要为广播业开脱，或表扬那些撒播各种“主

① Arendt, *Human Condition*, 79.

② 物化（reification），马克思主义批判理论中的一个概念，指人的属性、关系和行动转化为人所生产的物的属性、关系和行动的作用（或作用的后果），而物却变得对人独立（而且被想象为原来独立）并支配他的生活。也指人转化为物一般的存在，不以人的方式而按照物的世界的规律行动。物化是异化的一种“特殊”情况，是它在现代资本主义社会中最基本的和广泛的形式。——译者

义”或制定各种政策而不为之负责的人。每每我们批判“对话”这种交流方式时，就会产生一种道德上的不安，可见我们在“对话”上投射了多少我们对“公正”和“真实性”的期盼。对话作为一种原则，它的确涉及人与人之间的彼此联系和彼此负责；它可以满足归属的需要，也可以限制不假思索的权力滥用。然而，对话本身却并不能逃避滥用权力，在这一点上，它和单向的撒播没有什么差别。心理分析学家，女权主义者，20 世纪主流的戏剧、诗歌和流行歌曲，都对人内心私密领域里（对话）的纷争和痛苦进行了探究。马克思主义传统却没有认识到，除对话之外，还存在着其他类型的关系，它们同样也是公正的，同样能对马克思主义有所启发。马克思主义的这一误识，使其面临着仅仅因为“撒播是单向发布”就将其一笔勾销的风险。我们现在的任务是：不能因它们在规模和形式上的不同，就对不同的交流模式带有偏见，而要直接思考各种交流模式本身具有的公正性问题。事实上，哈贝马斯在马克思主义圈子里之所以被视为某种异端，就是因为他要认真地对待体现在撒播、协商和公开性等问题中的自由主义信念，而不是武断地将这些问题仅仅当作幻想和“卖淫”。我在这里和哈贝马斯一样，认为大众传播具有合法性——至少原则上如此——因此我也在冒着与他类似的被人批判的风险。

三、克尔恺郭尔的交流观："匿名"①

> 偶然也是必然的，正如必然那样必然。
>
> ——克尔恺郭尔，《非此即彼》，第 1 期第 234 页

克尔恺郭尔坚持认为，悖论不可避免。马克思和克尔恺郭尔之间

① 原文 Incognito 是丹麦语，意思是为了避免让人识别，隐藏真实身份出现，或者以一个不为人熟悉的名字或身份行事，后成为克尔恺郭尔提出的一个具有特定哲学含义的概念。——译者

的主要差别，是他们在“个人身体的韧性”这一问题上有不同立场。对克尔恺郭尔来说，个人与现实是不可通约(incommersurable)[①]的。客观世界和个人主体之间永远无法协调——两者之间的虚空是人类命运不可或缺的结构性组成。对马克思而言，克尔恺郭尔的分析相当敏锐，它所描述的是一种特定的历史境遇和阶级境遇——资产阶级财产所有者不接地气的生存状态。这个阶级，与黑格尔笔下的“主人”(master)一样，注定会在历史中消失。[②]然而，在马克思看来，如果断言自我与客观世界之间的分裂是永恒的，那就等于否定了人类能力的丰富多产性。人类的能力一旦从剥削性的私有制和生产关系中解放出来，就有潜力改造一切。与此相对，克尔恺郭尔则认为，只要我们是“存在于时间中”的必死之人，我们就会面临一定程度上的异化。马克思设想，人与人之间以及人与客观世界之间的最终和解在此世就可以实现——这种和解是物质意义上而不是神学意义上的，不过要加上一种“千年经典音乐集”(classic millennial)的音色。在这一点上，克尔恺郭尔与黑格尔以及马克思之间存在着最尖锐的分歧。对克尔恺郭尔而言，一切整体性(totality)都不能消钝人类所面临的“有限性”带来的尖锐锋芒。如果说克尔恺郭尔所忽视的是社会关系和权力，那么马克思所忽视的则是时间和死亡。马克思批评黑格尔，说他将世界头脚颠倒来观察，因而忽略了哲学之外的真实斗争；克尔恺郭尔则批评黑格尔，说他忘记了自己的脑袋还长在身子上，其言下之意是，黑格尔的脑袋在思考时竟然忘记了自己还有个终究会消失的肉身，忘记了自己毕竟是人，总是要死的。

对当时正在兴起的媒介世界，克尔恺郭尔很少予以直接描写。在

① 不可通约性，美国科学哲学家托马斯库恩在其1962年出版的《科学革命的结构》中提出的概念。不可通约性概念在一定程度上否定了科学革命前后的理论存在连续性。现在该词也被用来描述不同文化、范式、语言、传统等等之间的不可对话和不可理解。——译者

② T. W. Adorno, *Kierkegaard: Construction of the Aesthetic*, trans. Robert Hullot-Kentor (1933; Minneapolis: University of Minnesota Press, 1989)。该书使用这一分析来批评克尔恺郭尔。

他1855年去世时，他只微微浅尝到了电力通信的奇异世界。不过，和马克思一样，他敏锐地看到了他那个时代中各种颠倒的社会关系，看到了现代社会的人们必须应对的，发生在视听方式和存在方式中的各种变化。①借用他自己的比喻来说，在不可见的世界中，他是一个业务水平高超的电报员。固然，洛克、沙夫茨伯里(Shaftsbury)、雪莱、克尔恺郭尔和柯勒律治之类的思想家，都以不同的方式使用过“交流”这个词；而且，费希特(Fichte)、谢林、荷尔德林(Hölderlin)与黑格尔都沿着唯心主义的路子探索过各种路径，试图逃离不可交流的“自在之物”②的可怕困境，从而为交流问题奠定永恒的哲学框架。然而，将“交流”(在丹麦语中是*Meddelse*，与德语中的*Mitteilung*是同源词)本身变成一个哲学问题的，克尔恺郭尔恐怕是第一人。③对他而言，交流与其说是一个“如何更好地理解”的问题，不如说是个“如何策略性地进行误解”的问题。

克尔恺郭尔和他的未婚妻雷吉娜·奥尔森(Regine Olsen)戛然终止了恋爱关系。在给雷吉娜的一封未发出的信(他写的很多东西都以这样的信存在)中，他说：“我谢谢你从来就没有理解过我的意思，因为我的一切都是从这一事实上学到的。”④正如海德格尔(海德格尔从克尔恺郭尔身

---

① 关于从媒介理论角度对克尔恺郭尔的评价，参见：Douglas E. Johnson, “Kierkegaard's Optics” (manuscript, Department of Communication Studies, University of Iowa, 1995)。

② 自在之物(Thing-in-itself/Ding an sich)，又译为“物自体”，是德国古典唯心主义哲学家康德的哲学用语。康德把世界分为“现象”界和“自在之物”。他认为人们只能认识现象界，而“自在之物”是认识所达不到的。因此，“自在之物”是指人们只知其存在而不知其本来面目的自身存在物。——译者

③ 宽泛而言，克尔恺郭尔所有著作的主题都涉及交流/传播，参见：Kierkegaard, *Practice in Christianity*, ed. and trans. Howard V. Hong and Edna H. Hong (1848; Princeton: Princeton University Press, 1991), 123 – 144、Kierkegaard, *Concluding Unscientific Postscript to "Philosophical Fragments"*, ed. trans. Howard V. Hong and Edna H. Hong (1846; Princeton: Princeton University Press, 1992), part 2, sec, 2, chap. 2。其他一些相关的有帮助的文献包括：Lars Bejerholm, *Meddelelsens Dialektik* (Copenhagen: Munksgard, 1962)，带有一长篇英文介绍，以及 Peter Fenves, *Chatter: Language and History in Kierkegaard* (Stanford: Stanford University Press, 1993)。

④ Georg Lukacs, *Die Seele und die Formen* (Berlin: Egon Fleischl, 1911), 79.

上学到了很多东西）一样，克尔恺郭尔将交流看作既是一种揭示方式，又是一种掩饰方式，而不是为了信息交换。

克尔恺郭尔的许多作品中的叙述者，用的都是假名，他们并不在乎自己是否被理解，也不在乎为自己辩护，这很像梅尔维尔[①]自传体小说《白鲸》（*Mobi Dick*）中的主人公巴特比（Bartleby，本书第四章）。克尔恺郭尔的交流观念的特点在于，它不强调心与心之间的结合，而强调言语的不可能性、对舆论的抗拒、对反讽的高超运用，以及内心世界中的更高层次的法则。他所谓的交流，对那些习惯了技术性或治疗性交流观念的人而言，更像是一种交流的困惑或失败。在供给过度的时代，交流的任务就是为了使那些人们早已习以为常的基本要素陌生化。他写道："人人都知道基督教真理，以至于基督教逐渐成为一种琐碎物，以至于人们只有克服困难才能够得到对它的原初印象。既然如此，个体具有所谓交流的艺术，就意味着他（她）具有能够从别人身边拿走或骗走某些东西的艺术。"[②]克尔恺郭尔将自己看成是宗教魔术师，他要打破常规去恢复人们对原初印象的感知。作为交流，对原初印象的追求要先于对两个心灵融合的追求。

克尔恺郭尔是理论大师，擅长讽喻（irony）。他把讽喻当作一种精神助产术。苏格拉底和耶稣是两个了不起的讽喻家。在克尔恺郭尔论讽喻的宏大论述中，苏格拉底和耶稣处在核心地位。这个世界被虚假的底盘托着，随时都可能坠落。

对克尔恺郭尔而言，讽喻是对这种状态最适合不过的修辞姿态。只

---

① 梅尔维尔（Herman Melville，1819—1891），美国著名小说家、诗人，生于商人家庭，曾随捕鲸船队出海，阅历曲折复杂，对他的文学创作有重要影响。1850 年与霍桑结为至交，创作上受到他的影响，次年发表的长篇小说《白鲸》，貌似一部捕鲸的百科全书，但通过捕鲸人与鲸鱼你死我活的斗争及最后同归于尽，折射出当时处于上升期的美国社会中存在的与理想无法调和的矛盾，具有一种迫人思考的力量。——译者

② Johannes Climacus，引自：Howard V. Hong and Edna H. Hong，"Historical Introduction"，in *Philosophical Fragments*，by Smen Kierkegaard（Princeton：Princeton University Press，1985），xxi；着重号为原文所有。

要人们总是在展露自己，交流就绝不可能是纯粹的思想传输，而是一种充满暗示和不置可否的譬喻事业。由此看来，与克尔恺郭尔相比，20 世纪后期的心理治疗文化中认真而枯燥的“交流”真是相距不知几万里。比如，在他的《恐惧与战栗》(*Fear and Trembling*)一书的扉页上，克尔恺郭尔引用了哈曼[①]的一段话(德语)：“塔奎尼阿斯国王[②]在花园里通过罂粟花所表达的，国王的儿子懂了，可是送信人却不懂。” 国王的儿子投奔敌方，对外宣称是和父亲吵了架。国王让信使送信给儿子，但又不相信信使，所以他就带着信使来到花园，让信使看着他用剑将高大的罂粟枝砍断。国王要求信使见到儿子后对儿子重复这个动作，意思是要求儿子伺机将敌城里的头目斩尽杀绝或全部流放。克尔恺郭尔引用这段话作为扉页题词，实则是在发布一条关于“神秘信息”的神秘信息——而且还用德语这一外语来辅助加密。这一扉页题词是理解《恐惧与战栗》一书的密码，同时也是给读者的警告：如果信息接受者对此前的约定蒙在鼓里，那么他就会对发生的事情摸不着头脑。他所看见的仅仅是莫名其妙的杀头，或者砍罂粟花的动作(如同克尔恺郭尔砍断自己的婚约)，而漏掉了原本可能是妙不可言或是清晰明确乃至武断的信息。题词不仅是破译该书的“罗塞塔石碑”[③]，而且宣示了其中的主题：父亲、儿子、刀剑、伪装和言外之意等等。

克尔恺郭尔的《恐惧与战栗》投入市场，交到众多读者手中，不过读者仅仅是上述故事中的信使，而不是信息的目标接受者——国王的儿子。就像前章中提到的“播种者”寓言一样，这本书通过公开信

① 哈曼(J. G. Hamann, 1730—1788)，德国哲学家。哥尼斯堡大学毕业，曾在税务部门任职，利用业余时间从事哲学研究。在哲学上，曾与赫尔德、门德尔松、康德、莱辛等发生争论，批评他们的理性与启蒙思想，反对康德的纯粹理性。——译者

② 塔奎尼阿斯国王，古罗马传说中的国王。——译者

③ 罗塞塔石碑(The Rosetta Stone)，一块玄武岩石，高 1.14 米，宽 0.73 米，1799 年在埃及罗塞塔被发现，现存于英国大英博物馆埃及馆。上面刻有古埃及象形文、阿拉伯草书，以及古希腊文三种文本，记录着托勒密王朝时期的一段诏书，被称为“通往古埃及文明的钥匙”。“罗塞塔石碑”也被用来暗喻要解决一个谜题或困难事物的关键线索或工具。——译者

息撒播而发布着私人讯息。1843年哥本哈根的读者也许会认为，这本书是关于亚伯拉罕和儿子以撒的一首对话式的抒情诗，但只有克尔恺郭尔的未婚妻雷吉娜·奥尔森才能够听出这段文字中隐藏的意义。克尔恺郭尔用他一辈子的写作来解释他那个极为鬼使神差的行为——解除他与雷吉娜·奥尔森的婚约。对于克尔恺郭尔以笔名发表的作品，只有雷吉娜才能理解他的真意，其他所有的读者都是在云山雾罩地偷听。就像路德一样，克尔恺郭尔相信，布道者常常要把核心的东西隐藏起来——在给一般人发出信息中可能隐藏着秘密的信息，对之只有知情人才能理解。

克尔恺郭尔的"直接—间接"交流理论，在其《基督教实务》(*Practice in Christianity*)一书中论述得最为全面。他的这个理论是建立在他对一种现象的极度敏感之上的。这种现象就是后来的"言语行为"理论所称的"施事/叙行言语行为"(performatives)①。正如奥古斯丁的符号学理论是建立在他对"肉身成道"的理解基础上一样，克尔恺郭尔也是从基督着手，他视基督为神—人一体者(god-man)。公元1世纪，基督可以直接向加利利(Galilee)的人说："我是上帝之子。"然而，这句话实际上是一种间接的交流，或者说显然是一种与事实相左的交流，因为此时说这句话的耶稣明明是人而不是神；在听众眼中，耶稣的身体伸手可触。克尔恺郭尔认为，说话者的说话力度必然和其气质(ethos)相关。他气愤地指责现代基督教，说它在试图保存"讯息"的同时却忘掉了传达讯息的基督本人，但实际上"媒介即讯息"。他的这个观点与招魂术传统的核心原则——追求无声无形的讯息内容——迥然不同。

克尔恺郭尔说："符号不同于事物体现出来的最直接的表象。"在这里，他提出了一个双层的图式，这很像奥古斯丁对语词进行的"肉

① 上世纪50年代，英国语言哲学家J·L·奥斯汀从行为的角度研究语言，发现并阐释了"施事/叙行"(performative)行为，开创了"言语行为"理论。——译者

体”和“精神”的区分。在神学和符号学方面，克尔恺郭尔和奥古斯丁颇有共同之处。然而他们也有不同。奥古斯丁把“道成肉身”看作是神的**载体**，克尔恺郭尔却认为，将载体和讯息两者并置，必然使得两者互不协调并互成悖论。他认为，基督不仅是神的一个符号，而且是一个“充满矛盾的符号”，是一名以“匿名”身份行事的“密探”，他在鼓动听众在符号和讯息之间进行非此即彼的选择。[1]

既然克尔恺郭尔认为“直接交流不可能”，他这一视野产生的自然结果便是他对公共生活的批判。这种批判明显可见于他在《当代》(*Present Age*)一书的评论以及他关于布道的看法中。如果说登山宝训告诫人们一方面要“让他们的灯火照耀”(《马太福音》第5章)，另一方面又“不能张扬自已做的善事”(《马太福音》第6章)，那么很明显，克尔恺郭尔相信的是第二条告诫。他说：“登山宝训中有这样一段话：‘你禁食的时候，要梳头洗脸，不叫人看出你禁食来。’这段话直接说明了一条真理：主观与现实是不可通约的，主观得到特许能实施欺骗。”人们在禁食时有意地欺骗他人——虽然肚子饿但仍装出一副高兴的样子。人们装样子是为了避免装样子。因此，在写作《恐惧与战栗》的过程中，克尔恺郭尔“装出一个无名浪子的样子四处游荡”。他每天晚上总会到剧院去露面10分钟，以便维持他作为“派对动物”的名声，掩盖他正在进行的忏悔。他说：“忏悔是神圣的，它使美黯然失色。忏悔不能为人所见，它最不想有观众存在；忏悔需要人进行一种完全不同的自我活动。”[2]掩盖个人目的，这种作法有时候在道德上站不住脚，然而有时候这么做又是维护心灵纯洁之必需。我们可以把克尔恺郭尔看成是一个新教徒式的偶像破坏者(iconoclast)，他坚决反对因出风头、扬名

① Kierkegaard, *Practice in Christianity*, 123 – 139.

② Soren Kierkegaard [Johannes de Silentio], *Fear and Trembling*, trans. Alastair Hannay (London: Penguin, 1985), 121, 149.

声而引起的堕落。[1]对他而言，自我披露[2]就是一个陷阱。

这里我们再一次看出，交流的模式和交流的“讯息”不可分割。在《对于非科学附言所作的结论》一文中，克尔恺郭尔上演了一幕让人回味无穷的充满戏剧色彩的荒诞剧——他对此非常拿手。在书中，克尔恺郭尔提出了一个假想的情境。某人想向他人传达这样一个观点，即“真理栖居于人的内心”。为此只要有机会，他就向他人宣扬这个真理；不久，他就获得了一大群追随者，帮助他传播这个真理。“很快，他甚至会到处找人替他吆喝，宣扬‘真理栖居于人的内心’。这些为了宣扬内心而大喊大叫的人，真是值得一看的尤物。”这个人企图以外在的方式普及扩散他内心的洞见(insights)，但是这恰巧说明他从来就没拥有过什么洞见。[3]这个四处宣扬内心洞见的人发现自己已经陷入了一个“施事/叙行”的困境。

克尔恺郭尔的《恐惧与战栗》一书还有个中心思想——交流不仅不能传播真实性(authenticity)，还能败坏真实性。亚伯拉罕之所以能成为“忠实的父亲”，并不是因为他遵守了“道德”，而恰恰是由于他暂时悬置了对道德的遵守。对克尔恺郭尔来说，“道德”常常类似于康德的“绝对命令”[4]。康德认为，判断某个行动是否正确，其依据是看行动者是否能从该特定行动中概括出一个通则，即看他是否能证明，任何根据该通则实施这一行动的人也是对的(如果他能做到这一点，那么他做出的该特定行为就是对的)。毋庸讳言，杀害自己的孩子，在道德的等级表中

---

① John Durham Peters, “Beauty's Veils: The Ambivalent Iconoclasm of Kierkegaard and Benjamin”, in *The Image in Dispute*, ed. Dudley Andrew (Austin: University of Texas Press, 1997), 9-32.

② 自我披露(self disclosure),心理学用语,指个体对他人自愿地和主动地透露关于自己的真实信息,亦称“自我开放”。该语已经成为心理咨询的技巧之一,指咨询者通过与来访者分享其个人成长中成败的经历来推动来访者认识自我、发展自我。——译者

③ Kierkegaard, *Concluding Unscientific Postscript*, 1: 77.

④ 绝对命令(categorical imperative, kategorischer imperative),又译为“定言命令”、“无限命令”、“无条件命令”等。德国古典哲学家康德的伦理学用语。指不受任何条件制约的、人的行为所必须遵守的道德律令。——译者

不可能排得很高。因此，亚伯拉罕杀子祭主而世世代代受到赞扬，这是一个尚未被解释清楚的问题。他既可能被视作一个杀人犯，也可能被视作一位悲剧英雄，那么是什么导致了这种差别呢?

关键在于亚伯拉罕超越了道德。普世原则(它能保证正确的行动)既给人安慰，又给人带来绝望；普世原则严格要求人们跳出具体的情境而统一遵循它。正如亚当·斯密或康德所指出的，普世原则是一个训诫机制(disciplinary regime)。亚伯拉罕的举动中不存在普世道德带来的安慰性或强制性；他的行为完全是他个人与上帝之间的私事；这件事不能有中介，也不能被转化为万人瞩目的英雄壮举。对于阿伽门农这类悲剧英雄，他牺牲女儿伊菲革涅亚(Iphigenia)的壮举在他的全体同胞看来是大义之举；而亚伯拉罕杀子祭主的举动却得不到社会的承认，也得不到道德的或形而上的终极抚慰。他唯一的所有只是信仰。由阿伽门农这类悲剧英雄所编之书，广大公众遍而阅之；由亚伯拉罕这样的“信仰骑士”所编之书，却缄默闭合，只有上帝能读。亚伯拉罕的真理不能泄露。“道德的东西就是普世的东西；既然是普世的，它就是显现的和被揭示的。人类个体——如果我们直接地描述他的话——作为肉体的和精神的存在物，是隐蔽的和隐藏的。”换言之，道德是公共的，个体却是私人的。克尔恺郭尔抱怨说，黑格尔把一切都暴露在阳光之下，因而将夜晚的一切动植物都一并抹杀。“悲剧英雄放弃自己的立场，以便表达普世的东西；信仰骑士则放弃普世的东西，以便成为一个个体。”[1]普世的东西对信仰骑士而言是一种恒常的诱惑；普世的东西能让他获得公开的赞美和存在上的安全感，这对他而言是一种召唤，但是信仰骑士只能背负包袱，依靠自己。在许多方面，像尼采的“超人”(Übermensch)一样，亚伯拉罕超越了简单的善恶之分。

康德的“绝对命令”伦理观，如果不加修改，既不能帮助我们把握亚伯拉罕，也不能帮助我们把握上帝。事实上我们可能根本就没有把握

① Kierkegaard, *Fear and Trembling*, 91, 86.

这两者的能力。克尔恺郭尔所指出的是，存在着一个悖论，即我们的道德范畴(categories)出现了扭曲。克尔恺郭尔最不想做的事情，就是为亚伯拉罕及其儿子以撒的故事辩护，使其合理化。相反他认为，我们应该直面其带来的所有恐惧。如果我们将这个故事仅仅理解为是在赞扬亚伯拉罕对上帝的绝对忠诚，那就会使这个故事贬值；我们应该要认识到，这个故事说明，上帝的训诫(commands)超过了我们的生存方式和理性所带来的安全感，我们应该为此而恐惧万分。和弗洛伊德一样，克尔恺郭尔知道，如果过早止痛，整个治疗过程都会受到损害。《恐惧与战栗》表现得很清楚，亚伯拉罕暂时悬置了普世伦理和中介，这使他丧失了语言能力。他的失语症是上帝引起的，他不能向妻子撒拉和儿子以撒吐露真情，也不能向大祭司以利亚撒说明真相，让他们知道他的所作所为。他只想让儿子以撒知道他作为父亲是爱儿子的，但必须要牺牲儿子，将他献给上帝，因为他爱上帝。但是，以撒没能理解阿伯拉罕，而这一误解也正是亚伯拉罕所作牺牲的组成部分。亚伯拉罕向天祈祷："哦，天上的主啊，感谢您。毕竟，我宁愿让儿子相信我是个怪物，也不愿意让他失去对您的信仰。"[①]亚伯拉罕宁可让儿子以撒永远受到父亲的伤害，宁可父子关系断绝，也不能让以撒知道，上帝居然会命令一个父亲杀害他的儿子。

由此可见，在有些情况下，误解确实不可避免。如果我们要和亚伯拉罕交流，和他讲理，那就是等于是要使亚伯拉罕不成其为亚伯拉罕。在一个充满悖论的世界中，轻松容易的交流必然是虚情假意的交流。委婉与讽喻也许能拯救我们。得救的路必定荆棘丛生。对克尔恺郭尔而言，认为交流轻松容易就等于是进行一场精神领域的清仓大拍卖，是将"理解"(understanding)降价打折出售。正确的行动、信仰、他人——所有这些都是绊脚石(skandalon)，我们在绕道而过时，都必然对之感到恐惧和战栗。(这里，克尔恺郭尔引用使徒约翰和保罗的"绊脚石"说法并

---

① Kierkegaard, *Fear and Trembling*, 27.

非偶然。）认为交流必然能够改进关系，能够澄清事物的内在逻辑，这是一种自负。对于这种自负，我们的认识还不够充分。

克尔恺郭尔在他的另外一部作品《非此即彼》（*Either/Or*，1843）中对所谓的普遍规律也提出了相似的反对意见。该作品是一部戏剧。在其第二幕中，“威廉法官”提到了婚姻问题。在其中，勾引者没完没了地申辩说，婚姻是爱情不合理的形式。法官回答说，作为丈夫（和亚伯拉罕一样），你必须要拒绝普世的东西（即不能将所有女人都作为你的妻子）。婚姻作为一种制度，其本身可能是普世的，但对配偶的选择却是基于忠诚，因而具有选择性。在选择婚姻伴侣时，你给某特定人的待遇一定超过你给世界上其他任何人的待遇。和克尔恺郭尔一样，康德终身未婚。康德认为，结婚是人对其身上具有的动物性作出的让步。康德认为，“必须说真话”的要求适用于一切理性的存在物（包括天使和精灵），然而，“不能通奸”的要求却只适用于有性器官的动物。在康德的道德体系中，检验善的标准是看这个“善”是不是普世的。然而，康德的这个标准是荒谬的。以婚姻为例。你并不能事先确定所有有理性的人都“会”找到自己的配偶与之结婚，然后你才判断结婚是“善”的，进而自己才选择结婚。同意康德观点的人可能会觉得我以这样的例子来说明康德的所谓“荒谬之处”显得有些滑稽可笑。他们会说，康德的意思其实可能是说，只要人人都“希望”结婚，那么结婚就是“善”的。不过，这个“荒谬之处”的确揭示了康德伦理学的两难之境——在面对两个人或两种路径时，你如何决定选择此人或此路径，而不是另彼人或彼路径？《非此即彼》所论的就是由这种伦理所引发的人们在面临两难选择时所表现出来的犹豫。

“肉体存在”（embodiment）具有何种道德价值？康德对其评价较低，而克尔恺郭尔则对康德的立场作了生动的回应。他在《恐惧与战栗》中指出，在爱情中特殊性高于一般性；一个人不能公开说清楚爱情的理由，这并不是爱情的缺陷，而正是其实质——爱情常常无法用理性进行解释。“恋人一旦能对这一质疑（天涯芳草遍地，为何他偏偏爱上了这一棵？）作出回答，他就其自身而言就不再是恋人；相信者一旦能对前述质疑作出回答，他就其自身而言也就不再是相信者。”[①]无论是爱情，还是信仰，它们一旦被置于中介（mediation）的影响下，恋爱者和信仰者的存在就被改变了。婚姻是将自己献给一个独一无二的人，这个人是你从人类这一物种中的另一半（异性）中挑选出来的。克尔恺郭尔认为，在一夫一妻制的文化中，如果将婚姻制度作一般化而不是具体化的看待，其导致的结果不是通奸就是诱奸。他看出了交流活动是如何重新塑造着其所承载的东西。在他看来，“媒介”意味着将原本独特的存在（beings）成倍复制，为陌生人所使用。他知道，交流的规模和交流的内容既深刻影响着我们所发的讯息所具有的意义，同时也深刻地影响着我们与他人的匹配关系。他坚持认为，主导我们与他人关系的是独特性而不是一般性。在机器复制时代的旭日即将喷薄而出的时候，美丽与诱人的他者——其形象、声音和语词——正在以人类历史上闻所未闻的速度快速增长和扩散着。在这一历史时刻，克尔恺郭尔提出的以上观点是一个重要的洞见。在精神世界的“人口爆炸”中，克尔恺郭尔告诫我们要牢记肉体的局限和可爱；他告诫我们，那些帮助我们判断真伪的标准也许就蕴藏在难以交流传达的内容中。克尔恺郭尔告诉我们，如果我们企图去修补“交流的失败”，导致的结果将只有虚假和唠叨，因为“交流的失败”并非一无是处——它也能成为充满启示的丰富源泉。

马克思将公共领域当作堕落的空想世界，认为它通过各种手段将其战争面目掩盖起来，这是一切人反对一切人的战争。克尔恺郭尔对公众的评价同样严峻冷漠：公众是幻影，是一幅充满着抽象无限性的全景画。[②]对这两位思想家而言，对公共事务的参与只能靠武力或欺骗才能实现。然而，在黑格尔之后，一切交流本质上都成为公开的——个体的内

---

① 引自克尔恺郭尔的日记，参见：Robert Bretall，“Introduction”，in *A Kierkegaard Anthology*（Princeton：Princeton University Press，1973），xxi。

② Soren Kierkegaard，“The Present Age”，in *A Kierkegaard Anthology*（Princeton：Princeton University Press，1973），260 – 69.

在性只有经由他人的承认才可能实现，既然如此，这些思想家使我们不得不直面如此现实：我们梦想之中如天使般的直接交流，其核心其实横亘着沟壑。这些思想家也许没有告诉我们一条如何去建立高质量公共领域的明确路径，但他们向我们揭露了一个关于交流的不切实际的空想——“对话才是完美无缺的”。作为思想家，他们最先面对现代交流中的种种难题。在各种改变时空的媒介层出不穷的时代，他们的理论标志着我们生存方式的人类学转向——这个转向已几近完成。

第四章　生者的幻象及与死者的对话

倘若我平凡无趣的肉体是思想就好了，如此，那伤害人的距离就不能阻挡我的旅程；即使空间辽阔，我也会飞来，从那遥远的地方，来到你的身旁。

——莎士比亚，《十四行诗》第44首

一、记录性媒介 vs. 传输性媒介

距离和死亡始终是爱情的两大障碍，也是催生欲望的两大刺激因素。巨大的障碍激发巨大的激情。正如苏格拉底在《会饮篇》里所说的，爱欲不在于占有而在于渴求！还有什么能比距离，尤其是死亡这样的距离，更能刺激爱欲的呢？①爱欲谋求的是飞越千山万水，深入墓穴，克服所有的沟壑。这条原理所追求的，是让我们超越“语言交流”和“肉体触碰”这类通常的接触方式带来的局限。新媒介的出现粉碎了古老的交流障碍，放大了爱欲的帝国，扭曲了它的传统形态；因此人们常常将新媒介理解为性感或变态，或者两者兼而有之。在《斐德罗篇》中，苏格拉底将书面文本当作智识的精子库，它能促成怀胎受孕而无需父母或任何人际关系的存在。古希腊人认为，人的声音传播范围有限，人的记忆力羸弱，这是自然的事实。记忆和文字是人类仅有的两种记录方式。文字可以保存(作者的)思想，可以远距离控制他人(读者)的身体和声音，这意味着它可以产生心灵之间的多婚制结合。有了文字，远方可以和近地说话，死者可以与生者交谈。

在19世纪也发生过与此类似的事情。稍微唐突地说，在19世纪80年代和90年代，照片克服了时间障碍，电报则克服了空间障碍。我之所以认为这样的表述有些唐突，是因为人类梦想着能超越自然记忆去更加实在地记录下自己的经验，也梦想着能使这种记录跨越时空，这种梦想的历史至少和文字的历史一样悠久，也和“天使”的观念一样悠久。同样，摄影术和电报术各有其悠久的文化和思想上的史前史②(prehistories)。③然而在19世纪，人与人的接触却经历了前所未有的变化，这种变化主要是沿着两根轴线体现出来的：记录与传输。对此，我

们从两个构词成分可以看出来：tele-(远距离)和，-graphy（书写/记录）；在后来出现的各种媒介名称中，这两个构词成分无处不在。tele-表示一个新的距离尺度——因此 telegraphy 就表示“远距离传输词语”；telephone 表示“远距离传输声音”；television 表示“远距离传输影像”；telepathy 表示“远距离传输精神”，即“传心术”。

-graphy 则用来表示新的记录形式，因此，telegraphy 表示“用无线电记录”；photography 表示“用光记录”；phonography 表示“用声音记录”；electroencephalograph 则表示“用脑电波记录”。19 世纪经历了一场压缩空间(space-binding)和压缩时间(time-binding)的革命。[④]媒介可以分为压缩空间的媒介和压缩时间的媒介。压缩空间的媒介，如纸张或电，便于携带，可以将远距离范围内的各个不同的点压缩起来；压缩时间的媒介，如雕塑或建筑物，则经久耐磨，历时不衰，可以将相距遥远的各个不同时刻点压缩起来。石刻是压缩时间的媒介，所以我们至今还可以阅读古埃及的罗塞塔石碑；而电报的内容载荷没有重量，发送快捷，所以它是压缩空间的媒介。

19 世纪在“时间压缩”上出现的媒介革命意味着，传统的书写失去其垄断地位，不再能独享其对时间和智慧的记录；这时，记忆仿佛不仅从人体的囚笼中解放出来，也(突然)从文字这种对人类感知能力有着特定要求的媒介束缚中胜利逃亡。这时，记忆技巧(mnemotechnics)作为一

---

① Denis de Rougemont, *Love in the Western World*, rev. ed., trans. Montgomery Belgian (New York: Pantheon, 1956).

② 历史学和考古学上最先使用的是“历史时期”与“史前时期”两个概念。“历史时期”(historical period)，指有文字记载的人类发展时期；“史前史时期”(prehistorical period)，指有文字记载以前之人类历史时期。关于史前的研究也被称作“史前学”，一般而言它很少具有独立学科的意义，是一门交叉学科或综合性学科。这里作者显然是指摄影和电报被发明之前就已存在的，可以用来对它们进行分析的相关传播理论资源。——译者

③ Peter Galassi, *Before Photography* (New York: Museum of Fine Art, 1981); Jonathan Crary, *Techniques of the Observer: On Vision and Modernity in the Nineteenth Century* (Cambridge: MIT Press, 1990); Nicholas J. Wade, ed., *Brewster and Wheatstone on Vision* (London: Academic Press, 1983); and Geoffrey Wilson, *The Old Telegraphs* (London: Phillimore, 1976).

④ Harold Adams Innis, *Empire and Communications* (Oxford: Clarendon Press, 1950).

门艺术，再也不仅仅和生命有限的人类个体捆绑在一起；有了压缩时间的媒介，失去的时间可以被重新捕获；除了传统书写之外，其他东西也能对历史记录作出贡献。在新媒介的映衬下，文字的不足——它不能看，也不能听——突然被显露出来。现在，多亏有了照相机，各个场景，或更加重要的是，各个事件，都可以被捕捉住，而不需要语词、铅笔或画笔的参与。更加令人惊异的是，时间的流失——这个万物易逝的典型表现，现在都可以凭借电影或留声机被转录为影像和声音。记录性媒介记录下声音和视频，从而保留了人们的幻象，进而使灵异世界(the spirit world)挤满了新来者。每一种新媒介都是生产鬼魂的机器(卡夫卡深知这一点)。正如基特勒所指出的："文明记录和传输的可能性有多大，灵异世界就有多大。"机器印刷留存下来的最古老的印刷品，是一张1499年的图片，上面几具骷髅围绕一台印刷机手舞足蹈，它们手里拿着纸，在跳死亡之舞(*danse macabre*)。①正如我们在上一章所言及的，招魂术士们为电报的发明跳着死亡之舞，庆贺电能召唤出鬼魂。新媒介的出现，将永生的边界从人们所能记住的死者范围扩大到媒介所能记录和传输的死者范围。而招魂术士们对电报的死亡舞蹈，是19世纪的人们对这一"边界扩大"事实的首次认知。

发生于19世纪的"压缩空间"的媒介革命，以电信技术的发明为标志。人们对"跨越距离而同步"的梦想依次凭借着电报、电话、广播和传真，先后在文字、言语、声音和图像上而得以实现。人与人之间的瞬间远距离接触，第一次不再受限于其耳目所及的范围，唯一的限制仅仅是电报线路的长短(和资金的多少)。原则上说，虽然电报的服务稀缺，收费昂贵，使它不能成为人人都能接触的乌托邦式媒介(电报的热衷者激动于电报"消除了时间空间差别"而产生了这样的乌托邦梦想)，但相对于运输人体，传播媒介对信号的传送，其摩擦系数能减少到零。正如詹

① Friedrich A. Kittler, *Grammophon*, *Film*, *Typewriter* (Berlin: Brinkmann und Bose, 1986), 24, 12.

姆斯·凯瑞所指出的，电报使运输和传播相分离，产生了深远而巨大的意义。

除了在耳目所及的范围内传送讯息之外，自古以来书信的传送都需要某种运输载体，如信使、船舶、信鸽等等。[①]但是，电报却是例外，它非常吻合奥古斯丁、天使和梅斯梅尔催眠术所代表的传统：这种交流无需肉体(embodiment)存在，而是通过精神流或电流的共享而实现彼此接触。后文我会指出，这样带来的更为诡异的后果是，在电流所诱发的新的精神交流形式中，人的肉体的分量并没有因此而降低。

诚然，在人类社会的发展史中，相距遥远的人们曾经通过多种形式相互接触，包括从离散族群的联络[②]、不远万里的朝觐，到相互通信和树碑立像等多种形式。人与人之间的社交距离的延伸扩张绝对不是 19、20 世纪才出现的特殊情况。[③]但是，19、20 世纪这段时期的独特之处是，从此时开始，人类的未知领域开始被频繁探索。[④]现在我们能够通过各种新媒体技术捕捉和传播视听信号，这意味着，各种体现人类个性的信号可以不再像从前那样必须与人体绑定在一起。不错，有着二千五百年历史的书写和四百年历史的印刷术使个人表达——即苏格拉底所谓的思想的种子——能跨越时空而广泛传播。从前，书写是个人“性格”(character)的独特表现。这就是为什么 character 一词现在有两个意思，既表示“字”也表示“个性”，这正好体现了从前书写训练和个性化人格观念之间的统一。然而，19 世纪照相机和电影、电话和留声机的出现，对人

---

① James W. Carey, *Communication as Culture: Essays on Media and Society* (Boston: Unwin Hyman, 1989), chap. 8.

② 离散族群或流散族群(Diaspora)，是近年来越来越受国际学术界关注的现象。该词最初专指被驱逐离散到世界各地的犹太人群体。在世界经济全球化的历史大潮下，其意思也由此扩展到可以指各民族的人们因为各种原因的迁徙、移民，以及他们之间在语言和文化上的冲突和融合。——译者

③ 相关的重要文献是：Harold Adams Innis, *The Bias of Communication* (Toronto: University of Toronto Press, 1951), and Innis, Empire and Communications。

④ Walter Benjamin, "The Paris of the Second Empire in Baudelaire", in *Charles Baudelaire: A Lyric Poet in the Era of High Capitalism*, trans. Harry Zohn (London: NLB, 1973), 48.

的形态发起了全新的进攻，并创造了人类形态的全新表现形式。凭借声音和视觉记录，千变万化的面部表情、声音和体态获得了万世不朽。现在，个人化的癖性和意义都能被记录和传输了，这折射出克尔恺郭尔话中的真理：偶然像必然一样必然。①

或者我们稍微换种说法，传播和运输的分离意味着，另一个平行的宇宙像变戏法一样地出现了。居住在这个平行宇宙里的是人的各种复制品，它们遵循的规律和我们这些血肉之躯所遵循的规律迥然不同。"媒介总是会产生鬼魂现象。"②虽然蒸汽动力使通过铁路和汽船进行的人体和货物的运输大大加快，但是人体自身仍然跟不上声音、图像和视觉对人体的表现。我们的身体会疲劳，承受力有限，然而我们的形象一旦被记录下来，就可以通过媒介系统跨越空间和时间的荒漠，得以无限流通。卡夫卡看到，人们试图通过火车、汽车和飞机与他人团聚而求得心灵的平静，但这种努力总是要陷入新媒介的包抄，因为媒介能为鬼魂提供更多的营养。这些新媒介——电报、电话和广播——都能够创造出各种替身，这正是媒介的运作模式；有时，这些替身会跟我们作对。在远程传播中，人的复制品成为我们的代理，为我们服务。研究经典学术的博学鸿儒佛里德里克·迈尔斯③为之创造了一个挺相衬的术语，叫"传心术"。从1882年"英国灵异研究会"成立直到他去世的1903年，迈尔斯始终是该学会的领导者。1886年，他又造了一个术语，叫"生者幻象"（phantasms of the living），用来描述当时招魂术文化中泛滥的幻象。这个表达的出现还有些故事。当时，留声机和电话发明还不到十年，他试图创造出一个不限于视觉感知［如鬼魂（apparition）一词就如此］的术语；当时他有两个选择，phantasm和phantom。他觉得前者比

① Carlo Ginzburg, "Clues: Roots of an Evidential Paradigm", in *Myths*, *Emblems*, *Clues*, trans. John and Anne C. Tedeschi (London: Hutchinson Radius, 1990), 96-125, 200-214.

② Kittler, *Grammophon*, *Film*, *Typewriter*, 22.

③ 佛里德里克·迈尔斯（Frederic Myers, 1843—1901），英国诗人、古典学家、文献学家，英国灵异研究学会创始人之一。他对灵异现象的研究，以及提出的"潜意识自我"（subliminal self）在当时很有影响，但没有被科学界所接受。——译者

后者要好。[①]他解释说，phantom 仅指声音，而“（生者）幻象”则可以指声音、面孔，甚至是幽灵的整个躯体。19 世纪后期使人们感到惊恐的东西，在后来的一百年间已为我们所习惯：生者的幻象在各种各样的媒介中遍布泛滥。灵异研究所关注的是，如何实现与从远距离人体中散发出来的鬼魂的相互接触，接触方式可以是文字、图像、声音甚至触摸。这种研究的目的是对人体的表征（representations）进行重组，是现代社会所作的努力之一。在电影业中，为了给默片同步配音使其成为现在电影的样子，从业者曾经历了漫长的过程，才将演员幻象似的身体和声音联系起来。[②]媒介既界定又放大了幽灵世界，这个世界住满了鬼魂，它们看上去听起来都像人，但既没有人的个性存在，也没有人的肉体。电子媒介复制并散布各种标记，想要再现人体的存在，但却补充并转化了 19 世纪的幽灵（doppelgangers）文化。[③]迈尔斯去世五十年后，到 1937 年，心理学家戈登 · 奥尔波特[④]对媒介的幻象作了精妙的论述。他说，“从前，‘亲自到场’这个说法是累赘的（因为任何‘到场’都必须是‘亲自’的），但是在如今的电影和广播时代，这句话好像就不再那么累赘了，因为现在‘部分到场’，以及‘不亲自到场’都是

---

① Frederic W. H. Myers, “Introduction”, in *Phantasms of the Living*, by Edmund Gurney, Frederic W. H. Myers, and Frank Podmore, ed. Eleanor Mildred Balfour Sidgwick (1924; New York: Arno Press, 1975), ix。在电影《冷战间谍》(*The Spy Who Came in from the Cold*, 1965)中,一名侦探(理查德 · 伯顿扮演)隐藏其真实身份在灵异研究协会的资料室工作,他一看到这本书便将其藏了起来。

② 参见：Mary Ann Doane, “The Voice in the Cinema: The Articulation of Body and Space”, in *Narrative*, *Apparatus*, *Ideology*, ed. Philip Rosen (New York: Columbia University Press, 1986), 335 – 348。但是如何实现肉体上的整合是一个充满着各类“生者幻象”的媒介文化通常面临的问题。

③ Friedrich A. Kittler, “Romantik-Psychanalyse-Film: Eine Doppelgangergeschichte”, in *Draculas Vermächtnis: Technische Schriften* (Leipzig: Reciam, 1993), 81 – 104; Tom Gunning, “Phantom Images and Modem Manifestations: Spirit Photography, Magic Theater, Trick Films, and Photography's Uncanny”, in *Fugitive Images: From Photography to Video*, ed. Patrice Petro (Bloomington: Indiana University Press, 1995), 42 – 71.

④ 戈登 · 奥尔波特(Gordon W. AllPort, 1897—1967),美国人格心理学的奠基者和人格特质理论的建构者,也是美国人本主义心理学的创建者之一。——译者

可能的”①。

让人能够脱离肉体而“显身”，也许是新的视听媒介最令人不安的事情。结果就产生了一次关于表征(representations)的辩证性危机。一方面，电话公司经理、留声机推销员和电台播音员等试图要他们的客户放心，他们的通信方式虽然是对人体进行机器般的复制，但这种复制是与其母本活生生的肉体相连的(这一联系往往是通过消费者作证或专家鉴定等广告劝服手段而实现的)。这些推销员和播音员们竭力在非人的媒介设备中体现出人的存在，这催生了电台广播中追求“情感真实”的做法(见第五章)；这种做法发展到极致，就出现了对“非人”的媒介进行全面的“人”的包装。另一方面，与此同时，那些脱离真实人体的声觉、视觉和言语讯息可以留驻的地方却在迅速增加。当然，人们从很早起就一直在相互进行各种符号互动，而且取得了一定的个人层面上的效果；然而，由于这些新媒介的扩散和记录功能，人的主体性讯息比过去得到了更加广泛的传播。威廉·詹姆斯的观点与当时正在出现的“视听媒介新秩序”很合拍。他说，物质世界里的脑束②可以当作人类个体的储藏室，包括死人与活人。如留声机和电影这样的媒介能捕捉住时间的流逝，似乎能通过声音和影像而将活生生的人蒸发不见。现在，所谓与他人互动，不过是指阅读他人在媒介中留下的痕迹。

生者的幻象往往以反常的方式表现，或者具象有形或者抽象无形。从奥古斯丁到洛克的交流理论将人体当作一个当然的存在，并呼唤更加精神性的、不那么受到阻碍的心灵沟通方式。同样，认为人能摆脱肉体而进行交流，是当时人们从学术上接受电报、电话和广播的关键理由——这也是人们接受招魂术的关键理由。招魂术，以及后来为使招魂术科学化的灵异研究，是19世纪和20世纪传播思想得以形成的主要途

① Gordon W. Allport, *Personality: A Psychological Interpretation* (New York: Henry Holt, 1937), 37.

② 脑束(tract)，解剖学术语，如“脊髓丘脑束”(spinothalamic tract)，用在这里是与后面的material相对应。——译者

径。努力借助精妙的媒介来传送已故或远方之人的语词、声音或形象，这是电子媒介交流和招魂术交流的共同事业。事实上，在某种意义上说，一切中介化交流都是与死者的交流。由于媒介可以储存“生者的幻象”，因此即便人的肉体死亡，它也可以让死者音容宛在。

总之，19 世纪的新媒介号称能够冲破因遥远空间和生死相隔造成的屏障，从而给旧梦想——“天使交流”的梦想——赋予新的活力。1896 年，一位留声机的爱好者似乎有一点过早地宣告：“死亡已不再那么使人痛苦，因为我们可以永远保存逝者的声音。”①显然，声音保存技术使人能够随时随地复活②死者的声音。③然而人类为具备这种能力要付出何种代价，答案很快就公之于世：一个没有肉体的幽灵世界应运而生。在新技术的支持下，人们之间幽灵对幽灵的接触实现了，但这给人的共同“亲自出场”带来了新的利与弊。

我们现在正经历着一场数字化革命，此时重温过去曾经遭遇过的震撼，可以给我们很大的启示。今天有关交流的紧迫问题——时空的压缩(如因特网)、人类经验和身份的复制(如虚拟现实)——过去都曾在各种模拟信号技术④时代中被探索过。这些技术包括电报和照相术、留声机和电话、电影和广播。在随后的篇幅中，我将试图提出这样一个观点：这些新媒介号称能使人们更加接近，但实际上却只能使人们之间的交流更

---

① “Voices of the Dead”, *Phonoscope* 1 (1896): 1。马克·山德伯格(Mark Sandberg)为我提供了该篇文献，在此表示感谢。

② 此用词使人联想到“耶稣复活”(Resurrection of Jesus)，它是基督教主要教义之一。据福音书记述，耶稣生前曾几次预言他将要受难，第3天复活。基督教认为耶稣死后第3天清早，人们发现他已复活，且不是精神性的复活，而是原来那个真正死去的肉身又重新复活；并于第40天以此肉身升入天堂。耶稣复活与《圣经》中其他复活事件不同，它不仅仅指恢复生命，而且表现了战胜死亡的力量。耶稣复活最终证明了耶稣关于自己是上帝之子的说法。——译者

③ W. Hartenau [Walter Rathenau], “Die Resurrection Co.” (1898), trans. Louis Kaplan, *New German Critique* 62 (spring-summer 1994): 63 – 69.

④ 设备将音视频转化成信号电流时，这种信号电流的频率、振幅变化的情况跟声音或视像的频率、振幅变化的情况完全一样，“模仿”着声音信号的“一举一动”，这种电信号被称为模拟信号。与之相对的是数字信号，是一种幅度量化、时间离散化的信号。——译者

难以实现。我们在第五章中要回溯考察的是，为了在媒介传输中寻找到人际的真实接触迹象，人们为此投入了多么丰富的情感。而我们在第四章，即本章中要考察的是生者与死者的对话；具体而言，本章要考察的是一种无效的努力——人们去和那些不在场者(死者或远方的人)进行精神上的对话交流的无效努力。显然，对于不在场者，我们不可能与之对话，所能做的仅仅是单方面对其进行诠释性解读。本章考察的是新的记录能力；第六章考察的则是新的传输能力。我这里将记录(recording)和传输(transmission)加以区分，也就是将“征服死亡”和“征服距离”加以区分。这种区分主要是出于谋篇布局的方便。传输和记录是一组相辅相成的概念。如果要远程传输一个信号，就必须先记录，以防止它在路途上衰减消失。实际上，爱迪生发明留声机(记录)，其最初的动机之一，就是要为电报(传输)发明一个更好的“复播器”(repeater)。[①]一旦记录在案，任何东西都可以传输给陌生人的眼睛和耳朵。苏格拉底对书写的担心正是：任何被写(记录)下来并永久固定的智慧，都难免会被太多的非目标读者接触到，这是一种不分对象的滥交(传播)。

在19世纪各种“征服距离”的人类实践中，飞行体验居于核心位置。新的运输工具，如铁路；新的放大人类感官的媒介，如照相机、电报和电话，都被人描绘成飞行机器。[②]1859年，奥利佛·霍尔姆斯[③]就“立视镜”(stereoscope)给人的感官刺激所作的描绘，就广为人知。他说，这时“人的感官体验到一种梦幻般的狂喜；在这种狂喜中，我们似

---

① Walter L. Welch and Leah Brodbeck Stenzel Burt, *From Tinfoil to Stffeo: The Acoustic Years of the Recording Industry, 1877 – 1929* (Gainesville: University Press of Florida, 1994), chap. 1.

② Paul Virilio, *War and Cinema: The Logistics of Perception*, trans. Patrick Camiller (London: Verso, 1989); Wolfgang Schivelbusch, *The Railway Journey: The Industrialization of Space and Time in the Nineteenth Century* (Berkeley: University of California Press, 1986), chap. 3.

③ 奥利佛·霍尔姆斯(Oliver Wendell Holmes Sr., 1809—1894)，美国医生、诗人、教授和作家，居于波士顿。以善于写作而闻名其时，其代表作为《早餐桌系列》(*Breakfast-Table*)散文集。——译者

乎扔掉了身体，驶离岸边而进入到一个接一个的奇妙场景中，像脱离了肉体的灵魂”。[①]就像一眨眼就从华盛顿发送到巴尔的摩的电报一样，立视镜让人可以从眼前的环境迅速切换到遥远的地方，进入古老的遗迹之中（这是立视镜最喜欢使用的图片主题）。

同样非凡的是19世纪媒介实现的“时间旅行”成就。有了新媒体，时间流可以用瓶子罐装并储备起来供以后享用。19世纪的文化是信奉历史必然性的文化，是崇尚逼真再现（比如做动物标本）的文化。在这样的文化氛围中，时间旅行——无论在物质运输上还是在感官体验上——被认为是可能的。[②]1826年，随着尼埃普斯[③]院子里的一道闪光，诞生了世界上第一张照片。从某种意义上说，被保存下来的光也是留给我们今天看的。意大利男高音歌唱家卡鲁索[④]的声音不仅在深邃的空间中鸣响直至消失，而且被留在唱片、录音带和光盘上供我们今天聆听。留声机和电影不仅被用作提高视听能力的辅助设备，成为神经生理学领域研究声音、耳朵以及眼睛的辅助工具，而且成了保存意识的新型档案工具。人们对事件的感觉印象和时间印象，现在可以用声光手段保存下来。传输性媒介使我们能够横穿空间，而记录性媒介则使我们能够在时间中纵横穿越。从前对声音、形象和经验的死刑判决现在已经获得减刑。言语和行动可以超越人体之本源而幸存下来。总而言之，记录性媒介使亡灵以新的方式复活再生。1877年，《科学美国人》杂志对留声机作了这样的评论：“言语仿佛已经获得永生。”[⑤]这里的所谓“仿佛”（as it were），就是鬼魂的栖身之所。

---

① 引自 *Quoted in* Sandberg, “Missing Persons”, 15。

② Stephen Bann, *The Clothing of Clio: A Study of the Representation of History in Nineteenth Century Britain and France* (Cambridge: Cambridge University Press, 1984).

③ 尼埃普斯（Nicephone Niepce），法国发明家，第一位拍摄永久性照片的人。——译者

④ 恩里科·卡鲁索（Enrico Caruso, 1873—1921），20世纪最受欢迎的意大利歌剧男高音歌唱家。——译者

⑤ Welch and Burt, *From Tinfoil to Stereo*, 6.

霍桑的鬼屋

霍桑的小说《带七堵三角墙的房子》(*House of the Seven Gables*, 1851)就是一个很好的例子，很能说明摄影术和电报术能够释放出什么样的形而上的恶作剧。[①]霍桑写作这部小说的时候，正是数据储存和传输的能力急剧变化的时期。此时，幽灵世界已经开辟出了一个“新边疆”[②]：远程人际交流和来自坟墓的交流。小说从头至尾都在说闹鬼。霍桑自己把这本书称为一个“传奇故事”(romance)。它显然是哥特体小说[③]的一个变体：房子破败不堪，先辈有罪在身，幽灵怪诞而具有超自然力。故事的梗概如下。平钦(Pyncheon)家族在一幢带有七堵三角墙的屋子里住了两百多年，最后家里剩下了四名成员，生活在17世纪一个巫师的诅咒之中。巫师名叫马修·毛尔(Matthew Maule)，这座房子的宅基原来是他家的财产。平钦家族的先祖托马斯·平钦上校因觊觎毛尔家族的地产，指控毛尔是巫师，嚷着要告发他。后来毛尔果真因此而受到迫害，在受绞刑前，他大声诅咒平钦家族。随后，平钦家族成为房子地基的主人。然而，在此之前，民间已经风传毛尔家族具有近乎神奇的魔力，说他们能够托梦于人。

一个家族获得了实际的地产，另一个家族却对虚拟的形象和记忆拥有产权。霍桑在小说中的房间里布置了一面镜子。据说，这面镜子由于具有“某种梅斯梅尔似的催眠能力”能将一切影像都储存起来。毛尔家族统治了“颠三倒四的梦境王国”，能深入人的内心所在。镜子像照相

---

① 参见：Cathy N. Davidson, “Photographs of the Dead: Sherman, Daguerre, Hawthorne”, *South Atlantic Quarterly* 89 (1990): 667-701。

② 新边疆(New Frontier),美国总统肯尼迪1960年7月在洛杉矶接受民主党总统候选人提名演说中提出的政治口号,后被历史学家用来称呼其国内施政纲领。“新边疆”也是美国历史上出现的一种现象：美国在不断地向西推进自己的国境线的过程中,将新的“自由土地”不断地纳入到自己的版图中。美国建国两百多年来就一直在不断地重复这个进程,从而成为今天的两洋国家。——译者

③ 哥特体小说,18世纪后半期出现在英国的,以古堡、荒野或修道院为背景,描写凶杀、暴力、复仇等内容的小说。“哥特”一词最初来自条顿民族中哥特部落的名称,后来又被用来指称一种中世纪建筑风格,而“哥特体”小说中包含的明显的叙事特征,就是“哥特性”：恐怖、神秘、魔幻、悬疑。——译者

机一样，对过去作了清楚的记录，而毛尔家族则掌握打开这面镜子的钥匙。[①]与霍桑一样，平钦家族生活在一个跨界的艺术世界之中。

上述的所有情节都围绕一个人物而展开，他名叫霍尔格拉夫(Holgrave)，是一个流浪者、革命家、梅斯梅尔催眠师及摄影爱好者。他租住在平钦家。直到故事的高潮，他才暴露出其真实身份：毛尔家族的后人。他的名字(Holgrave，“整个墓地”)取得恰如其分，因为他喜欢鬼魅世界。他用相机，以阳光这一真实之笔去记录隐蔽在这个可见世界背后的真实。他说：“老天普世而朴实的阳光，能给人奇妙的洞见。我们虽然通常认为阳光只能描绘事物的表面，然而它实际上却能揭示出一种潜在的本质，而且这种揭示带着一种真实，而画家即使发现了这潜在的本质，也不会愿意去冒险表现它。”[②]霍尔格拉夫用达盖尔照相机[③]拍摄人像，从而揭露出面孔后的真相。法官贾弗利·平钦，在面对公众时笑容可掬，可实际上，在笑容背后却继承了平钦家族清教徒先祖的满面愁容；而隐居的克利福德·平钦，脸上却总是挂着绝美的笑容。霍尔格拉夫虽然有揭示内外秘密的天才，可是他并不对过去或财产纠缠不休。他会同意马克思在《资本论》第一卷(1867)前言里说的一句话，“我们不仅受活人的罪，还受死人的罪。死人缠住活人！”因此似乎不记前仇。

除此之外，在霍桑的故事中，霍尔格拉夫还正好是位作家。在小说的第13章里——霍桑有意用了“13”这个不祥的数字——霍尔格拉夫编了一个故事，准备投给当时的一家杂志。故事虚构了两个人物，故意取名为马修·毛尔，他用变态的梅斯梅尔催眠术诱骗天真无邪的姑娘(名为艾丽丝·平钦)，以便侦查平钦家族的秘密。故事把光学技术、精神磁性说和与亡灵的交流术糅合在一起：“看来，马修·毛尔的目的是要把艾

① Nathaniel Hawthorne, *The House of the Seven Gables* (18S1; New York: Bantam, 1986), 13, 17.

② Hawthorne, *House of the Seven Gables*, 68.

③ 达盖尔照相机，基于达盖尔照相术原理的照相机。1839年3月19日，法国科学家达盖尔(L. J. M. Dagurre)发明了一种实用的摄影术，称为达盖尔摄影术，也称银版摄影术。后来达盖尔根据此方法制成了世界上第一台照相机。——译者

丽丝的心灵变成望远镜式的媒介，凭借这个媒介，他和平钦先生就可以对鬼魅世界进行窥视了。他成功了。有一次，他成功地与亡灵们实现了一定程度的交流。这些亡灵将众多的有价值的秘密带到了人类无法触及的地方。”[①]在此，梅斯梅尔催眠术（与另一人的头脑对接）引出了招魂术（与亡灵对接）。在探知到秘密后，马修·毛尔拒绝将之与平钦家族共享，他让平钦家族继续住在宅子里，自己则选择离开，因为这幢宅子被诅咒笼罩过深，无法继续住人。然而，艾丽丝却仍然没有摆脱毛尔的控制，成了他心血来潮的玩偶。无论她到哪里，马修·毛尔都会向她展现出他对女性的仇视。他只需一挥手，就可以控制她的情绪，令她在葬礼上笑、派对上哭，或不分场合地手舞足蹈。

这里，我们可以看出梅斯梅尔催眠术绑定人与人心灵带来的阴暗后果，这一点我们在前文中也提到过。故事中的艾丽丝最终死于非命，马修·毛尔为此不免感到懊悔，她成了他报复平钦家族的阶级斗争的牺牲品。

霍尔格拉夫将这个“故事中的故事”读给菲比·平钦听，他感情充沛地模仿虚构的先辈毛尔的手势，竟无意间给菲比·平钦催了眠。不过，尽管面临着诱惑，尽管因为了解到自己具有如此威力而喜形于色，霍尔格拉夫还是放弃了控制她的机会，显示出“尊重他人个性的罕见而高尚的品德”。[②]《红字》[③]中的人物奇林沃斯（Chillingworth）也具有戏弄他人的内心的能力，但是和奇林沃斯不一样，霍尔格拉夫不愿意洞穿别人的心。霍桑有意将菲比·平钦描述得和艾丽丝一样，让菲比对磁性和电感应也特别敏感。在这一幕“朗读故事”的情节中，霍尔格拉夫并没有选择将过去的真相告知菲比，而是将过去变成虚构的文学予以讲

---

① Hawthorne, *House of the Seven Gables*, 135.

② Hawthorne, *House of the Seven Gables*, 162.

③ 《红字》(*The Scarlet Letter*)，美国19世纪后期浪漫主义文学代表作家纳撒尼尔·霍桑的力作。发表于1850年，小说以其象征手法和心理描写开拓了美国浪漫主义文学的新领域。——译者

述——这里，他再次呈现出与作家霍桑之间的相似性。与爱默生和梅尔维尔一样，霍桑笔下的“心灵对心灵的交流”，虽然具有一种束缚头脑的危险魔力，但霍桑将其视为我们口头的叙事或笔下的故事，而不是当作我们发送出去的无形无相的思想。

小说涉及了摄影术，但其对电报的描述，却被很多读者所忽视。克利福德·平钦，一个非凡脱俗的唯美主义者，在祖先罪孽的重压下形容憔悴，最后乘火车离家出走了。在火车上，他喜不自禁，忍不住对他那面容冷峻的邻座唠叨个没完，不断地说这个世界越来越具有灵异性（spitituality）了。他滔滔不绝地先后列举出各种各样的灵异奇迹，如催眠术、叩击发声的幽灵以及电能。然后他又指着窗外与铁轨平行的电报线说：“一种灵异般的媒介，比如电报，应该被供奉起来，受到顶礼膜拜，应该被赋予高尚、深刻、欢乐和神圣的使命。恋人们每天，甚至每小时——如果他们觉得有必要每小时的话——都可以将他们彼此的心跳从缅因州传送到佛罗里达。”就像苏格拉底在《会饮篇》中说到狄奥提玛[①]（Diotima）一样，克利福德·平钦幻想中的电报是能将情人结合起来的爱欲媒介。（但他的邻座的说法显然更准确一些；他说电报的命运掌握在政治和商业的手中。）

电报这种“灵媒般的媒介”拓宽的不仅有情人间的接触，还有与死者和远方的人之间的接触。克利福德接着说：“在一个人去世时，他远方的好友应该能意识到电一般的喜悦震颤，它如同从快乐的幽灵世界传来一般，告诉逝者的好友——‘你的一位亲爱的朋友刚进人了极乐世界！’如果丈夫出门在外，他的孩子在家里降生时，这个电报的幽灵世界就会给他传来这样的消息，‘一个不死生命降生了，你就是它的父亲，它此刻来自上帝！’”[②]在这里，克利福德所谓的“电一般的喜悦震

① 在柏拉图《会饮篇》中，苏格拉底发言时引出他与“曼提尼亚的狄奥提玛”的对话。在对话中狄奥提玛被描述为一位东方女先知，但她到底是历史人物，还是虚构人物，尚无定论。——译者

② Hawthorne, *House of the Seven Gables*, 203.

颤”其时尚主要见诸传心术而不是电报术；这时，他还看不见电报通信具有的门槛——资费、必须编码或必须的电文精简——而不久后，这些门槛就会被电报的常用者，如新闻记者和商人，实实在在地感受到。

克利福德表达出了对远距离交流的永恒梦想，这种梦想视交流为远隔千山万水的心上人之间的桥梁，为传达生老病死消息的信使，为今世通向来世的重要大门。和连接远方人体的其他媒介一样，电报具有使人体（如心上人）或幽灵（如死者）相互联系在一起的新的潜力。媒介——作为中介物——本身就是一种极佳的跨界的“阈限物”（liminal object），它们不仅处理信息，而且涉及生死和爱欲。

二、诠释学：一种与死者的交流方式

交流的概念诞生于这样一种文化中，该文化视与远方的人以及与死者的交流为司空见惯。性爱对维多利亚时代（1819—1901）人的意义，就如同今天死亡对我们的意义：它们都是终极的无法逃避的禁忌。现在，我们回避看尸体，害怕说尸体，将对尸体的谈论局限于医院，而且很容易接受认为“火化更卫生”的说法。我们现在对死亡的态度，与 19 世纪笼罩在死亡上的阴森的浪漫有着天壤之别。在说到维多利亚时代人的保守礼节时，今天的我们忍不住要哧哧发笑，庆幸我们对性爱之类的事情态度开明，但是今天我们对死亡却讳莫如深，将其掩盖在大量的委婉语中——而在大众文化中，对死亡的谈论却又无处不在。无论维多利亚时代的人表达哀痛多么过分，今天我们却根本不会表达哀痛——再也没有什么比此更能够说明我们这个时代的特征了。在某些社会，一些文化习惯和宗教习俗能够保护我们，使我们不至于心灵孤独，然而我们的社会却缺乏这些文化习惯和宗教习俗，因而缺乏这样的保护。在死者去世时，我们敷衍了事、草草收场的悲痛说明，在我们与死者的关系——这是所有关系中最关键的一种——中，出现了纷乱。也许，在录像带、录音带、相册和家庭电影的时代，人的死亡似乎并不像过去那样具有终极意味了。

维多利亚时代的人具有的敏感性和我们现在不同，实际上那时的社会情况也不同。刘易斯·芒福德①认为，19世纪流行的黑衣服，无意间透露出那个时代具有的哀悼文明。②那时的情况现在已经广为人知：人口爆炸，儿童夭折，劳工阶级（包括童工）辛苦如牛马却极端贫困，中产阶级的生活，外表光鲜，实质上却岌岌可危。③当时无论在哪一个社会阶层，很难有哪家不居丧的。死尸虽有些反常，但那时相对而言人们对之并不陌生，它并不是像现在那样必须藏到医院里去的鬼怪之物。吊丧成为文化和商务的核心内容。治丧用品被积极地兜售，特别是向妇女群体兜售；这些祭奠用品包括悼念卡、不凋花（immortelles）、土陶壁炉架上的装饰品（如知名罪犯或凶手的陶像等）、黑色的葬礼服、绣着泪珠的手巾、"哑人"（指专门给别人提供吊丧服务并以此谋生的人）、帘子、珠宝、小巧的装饰盒（内装用来照相的银版、照片或死者的一缕头发）等等。用故人头发编结的"花环"是客厅里最常见的饰物。吊丧者衣服的颜色宣告吊丧的悲痛程度：黑色、白色、灰色，最后是紫红。当然，维多利亚女王（1819—1901）就曾以令人注目的方式引导着哀悼的潮流。在她丈夫艾尔伯特亲王（1819—1861）去世后的数十年间，她每天都会展示她丈夫的修面刀具，直到自己去世。维多利亚时代诗歌鼎盛期的典型作

① 刘易斯·芒福德（Luis Mumbford，1895—1990），美国哲学家、人文主义技术哲学的代表人物之一。由人性和心理学出发对技术哲学进行探讨，先后发表《技术与文化》（1934）、《机器的神话》（1967）等论著。他把技术的整个历史分成三个相互重叠又相互渗透的阶段，即直觉技术阶段（用水和风，1750年之前）、经验技术阶段（用煤和铁，1750—1900年）、科学技术阶段（用电与合金，1900年以后）。他认为人类的本质乃是精神创造、用脑思考、自我设计和自我控制，而不是工具的制作。——译者

② Lewis Mumford, *Technics and Civilization* (New York: Harcourt, Brace, Jovanovich, 1934), 162.

③ James Stevens Curl, *The Victorian Celebration of Death* (London: David and Charles, 1972). 又参见：John Morley, *Death, Heaven, and the Victorians* (Pittsburgh: University of Pittsburgh Press, 1971), and Michael Wheeler, *Death and the Future Life in Victorian Literature and Theology* (Cambridge: Cambridge University Press, 1990)。

品，就是一首长篇哀悼诗——丁尼生[①]的《悼念》（*In Memoriam*, 1850）。该诗是他为其精神上的密友而写的。这位密友故于1833年，可是这首诗直到1849年才完成，前后花了十六年；对他而言，在整个十六年中，他并没有特定的心理学上确认的“悲痛时期”！维多利亚时代的文学充满了逝者亡灵回家的情节；狄更斯笔下的斯克鲁奇(Scrooge)首先认为，马利(Marley)的鬼魂并不真实存在，而只是一块“未经充分消化的奶酪”；不过最终，斯克鲁奇的唯物主义的怀疑还是不得不让步，因为有不容争辩的证据证明，马利的鬼魂确实存在。爱伦·坡是对死亡进行浪漫化的典型作家。墓园是人们沉思、朝觐和野餐的地方。“那个时代的人迷恋于死亡，赋予它极高的道德调子，对死亡极其伤感。而体现维多利亚时代的这一奇异特征的，最明显莫过于墓园。”[②]

现代媒介有两个与存在(existence)相关的重要事实：一方面，生者很容易通过各种痕迹和死者的亡灵交流；另一方面，与死者的亡灵交流，以及与远方的生者交流，两者在这一端看起来很相似，人们对这两者难以区别。电讯手段能将生者的音视频讯号(这是“生者幻象”)传播到远方，并且可以用记录性媒介捕捉之后重放出来。远程与他人的交流和远程与亡灵的交流，两者主要的区别在于：生者之间可以进行远距离对话，而生者与亡灵的对话却完全是另一回事。作为交流伙伴，死者尤其是难解之谜。死者倾向于不对我们的诉求作出任何响应。他们说出的话凝固不变。如同苏格拉底认为书写下来的东西不会再变一样，死者只能自我重复，总是发出同样的符号。[③]毫无疑问，我们可以阅读死者留下的痕迹，但是我们不能和他们直接互动。即使在招魂术中，如何与亡灵建

① 丁尼生(Alfred Tennyson, 1809—1892)，英国维多利亚时代著名诗人。1828年入剑桥大学，此期间因发表诗作《提姆巴克图》而荣获金质奖章。1850年因发表长诗《悼念》，被封为桂冠诗人。——译者

② Curl, *Victorian Celebration of Death*, 179。关于同时代美国的文化图景，见 Garry Wills, *Lincoln at Gettysburg: The Words That Remade America* (New York: Simon and Schuster, 1992), and Ann Douglas, *The Feminization of American Culture* (New York: Knopf, 1977)。

③ Plato, *Phaedrus*, 275d.

立联系也是最大的问题。1924 年，西奇威克在回忆他三十五年来研究传心术的历程时说得很好："对传心术，批评者常常会问，'假如死者真能交流，他们为什么（要拐弯抹角）不直接说出他们想说的话呢？'"[①]除此之外，我们与死者的交流还包括"死信"，即没能投递到收信人手上的无主信。对死者而言，他们的交流姿态只能是单向撒播。我们与死者交流，是一种痕迹学艺术，在其中与死者进行对话是不可能的，而死者提供给我们的讯息仅有辅助作用。与死者的交流是诠释学中的范式性案例——在收不到对方的回信时，一方对另一方进行解读，这是一门艺术。[②]

诠释学，即对脱离原初历史背景的文本进行解读，这种实践古已有之。它之所以产生，是因为原来的交流情景已经破碎，解读者对之已无法再重新进入；在这种破碎的交流情境中，作家和读者由于某种原因（或因时间久远，或因文化差异），彼此产生了一定程度的疏离。诠释学是在《斐德罗篇》指出书写的不足之后接着说的，考察的是中介化交流中交流双方之间的奇怪结合。诠释学的流派之一——其倡导者先后包括施莱尔马赫[③]、狄尔泰[④]和加达默尔——主张诠释者对文本的诠释能或多或少地超越文本本身，从而能在生者与死者之间建立接触，或至少是进行对话。在这里，我追随的不是特别主流的诠释学思想，而是一个更加异端的传统，该传统认为诠释者在诠释中需要更加自觉地意识到，试图在生

---

① Eleanor Mildred Balfour Sidgwick, "On Hindrances and Complications in Telepathic Communication", in *Phantasms of the Living*, by Edmund Gurney, Frederic W. H. Myers, and Frank Podmore, ed. Eleanor Mildred Balfour Sidgwick (1924; New York: Arno Press, 1975), 432.

② 在此点上，卡塔林·麻马力（Catalin Mamali）提供了不少洞见，特致谢。

③ 施莱尔马赫（Friedrich Ernst Daniel Schleiermacher, 1768—1834），德国神学家、哲学家。1799 年发表《论宗教：对蔑视宗教者之中的有教养的人的讲话》，因而获得全国性声誉。哲学上他认为人文科学研究主要由辩证法、物理学、伦理学三大部分组成。认识论上他受康德哲学影响，力图探讨人对事物正确理解和有效解释的可能性的普遍条件。——译者

④ 威尔赫姆·狄尔泰（Wilhelm Dilthey, 1833—1911），德国哲学家，生于比布里奇一牧师家庭，先在威斯巴登市一个语法学校学习，后在海德堡学神学，一年后到柏林主攻历史学与哲学。在西方他被公认为生命哲学创始人、历史哲学的奠基者、哲学人类学的先驱、现代诠释学之父。狄尔泰是 19 世纪末 20 世纪初西方哲学界知识渊博、著述丰富、兴趣广泛的哲学家。主要著作有《精神科学导论》（1883）、《体验与诗歌》（1905）、《精神科学中的历史世界结构》（1910）等。——译者

者与死者之搭建桥梁是不大可能的。黑格尔、马克思和克尔恺郭尔，他们之间尽管存在广泛分歧，但他们都同意，所有的关系，甚至包括生者与生者的关系，在一定程度上都是一种诠释学关系；换句话说，这是一种需要我们对彼此进行痕迹学解读的关系。任何主体只有借助客体才能表现自己。

保罗·利科认为，诠释学研究的是“对话的失真”。这是一种“反视角”(counter-vision)，完全不受“对交流失败的感伤情绪”的影响。实际上，利科主张，任何文本一旦成为文本，一切对话都已然失败。首先，是“混乱”(disturbance)让对话成为可能，因为必须先有混乱才会产生试图通过对话来消除混乱的努力。对话的需求源于故障。因此，文本性(textuality)所具有的特征，并不体现于它对对话的“偏离”上，而体现在它能展现出那些“面对面的对话”不能展现的东西。“文本绝不仅仅是主体间交流的一个具体实例，而是交流中维持距离的范式(the paradigm of distanciation in communication)。”因此，文本展现了“人类经验的历史性”所具有的一个根本特征——即它是远距离的交流和跨距离的交流。

作者的表达一旦被“铭刻”为文字，该表达就超越了作者的意图、原有的受众和表达的情境。这样的脱离不“仅仅”(just)是一种疏离(alienation)，而且还是一种“公正合理的”(just)疏离。文字将意义从面对面交谈的狭隘环境和易逝地位中解放出来。“疏离不仅是我们为了理解而必须克服的障碍，而且是理解得以形成的条件。”在书写中，“对话关系的那种狭隘性爆裂开来。此时，话语针对的对象再也不仅仅是你这第二人，而可以是所有人，话语因而成为针对所有人的话语……它的读者变得不可见。那些作者不认识的、看不见的读者，他们没有什么特权，但却成了话语的接受者”。[①]这里，我们再一次看到，诠释学是文

① Paul Ricoeur, *Hermeneutics and the Human Sciences: Essays on Language, Action, and Interpretation*, trans. John B. Thompson (Cambridge: Cambridge University Press, 1981), 131, 140, 202 - 203.

学通信的艺术，这里你永远不可能收到回信。既然文本的最初的目标受众已然不见，那我们对文本的解读就好比在屋檐下对屋内对话的模模糊糊、断断续续的偷听。诠释学涉及对散佚文本的解读，其操作过程充满奇异性，但遗憾的是，诠释学家们很少对它进行清晰简明的解释——这种清晰简明我们在阅读卡夫卡或爱默生时，都能明显感觉到。但不管怎么样，诠释学对解读者提出的要求是，要站在那些“不可见的听众”的立场上解读；换言之，如尼采所说的，就是要实现“与死者的结合”。

由于有媒介的中介作用，我们面临的种种交流情境本质上都是诠释性的，而不是对话式的。只有“心灵孤独的人”(lonely heart)才会指望电影、唱片或广播节目单单对他个人作出回应。或者更加准确地说，在我们与书籍、宠物、婴儿或远方的笔友“互动”时，我们其实全都是心灵孤独的人。在以上的各种“交流”中，如何控制交替发言(turn taking)取决于交流的任何单方而不是双方。凌晨两点的广播剧、大洋海难中释放出的求救漂流瓶、报纸上的“私事公告栏”(agony columns)、一段神秘字体记录的铭文——所有这一切似乎都是在向虚空说话，或至少是只对那些能够听到的人说话。这些“交流”的环路都存在缺失，等待着他人去补充完成。

赫伯特·孟泽尔①曾提到过，在这种情景中，存在着一个“接受对象的空缺”，这个观念和利科“保持距离”(distanciation)的说法不谋而合。②诠释学和媒介面对着一个共同的难题：在不可预见的环境里生产和接受文本。这样的场景很多，如电视节目公司推出一个剧情试放片(television pilot)，不知道观众对之会有何反应；广告主打出广播广告，但无法准确地知道谁会收听；阅读圣保罗布道的神学家和阅读美国宪法

① 赫伯特·孟泽尔(Herbert Menzel，1921—1987)，美国社会学家，曾任教于哥伦比亚大学和纽约大学，著有《医学创新——一个关于其扩散的研究》。——译者

② Herbert Menzel，“Quasi-Mass Communication：A Neglected Area”，*Public Opinion Quarterly* 35(1971)：406 - 409.

的法官，则不知道如何理解这些文本——所有的这些交流者都面临着同样的解读困境：讯息发送和讯息接收之间的鸿沟。让电视制片人和广告主烦恼的是如何才能使自己的“讯息”跨越鸿沟（这涉及对修辞学的运用）；让神学家和法官烦恼的是如何理解那些并不以他们为目标受众的信息（这涉及对诠释学的运用）。不过，以上四类人都发现他们身处同样的情况：讯息生产和讯息接收已经成为两种显著不同的活动。正如斯图亚特·霍尔[①]对电视——但他的话适用于一切诠释情景——的评论：“（传者对信息的）编码和（受者对信息的）解码未必能一一对应。”[②]霍尔所谓的“未必能一一对应”，揭示了后结构主义者对“准确表达”（articulation）的偶然性所具有的敏锐。不过，它同时又是一种有益的提醒，提醒我们注意一种更加直接的（literal）对应：书信。我们通过书信进行跨距离的交流，但这种交流未必能一一对应——书信即使进入邮政系统，却可能根本没有被寄出，或即使被寄出，对方也有可能从来没有收到，这样交流就可能被无限期推迟。交流中的停顿（在面对面交谈中，由于交流双方都同时在场，这种停顿不可能很久）在通信中则能被拖得很长，甚至是被无限期地拖延。如果是和死者交流，也许我们得永远等下去，但即使这样，我们仍然会主动发出交流的请求。比如，一位不知姓名的人每年都会在爱伦·坡的忌日到他的墓前送一瓶白兰地酒；许多人到亲人的墓地前送花；美国越战将士纪念碑前留下的纪念品塞了墓地管理处满满一柜子；直接向去世的亲人说话，是葬礼上发

① 斯图亚特·霍尔（Stuart Hall，1932—2014），英国社会学教授、文化理论家、媒体理论家、文化研究批评家、思想家。他是“伯明翰当代文化研究中心”的第二任主任，也是英国文化研究卓越的领导人和领航人。霍尔长达几十年的文化研究中涉及文化的诸多方面：媒体、文化身份、文化差异、文化认同与族裔散居、种族与族性、社会与权力等等。从理论根源来看，他借鉴了马克思、葛兰西、阿尔都塞、巴赫金、法农、本雅明、卢卡奇、布莱希特、索绪尔、德里达、拉康、罗兰·巴特和福柯等思想家的理论并加以拓展，形成了自己的“接合理论”。——译者

② Stuart Hall, “Enwding Dewding”, in *Culture*, *Media*, *Language: Working Papers in Culture/Studies*, *1972 - 1979*, ed. Stuart Hall et al. (London, Hutchinson, 1980), 135.

言时的惯常做法。[①]正如约翰逊博士所云："我们宣告尊敬死者，那不是为了他们，而是为了我们……"[②]在与死者交流的同时，我们也向神灵献上祭品，这也许是最古老的单向奉献。在不可能进行对话，或不想进行对话时，就会出现这样的单向祭拜。给死者献祭是最纯粹的单向撒播，它所涉及的是我们所能知所能为的某些最美好的行为。

在和死者、婴儿、宠物或远方的人对话的时候，说话人不得不同时为交流双方提供支持。我们在呼唤时，必须包括对方的回应，或预期到对方的回应。我们与死者的交流也许永远无法到达对方，然而这种无语的单向发送，与平等互惠的往复式交流一样重要。将局限于自我之内的单向交流斥为失败的交流，是愚蠢之举。也许，一切对话都要求每一参加者同时也扮演另一方对自己作出回应。但"对话"已经成为一种意识形态，产生出一种压制作用，使我们看不见以下道理——在远距离交流中，在无法保证能获得对方的直接回应时，我们仍然作出各种表达行为，这很可能是我们出于尊严而作出的迫不得已的大胆之举。我不能和柏拉图或披头士对话，这是事实，然而这并不能贬低我试图跟他们接触的行为本身。这样的接触可能是单方面的诠释学上或美学上的接触，而不是私密的或互惠的接触。也许，在接触中，我向他们提出的问题，其答案还得由我自己提供——这颇像我与浩瀚宇宙的接触，也很像我和自己的接触。在这个方面，查尔斯·霍顿·库利(Charles Horton Cooley)是对的。他说：(在媒介化时代)我们与各种鬼魂的聚会也许是我们能参与的最重要的聚会(本书第五章)。

---

① 最近出版的一本关于"纪念"的书在其封皮上写道："现在越战纪念墙(The Vietnam Wall)不仅是一个纪念处所和祭坛，它还变成了一个朝圣场所。在这里一些人深受感动，留下了各种表达心意的祭品，类型繁杂，数不胜数。这些祭品主要表达的是祭拜者发给越战死难者的私人讯息，这些讯息意味着什么也只有祭拜者自己才知道。"参见：Thomas B. Allen, *Offerings at the Wall: Artifacts from the Vietnam Veterans Memorial Collection* (Atlanta: Turner, 1995)。书中提到，祭品包括一台生锈的手风琴、各种十字架、枕头、黑丝边内裤、一张照片(上面是一个南越士兵的尸体和正被凶手从尸体边拖开的死者的女儿)，还有一封道歉信，等等。

② Samuel Johnson, "An Essay on Epitaphs", in *Samuel Johnson*, ed. Donald Greene (New York: Oxford University Press, 1984), 98.

爱默生：豪猪似的不可接触性

从严格的科学意义上说，所有的人都处在同样无限疏远的境遇中。

——爱默生，《论友谊》

或许像前文提及的货币一样，墓地也是一种主媒介（arch-medium）[①]。正如墓地（cemetery）一词的原意所示，死者的生机在此被悬置起来。“墓地”一词源于希腊词 *koimētērion*，意思是“安眠之地”；直言之，墓地就是“宿舍”（dormitory）。1855 年，爱默生在马萨诸塞州康科德镇的睡谷地（Sleepy Hollow）墓园落成典礼上发表的讲话，就在很大程度上体现了 19 世纪的人们对墓地的看法——它是生者和死者心灵交汇的地方。[②]同时，这篇讲话还使我们了解了他对交流的看法。他认为，任何情境下的交流，本质上都是与死者的交流。这种交流从来不是交流双方主观意识上的相互触摸，而只是对死者留下的痕迹的诠释解读。他说，睡谷地墓园将要成为死者的历史档案，生者可以对之进行修葺维护，并从中获得启发和快乐。爱默生对墓园的兴趣有其个人原因。在他第一任夫人艾伦·塔克去世下葬一年多后，他曾经开棺查看她的遗骨。1875 年，在给爱子沃尔多迁坟改葬到睡谷地墓园时，他还开棺查看过沃尔多的遗骨，那时沃尔多已经去世十五年了。

爱默生看到两个至亲已然分解的遗骨时，从中领悟到了什么道理，他自己对此没有留下什么记录。[③]不过还是有一条线索可寻。在有一篇名为“体验”（Experience）的重要文章中，他写道：

---

① “Arch”有“主要”（chief, principle）之意，如 arch foe，主要的敌人；荣格提出的 archetype（原型）最广为人知，详见第五章注释。——译者

② Ralph Waldo Emerson, “Consecration of Sleepy Hollow Cemetery” (1855), in *Miscellanies* (Boston: Houghton Mifflin, 1904), 427 – 436.

③ John J. McAleer, *Ralph Waldo Emerson: Days of Encounter* (Boston: Little, Brown, 1984), 109.

> 悲痛让我学会的唯一的道理是，它是何等的肤浅。悲痛，像其他所有东西一样，所触及的仅仅是表面，它从来没有让我接触到其下的现实；为了接触现实，我们甚至会付出儿子和爱人的昂贵代价。好像是博斯科维奇[①]吧？他发现，我们的人体是根本无法相互接触的。嗯，灵魂是决不会触摸到它们的对象的。一个不可逾越的大海横亘在我们和彼岸的目标之间。我们试图抵达这些目标，并想要与之对话。然而，我们的人生经验就像雨从雨衣滑落那样，从我们的存在(being)上滑落，留给我们的只有死亡。我们看着死亡，不得不带着暗涩的满意说道：至少对这个现实(死亡)，我们都绝绕不过。[②]

在唯我论的迷宫中，死亡是我们濒临绝境时的逃生门。也许，爱默生在艾伦和沃尔多腐败的遗骨中所看到的，正是人类所付出的“儿子与爱人”的高昂代价。

在他的墓园献词中，爱默生赞美生死的轮回，赞美有机物的循环往复。他说：

> 不可抗拒的民主——请容许我用这个词——化学和植物的民主，将所有分解的物体重新合成新的生命——这一进程永不停歇，任何个体无一能赦免——这一切给我们的印象是，一切试图保存遗体的古老艺术都徒劳无益。我们将自己化为泥土，还给泥土。我们不会以嫉妒的心情用宏伟的大理石墓穴小心翼翼地保护这几个原子[③]，不会自私地把它们隐藏起来，不让它进入造化的不可逃遁的伟

① 博斯科维奇(Ruggiero Giuseppe Boscorich, 1711—1787)，意大利天文学家和数学家。——译者

② Emerson, “Experience” (1844), in *Selected Writings of Emerson*, ed. Donald McQuade (New York: Modem Library, 1981), 344。Ruggiero Giuseppe Boscovich 对法拉第和麦克斯韦都产生了影响。

③ 此句原文为：We will not jealously guard a few atoms under immense marbles。——译者

大循环之中。

在这里，爱默生对自私自利的个人主义提出了他特有的批评；他针对的是19世纪的一个现象：人们将墓园装饰得越来越资产阶级趣味化，导致宏大的墓园建筑越来越多。在批评“保存遗体的古老艺术”时，爱默生也预示了一些新的艺术的出现：摄影术和留声机艺术。加里·威尔斯①指出，爱默生的这篇讲演辞几乎成了一个降神会。②威尔斯说得并不完全对：降神会是生者与死者之间的即时互动，而爱默生心里想的却是一种更加具有诠释意义的交流。他并不指望死者能向生者作出直接应答。那些到睡谷地墓园寄托哀思的人与死者之间形成的是一种比较松散的诠释关系。“我们把死者的身子送到这儿来，但是我们怎么才能抓住死者已经逃遁的灵魂呢？”墓园将成为“孩子们深情凭吊的地方，下一个世纪他们还能到这里来看墓碑上前辈的生卒年代”。下一代不是到这里来与死者进行灵魂的聚合(communion)，而是对死者进行凭吊怀念(memory)。爱默生放弃了生者与死者之间灵魂与灵魂结合的可能性；生者能够做的仅仅是从精神的角度来解读死者留下的痕迹，这种解读是回忆性的。到此凭吊就是来解读一个历史文本，而不是来与鬼魂会晤。他写道：总有一天，

> 在未来遥远的世纪里，这块静默无言的绿色天地将会充满历史：善良、智慧和伟大的人，他们的名字和美德将留在绿色的树梢；众多英雄、诗人、美人、圣洁的人和慈善的人都将会让这里的空气标明时间，说出话来。③

---

① 加里·威尔斯(Garry Wills, 1934—　),美国多产作家、记者和历史学家,曾获得普利策奖。他关注美国历史、政治、宗教,特别是罗马天主教的历史。——译者

② Wills, *Lincoln at Gettysburg*, 75.

③ Emerson, “Consecration of Sleepy Hollow”, 430, 435, 436.

即使死者的灵魂不在了，他们的精神(*Geist*)也会留在墓园。从爱默生身上我们可以看到，正如“播种者”寓言一样，在生者对死者的阐释中，交流的环路里只有一端是活跃的。

爱默生不相信生者与死者之间能存在交流；甚至对生者之间的交流，他可能也不会相信。根据阿多诺的描绘，克尔恺郭尔关于爱的学说，仿佛是在呼吁我们将所有其他人都当作死者去爱。阿多诺认为，如果这样，克尔恺郭尔的爱既高尚又可悲——说它高尚，是因为如果爱的是死者，那么这种爱就必须是恒常不变的，爱人者也会在乎自己是否被拒绝或被伤害；说它可悲，是因为既然爱的是死者，那么这种爱就不再是一个爱人者与被爱者彼此携手共进、相互影响的旅程——在这个共同旅程中，爱人者有可能为其所爱而大大改变自己。①和克尔恺郭尔类似，爱默生将与死者的交流视为一切交流的典型范式。他从来不承认存在任何直接的接触。“男人和女人之间的关系就像不言的树木之间的关系，它总是一种间接的存在(referred existence)，它总是缺席， 绝不在场，难遂人意。”②

爱默生不相信生者之间，以及生者和死者之间能实现一对一的共享，因为他不太相信任何“在场”和“个性”的说法。“如果与某个朋友见面时我不在场，那么就增进我和朋友之间的友谊和智慧这一点而言，我在另一地的“在场”，和我在见他时的‘在场’，两者的用处是一样的。我在任何地方都会产生同样的影响力。”③即使两个人彼此近得可以相互碰触，也不意味着这两个人心理上能够走得更近。爱默生的朋友玛格丽特·富勒④希望能和爱默生更加亲密，而爱默生却认为自己对这

① Theodor W. Adorno, “Kierkegaard's Doctrine of Love”, *Studies in Philosophy and Social Sdence* 8 (1939): 413 -429.

② Emerson, “Nature” (1844), in *Selected Writings of Emerson*, ed. Donald McQuade (New York: Modern Library, 1981), 403.

③ Emerson, “Experience”, 342.

④ 萨拉·玛格丽特·富勒(Sarah Margaret Fuller, 1810—1850),美国作家、评论家、社会改革家,早期女权运动领袖。她是新英格兰先验论派的著名成员,她在1845年出版的代表作《19世纪妇女》开启了文化女性主义思想传统。——译者

种亲密关系尚未准备好。在给她的一封信中，爱默生如此写道：“(这是一种)人与人之间豪猪似的不可接触性。”①

对爱默生而言，既然对话是不可能的，那么我们就有理由庆幸这一事实：这个浩瀚的宇宙时时刻刻都在发布着信息，任何有心倾听的人都能接收到。1839 年，爱默生发表了一场名为“论鬼神研究”(Demonology)的讲话。讲话的内容涉及当时漫游在全美国的各种幽灵，他批评有人只想着在宇宙中找到针对自己的个性化信息(他这话多半是对梅斯梅尔催眠术者说的，但也适用于后来的各种招魂术)。他说：“整个世界都是征兆或符号，为什么有人却偏要忧心忡忡地到那些犄角旮旯去寻找针对他个人的信息呢？”②他告诫人们要对宇宙采取一种诠释的姿态，而不要将一切东西都看成是专门发给自己的。他拒绝去寻找那些所谓针对个人的符号，无论这些符号意指上帝的赐恩，还是意指心上人死而复生；他甚至还大胆地宣告：讯息原本是否是被当作讯息发出来，其实并不重要，只要我们接收到就行。要言之，爱默生认为，宇宙所做的只是撒播，至于我们能从中发现什么信息，完全取决于我们自己是否具有“创造性阅读”的能力。③

对爱默生而言，交流决不是与另一个人的接触；他指出，我们若能认识到这一点反而会更令人愉快，因为，这样我们就能得到解脱，而没有义务要在别人的心灵上花费气力；我们因而能沐浴在整个宇宙日积月累的智慧之中。我们到处都能找到友情，我们不会粗鲁地要求邂逅的朋友对我们作出回应。在一切的对话中，我们都在书写和接收无人回答的信件。在田野中漫步、在林中徜徉的时候，“我并不孤单，我受到承

① Ralph Waldo Emerson, *The Journals and Miscellaneous Notebooks of Ralph Waldo Emerson*, 7：301。引自 MacAleer, *Ralph Waldo Emerson*, 114。不知爱默生是否读过叔本华的著作。

② Ralph Waldo Emerson, “Demonology” (1839), in *The Early Lectures of Ralph Waldo Emerson*, ed. Robert E. Spiller and Wallace E. Williams (Cambridge: Harvard University Press, 1972),3：151－171.

③ Emerson, “The American Scholar” (1837), in *Selected Writings of Emerson*, 51.

认，它们对我点头，我对它们致意。树枝在风暴中招手，我对之陌生又熟悉。树枝的颤抖使我有些吃惊，然而又似曾相识”。与自然和谐同处并不意味着要深入一个可怕的认识论地狱——我永远不知道我发出的信是否被他人收到；相反，我们与自然共处是要让自己去感受那令人陌生而又熟悉的智慧。谢林说，自然是看不见的智慧。对爱默生而言，自然是一种象形文字，它来自一种和你迥然不同的新智慧。你在田野林间的体验是一种实实在在的彼此相遇，而不是一方对另一方的单向投射（projection）：“产生这种愉悦的力量并不蕴藏在自然身上，而在人身上，或者在人与自然的和谐之中。”统领这种和谐的并不是某种认知观念，而是一种情感与亲和力（affection and affinity）。①

显而易见，对那些足够强大，不需要另一“真实的他者”的承认而仍可以生活下去的人而言，爱默生的以上观点是一份很对胃口的菜单。也许，这也是尼采钦佩爱默生的原因之一。但是，爱默生的观点也激起了我们的一些疑问，即如果是这样的话，那么我们如何确证这个世界的存在，以及如何避免受骗上当？我们如何避免被自己以及他人的甜言蜜语欺骗呢？简而言之，如果我们对客观现实的认知都是我们个人心灵的投射，那么在这个投射舞台之外，我们还能到哪里去寻找客观现实存在的确凿证据呢？如前所述，爱默生从死亡身上找到一个他无法逃遁的现实；他对怀疑论者的回应则预示着后来人们对“交流中的真实性”展开的辩论。在19世纪的语言习惯中，“媒介”一词常常指人的五种感觉；哲学上的怀疑主义认为感觉是不可靠的，这显然是一个先兆，预示着后来人们对媒介形象和媒介报道的真实性所抱的怀疑态度。②爱默生提到：“我完全不能检测我自己的感觉报告的真实性。”这是哲学怀疑论的传

① Ralph Waldo Emerson, Nature (1836), in *Selected Writings of Emerson*, ed. Donald McQuade (New York: Modern Library, 1981), 7.

② John Durham Peters and Eric W. Rothenbuhler, “The Reality of Construction”, in *Rhetoric in the Human Sciences*, ed. Herbert A. Simons (London: Sage, 1989), 11 – 27. Cf. Emerson, “Experience”, 343.

统出发点，但是从这一点出发，爱默生并没有得出结论说，这个世界是不稳定的，或者说这个世界是不可知的。相反，他得出了一个早期实用主义(proto-pragmatist)的结论：为实用计，我们总是必须行动，无论我们有什么认识论上的顾虑。“无论自然是人体之外的切实存在，或仅仅是心灵中领悟到的天启，对我来说，它都是有用的和值得尊敬的。”①

世界或者是“真实的他者特性”，抑或是我们的自我投射，但无论我们选择哪一个，对行动而言，都没有区别。无论墙壁是否虚构之物，我撞上墙总是会痛的。虽然我们的行动仿佛告诉我们，我们有能力塑造世界，但是我们必须做好思想准备，因为总有东西会粗暴地使我们清醒过来，对这种粗暴的提醒，我们应该心存感激。爱默生称这种使我们清醒过来的东西为人类“生命的必需品”(commodity)②。从原则上说，这一名词和皮尔士的“第二性”(secondness)③以及肯尼斯·伯克④的“抵触”(recalcitrance)类似。

爱默生所谓的人类“生命的必需品”是物质的。他认为，被物质惊醒对我们具有拯救作用。如果否认物质，我们就会错过他者对我们进行的如点化般的拯救。如果否认物质，“上帝就会离开我的心，这使我陷入自我感知的美妙迷宫，让我在其间漫无目的地漫游。随后我的心开始抗拒这样的漫游，因为它否定了人的实质性存在(substantive being)，拒绝给予温情”。⑤

---

① Emerson, *Nature*, 26.

② 爱默生将他的演讲集《自然》的第二章命名为“生命的必需品”。英语单词 commodity 意为“商品”，这里爱默生用它来指人类生存所必需的各种物质，包括土地、动植物、空气、水、火等等。《自然》一书的主题是从进化论角度阐述人类的进步，以及人类通过艺术来再现自然，从而与自然实现融合。——译者

③ 第二性，与“第一性”、“第三性”相对，指从属的、派生的性质。是实用主义创始人皮尔士提出的哲学概念。——译者

④ 肯尼斯·伯克(Kenneth Burke, 1897—1993)，当代美国“新修辞学”的代表、著名修辞学家。他被认为可能是自亚里士多德以来西方最伟大的修辞学家，受到了广泛关注。伯克的修辞学理论以“认同”为核心概念，是古典修辞学的继承和发展，但他重新定义并且大大拓宽了修辞分析的范围，因此广受赞誉。——译者

⑤ Emerson, *Nature*, 35.

爱默生列举了19世纪具有的三个典型的可怖特征，这也是19世纪遗留给20世纪的财产：被上帝抛弃的宇宙、迷失在自设的迷宫中的自我以及丧失了实质性存在(substantive being)的他人。爱默生同时反对唯心主义和唯物主义；这两种主义的极端形式都否定自然与人之间的“共同的血亲关系”。爱默生的观点是，我们应该对文化(culture)与自然(nature)[①]之间的相互关系具有一种敏感，文化给自然留下印记，自然也给文化留下印记。物质不只是泥土，它还能使我们觉察到上帝和他人的存在，能使自我从无休止的漫游中解放出来。爱默生的唯心主义并不否认物质，而是认为物质具有多种表现形式，因此不能将其抛之不用。他欣赏偶发事件的证明价值，因为偶然的事情冲破了自我茕茕孑立的感知迷宫。总之，他认为交流既是给予，也是接受，而且两者之间并不需要协调。如果“给予”和“接受”之间能具有什么联系，它也不是人为的，而全是上帝的恩惠。他承认世界的“他者”性质，同时却不认为他因此就有理由要求世界向他作出什么解释。

巴特比：作为撒播的书籍抄写

爱默生认为，如果我们对自己缺乏实事求是的自我肯定，而只顾去追求所谓“真诚”(sincerity)，那么真诚作为一种美德，其价值就会被高估。“在这个问题上，在这个轻浮多话的美国，我们被自己所谓的善良天性和‘兼听则明’的习惯给毁了。”[②]

梅尔维尔的小说《抄书人巴特比》(*Bartleby the Scrivener*, 1853)能够验证爱默生的观点：自然中讯息无处不在，人并不需要从他人或从宇宙中收到什么针对其个人的讯息。[③]巴特比这个角色所表明的是，交流的非

① Nature and Culture在英语中是一对相对表达，两个词互压尾韵，可翻译成“自然”与“人为/文化”，但丧失了其尾韵特征。——译者

② Emerson, “Experience”, 346.

③ Herman Melville, “Bartleby” (1853), in *Piazza Tales* (New York: Elf, 1929), 21-65. 后文括号中的数字为页码。

个人性可以发挥到极致。巴特比是一名抄书人，他整日栖息于书写的“无人区”——以及一个由抄本构成的平行宇宙[①]中。起初，他受雇给一位叙述者抄写大量文本。此人比他年长，在华尔街做律师，常常自以为是，因而使这个故事带了些讽刺意味。每次巴特比抄写完毕，叙述者会请他将抄文朗读一遍以检查是否准确。这时，巴特比总是会回答，“我宁可不读”(I prefer not to)。这样的回答让叙述者坐立不安，然而无论叙述者如何要求巴特比服从，他的回答始终不变：“我宁可不读。”(32页)叙述者问：“(你的意思是)你不愿意读？”(You will not？)巴特比仍回答：“我宁可不读。”(36页，着重号系原文所加)。巴特就是不愿意说“愿意”(will)。我们可以把他当作一个虔诚的傻瓜，批评他对环境变化视而不见，而只知机械行事。正如施华兹(Louis G. Schwartz)所说，巴特比代表的可能是书写本身所蕴含的一种消极抵抗，这是该小说和《斐德罗篇》所阐述的共同主题。[②]和巴特比一样，书写是不回答问题的，既无法形成对话，也(如巴特比所说)不要求人们以任何特定方式去使用它(58、59页)。书写“像死尸”，“像鬼魂”，这是小说中的叙述者多次用来形容巴特比的两个词。巴特比的姿态是一个纯粹单向撒播的姿态，一个死者向生者的来信所作出的姿态。这正如苏格拉底对书写的抱怨——它总是传达相同的东西(*sēmainei isa*)，而且决不接受任何问询。

小说中的叙述者说道：“最使一个认真的人痛苦的，莫过于遭遇消极抵抗。”(34页)于是，他将巴特比置于一种有些淫邪变态的监视之下：“在这里，我可以轻易得到令人满足的自我称赞；跟巴特比做朋友，迁就他的奇怪的任性，现在已经可以不费力气、不花分文；同时，我在灵魂里存放的将是一口口能满足我良心的甜蜜回忆。”(35

① 平行宇宙(Parallel Universe)，也称为“平行世界”(Parallel World)，这是一种在物理学里尚未被证实的理论。该理论认为在我们的宇宙之外，很可能还存在着其他的宇宙，而这些宇宙的基本物理常数可能和我们所认知的宇宙相同，也可能不同。——译者

② Louis G. Schwartz, “Seminar Paper” (paper prepared for seminar on philosophy of communication, summer 1991, University of Iowa).

页；参见52页）但是，叙述者后来对巴特比那种灵魂上的拒人于千里之外的态度越来越生气。开始，他想解雇巴特比，当巴特比拒不离开办公室时，他口头上给巴特比下了一道逐客令，然后又给巴特比一点小恩小惠，引诱他把身世说出来。但是，无论如何尝试，这位律师叙述者都不能使巴特比屈服于他那种受经济学指导的压制性交流方式。巴特比是不能回应的幽灵（doppelgänger），简直就是一封死信，是叙述者僵死的道德规范投下的离奇的影子。[①]最后，叙述者搬到另一幢楼，将巴特比一个人留在那空洞洞的工作室里。“我强制自己离开了他，我一直是多么希望摆脱他。”（56页）他说道。这句话抓住了要害，它折射出了各种类似现代剧中那种既依恋又拒斥，两种情感纠缠不休，藕断丝连的典型关系。阿尔弗雷德·卡赞[②]说这个故事是一个“非常典型的存在主义小故事”。[③]这个故事，表演空间局促，人物简单但关系紧张，弄不清谁是主谁是奴；剧中人物之间对话不可能，动机难理解，因此它也完全可以是萨特笔下的剧目或伯格曼执导的电影。19世纪中叶，梅尔维尔、克尔恺郭尔和马克思都对对话中的痛苦进行了探索，而这个“巴特比”小故事则在他们的基础上又前进了一小步，从19世纪末的唯心主义的唯我论，走向了20世纪的存在主义。所有的这些思想家和理论都对媒介进行了探索，这些媒介将我们置于交流的闭环中，可是交流对象却都不在场。

巴特比的故事，独特非凡，深具影响，激发了很多互相矛盾的解读。最初，谜一般的巴特比让人无法不注意到他；但到20世纪后期，大部分注意力都集中在叙述者具有讽刺意味的交流姿态上，这个姿态是博爱与迫害的混合。“巴特比”这个形象符合美国文学中的“自我”形象

---

① 正如弗洛伊德所展示的，如果某人有看见自己的“复制品”这样的“诡异情形”（the uncanny），这预兆着该人死到临头了。参见：“Das Unheimliche”（1919），in *Gesammelte Werke*, vol. 12（Frankfurt am Main：Fischer，1947）。

② 阿尔弗雷德·卡赞（Alfred Kazin，1915—1998），美国作家和文学批评家。其作品大多描绘美国20世纪早期的移民生活。——译者

③ Alfred Kazin，“Ishmael in His Academic Heaven”，*New Yorker* 24（1949）：84－89.

传统——这样的自我拒绝接受任何命令，拒绝成为中心或具有人性。[①]无论是拒斥还是接受，巴特比都不愿意作出明确表示；简言之，他总是“我宁可不(读)”。巴特比超越于交流之上。他一定能够理解克尔恺郭尔的观点：与其被误解，“一个自知的作者，最好根本就不要让别人品评自己，这样对他更有好处”。巴特比的“自我”(selfhood)具有自主性，但是这一自我的内在性(interiority)却拒绝被转化成受他人权力控制的对象。巴特比似乎具有一种漠不关心的他者特性，他将叙述者逼至绝望，迫使叙事者采取霸道的姿态，结果叙述者成了近来结构主义批评家笔下的典型恶棍：他或是一名代理人，具有神父般的权力，总是审视他人的灵魂，以至博爱中带着残酷，残酷中带着博爱(福柯语)；或是一名深入文本内部，对文本进行掠夺性解读的批评家，逼迫文本对其自身作出恰当的解释(德里达语)。在新近敏锐的批评家眼中，巴特比并不如常人所认为的那么病态和极端，而是一个虽叛逆但正直诚实的形象。面对这样的“自我”，交流是不可能的。他那“我宁可不”的姿态是其英勇的逃避策略，是他对律师界那刚愎自用的文牍权力的逃避。

巴特比是一名殉道者，他被牺牲在对话主义(dialogism)的道德自以为是之下。对耶鲁大学政治哲学教授布鲁斯·阿克曼(Bruce Ackerman)这样的人来说，拒绝对话的行为就是暴力行为；在他看来，一方根据道德原则自主选择拒绝参与对话，这种可能性是不存在的。我们感受一下他这段话中隐含的权力关系：“我既不能用暴力，也不能用理性将对话强加于你。我所能做的仅仅是提问并等待你的回答。如果你恶狠狠地瞪着我，并把暴力强加于我，我就会进行自卫；另一方面，如果你回答我的问题，我就会回答你的问题，于是我们就会一起看到我们将看到的。怎么选择由你决定。”[②]在这个似乎是“自由和开放的相

---

① Richard Poirier, “Writing off the Self”, *Raritan*, no. 1 (summer 1981): 106 - 133.

② Bruce Ackerman, *Social Justice in the Liberal State*, 371, 引自 Mark Kingwell, *A Civil Tongue: Justice, Dialogue, and the Politics of Pluralism* (University Park: Pennsylvania State University Press, 1995), 61 - 62。

遇中”，是否参与对话，选择是双方共同作出的。然而，如果一方选择退出游戏，却会被另一方当作敌意的暗示。阿克曼颇具说服力的对话邀请——尽管面临对方的不同意见——其背后的支撑赫然是一种镇压机器。“对话”所谓的道义高尚性会窒息那些“宁可不”跟你玩的人。在极端情况下，赞同对话的人会采用梅尔维尔“巴特比”小说中那名律师叙述者的审查方式，在善意的伪装下对对方进行咄咄逼人的审查。

以上，我试图考察权力的运行机制，在这个过程中我是否有些过于吹毛求疵了？一方对另一方发出对话邀请，这中间真有什么值得怀疑的吗？问得好。也许你会认为，只要世界还充满贫穷和不公，值得我们关注的也许应该是更加粗暴的弄权，而不是对话的陷阱吧？尽管如此，我仍然认为，“对话”的道义霸权仍然遮蔽了我们的眼睛，使我们看不见巴特比的高尚之处，看不见克尔恺郭尔笔下的亚伯拉罕的智慧，也看不见米兰·昆德拉小说《不朽》中的阿维纳里乌斯教授的愉悦(blitheness)——他们都被别人要求对自己进行解释，但是他们都避开了这样的要求。同样，耶稣基督并没有就天父的意志展开一场对话；相反，有人向他提问时，他却提出反问。他到这个世上来，不是要进行对话，而是要向听他布道的人显露他传达的真理。无论我们怎么追问宇宙，它对我们的问题都不会给出任何解答；如果我们因此而指责宇宙举止傲慢，那我们一定是傻子。诚然，对话可以是非常好的方法，它可以使我们想象对方的立场；而且在处理分歧上，对话显然比拳头或神经毒气好。然而，对于多种多样的道德体验，对话本身并不是足够充分的交流载体。

留声机与扭曲的对话

与文字、达盖尔照相术以及货币一样，留声机(phonograph)也是保存鬼魂的媒介；没有这些保存手段，鬼魂就会转瞬即逝。和巴特比一样，留声机也是抄写者(copyist)。在抄写艺术中，留声机和其先驱一样也引发了众多同样的焦虑。留声机，顾名思义，是一种书写手段。[①]可以想象，它对文化进行的重组和文字对口语的影响一样，具有决定性的意义。留声机在思想上被接受的情况和《斐德罗篇》被接受的轨迹很相似。正如保罗·利科所说，文字镌刻（inscription）的含义，意味着口语脱离原来的环境，意味着作者的死亡，也意味着一个开放的受众群体的出现。留声机使语音脱离其主人，甚至使语音不朽，它能远距离对听众施加一种爱欲的控制：一方面在叙事上，它一成不变，忠实记录；另一方面在发布上，它不加区分，混乱杂交。在其1878年一篇经典的文章中，爱迪生夸耀留声机对声波的复制能力。他说，留声机能够“随意复制原来的一切特征，且无需声源的在场或同意，而且可以在原声过去之后的任何时间对之进行再次复制”。[②]关于留声机——或者说关于任何其他浓缩时间的技术——的设计初衷，我们很难找到比这更清晰的表述了：它能保真、可操控、不受信号源束缚、能克服时间和死亡的障碍。这正是文字的不足，苏格拉底曾为此发出叹息，而爱迪生却将这些“不足”视为留声机的长处。

在许多方面，留声机是比照相机更加令人震惊的现代性象征。在遥远的史前文明时期，人们已经可以用绘画来保存形象。然而，要将声音事件固定下来则需要使用完全不同的书写方式，即要求捕捉住时间的流动。我们能以一种近乎夸张的精确性，将这种书写技术的诞生时间和地点定在1877年，新泽西州门洛公园（Menlo Park）里托马斯·爱迪生的实验室内。

这一连串的发明——从“会唱歌的电线”（即电报）到麦克风、电话、留声机再到无线电广播及相关的声音技术——也许标志着现代性中所有感觉重组（sensory reorganization）中最急剧的变革。除了我们常听到的

① 留声机最初是爱迪生给自己的装置的命名；贝尔的装置名为graphophone；伯林勒（Emile Berliner）的机器（其上安装了一个碟形部件）名为gramophone，后来该词在欧洲流行开来。在本书中，我都使用“留声机”统称这些名称稍有不同但功能类似的装置。

② Thomas A. Edison, “The Phonograph and Its Future”, *North American Review* 126 (May-June 1878): 527 - 536, 530.

回声之外，在人类历史上，倾听脱离人体的声音，大多数时候是诗人和疯子专有的特权。留声机是将这种经验民主化的少数几种技术之一。正如大多数民主的东西一样，留声机最初所散发出来的先知般的锋芒因为后来人们长期的使用而已经钝化。

留声机可以发出人的声音，却不见人的身体；人的灵魂和气息都留驻在留声机里了。我这样说，并不是要让这种小小的机器承载过分的历史分量——媒介学者都习惯这么做。而实际上，捕捉活生生的时间，甚至生命本身，这种雄心弥漫在19世纪的文化中，体现于各种活动画景、西洋景、蜡像博物馆、解剖展、照相术、标本制作术、自然历史展、欢乐园、历史注定论、魔术、招魂术等等之中；直到电影技术的出现，这种雄心才告终结。[①]但即使如此，留声机的影响仍然巨大，它改变了语音、音乐和人声的意义。有了留声机，音乐不再需要活生生的表演者在场；我们不再需要人的体力投入就可以发出声音。[②]留声机上的“音乐”可以获得自己的生命，可以独立于作曲家、乐手和听众。正如阿多诺所说，唱片“作为音乐表现（表演）手段，它首次使音乐成为可收藏的物品”。[③]在这里，阿多诺的用词不是“乐谱”（musical notation），而是**音乐表现**（表演）。同样是保存音乐，和乐谱不同的是，唱片的独特性在于，它以一种可以永远原样重放的方式保存了音乐的表现（表演）。雅克·佩里奥[④]指出，留声机是“第一种积极尝试让死者复生的技术”。蕴含在留声机中的是现代技术

---

① See Richard D. Altick, *The Shows of London* (Cambridge: Harvard University Press, 1978); Bann, *Clothing of Clio*; Gunning, “Phantom Images and Modem Manifestations” and “Tracing the Individual Body”; and Sandberg, “Missing Persons”.

② 深为浪漫主义者所爱的爱奥尼亚竖琴(aeolian harp)以及音乐盒、音乐钟和各种管乐器属于例外。参见：James F. Lastra, “Inscriptions and Simulations: Representing Sound, 1780 - 1900” (paper given at Sound Research Seminar, Department of Communication Studies, University of Iowa, 21 April 1995)。该书探讨了留声机被发明之前的“具有自动书写特征”的声音。

③ Theodor W. Adorno, “The Form of the Phonograph Record”, trans. Thomas Y. Levin, *October*, no. 55 (winter 1990): 56 - 61, at 58.

④ 雅克·佩里奥(Jacques Perriault, 1938—　),法国巴黎第十大学信息和传播科学教授,是法国著名的新媒体研究者。——译者

所具有的两种主导性企图：一是创造人工生命，一是复活死者的亡灵。①

因此，难怪留声机看上去像通向幽灵世界的大门。小狗尼普尔(Nipper)在著名的“维克多”广告中，听命于“他主人的声音”；而在维多利亚时代的标识画中，它原是一只忠诚地给主人吊丧的狗。②留声机有力量“压制缺席”。③在一段与《斐德罗篇》以及留声机都相关的文字中，弗洛伊德写道：“追根溯源，文字是不在场者发出的声音。”④19世纪法国的电学全才杜孟塞尔男爵(Count Théodore Du Moncel)在试听了早期的留声机之后，写了这样几句话：“(我)听见这样的声音，不禁为之一惊，它——有点尖利，这一点要承认——像是从坟墓下面传出来的。倘若这个发明是在中世纪，它肯定会被用来描述鬼魂；对玩魔术的人来说，它肯定是无价之宝。”⑤卡鲁索的唱片1922年在电台上播出时，也有人发出类似的感叹：“卡鲁索已经去世，而且已经下葬几个月，然而他还在对我——也许还对其他两万多人——歌唱。在这个冬天的夜晚，他的声音通过以太传到我们的耳朵里，所有这一切所依靠的仅仅是在纽瓦克市电台的一张卡鲁索留声唱片、几英尺的电线以及纽约市接收端的几英尺电线和一部收音机。”⑥

关于声音考古学，皮尔士提出的设想最具有前瞻性：“只要再给科学一百个世纪的时间，让它以几何级数发展，我们就能期望它能发现，亚里士多德声音的声波其实早已经用某种形式记录下来了。”⑦

---

① Jacques Perriault, *Memoires de l'ombre et du son: Une archeologie de l'audio-visuel* (Paris: Flammarion, 1981), 202, 224.

② 关于此标识的实物,参见: Morley, Death, Heaven, and the Victorians, 201, plate 1。

③ Perriault, *Memoires de l'ombre et du son*, 177.

④ Sigmund Freud, *Civilization and Its Discontents*, trans. Joan Riviere (1930; New York: Norton, 1961),43.

⑤ Théodore Du Moncel, *The Telephone, the Microphone and the Phonograph* (New York: Harper, 1879), 243.

⑥ Bruce Bliven, "The Ether Will Now Oblige", *New Republic*, 15 February 1922, 329.

⑦ *The Collected Papers of Charles Sanders Peirce*, ed. Charles Hartshorne and Paul Weiss (Cambridge: Harvard University Press, 1965), 5: 542。麦克·瑞纳(Michael Raine)为我提供了该文献,特致谢。

以上这些目击者的看法都说明，对初期接触过留声机的人来说，它有一种令人不安和激动的性质。它能够将声音和语音从有机体的生死轮回中分离出来，这一点尤其让人有如此感觉。过去，一切声音都必定消亡且因人而异的。有了录音技术之后，你可以给声音打造一座巨大的陵寝，使之身处其中，保持暂停活动的状态。爱迪生宣告："演说家的讲演辞、牧师的布道辞，可以录在磁带上，凡是有留声机的家庭都可以随时像用自来水一样取用收听声音，它不仅可以来自生命的彼岸，更可以占据收听者的身子和灵魂。"1896 年，有一篇名为"死者之声"的文章抱怨说，各种关于伟人的历史著作文字，其内容像幽灵一样飘忽，一样不毛而贫瘠。该文就是一个很好的例子，能说明留声机如何能激发本雅明所谓的"无机体的性魅力"①。该文说道："像果脯一样，无论多么可口，（伟人讲演辞的文字记录稿）都缺乏生命的蓬勃活力：它们枯槁萎靡，难以消化。"然而，留声机却保存了"果汁"全部的原汁原味："我不知道他们的精神，直到听见他们的声音从留声机的辊槽上放出来。那身子，那力度，那柔和起伏，那重点强调或一带而过，都被这台精妙的机器忠实地再现出来。伟人的演讲辞因而焕发出生命力，这些语词渗入我的灵魂，无法磨灭，显示出伟人的全部魅力。过去我只是模模糊糊地对这些人有所了解，如今，我感觉到他们就在眼前；他们的精神弥漫包裹着我。"②凭借生动的描述，该文再现了斐德罗朗读吕西阿斯的讲演辞时的情景：一个远方的人以爱欲控制了另一个人的身体。留声机保存下来的不是灵魂，而是身体，是富有全部力量和重量、柔和起伏的身体。③

留声机同时具有两种特征：忠诚和滥交——一方面，它对原声一成不变，忠实记录；另一方面，它对听众不分对象，滥交撒播。这使人

① Walter Benjamin, "Paris, Capital of the Nineteenth Century", in *Reflections* (New York: Schocken, 1978).

② "Voices of the Dead", 1.

③ Wayne Koestenbaum, *The Queen's Throat: Opera, Homosexuality, and the Mystery of Desire* (New York: Vintage, 1993)。此书探讨了胶片留声机和录放机带来的非自然感：它们将人的声音、耳朵和机器不自然地匹配起来，这是一种未经许可的感官上的插入。

们对留声机的评价毁誉参半，就像苏格拉底叹息书写具有的公开性一样。1878 年，有人发文对留声机发出抱怨说："这个小玩意记录人发出的声音，它像不可靠的心腹朋友，只要别人唆使，他就会将你说给他的秘密原封不动地和盘托出。"不过，同一篇文章又赞扬留声机的一成不变的保真价值，认为它"没有偏心令人爱"，对谁都一样，无论是歌剧女主角，还是街头的小顽童，它都同样乐意为之录音。文章还说，"它只在有人对它说话时候才肯开口。"[①]它"宁可不"说(It prefers not)。自我克制而不参与互动的存在物，常常是人们讥笑、敬畏和惊恐失望的对象，比如麦克斯[②]和爱伦·坡笔下的渡鸦、神谕或梅尔维尔笔下的巴特比。[③]由于留声机不能如在对话中一样作出恰当的应答，所以它的"说话"就像不祥的死者。它实现了对"对话"的巨大扭曲，使言说和聆听之间的鸿沟无法弥补，也使言说陷入令人惊恐的单向孤独之中[④]。

如前所述，和爱迪生的另一项姊妹发明电影一样，留声机创造的奇迹在于它能够捕捉和改变时间的序列。包括黑格尔在内的很多人都认为声音与时间有着独特的联系，认为声音的消失伴随着时间的流逝。但现在，声音再也不会消失到空气中荡然无存了。[⑤]留声机将在时间中流动的音乐记录下来，它记录的不是对音乐的静态记录(乐谱)，而是音乐的动态表现/表演；不是歌词，而是人声。知识的存储曾经被文字垄断，而留

---

① "The Phonograph", *Harper's Weekly*, 30 March 1878, 249-250。对此向 Mark Sandberg 表示感谢。

② 哈珀·麦克斯(Harpo Marx, 1888—1964)，美国著名喜剧演员、电影明星、哑剧演员和音乐家。——译者

③ 留声机对收听对象的不加区分与柏格森对"可笑"之定义。柏格森认为，一切可笑都起于将灵活的事物变成呆板，将生动的举止化作机械式(Le mecanique plaque sur le vivant)。参见：*Le rire: Essai sur la signification du comique* (1899; Paris: Presses Universitaires, 1972), 29。

④ 原句为：Offering the single turn of speech in all its alarming solitude。——译者

⑤ On Hegel and sound, 参见：Joseph Simon, *Das Problem der Sprache bei Hegel* (Stuttgart: Kohlhammer, 1966)；其中 73ff. 处提到"声音乃有限性的哭泣"(the voice as the cry of finitude)。

声机和电影同时对这种垄断发起了挑战。[1]西奥多·阿多诺曾将密纹唱片比喻为“同心圆式的象形文字”。多亏了这种“象形文字”，声音再也不会注定要死亡了。[2]就其本质而言，声音是一种事件(event)。在留声机被发明之前，声音必须与其音源同时出现，是具体的和表现性的。佩里奥指出：“从一开始，留声机就是用来保存不在场者的声音的一种手段。”爱迪生几乎完全听不见高频的声音，他发明留声机的初衷是想要发明助听器，在这个过程中他竟意外发明了“储存和再现人的声音”的方法。克罗斯(Charles Cros)，这个和爱迪生竞争留声机发明者称号的法国人，将自己的发明命名为“古声机”(paleophone)，意即一种能将过去呼叫到现在的电话。[3]实际上，最初人们多半是将留声机当作一种经改进的电话，因为它能更好地保存和发送电话讯号。不管是叫“电话”，还是叫“古声机”，也无论声音是来自远方还是来自过去，体现在这些名称背后的都是“传输”和“记录”两者之间不可切割的联系。

和留声机奇怪的本体地位最接近的，是幽灵的世界：幽灵没有易逝的肉体，但拥有永恒的智慧。借助留声机，死者的声音可以在他们缺席或者不经他们允许的情况下得到复活。约瑟夫·洛奇爵士曾赞誉留声机，说它像灵异研究。“在爱迪生早期的留声机中，同一台机器既录又放。如今，唱片可以方便地从一台机器转到另一台机器。我们可以将这个过程大致看成是传心术或心灵感应的机械类比。在传心术或心灵感应中，灵异记忆库可以接通另一个有机体，并让后者部分地共享这些记忆。”[4]洛奇将留声机唱片比作人的记忆，它在别处被刻制，但人们可以将它拿来在自己的唱机上播放。在这里，我们又看到，现代媒介有这样

---

① Friedrich A. Kittler, *Discourse Networks: 1800/1900*, trans. Michael Metteer (Stanford: Stanford University Press, 1990), 245.

② Thomas Y. Levin, “For the Record: Adorno on Music in the Age of Its Technological Reproducibility”, *October*, no. 55 (winter 1990): 23 – 47.

③ Perriault, *Memoires de l'ombre et du son*, 122, 153, 154.

④ Oliver Lodge, *Raymond, or Life and Death, with Examples of the Evidence of Survival of Memory and Affection after Death* (New York: Doran, 1916), 328.

一个效果：即将人的主体性和记忆这些脆弱而缥缈的东西外在化，将其变成一种可以任意回放的永久形态。为了降低这种外在化转换的难度，我们付出的代价就是——将人变成媒体中的幽灵。

三、死信：无法发出的讯息

> 妓院让人消沉，就像所有寄存物品的地方，如银行、邮箱、坟墓、售卖机。
>
> ——纳撒内尔·韦斯特，《蝗虫日》

前述巴特比故事指出，在书写中要到达目的地是多么艰辛；类似地，录音则将对话悬置起来。奇怪的是，媒介史研究几乎一直都没有涉及交流的原初情境——书信往来，而这个情境是最明显需要诠释的领域。现在，媒介史学家已经开始认真研究邮局，把它作为理解交流发展的关键场所之一。①邮件的文化史是一个非常丰富的源泉，从中能了解不同类型的交流经验背后的哲学思想。

认为邮政传递的是“给特定接收人的私人讯息”，这一观念兴起得比较晚。现今我们具有的“私信”和“公函”相互区分的观念，在18世纪的英国和北美殖民地的新闻通信(newsletter)中，尚没有完全形成。“家信”与新闻通信当然有所区别，后者是现代报纸的先驱；但是在当时，这两种通信都是可以编辑的，这种编辑或者由公众进行，或者由少

① Richard B. Kielbowicz, *News in the Mail: The Press, Post Office, and Public Information, 1700 - 1860s* (New York: Greenwood, 1989); Menahem Blondheim, *News over the Wires: The Telegraph and the Flow of Public Information in America, 1844 - 1897* (Cambridge: Harvard University Press, 1994); Thomas C. Leonard, *News for All: America's Coming of Age with the Press* (New York: Oxford University Press, 1995); Dan Schiller, *Theorizing Communication: A History* (New York: Oxford University Press, 1996), chap. 1; and Richard R. John, *Spreading the News: The American Postal System from Franklin to Morse* (Cambridge: Harvard University Press, 1995).

数人进行，但目的是为了让公众阅读。新闻通信的传阅率很高，其宗旨就是为了使其在读者中流通，而且它的排版也特意给出很多留白，就是为了方便读者能在其上信手留言，补充新的消息。与新闻通信的情况相似，当时的私信也常常受到侵扰，其内容甚至会被弄到报纸上发表，或者至少也会在地方邮政所的内部员工讨论中被当作谈资。在殖民地时期，有些邮政所所长会明显随意地在他们发行的报纸上引用其私自拆阅的情书和私信中的内容。①当时，不仅通信内容是公开的——人们无意间就可以看到——而且收信行为本身也是公开的。当时，地方邮政所会将人们购买邮票的情况登记在记事簿中，如谁针对什么邮件购买了多少邮资等等。这样做之所以必要，是因为在19世纪50年代，是收信人付邮资。因此，邮政所所长不仅对当地人的阅读习惯相当了解，而且对当地流通的许多新闻都颇为知情，他们监控甚至审查邮政顾客应该读到什么报纸，收到什么信件。②那时的邮政并不可靠，信件更像是今天的明信片——虽写明了收信人，但谁都可以看。德里达有一个著名的观点：一切邮寄的信函都有一个隐蔽的明信片结构，如果企图将信的接受者限定为特定个人，这种企图常常会因为文本的扩散性而被破坏。③从历史上来看，他这个观点是可能成立的，但是，一旦将其置于后来的邮政系统下，这个观点就会令人惊异。后来的邮政系统逐渐发展出对私人通信私密和安全的严格保护，但这一系统形成的历史并不长。

19世纪中叶以后，北美和西欧的邮政实践开始努力控制信件的丢失率；他们采取的办法是：让发信人控制信件的私密性，并让发信人和收信人两个地址间的送达更为精简。各种邮政创新措施集中于19世纪50—60年代前后的20年内完成，它们使得现代意义上的“私信”成为可能。1840年，世界上第一枚邮票出现在英国，上面印着维多利亚女王的肖

① John Floherty, *Make Way for the Mail* (Philadelphia: Lippincott, 1939),38.

② Leonard, *News for All*, 13-14.

③ Jacques Derrida, *The Post Card: From Freud to Socrates and Beyond*, trans. Alan Bass (Chicago: University of Chicago Press, 1987).

像。人们从此不必到邮政所去向所长购买邮资才能寄信，这是邮件走向匿名的关键一步。19 世纪 40 年代，首批自带黏性的邮票在美国出现，最开始用于地方私人业务；1847 年，美国国会授权发行第一枚全国性邮票；1849 年授予了美国第一个信封专利，这样邮件装入信封之后他人就不能对内容审查，信封因此给信件罩上了一层全新的隐私氛围。在 1849 年旧金山淘金热兴起之后的 1851 年，大概是为了确保美国东西海岸之间的联系，国会立法统一全国信件邮资，所有信件都使用平邮，计费从此不再如从前那样按空间距离分级。1856 年，一切信件都必须先付邮资(而不再实行收信人见信付费)；同年，邮件挂号制度开始实施，以保证重要物品的安全(也许是为了应付“驿马快信制”①中存在的危险因素)；不过，当时的挂号邮件需求很少。1855 年在伦敦出现的街头邮筒，于 1858 年开始在美国投入使用。

到 19 世纪 50 年代末期，人们寄信已经可以用信封封好，贴上事先买好的邮票，然后投入街头的邮筒了。“寄信人再也不会在收信端被邮局工作人员仔细端详了。”②美国邮政系统再也没有各种各样的“卫兵”站岗了。通信的私密性现在终于可以实现——正因为这个前提因素的存在，安东尼·康斯托克③才提出说有必要对邮件内容进行审查；美国邮件炸弹的漫长历史——从 19 世纪末的无政府主义者的邮件炸弹，到后来所

---

① 驿马快信制(Pony Express)，又译“快马邮递”或“小马快递”，是美国近代一项利用快马接力，在加利福尼亚州和密苏里州间传递邮件的系统，从美国东海岸到西海岸的邮递时间约为 10 天。驿马快信东起密苏里州圣约瑟夫，西至加利福尼亚州萨克拉门托，全长约 2 900 公里，共设 157 个驿站，每个骑手一般骑行 120 至 160 公里，每隔 16 至 24 公里便换马一次。驿马快信创立于 1860 年 4 月，在 1861 年 10 月横跨北美大陆的电报系统完工后就告停用，总共存在了一年半的时间。尽管存世不长，它却在美国西部历史上留下了一段传奇。——译者

② Mathew J. Bowyer, *They Carried the Mail: A Survey of Postal History and Hobbies* (Washington, D. C.: Luce, 1972), 24.

③ 安东尼·康斯托克(Anthony Comstock, 1844—1915)，美国邮政总署职员，以推动邮件色情内容审查而闻名。1865 年，美国国会采纳了首部禁止美国邮政中的淫秽物品的法律。1865 年，美国联邦法律禁止淫秽书画的传播。1872 年，在安东尼·康斯托克的主张下，加强 1865 年法令的修正案被国会通过，该法令被称为“康斯托克法”。后来，“康斯托克主义”(Comstockery)成为滥用道德审查的代名词。——译者

谓的“大学—航空公司邮件炸弹案”①——才可能出现。就这样，我们有了一个公共传播系统，它连接到全国的每一个地址，通过密闭的信封或包裹传递着私密的内容。对于邮政，即对书写内容和其他轻量货物的传送，各地再也不进行从前那样的检查。从原则上说，邮票、信封和邮筒使发信人对自己的信件获得了主权。于是，邮局就实现了奥古斯丁和洛克想让语言行使的功能：将一个本质上是公共的和多人参与的意义系统变成一个由发送者私人意志治理的意义系统。邮局顺应并满足了由发件人施加的对收件人数量的限制，将书信从单向撒播（“一夫多妻”似的演讲）转变为明显的对话（紧密的一对一的匹配）。

正如奥古斯丁和洛克所云，通过某种媒介让两名天各一方的“自我”进行接触，这带来了新的相互误会的危险和难题，尤其是在信件丢失的时候。只有惠特曼这样的少数人，才不会因为怕信件投错了，或因为得不到保险的交流渠道而感到惊慌：

> 24小时中的每一个小时，每一个时刻，我看到上帝的迹象；
> 在男人女人的脸上，在镜中我的脸上，我看到上帝，
> 我看到来自上帝的信被扔在街头，每个人的名字都在其上，并署了上帝的名，我让它们留在原地，我知道无论我去向何方，其他人仍然都会准时来到那里，永远，永远。②

惠特曼在这里表达的是传统的单向撒播的智慧——写给某个人的信就是写给所有人的信。他可能会像爱默生一样问，既然整个宇宙就是一封信，我们为什么还要茕茕孑立地去搜寻那封单单给自己的呢？这些赞

① “大学—航空公司炸弹案”（Unabomber），自1970年代末到1990年代中，有人不断利用邮包将炸弹寄到美国各地的高校、机场等机构，导致3人丧生，23人受伤。1996年4月4日美国联邦调查局在蒙大拿州拘捕邮寄炸弹疑犯卡钦斯基（Kaczynski），此人曾是加州大学的数学教授，在家里搜出受害人名单和两枚炸弹，1997年经审讯后，卡钦斯基认罪。此案件后来被拍成电视电影，名为《隐形炸弹人》（*Unabomber: The True Story*）。——译者

② Walt Whitman, *Song of Myself*, 48.

同单向撒播的人，从爱默生到德里达，他们给我们的道德教诲似乎是，既然不能确保有可靠的交流渠道，那么我们就去充满道德地和快乐地生活吧。我们的一切交流，和一切其他事物一样，都会受到无常事件的打断。

人与人之间一对一的交流理想，其特有的病态，在“死信”中获得了充分的体现。虽然早在独立战争时期，美国国会就已经授权可以拆开检查无法投递的信，但直到1825年，美国邮政总局才设立了一个“死信处”，负责搜集和分拣地址有问题的信件。①按当时的估计，每年进入死信处的邮件多达5 700万件。②这些“无法投递的信”最后为什么会成为“死信”？这个问题将指向我的论点的核心。

奥古斯丁、洛克与梅斯梅尔认为“交流是私密的通信”。我和后结构主义者及实用主义者一样，认为他们这一交流观是不妥当的。其实，符号总会是公共的，总能被人偷听到，恰如苏格拉底在《斐德罗篇》中所说的，符号总是“跌跌撞撞，四处滚翻”。符号的本质是开放的，也就是说，符号能够结合成许多意义。不过，并非所有的符号都具有同等的开放性。意义私密性的源头，不在于个体心灵中拥有可以任意组合意义的“主权”，而在于发送意义的人的生命是有限的。死信之所以令人惋惜，并不是因为发信人和收信人的心灵之间未能共享符号，而是因为生命有限的人失之交臂，错过联系。这里出现的交流问题，并非人的灵魂之间出现断裂，而是信根本没有送达。这不是心智（心灵之间的关系）的问题，而是爱欲（身体之间的关系）的问题。

各种令人悚然的隐喻始于“死信”这一用词本身。美国邮政总局的“死信处”，常常被叫作“邮件太平间”，也叫“无头信的灵魂收容所（limbo）”③，limbo指供未能升天的灵魂滞留的、无人能记起的地方；灵

---

① John, *Spreading the News*, 77－78.

② Charis Conn and Ilena Silverman, eds., *What Counts: The Complete "Harper's" Index* (New York: Holt, 1991), 106.

③ Flaherty, *Make Way for the Mail*, 167, 171.

魂不能升天，那是因为它们“目的地地址”有问题（比如未受洗礼）。对丢失的信件而言，如何处理“死者”也成了关键。1852 年，有一篇谈及华盛顿特区“死信处”的文章这样描绘：“一个机构，里面的人们面目严肃冷静……在处理这些太平间的遗体。”[①]他们分拣死信，取出其中的金钱、珠宝和其他有价值的东西，然后将大多数信付之一炬。显然，这些人的任务并非阅读信件以寻找有价值的“信息”，而只是搜寻其中夹带的物品。只有在发现明显有价值的夹带物时，他们才会想办法将信退回发信人。美国邮政的这个政策和当时英国、法国的邮政政策形成鲜明对比。文章接着说，工作人员发现一封信里“装着一缕头发——别无其他；从严格而古板的法律角度而言，这缕头发毫无价值”。当然，一缕头发是维多利亚时代怀念死者的标准纪念品。在爱伦·坡的小说《过早的葬礼》（*The Premature Burial*）中，男子来到心上人的墓前，“怀着浪漫的目的，想要掘出她的遗体，割下她一缕秀发留作纪念；但他突然发现，她竟然还活着”。[②]这个故事的措辞竟然将男子去掘坟割发说成是“浪漫的”，这说明那个时代对“平静的死亡”有着一种喜好，这也给同一时代的“死信处”笼罩上一层额外的伤感之情。“死信处”就好像是一个庞大的火葬场，焚烧着死者和死者的个人用品。

当时，邮政人员将信封中有价值的东西分为两类：“金钱和次要物品”；后者指“本身也许有价值或作者可能认为有价值的书信”（第 96 页）。每隔三个月，这些死信就会被送到城外“庄重地焚毁”，这个焚烧场就像《圣经》中的地狱（Gehenna）。“除了信的作者本人之外，没人能知道写作这些书信花费了多少体力和苦痛；它们就这样葬身火海，化作青烟。”（第 94 页）死信是死者被淹没并无人记取的象征。书信和人体之间的象征性联系，至少可以追溯到《圣经》中的摩西五经

---

① 参见普林尼·迈尔斯：Pliny Miles, *Postal Reform: Its Urgent Necessity and Practicability* (New York: Stringer and Townsend, 1855), 65－73。该改革文献读来引人入胜。迪恩·科尔比为我提供该文献，在此致谢。迈尔斯曾经在死信办公室任职。

② Edgar Allan Poe, *Poetry and Tales* (New York: Library of America, 1984), 668.

(Torah)。用奥古斯丁的方式来表述，死信象征着我们的必死之身，易于在去往天国的投递过程中丢失。死信这个比喻所基于的是基督教中的一个观念：没有灵魂的信件，就像没有灵魂的人体，仅仅是尸体而已。①

“死信处”处理的是交流中的物质性，而不是其据说存在的精神性。死信处是为失效的邮件准备的填埋场。存在着死信处这一事实本身就是一个永恒的纪念碑，证明交流绝对逃避不了物质的载体，也证明交流根本就没有什么天使般的、纯粹的符号。而且，工作人员对前述“次要物品”的区分——“本身就有价值的”和“对信的作者而言有价值的”——也说明，个体所发出的符号，其具有何种意义，可以由人与人之间的共同历史进行补充。私人书信的意义，常常是仅针对特定人而言的，这种意义并不能被推广适用到那些不知道如何解码或不知道事情的前因后果的人身上。如同人的身体一样，死信所强调说明的是，某些意义与其载体是不可分割的。一个手指头，对行刑者来说只不过是一块肉，然而对指头的主人而言，它就是一首潜在的诗歌、一首动听的小提琴曲、一次温情的抚摸。于是乎，私信像人的身体一样，弥足珍贵，然而一旦脱离恰当的环境，它又几乎百无一用。比如说，我的眼镜和眼睛，鞋子和脚、笔记本和大脑。对我而言，它们无比珍贵；而对其他大多数人而言却几乎毫无价值。身体的价值，在其主人与在他人那里，意义完全不成比例，这最有力地证明了，并不是所有的意义都是公共的和普遍的。

“死信处”认识到，死信里可能有价值难以判断的宝贝，所以会在报上刊登广告，定期进行拍卖。我们在阅读死信处壮观的拍卖品清单时，

---

① 《生活》(*Life*)杂志1945年1月1日期上刊登了一张“本周照片”，拍摄的是一堆无法投递的圣诞节包裹，图片说明是：1944年，美军二战伤亡率最高时，在美国各地都出现了大量阵亡者的遗物。在美国邮局的则是很多无法投递到的寄送给已阵亡的士兵的包裹。印在这些包裹上的是冰冷的官方文字：“返回给寄者，收者已阵亡”或“返回给寄者，收者在行动中失踪”。请注意这里激发人联想的用词“返回”(return)，似乎是说包裹被(阵亡者)“寄回”给发寄者，好像死人还能邮寄东西似的。

会有如韦斯特[1]的小说《寂寞芳心小姐》（*Miss Lonelyhearts*）中的女主角站在典当铺橱窗前时的那种目眩神迷的感觉。这位女主角将橱窗里的物品称为“苦难的个人物品”。[2]在1859年的一次拍卖会上，拍卖的主要物品为珠宝，包括至少504个戒指，“其中有许多是纯金的结婚戒指”。[3]当然，在拍卖会上，所有的拍卖品都被密封起来，所以争购的人都只能“盲赌”。1875年的一次拍卖会号称有一个60页的物品目录，包括1869年以来的所有积压下来的死信。拍卖会打的广告称，“有8 600件寄出但无法投递的物品”，包括珠宝、书籍、雕刻、护身符类饰物、玉米粉碎机、玉米脱粒机、玻璃器皿、手工缝制品、哮喘喷雾剂、牙签、婴儿服装、念珠、扑克硬牌、十字架，还有一对蝙蝠翅膀。[4]

这里，邮件的私密系统被开膛剖肚，向公众袒露。如前所述，从前通过邮政系统传递信息和物品，除了目标收信人之外，其他任何人也都可以接触；现在，以上情况已成为历史，人们对邮政系统的看法也已经完全改变。邮政系统新具备的私密性使得在其中传播的私人意义无处可逃，它们堆积如山。死信揭示出私人历史之不可解读。积压在“死信处”的物品就像象形文字——一种既神圣又可怕的已经消失的语言。这种文字肯定对某地的某人有话要说，但是对我们而言，它却是一本合着的书。它们是各种各样的身体，但却没有精神对之注入活力。与此相似，太平间也堆满了个人用品——人的尸体——只有对其爱人而言，它们才弥足珍贵。“死信处”令人忧伤，满目凄凉，堆满了无人认领的尸

---

① 纳撒内尔·韦斯特（Nathaniel West，1903—1940），美国小说家，代表作为《寂寞芳心小姐》。该小说的写作开始于1929年美国华尔街股市崩溃后，发表于1933年。故事描写纽约市一位报社专栏作家所遭遇的内心痛苦与挣扎，描绘出现代生活所面临的种种问题。小说中读者来信所叙述的悲惨经历，凄婉动人，也充满象征意义。《寂寞芳心小姐》作为美国文学的经典作品之一，常被列入美国文学教科书，所以流传甚广。——译者

② Nathanael West, “Miss Lonelyhearts” (1933), in *The Complete Works of Nathanael West* (New York: Farrar, Straus, and Cudahy, 1957), 63 - 140, at 104.

③ *New York Times*, 9 December 1859, 3.

④ *New York Times*, 26 December 1875, 22 December 1875.

体和无可挽回的损失。在梅尔维尔的小说《抄书人巴特比》的后记中，小说中的叙述者补充了这样几句话：

> 死信！难道它们听起来不像死人吗？试想一个人，或因其天性，或因后天的不幸，而注定要面对毫无生气的绝望情绪。还有什么工作能比分拣死信更适合来增加这种绝望情绪呢？——持续不停地分拣，然后将它们付之一炬。每年都有一卡车一卡车的死信被焚毁。有时，面色苍白的邮局职员展开信纸看到一枚戒指——原本要接收这戒指的人的手也许早在坟墓里霉烂了；一张钞票本来体现的是积极快速的善心——而它的赈济对象现在却已不能吃也不再饿了；原谅那些在绝望中死去的人吧；赐希望给那些不抱希望而死去的人吧；赐福音给因未减缓的不幸而僵死的人吧。在生命的各种碌碌琐事中，这些信件匆匆奔向死亡。（64—65 页）

叙述者希望用这样的呓语来解释巴特比的病态，并将其引申为我们所有人的命运——我们永远在等待着永不露面的客人。叙述者的结语是：“哦，巴特比！啊，人性！”

永远无法送达的信——还有什么能比这更好地说明交流误入歧途之后使人扼腕的哀怨呢？我妻子在脑子里哼的曲子、我醒来时忘掉的梦境、小孩子独自与自己的玩偶进行的聊天、我躺在枕头上时耳中听到的自己的心跳、深埋在冰川表面一英里以下的猛犸象肉的气味、日本神风飞行员衣袋中的家信；对奥德修斯船舱中的船工和士兵来说，女妖都对他们唱了些什么①？处于紫红色与红色之间的颜色是什么样子的？牙医给

① 《荷马史诗》第二部《奥德赛》中的一个情节。故事主角奥德修斯在特洛伊战争结束后带领战士回国。途中经过一座海岛，岛上有三个专门以歌声诱杀行人的女妖。为了逃避岛上迷人的歌声，在船队距岛不远的地方，奥德修斯先用蜡丸塞住船工和士兵们的耳朵，然后叫人将他绑在桅杆上，以抵挡诱惑，但最终归于失败，大量船工和士兵经不住诱惑而被杀。——译者

牙病患者施加麻醉后实施手术时，患者的牙周神经有何感觉？有哪些伟大的作品被埋没在第一次世界大战的战壕里？[①]事物内部的颜色、湿度和温度如何？对所有这一切问题，我们都容易一笑置之，嘲笑这又是在老调重弹那个过时的难解之谜——“密林中一棵树倒下，若无人听见，那么树倒声还真存在吗？”但是，我却不觉得是在老调重弹。“死信处”的信化为灰烬，而发信人却不知道信已丢失，收信人又不知道信是否真寄出了。你说那被烧掉的信，其意义何在呢？

康斯托克与邮政撒播带来的危险

以上我们描述了邮政系统曾经具有的撒播特征。尽管邮政系统后来的私密化是对这种“撒播”采取的修正措施之一，但是当时也出现了另一种迥然不同的措施，即 1872 年成立的“纽约打压道德败坏协会”[②]，其创始人叫康斯托克。在当时新出现的色情物的爆炸性传播中，他为捍卫美国年轻人的纯洁而斗争。与该协会的使命“深为贴切和适合的是”，协会主席连续二十年都由一个名为萨缪尔·高露洁（Samuel Colgate）的肥皂制造商担任。[③]康斯托克在世时就因其严厉的虔诚而广受诟病。“有伤风化”（comstockery）这个词就是源于他。在今天我们这个社会，康斯托克比在他的时代更容易受到指责。沃特·肯德里克[④]说他是“维多利亚时代外表正经实则好色的男子的原型”；大卫·雷诺兹[⑤]则说

① 这里作者显然在暗指维特根斯坦。第一次世界大战爆发时，维特特根斯坦 25 岁，当时是剑桥大学的学生，师从罗素潜心研究逻辑。但他却自愿加入了奥地利军队，从 1914 年 8 月 7 日入伍到 1919 年 8 月 21 日被作为俘虏释放，整整 5 年。这段经历对维特根斯坦这位著名的当代西方语言分析哲学家的生活和学术有何影响，一直令研究者着迷。——译者

② 该机构英文名为：The New York Society for the Suppression of Vice。——译者

③ Heywood Broun and Margaret Leach, *Anthony Comstock, Roundsman of the Lord* (New York: Boni, 1927), 154.

④ 沃特·肯德里克（Walter Kendrick, 1947—1998），美国英语文学学者、教授，维多利亚时代文学研究权威。——译者

⑤ 大卫·雷诺兹（David S. Reynolds, 1948—　），美国文学批评家、传记作家和历史学家，因其关于美国文学和文化的评论而知名。——译者

他是“性爱压抑”的典型人物。[①]康斯托克夸耀自己曾将许多人逼至自杀；他钓鱼执法，完全置法律程序公正于不顾。这样的人当然得不到我们太多的同情。然而，他的言论（色情撒播的可怕）和他的身份（他从1873年起在美国邮政总局担任特别检查员，直到1915年去世）为我们提供了一个重要的考古发掘现场。通过这个现场，人们对撒播式传播所具有的历史性焦虑和思考能得到很好的研究。

康斯托克认为，当时邮政系统新采取的匿名制度引发了各种不道德的行为。1865年，国会立法禁止邮寄淫秽物品；而1873年国会通过的“康斯托克法案”，则进一步扩大了邮局搜查和拦截邮件的权力。19世纪70年代，康斯托克地位上升，这说明在这十年间，在性和其他问题上进行各种开明改革的空间越来越狭小了。姑且不论康斯托克有什么罪过，有一点他是深具洞察力的——在一切人类活动中，最易受传播影响的，就是人的性观念或性行为。他对出版物中的性描写颇为焦虑，这给我们带来的更大的教益是：当人的身体被媒介化时，媒介不仅会将其放大，而且也会改变其性质。正如苏格拉底反对吕西阿斯一样，康斯托克担心少年的灵魂会被来自远方的色情操纵。[②]

康斯托克愤怒的具体对象是当时信件投递的私密性。它导致儿童可以订购并收到不道德的材料，而家长却浑然不觉。“这些行为鬼鬼祟祟，黑暗的阁楼、地下室或酒窖成了最好的销售店。”[③]他期盼回到实行邮件检查的时代：“我们几乎准备实行罗马天主教会的做法。罗马天主教会要求，在大中小学里，所有信件必须当着神父或老师的面拆开。”[④]

---

① Walter Kendrick, *The Secret Museum: Pornography in Modem Culture* (New York: Viking, 1987), 136; David S. Reynolds, *Walt Whitman's America: A Cultural Biography* (New York: Knopf, 1995), 541.

② 肯德里克在《秘密博物馆》（*Secret Museum*）中指出，康斯托克对内容的道德审查动因是关注不健康内容对男孩灵魂的侵蚀，这与同时期欧洲对内容的道德审查动因不一样，后者关注不健康内容对女孩（更脆弱的）灵魂的侵蚀。

③ Anthony Comstock, *Traps for the Young* (New York: Funk and Wagnall, 1883), 131.

④ Comstock, *Traps for the Young*, 146.

在广播电视问世之前很早，康斯托克就已经对家庭空间遭到渗透的程度感到震惊。“这个国家的善良的人们……将坚定地保护他们认为的生活中最珍贵的东西——家庭壁炉边的神圣和纯洁。”①

康斯托克渴望削弱密封信件的神圣性，但在1873年，他的这一愿望遭到一位名叫詹姆斯(T. L. James)的邮政局长的激烈反对。詹姆斯认为信的密封印不可侵犯；不过他又认为，死信是例外。他指出，那些无法投递或地址不对的信件，每个月底一律送到邮政总局的“死信处”分拣并销毁。②实际上，正是因为泛滥的死信中透露出来的色情内容，似乎才使康斯托克和他的同事们相信，邮政通信中存在不道德现象。他本来就有一种强烈的对“批量”的美学追求——他在1873年受命打击色情传播之前，曾做过纺织品贸易员——因此揭露邮局流通中批量存在的淫秽品是他反对邮政隐私制度的主要策略。肯德里克说，康斯托克终生“保持了店员喜欢对货物进行清账盘点的习惯”。③每次他收缴到淫秽品后，总喜欢在公开报告中列出它们的总吨位。今天，警察在报道其缴获的毒品时，也总是不厌其详地报道毒品的重量。康斯托克当年的做法应该是当今缉毒警察这一做法的先驱。他对累计数字有着一种拜物教精神，这可以从他收缴的物品清单中看出来。这个清单就像19世纪后期机械复制技术的囤积仓库：照片、全景画之类的画片、商品目录、传单、铜版、手表饰品和耳环、底片刻板、铅印石头、钢或铜版、印刷铅版，木刻、印刷模板，还有“生产橡胶制品的模具”，不一而足。④

康斯托克害怕种子广泛撒播。五美分的廉价小说，“像大海中的鱼，能产下数以百万计的卵子。每年，这些种子发芽，跃起投入到死神

① *New York Times*, 15 March 1873, 1.
② *New York Times*, 3 July 1873, 8.
③ Kendrick, *Secret Museum*, 136.
④ *New York Times*, 15 March 1873, 1; cf. Comstock, *Traps for the Young*, 137.

的收获怀抱之中”。[1]1873年，他还投书《纽约时报》抱怨社会上如牛皮癣般四处张贴的传单。这封信相当符合康斯托克的特点。信中说：“没有一个地方能够幸免于这样的传单张贴——树上、树箱上[2]、电线杆上、雨篷杆上、消防栓上、电报线杆上，无一幸免。码头的遮阳篷、码头本身、岸边的石头、退潮之后露出的岩石，全都贴上了肮脏的广告，这完全是和法律唱对台戏。”[3]在这里，他发怒的对象，有一部分是“撒播”这一事实本身，因为作为撒播媒介，传单具有滥交般的公共性，它们无处不在，放大了那些“肮脏的”内容。为此，他重点打击传单的传播渠道，这就是他使用的典型手段——他所能控制的只是邮件里的“黄货”。而“控制渠道”能让他占据优势。拉丁词*publicare*有三个意思：出版、没收和卖淫。康斯托克的禁黄活动体现出这个词最初的三合一的词义。

自远古时代起，性就被视为消耗男人精华的方式之一。人们恐惧野燕麦播种式的广泛撒播，邮政系统则以一种新奇的方式对这种恐惧作了新的界定：“康斯托克在邮政系统上找到了一个完美的比喻来表现以上古已有之的恐惧——邮政系统让信件在全国传播，不分对象，四处扩散，公开和私下同时并举；这使得邮政系统带上了性诱惑色彩。”[4]这一比喻，听起来也许让人觉得奇怪，但从本书的论点看，这么说一定都不会令人觉得怪异。凡是能够把远方的身体联系起来的手段，在一定程度上都带有性爱色彩——邮政网络盘根错节，全国的每一个地址都既有进口，也有出口，这很少会让我们联想到性爱关系。但每一个邮箱都是这个政治身体[5]上的一个插口，它可以与其他任何邮箱进行比喻性的接触。对康斯托克来说，自然的生殖力可以通过计划生育和某些“淫秽”品来

① Comstock, *Traps for the Young*, 41.
② 指为绿化目的用来盛土种树的木箱。——译者
③ *New York Times*, 17 November 1873, 2.
④ Kendrick, *Secret Museum*, 145.
⑤ 政治身体(body politic),是一种将国家政权比喻成人体的观念。——译者

进行调节，而工业文化的强大繁殖力不受约束，但后者令人讨厌地取代了前者。本雅明非常恰当地创造了一个说法“机械繁殖的时代”①。虽然他的“繁殖”多半指的是摄影术和电影的复制，但这个短语的确非常适用于繁殖本身。博尔赫斯写道：“性交和镜子都令人讨厌，因为它们都使人的数量增加。”繁殖出相似物，这是生殖和现代媒介都能实现的。康斯托克所恐惧的不仅是性本身，而且还有女性具有的那种生产出新的身体的能力。毕竟，邮政系统的术语都与“运载”(carriage)和“投递”(delivery)有关，而信件未送达(死信)则常常被叫作“无法投递/流产”(miscarriage)②。

撒播对隐私的侵犯

1890年，《哈佛法学评论》发表了一篇名为《隐私权》的著名文章，作者是沃伦与布兰戴斯(Samuel D. Warren and Louis D. Brandeis)。该文考察的是所谓“相似物的繁殖”现象。我将这篇文章作为最后一个例子，用来说明有些人是如何引用“隐私保护”原则来竭力遏制单向撒播的。如前所述，康斯托克担心的是色情内容会借助邮政系统侵入家庭，而该文的两位作者所担心的则是新闻媒体从家庭中攫取并泄露了个人的隐私内容。他们这样写道：

> 具有瞬间复制能力的照相术和报业已经侵犯了隐私和家庭生活的神圣领域；各种机械复制设备构成的威胁，似乎要兑现以下预

① Walter Benjamin, “The Work of Art in the Age of Mechanical Reproduction”, in *Illuminations*, trans. Harry Zohn, ed. Hannah Arendt (New York: Schocken, 1968), 217－251。该文德文版标题用的是“技术的可复制性”时代(the age of “technische Reproduzierbarkeit”)，但该文英文版标题则是翻译自该文的第一版，当时用法文发表在《社会研究》杂志上(*Zeitschrift für Sozialforschung*,5 (1936): 40－63)上。该法文版标题用的是“机械复制时代”(l'epoque de sa reproduction mecanisee)。

② Carriage和delivery是一词多义。Carriage：怀孕、流产(miscarriage)；delivery：投递、分娩。——译者

言："密室的悄悄话都会变成房顶上的大声宣告。"①

他们认为，高速摄影破坏了老照相术中摄者与被摄者之间的默契。从前，被照者需要在镜头前端坐几分钟，这实际上就产生了一个非明示的合同：允许别人复制自己相貌。可是，高速摄影使得这种合同不复存在。现在，通过拍下人们无意识地做出的面部表情，不仅能捕捉到家庭的隐私，而且能够捕捉个人的内心思想。这两位作者所描述的，是瓦莱利②所谓的"遍在性的征服"（the conquest of ubiquity）以及本雅明所谓的"十分之一秒内的爆炸"（the dynamite of the tenth of a second）③。《隐私权》的两位作者很清楚自己观点很前沿，因为很明显，只有在现代媒介的音视频记录功能对其造成了威胁之时，隐私观念才会出现。这两位作者认为，"隐私"显然是一个现代观念，它的出现，以"自我"经历了新的"个人化"（individualization）转变为前提。

和康斯托克一样，沃伦和布兰戴斯认识到，"性"已经成为具有机械复制功能的新兴媒介发展的主要动力。这两位作者在文章中引用了很多说明"新的传播方式超越旧的文化边界"的例子。"报纸四面出击，显然逾越了礼仪和体面许可的边界。闲言碎语不再仅仅是闲人恶人的谈资，而成了一门生意，从业者对它孜孜以求，厚颜无耻。为了满足某些人的色情趣味，各种日报的栏目里弥漫撒播着对性关系的详细描写。"维多利亚时代后期的文化批评家当然不只有沃伦与布兰戴斯两个人。他

---

① Samuel D. Warren and Louis D. Brandeis, "The Right to Privacy", *Harvard Law Review* 4 (1890): 193 - 220, at 195。关于该文的摄影术背景，可参看此篇极为有趣的文献：Robert E. Mensel, "'Kodakers Lying in Wait': Amateur Photography and the Right of Privacy in New York, 1885 - 1915", *American Quarterly* 43, 1 (1991): 24 - 45。

② 瓦莱利（Paul Ambroise Valéry, 1871—1945），又译"瓦勒里"、"梵乐希"，法国诗人、评论家。象征主义艺术和美学的代表人物之一。1925 年入法兰西语言学院。1937 年提出"纯诗"的概念，认为诗的要点是以语言为手段来探索人们所感觉到的世界的幻象，从而推断出一个虚构的意境，它不是日常语言所表述的现实世界，而是一个由语言支配整个感觉的与梦境相似的幻象。——译者

③ Benjamin, "Work of Art", 236.

们当时面对的是五十年以后霍克海默所谓的“文化产业”。[①]和康斯托克一样，沃伦与布兰戴斯担心人们面对各种“弥漫撒播”的色情信息时缺乏自我判断力，还担心在媒介内容的生产过程中，家庭被置于太过核心的位置而遭到过度利用。这个生产流言蜚语的产业，其生产原料的“购买只能通过对家庭隐私的侵犯来实现”。再一次像康斯托克一样，沃伦与布兰戴斯担心，人们具有的像种子一样的胃口在受到不断的反馈刺激后，会螺旋上升，越来越旺盛。“和其他商业领域一样，在这个过程中，供给创造需求。每一茬不体面的闲言碎语收割之后，都成为下一茬更多庄稼的种子；流通的多少直接和收成的多少成正比，其结果是标准降低，道德滑坡。”[②]在本世纪(20 世纪)，人们对电影、漫画、广播、电视、电子游戏和因特网等也有同样的批评。

在古希腊时期，苏格拉底想找到一个可靠的渠道，让哲学恋人如果不能实现身体的结合，那就实现灵魂的结合。无论是吕西阿斯的理性选择，还是跳出特定交流对象的书写，这些交流风格和系统都面临着风险——造成的结果或是滥交性的结合，或是撒播式的收获，或是向虚空中作出的死亡般的讲话。到 19 世纪，邮政和报纸的出现也引起了类似的担心——担心这两种传播方式在接受对象上会出现问题。邮政也许是第一种长途的点对点的人际交流媒介。但是，死信所代表的，是信件未被送达而引起的哀怨；康斯托克代表的，是乔装打扮的色情信件所引起的愤怒；而沃伦和布兰戴斯代表的，则是私信被拦截和公开撒播而引起的隐私忧虑。这三种情况都表明，人与人之间的私密交流，一旦被记录和传播，就可能摆脱发信人和收信人的控制和影响。

---

① Kenneth Cmiel, “Highbrow/Lowbrow” (paper presented at Organization of American Historians, Chicago, April 1991), 以及 Rochelle Gurstein, *The Repeal of Reticence* (New York: Hill and Wang, 1996), chaps. 1 -2。讽刺的是，沃伦一家也从事文化产业，他们和其他人一起生产报纸，并引领了各种技术革新，催生了报道各种小道消息的廉价报纸。他们投资巨大，促成了波士顿主要报纸实行的，被一位新闻史学者称为“最为大胆的”的举措——在报纸上推出“八卦”(gossip)栏目，参见 Leonard, *News for All*, 96。

② Warren and Brandeis, “Right to Privacy”, 196.

“死信处”通过广告、编目和拍卖等高度公开的方式，试图重建死信和它们的主人之间的联系。康斯托克试图回到他认为的往昔黄金时代，回到可以公开检查信件的时代。沃伦和布兰戴斯则认为他们找到了一个办法，可以解决任意散布个人资料的问题——基于“个体不可侵犯”的观念，从法律上确认个体的隐私权，但这一办法，大致而言，历史悠久，早就被担心广泛撒播的人提出过。如苏格拉底主张面对面的论辩，其实也就是为了保障教学的私密性。在任何传播系统中，如果涉及将个人货物交由陌生人处理，偷听就可能发生；沃伦和布兰戴斯为这种对个人货物的偷听和拦截取了一个名字——侵犯隐私。中介化传播增加了传播过程中幽灵的数量——它们对传输和接收造成困扰——也增加了陌生人碰触和窥视的机会。像奥古斯丁和洛克一样，沃伦和布兰戴斯两人强调隐私原则，目的是为了保护公共空间，防止它被有着“堕落天使”之称的媒介和符号执导的闹剧和滑稽剧干扰。

总之，19 世纪是一个漫长的准备过程，它为 20 世纪出现的对话的回声和重叠进行了铺垫。已故亲人的相片、也许从未送达的信件、不能作出回应的脱离人体的声音——这样或那样的日常事实都加重了传播的幽灵氛围。在有些人看来，对话是两个各有主权的灵魂之间的强有力的相遇，这是他们的美好梦想。然而，他们忘记了一个更加严酷和令人惊异(uncanny)的事实：终极而言，我们的一切依靠记录性和传输性媒介(如今也已包括我们的身体和灵魂)所进行的交流和我们与死者之间的交流，两者难以区分。

第五章　去追求真正的联系，抑或去跨越鸿沟？

如果我偶尔向窗外眺望，看到街上人来人往，我不会否认，我所看到的是人……然而我实际看见的，除了帽子和外套还有什么呢？而帽子和外套之下隐藏的，难道不可能是鬼魂或弹簧驱动的假人吗？

——笛卡儿，《沉思》

我们彼此知之甚少。我们都是厚皮动物；我们相互伸出手去，却徒劳无功——我们只不过磨掉了对方粗糙的“皮革”而已。我们都很孤独。

——乔治·布克纳(Georg Büchner)戏剧，《丹东之死》

我在第四章里用了一些例子，尤其是美国文学和文化史中的例子，以说明记录手段的极大改进，反而增加了交流中出现不幸和失败的几率。传输手段的改进也是这样的情况。这里，物理学的发展再次为我们提供了一些恰当的比方。在麦克斯韦大约于1873年作的一次讲演中，他描绘了在远距离作用问题上存在的两个思想流派。

其中一派认为，严格地说，远距离作用绝对不可能发生。根据这个观点，将“距离”等同于空无一物的空间是错误的。这是因为，虽然我们难以感觉到，但实际上空间中总是存在着以太之类的“交流线”(line of communication)这种物理链条将两个互相作用的物体联系起来。所以，所谓“远距离作用”其实是一种误解，它实际上是一个包含无数步的相互影响的物理过程而已，如月亮引力对海洋潮汐的影响就是这样的。

另一派则认为远距离作用是可能的。该派激进地断言，“(所谓连续体般的)远距离的物理接触仅仅是表面现象——因为在两个互相作用的物体之间总是存在物理上的间隙……因此，连续体般的物理接触是不可能的，而远距离的作用不仅可能，而且它还是唯一的作用。”

麦克斯韦则认为，一切作用都是远距离作用。他做了以下实验：用重力和滑轮装置挤压两块透镜，让光线穿透这两面透镜投到一块屏幕上。相互干涉的光线在屏幕上生成光圈。从光圈的颜色差异就可以看出透镜之间的距离。实验显示，即使不断给透镜增加压力，光圈之间总是存在距离。直到压力大到透镜都无法分开时，屏幕上的光圈显示透镜之间还是有距离，这说明两块透镜实际上并没有达到麦克斯韦所谓的“光学接触”或“真实接触”。麦克斯韦总结认为：物体即使受到巨大的力量压迫……也不能达到绝对意义上的接触。①

麦克斯韦就远距离作用列举的以上两个派别，抓住了19世纪正在不断分离的两种不同的交流视野。一种交流视野认为，人类可以超越物理距离或肉体而实现精神与精神的接触这一交流梦想。刺激这个梦想起飞的有精神磁性说、电报、招魂术、无线电、传心术，甚至是更加具有异域特点的远距离心理作用。另一种视野则颇令人不安，它认为人与人之间即使接触了，它也是一种幻觉，我们之所以有这种能相互接触的幻觉，是因为我们的感官麻木，感觉不到身体之间微小但无限的距离，对灵魂之间的更大距离则更无感觉。

交流的问题不仅是通过电线或者饱受各种干扰的“以太”去跨越荒原传送信息的问题，而且是如何与坐在你身旁的人相互接触的问题。麦克斯韦预见到了后来爱因斯坦提出的宇宙观念——在这个宇宙中，距离是时空连续体的附带现象(epiphenomenon)。麦氏还预见到一个新的观念——在思想文化中，接触(touch)具有一种幽灵般的性质。

他说出了一个现代派艺术和文学的重要主题：不同身体，即使受到重压贴在一起，它们之间也不会有绝对的接触！他对无限贴近的极限的描绘能相当好地说明更大的问题，即：一切行为，尤其所有旨在和另一个灵魂连接的交流行为，都是远距离行为。

麦克斯韦关于“距离”无处不在的物理学观点与哲学上的“唯我论”(solipsism)观点相一致。“唯我论”作为一个新词，也诞生于麦克斯韦所处的19世纪70年代。诚然，“封闭的自我”观念从谱系上可以追溯到很久以前。在交流的困境成为19世纪普遍困扰人们的观念之前，“封闭的自我”这个观念早就出现了。唯我论的哲学思想——它认为除了自我的投射之外，别无他物存在——直到19世纪70年代才被以

---

① James Clerk Maxwell, “On Action at a Distance” (1873?), in *Scientific Papers*, ed. W. D. Niven (Cambridge: Cambridge University Press, 1890), 2: 313, 314; 着重号为原文所有。爱默生曾表达过类似的观点，当时他的思想是基于18世纪的一位物理学家博斯科维奇的著作。关于麦克斯韦，艾维利特(C. W. F. Everitt)教授对我的帮助很大，再次在此致谢。

“唯我论”命名。然而，在广义上的现代思想中始终存在着唯我论的倾向和潜流，尤其是在古代和现代的怀疑论(skepticism)哲学思想中。但是，很少有人会公开站出来鲜明地赞成唯我论，因为过分热心提倡唯我论，会使人陷入自相矛盾，因为唯我论认为只有自己存在，其他人或物都不存在，而你却不仅假定对手存在，而且还假定你能通过与对方交流说服他，这本身就是对唯我论的关键前提的明显驳斥。唯我论是一种难以交流的理论，因为它认为交流是不可能的。但是，更一般意义上的唯我论倾向，其根源则可以追溯得更加久远。在加尔文教派的“自省”(self inspection)中，在路德教派的唯独信仰(*sola fide*)①中，在帕斯卡尔②关于“人害怕被宇宙任意抛弃的恐惧”的论述中，在伦勃朗③更世俗的自画像中，在表达忏悔和绝望的浩如烟海的文献中(这些文献源于清教传统，并塑造了现代英美文学)，尤其是在笛卡儿的怀疑论中——他系统地怀疑其所知、所感和所思的一切，包括自己的身体、感官、所处的环境，甚至灵魂。在这些源头中，我们都可以看到唯我论的一些思想根源，它预示着后来出现的“自我”——这是一个孤身对抗整个宇宙的、赤裸的自我。诺博特·伊里亚思④指出，“封闭的人”(*Homo*

---

① 唯独信仰，又译为“因信称义”。“因信”意为“凭借信仰”；“称义”意为“具有义(基督教公义)”。因信称义是西方基督教新教的基本教条，明显区别于天主教和东正教等东方基督教大公教会。——译者

② 布莱兹·帕斯卡尔(Blaise Pascal, 1623—1662)，法国17世纪科学家、思想家。在其1670年出版的散文集《思想录》(*Pensées*)中，他将人比喻为“思想的芦苇”(thinking reed)。他在文中写道：“人只不过是一根芦苇，是自然界最脆弱的东西；但他是一根能思想的芦苇。用不着整个宇宙都拿起武器来才能毁灭他；一口气、一滴水就足以致他死命了。然而，纵使宇宙毁灭了他，人却仍然要比致他于死命的东西更高贵得多；因为他知道自己要死亡，以及宇宙对他所具有的优势，而宇宙对此却是一无所知。因而，我们全部的尊严就在于思想。”帕斯卡尔一生体弱多病，只活了39岁，终身未娶。其《思想录》一书被奉为西方三大经典散文。——译者

③ 伦勃朗(Rembrandt Harmenszvan Rijn, 1606—1669)，17世纪荷兰杰出的现实主义画家。他的创作题材广泛，涉猎《圣经》、历史、风俗、肖像等，尤以肖像画为主。在描绘人物的内心世界、心理特征方面表现了高超的才能，画面富于戏剧色彩。——译者

④ 诺博特·伊里亚思(Norbert Elias, 1897—1990)，犹太裔德国社会学家。《文明的进程》(*The Civilizing Process*)是他最重要的社会学著作，提倡使用“社会过程”，不是“结构”或“个人”作为社会学的分析单元。——译者

clausus)是欧洲人过去四百年中在“自我性”（selfhood）上形成的鲜明风格，这是幽闭恐惧症引起的复杂人格，这种人格与他人，与世界都彼此隔绝。[①]我们孤悬于宇宙，与他人相互隔绝，怀疑整个世界都不过是漂浮虚拟之物，它随时可能因疯狂、革命或末日天灾而化为乌有，这种孤独和怀疑塑造了现代世界。

我们难道不都是居住在一个心形盒子里吗？这种怀疑不仅是哲学狂想的产物，而且是实际生活经验的产物。我们生活在建筑、宗教、工作、闲暇、公共和个人事务中，也生活在——这正是我们试图论证的——交流的结构中。我们在这个世界上每时每刻都与远方摸不着看不见的人“交流”，我们根本无法确认信息是否送达，这就会使我们沉浸在怀疑“人与人之间相互接触是否可能”的焦虑中。[②]“交流”一词曾一度意味着通过非物质媒介远距离传递信息。即便将其用在面对面交流中，“交流”仍然带有飞渡鸿沟，克服干扰的意涵。在凭借媒介追求远距离接触的过程中，与现代爱欲相关的各种怪诞现象全面涌现。这里，我将“爱欲”视为身体间的相互吸引和相互排斥，而性吸引力仅仅是其关键部分，而不是其全部。我遵循柏拉图对爱欲的理解，认为它是人体在没有相互接触时，彼此间存在的一种力量场，而性爱则与人身体间的特别接触有关。“交流”的思想史，就是对现代生活中种种复杂爱欲的记录史。我们之所以感到无法触摸别人的思想(交流失败)，是因为我们常常面临各种情景(远距离交流)，在其中我们无法触摸到他人的身体。如果说，交流的问题一度与相距遥远的两个心灵相关，那么，到19世纪后期，交流的问题就变成与近在咫尺的两个身体有关了。贝尔在首次接通电话时，他对华生说的第一句话是：“过来，我要你。”贝尔这句话

① Norbert Elias, *The Loneliness of the Dying* (New York: Blackwell, 1985).

② 参见如：Dorothy Parker, “A Telephone Call” (1930), in *Fifty Best American Short Stories, 1915–1939*, ed. Edward Joseph Harrington O'Brien (Boston: Houghton Mifflin, 1939), 333–339。

是一切远距离交流的象征——它表达的是，渴望缺席的他人能亲临现场。①

一、唯心主义：人与人之间的森严壁垒

在19世纪后期英美唯心主义者的笔下，人与人之间的交流是不可能的；他们把这个调子唱得高亢有力。这个时期唯心主义的两个重要代表人物是美国的乔西亚·罗伊斯和英国的布拉德利(F. H. Bradley)。在他们的著作中常常会出现两个人“处于交流状态”(in communication)的情境。在这样的情境中，两人如同分别住在两个分开的房间里，彼此不能用表情、声音、体态，或其他任何体现在场或个人性格的线索进行交流。唯心主义作者们最喜欢使用的建筑比喻是“封闭的房间”，里面住的人与世隔绝。(第六章提及的图灵测试②，是这一比喻后来的一个变体。)③阿多诺在谈到克尔恺郭尔时，曾对这一观点进行了反驳。他说，这种中产阶级内部的建筑设计，代表着食利者孤独的权力。④与此相似，唯心主义中反复出现的“封闭的房间”意象，使我们窥见了“封闭的人”(*Homo clausus*)的局限。比如，这个“封闭的人”就排除了女性，不是“封闭的女人”(*Femina clausa*)。弗吉尼亚·伍尔夫曾写道，她需要有

---

① Avital Ronell, *The Telephone Book: Technology-Schizophrenia-Electric Speech* (Lincoln: University of Nebraska Press, 1989), 228.

② 图灵测试(Turing Test)，世界“人工智能之父”、英国计算机专家阿兰·图灵(Alan Turing, 1912—1954)认为，如果机器能使人类测试者分不清其是在跟机器交流还是跟真人交流时，就可以判定该机器已经具有了智能。该测试后来被称为“图灵测试”，它本质上是对人类智能的一种操作性定义。——译者

③ 米尔格拉姆(Stanley Milgram)著名的“对权威的服从”实验，参见：*Obedience to Authority: An Experimental View* (New York: Harper and Row, 1974)。米尔格拉姆认为“实验对象将陌生人(受害者)置于电击之下的意愿强度”与“实验对象与该陌生人(受害者)之间的距离远近”相关。如果该陌生人(受害者)在实验对象的视线之外，而且他们之间无法直接交流(即所谓“远距离”)，与他们“相邻”时相比，实验对象更有可能给陌生人(受害者)以更大的电击。参见：Milgram, chap. 4。

④ Theodor W. Adorno, *Kierkegaard: Construction of the Aesthetic*, trans. Robert Hullot-Kentor (1933; Minneapolis: University of Minnesota Press, 1989), 40-46.

一间属于她自己的房间。她这么说，意思并不是说这个目标已经实现，而是说这个愿望尚未满足。在夏洛特 · 吉尔曼[①] 1892 年的故事《黄色墙纸》(*The Yellow WallPaper*)中，女主人公被其父亲软禁在带锁的房里，她所体验到的不是存在的命运，而是父权制下令人疯狂的权力游戏。[②]唯我论也许是一些文人奢侈的幻想。他们躲在紧闭的书房内，远离尿布脏衣、锅碗瓢盆和酱醋茶盐。请看罗伊斯《哲学的宗教性》(*The Religious Aspect of Philosophy*, 1885)中的一幕。“假定两人被幽禁起来，各自关一间，终身不出门；假定他们有时候能用一种灯光在对方房间的墙壁上打出一些图像。”柏拉图的“洞穴”在这里遇到了“主体间性认知”的难题。“自己在对方的墙壁上打的是什么图像，以及对方房间里的情况，这两个人都一无所知，他们只能看到对方在自己墙壁上打的图像。让他们永远处在这样隔绝的情况下。” 这也是一个有关“自我性”(selfhood)的寓言——我们永远无法知道自己在对方的墙壁上打出了什么图像。在这个故事中，A 开始注意到自己房间墙壁上的图像，猜想它是从 B 的房间发送过来的。为了改变出现在 A 房间墙上的，由 B 发过来的图像，A“用自己都弄不清楚的神秘办法，试图改变 B 的房间里的实际情况，期望这种 B 房间的实际情况的改变能影响 B 传送到 A 的房间墙上的图像，用这种方式，A 可以与那个幽灵房间(B 的房间)互动，而 A 则会将这种互动称为交流”。[③]在这样的情况下，A 和 B 对对方的认知都不可能是错的，因为没有第三方出面来评判他们相互印象的对错。A 可以对自己房间壁上的图像进行解读，并将自己的心理投射视为 B 发来的讯息，但是

---

① 夏洛特 · 吉尔曼(Charlotte Perkins Gilman, 1860—1935),美国著名妇女运动理论家,发表过大量有关妇女、劳工、伦理学等社会问题的著作。在其名作《妇女与经济》(1898)中提出:妇女唯有经济独立,才能获得真正自由。此书被译成七种文字在欧洲和北美广为流传。——译者

② Denise D. Knight, ed., “*The Yellow WallPaper*” *and Selected Stories of Charlotte Perkins Gilman* (1892; Newark: University of Delaware Press, 1994).

③ Josiah Royce, *The Religious Aspect of Philosophy* (1885; Gloucester, Mass.: Peter Smith, 1965), 413 - 414.

无论如何，无论是 A 自己的投射，还是 B 发来的图片，两者都难分伯仲。A 和 B 永远不可能知道两人是否真的在“交流”。罗伊斯所描述的这一幕，仅仅是一个论据，他要说的是，在貌似绝对正确的原则之中蕴含着犯错的可能。这也意味着，在唯心主义看来，交流实在是很脆弱的——它最多不过是一种经过协调的唯我论而已。

在另外一位唯心主义核心人物布拉德利笔下，你更容易发现自己处在完全的封闭之中，至少在偶尔令人恐惧的时刻你会感到如此。布拉德利是 19 世纪后期英国绝对唯心主义的领军人物。他在其重要著作《表象与现实》（*Appearance and Reality*，1893）中，提出了主观经验与外界完全绝缘的观点。“各个有限的存在物，各自具有其直接经验，它们是不可能相会的；直接占有别人心中的个性经验，最终是没有意义的。”既然世上没有什么“心灵间的直接连接”，比如传心术（这是他明确指出的例子），交流的唯一途径只能是通过身体。这一事实不仅让人想到了怀疑论——既然身体是交流的唯一途径，那么心灵之间交流难道从未发生过？“如果我们仅能通过身体的变化来传达我们的内心，那么最后我们如何能确认自己确实实现了这样的传达？”他人也许是我们的臆想物：“事实上，从理论上说，存在着这样一种可能，即我们看到的他人，仅仅是没有灵魂的躯壳；或者说，尽管从他人的行为看，他们似乎理解了我们，但实际上，他们的灵魂仍然被封闭在其原有世界中，对之我们无法企及。”①这里，布拉德利引用的是笛卡儿的思想资源。笛卡儿认为，我们所看到的他人，完全可能是没有灵魂的自动人。不难看出，正如爱默生的批评，唯心主义有可能完全否认了“人的实质性存在”（substantive being to men and women）。

布拉德利曾经说过一句话，后来这句话因被艾略特的《荒原》（*Waste Land*，1922）所引用而广为人知。从这句话可以看出，布拉德利要给每一

---

① Francis Herbert Bradley, *Appearance and Reality* (1893; Oxford: Clarendon Press, 1946), 303, 304–305.

个人一个属于他或她的“自己的房间”。他说：“我外在的感觉，和我的思想感情一样，都是我私密的东西。两者都是我的个人经验，都落在我的圈子里，这个圈子外面加了锁；圈子内的所有成分，所有领域，对圈子外的人而言，都是不透明的……简言之，如果将个人的世界当作灵魂般的存在，那么这个世界，相对于每一个灵魂，它都是独特的、私密的。”每一个自我，都是独特且不透明的，这种性质可以拓展到整个外部世界。树木和诗歌，都可能如人的原初情感或感知对象一样难以捉摸。交流一定总是“间接的和推断性的”。交流“必然要经由闭环，必然要利用有关身体变化的各种符号……理想内容的真实身份——所有灵魂都依靠它生存和运动——如果不通过外在经验的渠道，是不可能实现协同工作的”。①

“理想内容的真实身份”，它是交流的梦想，也是交流的噩梦。因为它既意味着两个灵魂间的融合，也意味着一个灵魂对另一个灵魂的占有。 然而，另一方面，布拉德利也具有一种类似实用主义者的敏锐性。他认为，交流总是涉及推断和解读。他虽然认为不同个体的意识是互相隔绝的，但是他并不认为个体就会因此而深陷于这种相互隔绝中不能自拔。

威廉·霍肯（William Ernest Hocking）是詹姆斯和罗伊斯的学生，但他并非地道的唯心主义者。他的哲学偏重神学，也相当广泛地论述了交流的问题。在《人类经验中的上帝的意义》（*The Meaning of God in Human Experience*，1912）一书中，霍肯探索了个体与自我以及与他人疏离的问题。他认为，个体对他人的了解是建立在其对上帝的了解基础上的。在其论证过程中，他粗略地向我们描绘了有关交流失败的原初情形。他附和爱默生，也预示了后来所谓的“存在性焦虑”（exstential angst）。他断

① Bradley, *Appearance and Reality*, 306, 306－307。该段引自第五节“雷电诉说了些什么”中的注释。在哈佛大学期间，艾略特在罗伊斯的指导下学习，并完成了关于布拉德利的论文。

言：“依其性质而言，灵魂之间是不能相互接触的。”最乐观而言，所有试图相互接触的努力，只不过是“个体为了摆脱孤独而向一种假想的现实所发起的冲击；所谓现实，即使存在，其本身也同样孤独”。这里，他设想读者会提出异议，于是马上又说：“（但尽管如此，）人与人之间的交流，说到底还是依赖我们对它的想象，我们想象它有多真实（或不真实），它就有多真实（或不真实）——而并不是个体在其自身及自身的肉体之间上演的微妙、成功但孤独的哑剧。”在霍肯的以上论述中，关于交流的所有问题都被呈现出来了：紧闭的大门、喧闹的社会、令人窒息的唯我论，以及对交流的担心（担心它只不过是或多或少协调得不错的双人哑剧）等等。

但是，和布拉德利一样，霍肯并不认为人与人是彼此隔离的。对奥古斯丁和洛克来说，肉体是必要但不完美的载体。与他们一样，霍肯也认为肉体有两重性。他将唯心主义者的“墙壁”比喻借过来，安装到人体之上。他沉思：“有时，我会坐着，凝视着一位同伴，思考我的自我和他的自我之间神秘的互相隔绝。我们为什么会到这一境地的呢？为什么我看着你，却只能看到你的墙壁，而从来就看不见你呢？”再一次，不同的心灵之间“没有直接的联系”（direct connexion，布拉德利语）。霍肯问道：“倘若我的思想哪怕能够有一次进入你的心灵，我们能够相遇而毫无障碍地相处，那将会怎样呢？”①

与罗伊斯和布拉德利的遭遇一样，霍肯的观点被萨缪尔·贝克特②讥讽为“谵妄症”（*ad deliriam*）。贝克特潜心研读笛卡儿，他极力嘲讽职业哲学中的各种术语，手法高超。贝克特所嘲弄的“谵妄症”就是那种认为“与他人结合不可能”的盲人瞎马的感觉，它是哲学逐渐养成的癫

---

① William Ernest Hocking, *The Meaning of God in Human Experience* (New Haven: Yale University Press, 1912), 245, 246, 265.

② 萨缪尔·贝克特（Samuel Beckett，1906—1989），法国当代剧作家，“荒诞派”戏剧的创始人之一。原籍爱尔兰，第二次世界大战期间参加法国抵抗运动，战后定居巴黎。作品深受乔伊斯和普鲁斯特的影响，具有鲜明的现代主义文学特征。他的代表作是一出两幕剧《等待戈多》，写于1948年，发表于1952年，曾在西方引起强烈反响。——译者

狂。在“谵妄症”患者看来，他人都是机器、行尸走肉或幻觉——简而言之，他人成了地狱。

霍肯并没有让自己沉入谵妄症的深渊。他循着实用主义的路子，主张在这个共同的世界中实现人与人的结合：“我想不出还有比这更加真实而激动人心的相互接触了——我们应该相遇并分享彼此的身份，不是仅仅通过难以言传的内心后台，而是通过此地基于共同经验的外在前台；你不应该隐藏在面具背后，而应该就在这里，将你的一切意识印在我的意识之上，包容我，包容我的全部。”霍肯没有逃避爱欲。他认为，脱离肉体爱欲的思想让人难以理解。他怀疑传心术，认为传心术忽略了思想的具体载体对思想的巨大贡献。他说，“传心术据说能够省略思想表达的麻烦；它省掉了思想必须先用语言表达，然后再转化另一个人的思想这一弯路；它直接将两个终端（terminal）联系起来，而避免了使用一系列不相关的复杂手段。”（引语里的“终端”，早期用来指无线电收报机。）但和这种田园牧歌般的无中介传播不同，霍肯指出，中介性传播也能富有成效。如果我们能够瞬间无碍地表达一切思想，那么各种愚蠢和琐屑之事必然喷涌而出。“事实上，朋友之间‘放下架子碰面’并不难——正如爱默生所说，‘这种放下架子，让高蹈的思想见诸具体的物理表达，是朝着有效而积极的生存前进的步伐。’”此外，传心术还会产生信息验证和解释的问题。在传心术传播中，我们接收到信息，会想知道是谁发送的，其意义是什么，这又驱使我们必须回头去寻求进一步的澄清。思想的意义，必须从“身体的历史”中去获得；思想需要孕育的温床；没有身体，思想只能是流产/误传（miscarriages）①，结果是让一个尚未长成的胚胎/思想（conceptions）过早地降生于世。②

---

① 这里作者是一语双关。Miscarriage：流产；mis-carriage：误传；conceptions：受精怀孕，又指“抱有某种思想”。——译者

② Hocking, *Meaning of God*, 257, 258, 266.

传播理论在20世纪的飞行旅程，唯我论是其中的重要一段，它如特技飞行，虽短暂但充满惊险。19世纪后期唯心主义的话语，有时充满着强烈的爱欲幻想，这一点我们已经在霍肯的作品中看到了。但是霍肯作品中的这种爱欲一般是干净的、以太般虚空的，而不是有机和感性的。最后，这种爱欲话语到了库利——美国社会学的奠基人，哲学上一个鲜明的唯心主义者——这里，我们会看到，离形去骸的交流理论达到了巅峰。这一理论与20世纪社会思想中也许是最早关于传播的长篇论述同时出现，这绝非偶然。

这段长篇论述即是库利在其名著《社会组织》(*Social Organization*, 1909)一书中的第六章到第十章提出的。这四章论述的都是传播问题。这本书有一个意味深长的副标题——“‘扩大的心灵’研究”(*A Study of the Larger Mind*)。

1894年，库利从密歇根大学经济学专业博士毕业，他的博士论文论述的是运输的政治经济学(他父亲是位法官、法学家，曾任美国州际商会首任主席)。在论文中，他说出了一句含义隽永的话：“运输是物理的，交流是精神的。”①到今天，“精神”(psychic)这个词已被用来指超自然力量，这是招魂术留下的遗产。就像当时的招魂术研究者，或使用电报、电话、书信或广播的人一样，库利也面对着交流对象缺席这一问题。②库利揭示了“交流”所具有的两种含义之间的暗合之处：作为物体迁移或运输的交流和作为精神相通的交流。用他的话来说，交流既意味着“思想

① Charles Horton Cooley, *The Theory of Transportation* (Baltimore: American &onomics Association, 1894), 70.

② 库利对“液体”和“以太”这两个比喻的用法比较随意。在他的文章《社会变化的过程》中(参见:“The Process of Social Change”, *Political Science Quarterly* 12 (1897): 63-81),他将语言称为“一个如液体般的整体,其每一个构成部分都能感受到其他每一部分的动作,并对之作出反应。在这一液体中遍布着无数思想和行为的移动……只要人们具有相似的本性——这种本性可以通过交流而实现同情——他们之间实际上就会形成一种液体,通过它各种冲动仅仅靠暗示或接触就可以被大量复制和扩散”(72, 80)。关于与这类比喻相关的其他例子,参见: Josiah Royce, *The World and the Individual* (New York: Macmillan, 1901), 2: 220: Herbert Spencer, *The Principles of Sociology*, 3d ed. (New York: Westminster, 1896), 536: 以及 Robert Ezra Park, *The Crowd and the Public*, trans. Charlotte Elsner (Chicago: University of Chicago Press, 1972)。

上的友谊”，又意味着“距离上的消除”。①这两种含义都绕开了人的肉体。库利并不为交流中人体的日益缺席而哀叹，而是去拥抱那些“生者幻象”。交流所处的环境变化了，库利的视野也随之聪明地作出相应改变，与之非常合拍。

库利说，传播（技术）使地理变得无关紧要。“在运输中，地区关系和对空间障碍的克服，意味着一切。而在交流中，地区关系的重要性则正在逐渐降低；自从电报问世以来，可以说，地区关系已经不复存在。”②顺着广义的圣奥古斯丁传统，库利视传播为一种值得拥抱和欢迎的解放：“（传播将我们）从时间和空间施加的粗暴和压制性的束缚之下解放出来。”和半个世纪以后的英尼斯和麦克卢汉一样，库利将媒介当作社会变革的推动力量：“各种社会影响必须通过某种机制发挥作用；它们所依赖的机制具有何种特性，这些社会影响就具有何种特性。”这句话与麦克卢汉的“媒介即是讯息”几乎一模一样。就像英尼斯和麦克卢汉这两个加拿大人一样，库利在传播媒介上发现了一种非马克思主义的历史推动力量。他的媒介观念和麦克卢汉的几乎一样宽泛：“交流的机制当然应该包括身体姿态、言语、书写、印刷、邮件、电话、电报、照片等艺术和科学的各种技术，从一人到另一人传递思想感情的一切方式。”这里没有马克思笔下的阶级斗争——那是一种“身体对身体的冲击”。也没有达尔文描写的存在于地球生物史中的“生存斗争”。对库利来说，传播是心灵在文化中的具体实现。和皮尔士一样，他试图讲述一个关于进化的故事，这个进化过程对人类的高等能力——智能、同情，以及更重要的，爱——是亲善友好的。“因为交流正是衡量社会组织之潜力的尺度，也是衡量人与人相互了解的尺度，所以存在于交流范围之外的关系就不是真正的社会性关系，而是机械性关系。”③这句话非

① “思想上的友谊”这一表达参见：Charles Horton Cooley, *Social Organization: A Study of the Larger Mind* (New York：Macmillan, 1909), 63。

② Cooley, *Theory of Transportation*, 70.

③ Cooley, “Process of Social Change”, 78, 73, 74, 76.

常清晰地阐明了库利和他的进步主义伙伴们（尤其是他的老师约翰·杜威）共同持有的交流观。在库利构想的世界里，人们能够像幽灵一样自由地交流，但是他很少真正回应过前述詹姆斯挥之不去的更加严峻的问题：交流中的失败问题，以及交流中的信息确证问题。

在描述传播时，库利喜欢用（身体的）“碰触”和“靠近”等比喻，但是他又认为，作为人格载体，人的身体本身并不具有什么本质上的特权。在社会生活中，“感官上的在场并不必然是最重要的”。

他责备唯物主义思想将人变成“一堆肉”。相反，他认为，“人们彼此之间的相互想象，却是社会中实实在在的事实”，因此研究这种相互想象“必然是社会学的一个首要目标”。在“书信、文学或幻想作品中”，一个人“可能会比其肉体更加真实地存在”。对某人而言，他的某个朋友的面孔和任何其他符号没有区别。“这位朋友的脸引发了他一连串的思绪，将幕布升起，露出他与这位朋友一起有过的亲密经验。这位朋友给他的‘在场感’，并不是如他的肉体对椅子的压力那样，而是他所想到的关于这位朋友的一连串的符号思绪。”[①]库利的理论的长处，在于他坚持实用主义的立场，认为我们的关系以各种各样的符号作为中介；他的理论的重大不足则在于他坚持维多利亚时代[②]的立场，认为关系的具体物质体现根本不重要。

库利认为，个体的个性人格（personality）不在别处，而存在于“我们各自通过面部表情和声音无意识地相互交流的内容”之中。个体发出的能指（signifiers）包括“幽灵般的表达”，比如面部表情和声音的粒质（grain）等等。他给我们留下的传播理论非常适合照相技术和留声机技术的时代；在那个时代，个人的痕迹可以脱离“人体”而取得新的具体形

---

① Charles Horton Cooley, *Human Nature and the Social Order* (New York: Scribner's, 1902), 95－96, 120, 121, 117.

② 英国女王维多利亚，诞生于1819年5月24日，1837年即位，在位六十余年，是英国历史上统治时间最长的一位君王。在这期间英国的政治、经济、军事、风俗习惯等均发生了非常深远的变革，她的统治时期因而被誉为“维多利亚时代”。1901年1月22日，维多利亚女王去世，“维多利亚时代”结束。——译者

态。既然库利认为个人符号可以脱离身体，显然他也会同意生者与死者的交流是可能的。这种看法并不是我们事后追加给库利的，而是他在理论中明确表达出来的。被想象者、被中介者，以及死去的人们，都可以和坐在椅子上的鲜活肉体一样，成为社交上的活跃分子。他指出："社会要成为社会，显然需要人们能在某一个地方相聚；而人们的相聚仅仅是以个人观念的形式在心灵里相聚。除了在心灵中还能在别的地方吗？还有什么地方被视为能实现人与人之间真正相聚的呢？" 这里，库利再一次指出，"场所关系"已然消失；人与人之间真正的接触并不体现在物质层面。库利深谙麦克斯韦关于"接触具有幽灵般的性质"的思想。他问道："倘若我们只和具有肉体形式的他人接触，倘若我们坚持认为只有那些能够打破天平的平衡、投下阴影的人[①]才能够进入我们的圈子，那么社会将是什么样子，我们个人又将是什么样子呢？"[②]

和詹姆斯一样，库利认为，如果武断地将身体作为人类个体进入社会的门票，这样做必然会催生一种暴虐。在我们的肌肤之下，其实都是幽灵，因此我们应该将殷勤好客推广到我们的一切同类幽灵身上。库利说，有些死者，"从实际意义上而言，比我们大多数尚没有失去肉体的人，更加真实"。[③]恺撒虽然早已化为泥土，可是对于某些读者来说，他比你在街上随意撞见的人是更加真切的存在。库利——一名生活在19世纪后期的典型人物(soul)——提出这样的社会理论是为了让生者与死者之间也能产生友谊。实际上，对他而言，精神交往是一切交流的典范。在其中起关键作用的是流动的个人痕迹，而不是身体在场。身体触摸固然能将人与人联系起来，阅读、遐想、录音和电影同样能将人与人联系起来。库利呼吁我们去与易逝的、已死的、虚构的、历史的东西都融为一体。库利眼中的"社会现实"早就已经是"虚拟现实"了。伴随

① "打破天平的平衡、投下阴影的人"，这里泛指那些能够通过一个实在物体对另一个实在物体施加影响力的人。——译者

② Cooley, *Human Nature and the Social Order*, 106 - 107, 113, 119, 123.

③ Cooley, *Human Nature and the Social Order*, 119.

“镜中自我”[①]而来的，是“镜中他者”。我们的关爱和融合必须是普遍的，应该囊括人类和非人类、生者或死者、长者或幼童、实体或幽灵。凡是有符号交换的地方，就会有社会或共同体的兴起，距离和死亡都无法阻挡。在这里，库利关于面对面人际交流的论述，也是从远距离交流的角度进行的。

在库利看来，“交流”和“个体之间的相互同步投射”没有区别。但他既没能像皮尔士或罗伊斯那样对人与人之间的符号交换过程进行充分的描述，也没有对实用主义传统实施行为主义的检验。（这种行为主义的检验总是会问，人与人之间真的在进行合作吗？）因此，库利眼中的交流和“唯我论双人舞”并没有什么区别。和卡夫卡一样，库利清晰地看到了“人与人之间的幽灵成分”；为此，库利高兴得与幽灵欢呼雀跃，而卡夫卡却不愿意这样做。这是因为，库利是生活在安娜波尔市[②]的地位优越的新教徒，而不是生活在布拉格的操双语的犹太人。库利的社会学理论充满天才和疯狂，这是因为他坚持认为，在人与人的交流中，地域的重要性日益淡化，或者更加具体地说，他根本不关注交流中的中介现象，尤其是不在乎人的身体这一媒介之母。他从斯宾塞和赫胥黎的唯物主义那里逃离，将社会变为以太般的娱乐宫，里面摆满了哈哈镜，或者说，他将社会视作脱离了人体的各种符号的穿梭流动。

库利认为，不同个体间的相互想象并不是彼此断裂的，而是存在着连续性；而且他还认为，地方性共同体与20世纪美国社会正在发生的社会组织的巨大扩张，这两者之间有着契合（commensurability）之处。人体一旦被幽灵化/精神化（spiritual），地理差异和遥远的距离就不再能局限社会交往。既然人体已变得不再必需，不仅两人之间的精神交往变得可能，多人之间的大众传播也成为可能。他力捧“交流”，认为它具有一

---

① 镜中自我，库利在说明自我观念形成过程时提出的概念。他指出，“镜中自我”是人们自我观念形成的一种机制；自我概念是他人对自己的判断的反映。后来社会心理学家米德扩展了库利的思想。——译者

② 安娜波尔（Ann Arbor），美国密歇根东南部大学城，密歇根大学所在地。——译者

种社交风格，可以被无边无际地放大。人们常常认为，库利推崇人与人之间的亲密、温暖、家庭或圈子关系——他将这种关系称为“首属群体”（primary group）关系。但是，他所赞扬的“首属群体”亲密关系中的面对面交往，其实也是一种已经被泛化的，人体和地域在其中已经不再重要的中介化交流；在这种中介化交流中，“幽灵般的（符号）表达”才是关键。对库利而言，中介化交流已经成为对人的自然而然的约束。人们为了实现远距离联系，发明了各种听、看、写和想的辅助手段；所有这些手段，在库利这里又都被重新注入到人的面对面交往的情境中。在库利看来，海伦·凯勒是“交流”的发现者。他将海伦·凯勒个体感官上的障碍视为所有人都罹患的普遍残疾。对宏观世界而言，我们都又聋又瞎，但是各种新型的交流方式将使我们再次成为完整的人。这里我们引用库利激动人心的表述：“新的交流手段宛若曙光，普照世界，唤醒我们，启蒙我们，放大我们，使我们充满期待。”①

库利将交流视为一种关系，特别是各种“幽灵”（即各种符号）之间的关系。如今，作为媒介消费者，我们频频被各种媒介邀请去做它们的伙伴，从而与各种媒介形成了奇怪的社会关系。在电视、广播、印刷媒介和电影中，演员表演、播音员广播、记者写稿、政治家演讲，可是他们完全不知道受众是谁。库利的以上观点为我们考察当今的“媒介—受众”关系提供了一定的参照。

此外，库利还有意绕开了人体的附属因素带来的奇异之处，如他人身体发出的黏糊糊的味道，手臂上的汗毛和疣、腋下的汗水，以及我们在交谈时发出的呼吸、新陈代谢甚至废物排泄等等。也许，他的社会学理论是维多利亚时代后期社会思想成就的高峰——它告诉了我们该如何构想出一个脱离了身体的社会。②

---

① Cooley, *Sodal Organization*, 88.

② 关于库利社会学思想背后的维多利亚文化背景，参见：Steven Marcus，“Human Nature, Social Orders, and Nineteenth Century Systems of Explanation: Starting in with George Eliot”, *Salmagundi* 28 (winter 1975): 20-42。

二、是欺骗还是接触？詹姆斯论灵异研究

“相信我，我不是垃圾。”

——派珀太太在表演霍奇森亡灵附身时对威廉·詹姆斯如此说道。

精神交往存在的问题是，它使人与人之间的接触成为一个开放且悬而未决的问题。库利心目中的英雄之一威廉·詹姆斯对这个“无人区”作了最周到全面的探索。詹姆斯认为，如果将交流视为直接从一个自我向另一个自我进行的认知迁移，这就超越了正常心理学的研究范围。他进行的灵异研究常常鲜为人知，但这些充满着智慧的研究也与他的其他典型研究相关。他毕竟是美国灵异研究会的创始人之一。在他的思想中，灵异研究并非处在边缘，而是在许多方面占据着核心位置。康德曾提出三个假设——自然法则、意志自由和灵魂不朽——并认为这三个法则的成立虽然无法证明，但都是理性的和道德的生活所必需的。而詹姆斯在他的灵异研究以及哲学思想中，经常对这三个假设进行拷问。①

灵异研究属詹姆斯做得最出色，其研究对象不仅是超自然现象，而且归根到底要回答这样一些问题：我能知道什么？我应做什么？我能够希望什么？康德认为，对这些问题作出理性的回答是可能的，但是和闵希豪森②一样，康德同时认为人无法从自己的认知循环里跳出来。对康德而言，如果不预设以上三个原则，即因果、道德和不朽，人就不可能理性地行动。而詹姆斯则认为康德弄错了顺序，认为人必须首先理性地行动，然后才谈得上以上三个原则的成立。根据康德的三原则，任何超越可知范围的尝试，结果只能够再现已知的东西，而不是发现不可知的东

① 我在很多方面都赞成对詹姆斯的思想做新康德主义解读。

② 闵希豪森(Münchausen)，德国乡绅，冒险家，也是一个吹牛大王。他的奇特故事既充满笑话和疯话，也充满了想象力和机智。也指闵希豪森所著《闵希豪森男爵奇遇记》中的主角。——译者

西。然而，灵异研究——正如在其之前的后康德唯心主义一样——发现康德提出的三个原则有时并不令人满意。许多灵异研究者认为，在偶然或者特殊的情况下，我们也许能够跨越可知的范围，进入康德认为的不可知的领域，而"交流"就是完成这个跨越的一个主要方法。正如英国物理学家洛奇在从事了三十年灵异研究之后所作的结论："跨越鸿沟进行偶尔的交流——即使会遭遇困难，而且需要特定条件——是可能的。"[①]洛奇引用柏拉图《会饮篇》中的一段话说，"生者和死者之间的连续性并没有真正中断；在响应紧迫的情感需要的情况下，可以动用交流方法，跨越似乎不可逾越的鸿沟——实际上，正如狄奥提玛对苏格拉底所说的……爱能弥合鸿沟。"[②]

以上柏拉图所说的"生与死"之间的那种形而上的裂痕是否真的存在，对詹姆斯来说，它还是一个值得进一步推敲的问题。在灵异现象上，詹姆斯是永恒的骑墙派，而且在某些人眼中，他甚至有些过于轻信。[③]他认为人们渴望突破死亡的限制，这充分证明了人类竟然可以不先认真确定这种突破客观上是否可能，就愿意相信之。但是，詹姆斯也捍卫自己对"怪诞事实"的探索，认为他的所作所为是恰当的科学立场。他的研究集中于一名"派珀太太"（Mrs. Eleonore Piper）的身上，因为这名女性当时已经成为灵异研究中的不朽人物。他首次遇见派珀太太是在1885年。一直到他1910年去世，詹姆斯都在研究着她非凡的灵媒才能。他们首次相遇时，派珀太太就如数家珍地将詹姆斯妻子家里的私事一一道来，这使他大吃一惊："这名灵媒对内人家里的事情非常清楚，实在是令人吃惊；她说的许多隐私是外人绝对不可能知道的；家长里短的闲聊，不可能传到她的耳朵里。"起初，詹姆斯倾向于认为派珀太太是歪

---

① Oliver Lodge, *Raymond, or Life and Death, with Examples of the Evidence of Survival of Memory and Affection after Death* (New York: Doran, 1916), 389.

② Lodge, *Raymond*, 83；着重号为原文所有。此类柏拉图主义的表达（*Symposium*, 202e）是心灵主义研究者的最爱。迈尔斯也对此作了引用。

③ 例如：Martin Gardner, "William James and Mrs. Piper", in *The Night Is Large: Collected Essays, 1938－1995* (New York: St. Martin's Press, 1996), 213－243。

打正着。可是后来却得出结论说，她“具有一种至今尚无法解释的能力”。[①]对詹姆斯来说，这个灵媒竟然有能力知晓他人的隐私，这本身这是一种能证明该灵媒不可能作假的确凿证据。即使她是偶然猜中，在詹姆斯看来，正如克尔恺郭尔所云，这种偶然也是和必然一样的必然。

在这个事例中，真实性的证据，正如其他中介化交流的真实性证据一样，以偶然方式出现，而且太琐细，因此不可能是预先作假的。[②]詹姆斯仔细梳理派珀太太在灵异表演中的那些“胡说八道”，试图穿越迷雾找到存在“其他心灵”的明显痕迹。[③]他试图从其貌不扬的蛛丝马迹中找出“真实的他者特性”(genuine otherness)存在的证据。简言之，他试图从灵媒身上找出隐藏着的“他人的灵魂”。但是，这个“机器中的幽灵”[④](the ghost in the machine)，只会在私密和偶然的事实中才显露出来。那些不能再现的东西，尤其是他者的身体，仍然是确证灵媒交流真实性难以攻破的堡垒。詹姆斯辨析灵媒作假所使用的方法，和当时正在兴起的其他方法是一致的。19 世纪后期，照相术和留声机的发明使制造新的个人幻象成为可能；与此同时，它们又揭示了此前尚未被探索过的世界，揭示了此前人们看不见的物体运动和人的行动——如马的步态和人的步态，人的耳垂的各种形状，以及人脸上刹那间的表情等。各种新媒介不仅使人可以脱离其肉体而存在，而且使人们重新开始关注人的身体的独特性。卡洛 · 金斯伯格[⑤]认为，19 世纪后期，在犯罪学、心理学和

---

① William James, “Report of the Committee on Mediumistic Phenomena” (1886), in *William James on Psychical Research*, ed. Gardner Murphy and Robert o. Ballou (London: Chatto and Windus, 1961), 97；着重号为原文所有。与沃伦(也是波士顿名流)和布兰戴斯一样，詹姆斯也提到了各种新媒介(灵媒)对家庭这一“神圣领域”的侵蚀。

② Carlo Ginzburg, “Clues: Roots of an Evidential Paradigm”, in *Myths*, *Emblems*, *Clues*, trans. John and Anne C. Tedeschi (London: Hutchinson Radius, 1990).

③ William James, “Report on Mrs. Piper's Hodgson Control” (1909), in *William James on Psychical Research*, ed. Gardner Murphy and Robert O. Ballou (London: Chatto and Windus, 1961), 204.

④ 机器中的幽灵，见前注。——译者

⑤ 卡洛 · 金斯伯格(Carlo Ginzburg, 1939—　)，意大利著名历史学家，提倡微观历史(microhistory)。——译者

艺术史中出现了一种新的解读模式，它是基于这样一种认识：通过仔细梳理那些“极小的蛛丝马迹，我们能对更深入的，非如此就不能触及的现实，获得全面的了解”。例如，通过像福尔摩斯那样注意人的耳垂的形状、烟灰的种类、香水的类型，人们就可以辨认出罪犯；通过分析画家对画中人物的手指或脚趾的处理方式，你就可以将大师的作品和大师助手(或作假者)的作品区别开来——这就是莫雷利[①]绘画真伪辨别法的要旨；凭借口误或模糊不清的梦境，我们就可以使人的无意识世界袒露无遗——这是弗洛伊德的心理分析学的主题。[②]

这种侦探方式极为关注无关紧要的细节，如果不是在司法上如此有用，它很可能会被当作是一种拜物性的怪癖。福尔摩斯说：“他们最细微的动作也可能提供长篇累牍的意义；或者，他们最超常的举止却可能要依靠一个发针或一把扭曲的钳子来侦破。”[③]在19世纪后期这一历史性时刻，新涌现的各种新媒介无需凭借指甲、耳垢、香水或气味就可以体现人的在场；而与此同时，在犯罪学、心理学和艺术史中，这些身体上的细节却被侦探们用来寻求真相。正是在那些超越或颠覆媒介，不可能被媒介中介化的东西上面，真理才赫然显现。

在1908年(其去世之前两年)的一次研究中，詹姆斯检查了派珀太太与理查德·霍奇森(Richard Hodgson)的“联络”。霍奇森是詹姆斯从事灵异研究的同事，当时已经去世；和其他去世的灵异研究者一样，霍奇森在辞世之后从事了新的“职业”——其灵魂可以作为灵异研究中的一个“控制变量”(死者的灵魂可以作为死者派驻在生者中的大使)发挥作用。但是，霍奇森的灵魂真的会站在彼岸吗？它真能通过时而作假、时而让人叫绝，却总是极具表演才能的派珀太太发来指令吗？或者这一切

---

① 乔瓦尼·莫雷利(Giovanni Morelli, 1816—1891)，意大利艺术批评家和政治人物。他首创了通过画中人物的手的细微特征来识别绘画作品真伪的系统辨别方法，被称为“莫雷利方法”。——译者

② Ginzburg, “Clues”, 101.

③ Arthur Conan Doyle, “The Adventure of the Second Stain”, in *The Complete Sherlock Holmes* (Garden City, N. Y.: Doubleday, 1930), 2: 657.

都是“一派胡言”？詹姆斯比较了派珀太太充当灵媒这一行为背后可能具有的两种动机，一是“表演的欲望”，即灵媒充当者可能具有一种在观众面前表演的欲望，这是人之常情；一是“交流的欲望”，这是一种确实源于灵媒的自我意识之外的意愿，它可能是某个死者的亡灵，也可能是灵媒自己心中的多重人格。前一种是欺骗，后一种是真实的启示，但是在招魂术交流中，欺骗和启示彼此纠缠，难分难解。“出于有意或无意，造假在灵异活动中总是无处不在。[①]”詹姆斯认为，在与理查德·霍奇森的交流中，派珀太太同时具有以上两种意愿，而且彼此交织：“幽灵通过对‘光线’施加压力，使其产生断断续续的闪光，它可以将它想要传达的东西与人间的胡说八道混合在一起。”即使幽灵也会遭遇交流的困难。[②]因此，灵异研究者的任务就是在灵媒发出的混杂讯息中，区分她“胡说八道的意愿与吐露真相的意愿”。詹姆斯得出结论认为：“灵媒具有传达某些事情的意愿，而这些事情是(媒介)机器无法传达的。”[③]在此，我们又遇到同样的情况——我们确证讯息是否真实所凭借的证据，不是源于机器的中介作用，而是源于那些机器无法传达的东西。

即使如此，詹姆斯也认为，仍然存在一个可能性，即派珀太太的交流意愿从来就没有跳出康德的圈圈。为了说明派珀太太何以能够代替已故的理查德·霍奇森说话，詹姆斯借用了一套复杂的广播比喻。他的比喻很像吉卜林的故事《无线电》(*Wireless*)。詹姆斯假设有一种特殊的感应现象。这位曾经做过外科医生的心理学家说，首先，“人的一切记忆过程……都和物理过程相协调”。在现实生活中，我们的身体一般是我

---

① William james, “Final Impressions of a Psychical Researcher” (1909), in *The Writings of William James: A Comprehensive Edition*, ed. John j. McDermott (Chicago: University of Chicago Press, 1977),791.

② 在一篇名为《论传心术交流中的障碍和复杂性》(*On Hindrances and Complications in Telepathic*)的文章中，西奇威克提到一个名为“迈耶斯”的鬼魂。该鬼魂将“通过灵媒发送讯息所面临的困难”比作如同一个不情不愿而且有些迟钝笨拙的秘书，她站在一面打霜的而且隔音的玻璃前，听玻璃后传出的老板的微弱口述声。参见：*In Phantasms of the Living*, ed. Eleanor Mildred Balfour Sidgwick (1924; New York: Amo Press, 1975), 433。

③ James, “Report on Mrs. Piper's Hodgson Control”, 206, 206, 204.

们人格的最好记录。然而在人死后，物质世界仍然是每个曾经在此栖息之人的储藏所。“我们都在这个宇宙中行动，宇宙总是由于我们的每一个动作而发生着结构性变化，不管这种变化多么微小。”（这就是詹姆斯的灵媒研究给我们留下的宝贵遗产之一。）于是，正如“在空中，以太能在频率相符的马可尼电台之间同时收发各种信息，物质世界中的宏大的连续体上也具有许多脑束(tracts)，它们能传递由历史事件和历史人物发出的微弱信号”。那些到派珀太太的招魂术现场来观摩的霍奇森的朋友，他们的身体(自然也包括他们的心灵)当然构成这个物质宇宙的一部分，而这个宇宙也保留着霍奇森过去行动的痕迹。这些活着的朋友的身体就是死去的霍奇森发来的信号接收站。这帮朋友聚合在一起，构成了霍奇森的档案；而霍奇森留下的痕迹“由于某种相互感应作用而苏醒复活过来”。派珀太太这个灵媒只不过是一个“排水口或落水槽”，让那从物质宇宙和在场的朋友中回收来的精神力量有了流出和显露的渠道。①

有人曾从降神会观众的脑电波角度来解释传心术。詹姆斯的以上观点似乎与这种解释一脉相承，但他心里所想的，并不是降神会现场的人们与通过以太传送信号的遥远幽灵进行的“实时”接触。这里，与其说派珀太太是马可尼式的无线电台，不如说她是一台能播放多年前刻录好的唱片的留声机。虽然詹姆斯讨厌他所谓的黑格尔主义，但他还是同意黑格尔的观点：与死者的接触更像用留声机放唱片，而不是用收音机听广播。他认为，与死者的对话是一种诠释学上的冒险，而不是精神的旅行。对他而言，灵异研究就像 19 世纪的诠释学那样要进行大量去伪存真、猜测想象和索隐钩沉的工作(詹姆斯和伟大的诠释学家威尔赫姆·狄尔泰是朋友)。他认为，“传输”说到底是“记录”的一个分支，而非相反。在试图去接触他人时——无论对方是近是远，是生是死——我们都

① James，“Report on Mrs. Piper's Hodgson Control”，208，209。该观念的回音似乎传到了现代。1989 年，有人指出，“很快我们将能依据先人留下来的蛛丝马迹而将他们复活，这是一门超级考古学。”参见：Hans Moravec，“Interview”，*Omni Magazine* 11 (August 1989)：91。

只能够阅读和猜测。我们发出和接收的一切都是潜在的死信。

詹姆斯认为，几乎一切招魂术的资料都是“哲理与水”（philosophy-and-water），是时代精神平凡的循环。他写道：“招魂术是一个欺骗手段极其泛滥的领域。”①在他的若干研究报告中，可以看出他表现出来的憔悴倦怠、令人佩服的耐心以及对琐碎细节的关注；在其他地位较低的灵异研究者中，这种情况更加明显。②灵异研究需要艰苦的钻研，却只能得到极小的收获！再者，这些关于如何与死者进行交流的研究，其显著特征是研究报告中表现出的琐屑或傻气。③詹姆斯感兴趣的，不仅仅是生者和死者是否发生了实际接触，而且还包括为什么人们会有进行这种接触的愿望，因为他认为这样的愿望是人类经验的关键事实之一。詹姆斯敞开大门，在生理学还原论和对幽灵的热情拥抱这两种态度之间徘徊。④他在各种中介性传播和投射之中爬梳清理，寻找人们交流的意愿——这是地外智能探索、灵长目研究或人工智能研究者都试图实现的目标（见第六章）。他试图让人们承认他的识见（a recognition of his recognition），希望能够闭合交流的圆环。詹姆斯实现了“信仰上的一跃”（a leap in faith）⑤，并努力让自己悬在空中。其他一些人则为招魂术作辩护，他们互相吹捧，沆瀣一气。他们说，尽管有些用来证明显灵的照片可能是经过两次曝光伪造出来的，但这并不等于说幽灵就没有从中插手起作用。⑥有人也许会认为，詹姆斯有时也在像这些招魂术的辩护者那样瞎扯，但实际上他的视野要开阔得多：“我们直觉上相信存在着一种更高的力量……难

---

① William James, “letter to Carl Stumpf”, in *The Thought and Character of William James*, ed. Ralph Barton Perry (Boston: Little, Brown, 1935), 1: 248.

② 参见：Walter Benjamin, “Theses on the Philosophy of History”, trans. Harry Zohn, in *Illuminations*, ed. Hannah Arendt (New York: Schocken, 1968), 256, and Benjamin, *The Origin of German Tragic Drama* (London: Verso, 1977), 155 - 157。

③ Lodge's defense: “Humour does not cease with earth-life. Why should it?” *Lodge*, *Raymond*, 349.

④ Gerald Bruns, “Loose Talk about Religion from William James”, *Critical Inquiry* 11 (1984): 299 - 316.

⑤ 信仰上的一跃，英语习惯表达，指对无形或无法证明的东西表示出信任。——译者

⑥ Tom Gunning, “Phantom Images and Modern Manifestations”.

道这种直觉仅仅是那些不可救药的胡思乱想者脑中的可怜幻觉吗？”[①]我们所从事的、所知道的和所希望的那些最崇高的事情难道仅仅是我们自己的主观投射吗？詹姆斯力图用自己的实用主义原理去弥合康德留下的鸿沟。他认为，我们的直觉信仰意义重大，一切行动，就其实质来说，都是人们将其视为仿佛为真而做出来的行动。

对詹姆斯，我的理解是，他并不是在为那个“中产阶级的自我”进行人道主义的捍卫。应该说，他关注的是我们与非人类物——野兽或上帝——进行接触的可能性，这种可能性是不可能被排除的。在他的宇宙中，即使是最好的交流，也仅仅是一方跨越他者鸿沟对另一方喊出的一声“你好”，而决不是在平等和理性的两者之间达成共识。但是，在詹姆斯看来，我们如果放弃这种连接的希望——即使在招魂术降神会这种荒谬的“中介交流”的情况——我们就不仅放弃了公开的探究，而且可能也因此放弃了与有别于我们的其他智能生命建立友谊的希望，而这种希望与前述“公开的探究”同样关键。詹姆斯坚定地认为，人格经过灵媒和传播媒介的运输之后还能够维持不变，因为他看到，在这个过程中我们人类具有的与其他生命——无论其形态如何——建立联系的能力至关重要，其存亡续绝皆系于此。

詹姆斯所生活于其中的世界，是“交流”可以脱离肉体而独立发生的世界。在这个世界中，个体与他人的对话不再依靠与对方身体的接近，与死者的对话则更是如此。但是，詹姆斯所面对的问题是，如果没有身体接触，我们怎么能知道自己已经与对方建立了联系？换句话说，灵异研究的核心问题是“交流的可能性”问题，即在“尚有肉体的心灵”（生者）与“丧失肉体的心灵”（亡者）之间，交流是否可能的问

① William James, “Concerning Fechner”, in *A Pluralistic Universe* (1909), in *The Writings of William James: A Comprehensive Edition*, ed. John J. McDermott (Chicago: University of Chicago Press, 1977), 529.

题。[1]有肉体者与无肉体者之间的交流问题，不仅对维多利亚时代后期的人们具有紧迫性，而且对那些等电话和看电影的人也都是个问题。在已故的霍奇森和充当灵媒的派珀太太面前，詹姆斯的处境，从结构上说，和图灵测试几乎一模一样：他与另一人的交流只能通过媒介进行，但对方可能是真人或模拟人，而詹姆斯要对两者作出区分。与幽灵接触所面临的障碍，在许多方面与任何远距离交流是一样的。灵异研究好比一种业余无线电爱好者所称的DX-ing竞赛，即看谁能搜寻并联系上最遥远的电台。在灵异研究和电台搜索中，“欺骗之源”实际上很多，许多信号都可以同时被解读为因收报机或发报机瑕疵而导致的差错。在灵异研究中，詹姆斯探索的是传播理论的核心问题：当个人的形象离开肉体运行时，会出现什么情况？什么时候讯息才算讯息？什么是来自自我的投射，什么是“自我”对他者的承认，或他者对自我的承认？世界中的秩序是我个人投射能力的产物吗(费希特、谢林等浪漫主义者就这样想)？其他智能是否真实存在？詹姆斯认为我们与其他智能(包括动物、幽灵或其他人)是能够交流的，并且为之压上了自己的赌注。他知道，交流的问题是我们所处的这个时代的众多关乎信仰的问题之一。

三、伸出手去触摸人：电话的奇异之处

库利认为，传播已经使原有的距离尺度过时。在他和他同时代人所生活于其中的那个世界，由于各种新媒介的涌现，人类的各种幽灵形象已经开始四处涌动。他并不认为中介性传播有什么离奇或值得怀疑的地方。后来的媒介文化发展提出了这样一个问题：在人类的交流中，人体能够在多大程度上保持缺席。实际情况是，这种缺席是有限度的，身体接触不可能被永远压抑。以电话为例，尽管其最初的发展充满曲折，但

① F. W. H. Myers, *Human Personality and Its Survival of Bodily Death*, ed. Susy Smith (1903; New Hyde Park, N. Y.: University Press, 1961), 29.

后来便获得了稳固的地位，并成为我们与不在身旁的人保持“个人化接触”(personal touch)的有效手段。与此同时，无线电技术(广播和电视)则沿相反的方向发展，其受众变得分散而普遍。原则上说，电话和无线电技术，既可以是容纳许多声音的中央交换系统(如多订户共线服务或广播电台服务等)，也可以是一对一联络的手段(手机或业余无线电爱好者广播)。电话和无线电的应用不同，问题不在于它们媒介属性不同，而在于参与听说的社会群体的不同。当时，技术被用来聚合受众，这已是媒介技术部署的惯例。广播所传播的讯息，针对的是低清晰度的匿名受众群体；而电话所传播的讯息，针对的则是高清晰度的具体受众群体。

在电话系统出现的黎明时刻，电话中的“个人化接触”无所不在。在19世纪80年代之前还没有电话号码，每一次通话都需要接线员的帮助。接线员为电话用户接通通话之前，先得在总机交换台上找到贴有电话用户名字的插孔。实际上，贝尔电话公司花了好几年的时间才说服顾客改用电话号码。即使在改制之后，许多地方的交换机还是在数字之前加上了地域前缀——如费城的号码就是：费城-6-5000。即使引入了电话号码，和前述邮政系统一样，在电话中只让两个人进行私密通话的观念还是姗姗来迟。早期需要解决的一个技术问题是，如何在整个系统中拨打电话时，只让被叫号响铃，而不是所有号码同时作响。和一切复制性(传输与记录)媒介一样，电话本质上是一种公共媒介。正如19世纪50年代开始实施的邮政匿名措施，以及沃伦和布兰戴斯19世纪90年代谋求建立的隐私权，在19世纪90年代和20世纪初，电话公司的老板们努力确保电话能成为单个通话者双方之间的私密渠道。[①]他们在这里的任务是要驯化电话这个媒介，用“交流”的专注性来取代其多重性。在电话自动交换机出现之前，接通电话的中介一般都是总机接线员。此前我们已经见过这样的人——招魂术中的灵媒以及抄书人巴特比——他们都是被

① 参见：Michele Martin, “*Hello, Central?*” *Gender, Technology, and Culture in the Formation of Telephone Systems* (Montreal: McGill-Queen's University Press, 1991)。

动的、中性的或女性的身份，坐在信息发送设备前提供服务。19 世纪 90 年代，加拿大安大略省的一家报纸曾经对接线生作过这样的报道："这些女青年是自动机……她们看上去像冰山一样冷漠无情。"一本早期的培训教材作了这样的规定：每名"接线生必须被训练成近乎完美的楷模，成为一种有血有肉的机器，她们必须是速度和礼貌的典范；她们充满灵性，行动如闪电，精确无瑕疵；说话必须温柔谦和，而不能显得斩钉截铁，无可商量"。[①]上述描写至少有一个明白晓畅的优点：接线员的身体——其声音、姿态和疲惫——和打字员一样，是在心理上和技术上都讲求纪律严明的关键所在。[②]电话接线员预示着后来的所谓生物机器人(cyborg)的来临。生物机器人由电线和有机体组成，性别模糊。[③]像招魂术中的灵媒一样，接线员栖息在一个深深嵌于生理和心理之间的跨界空间。她们的女性身体隐藏在一个全国通信网的核心位置，以不带感情的声音说话，她们是一个原型性[④](archetypal)的角色。

在大众文化中，接线员总是被塑造成女主角或女英雄(heroine)：她们了解每个人的习惯，能够在紧急情况下召集相关当事人；她们是月下红娘、救生尖兵或善心天使；她们总是扮演着跨界人或居间人的角色。[⑤]

---

① Martin, "*Hello, Central?* " 70, 73.

② Helmut Gold and Annette Koch, eds., *Fräulein vom Amt* (Munich: Prestel, 1993), and Friedrich A. Kittler, *Grammophon, Film, Typewriter* (Berlin: Brinkmann und Bose, 1986), 273-289.

③ Donna J. Haraway, *Simians, Cyborgs, and Women: The Reinvention of Nature* (New York: Routledge, 1991), and Claudia Springer, *Electronic Eros: Bodies and Desire in the Post-industrial Age* (Austin: University of Texas Press, 1996).

④ 原型(archetype)，分析心理学术语，为瑞士心理学家荣格于 1916 年首次提出。荣格认为，集体无意识作为人类从其祖先和前祖先继承下来的原始经验的总和，包含了各种不同的原型，因而原型是"集体无意识结构中的内容"，是先天存在的，可以通过遗传而被继承。"原型"现在一般有三种意思：(1) 指任何事物的最初模型，即首先形成的原始的形态或类别；(2) 在创造思维活动中具有启发意义的事物；(3) 在认知心理学中指对某类客体的基本成分或共同特性的一种抽象形式。——译者

⑤ 参见：Herbert N. Casson, "The Social Value of the Telephone", *Independent*, 26 October 1911, 899-906; "How the Hotel Telephone Girl Sizes You Up", *American Magazine*, August 1923, 23, 70, 72; "When the 'Hello Girl' Tries Hand at Detective Work", *Literary Digest*, 5 November 1927, 52-54。

像狄奥提玛对苏格拉底所说的爱欲一样，接线员的工作也是弥合鸿沟，鸿雁传书。实际上，接线员的声音来回飘荡，洋溢着一种很性感的东西。正如一位美国经理人 1905 年所说：“有一位女孩子的声音从电话上传过来，使一位年轻人心摇神荡[1]。”电话作为恋爱关系的经典红娘，作为浪漫结合和思念的代理人，曾被人讴歌，也令人叹息。婚礼曾在电话上举行，也曾在电台上举行，这是每一种新型远程通信必须履行的成年礼。[2]爱神之箭和电路设计图中的指向箭头在这里汇聚。此外，请注意这两个短语搭配：公共广播、私人电话。因为广播是公共的，因此“广播性爱产业”让人听着觉得很可笑。但是，自从电话公司推出了900 特殊服务电话号码之后，啊，一个兴盛的“电话性爱产业”就出现了。

但是，在交换台将电话接通之后，还有一个通话人彼此如何称呼的鸿沟。由于通话双方身体上都不在场，所以各自都不知道对方是谁，双方在通话开始时的对话往往具有戏剧性。在面对面交流中，我们一般知道自己的交流对象是谁，除非对方是假冒者，或我们所讨论的是艰深的哲学意义上的身份认同问题。有鉴于此，试探了解对方的身份是电话礼仪中的常事。我的小儿子年幼时给他朋友家打电话，对方无论谁接电话，他都把人家当成自己的朋友，而且都预设对方当然知道是谁来的电话。我儿子当时还没有学会打电话时先自报家门，然后确定对方是谁。换句话说，他还不知道，电话这个媒介容许交流双方身体的不在场，在这样的媒介中，交流双方首先需要做的是“转接管理”。在这种情况下，各种风格的电话礼节应运而生，以应对接电话者并非被呼叫者的情

---

① Martin，“Hello，Central？”，95。除了“距离催生爱欲”这一普遍观点之外，瑞克·奥尔特曼（Rick Altman）还认为电话中女性的声音之所以听来让人觉得性感是因为电话筒对高频音的压制。电话筒是根据男声设计的，所以电话中所有的女声都变成了性感的女中音。

② 电话婚礼的例子如：Mary B. Mullett，“How We Behave When We Telephone”，*American Magazine*，November 1918，44－45，94，at 45。《国家地理》杂志 1995 年一期中的一篇文章描述了“首次虚拟婚礼”，即空间上相距遥远的新人在虚拟空间中“相互拥抱”。但是，新人肉体上的拥抱却不能无限期延后。“最后的结局毫无悬念，他们在虚拟接吻之后肯定还得有真实接吻。”参见：Joel L. Swerdlow，Louis Psihoyos，and Allen Carroll，“Information Revolution”，*National Geographic Magazine* 188，4（1995）：35。

况。在荷兰，通话双方都应该同时亮明身份——打电话者和接电话者必须说出自己的名字。在美国，自报家门的规范比较松，有些打电话的人从来就懒得报告自己的名字，认为对方能认出自己的声音。在面对面交往时，双方最初的身份试探一般都较为隐蔽。进入 20 世纪以来，媒介技术激发了人们对于人与人之间实现神奇接触的梦想，我们也随之习惯了处处遇到他人对我们的身份试探。

在早期的电话文化中，人们谋求的是一种可以不需要“在场提示”(cues)的交往模式。[①]电话既可以构成感官的障碍(交流双方不可见)，也可以是感知的延伸(作为助听器和扩音器)。1915 年的一篇文章言简意赅地将电话的不足说得很透彻：“在电话上聊天时，那些人们近距离相处时存在的身体上和视觉上的一切外在辅助手段都被剥夺得干干净净。”在面对面的交流中，双方没有差别地浑然一体，而这种情形在电话交流中被完全改变。当时人们对电话人际交流的描述，根据的是无声的电影和无像的电话时代的视听新秩序。在打电话时，你不能像电影中的演员那样，“用咄咄逼人的目光来‘录入’愤怒；不能翘起嘴唇表示轻蔑；不能用眨眼来表现心神不定；也不能用个人在场的魅力来有力地支持一个原本不足的论点或者强化一个原本苍白的反驳。一切责任都必须由声音来单独承担”。[②]

电话确实有点奇怪。它的出现，竟然改变了人们对面对面交流的看法，使其被重新界定。由于“身体和视觉上的近距离”可以为交流提供“外在的辅助手段”——这些东西过去从来就不是专门的传播渠道——现在面对面交流非但已经不再是人类交流的理想，反倒成了人类交流的问题。历史学家考弗特(Catherine Covert)指出，第一次世界大战之后，电话成为文化批评家衡量无线电广播的怪异程度的参照基准。广播显得那

① Lana Rakow, *Gender on the Line: Women, the Telephone, and Community Life* (Urbana: University of Illinois Press, 1992), 43。该书提到，“前景镇”(the town of prospect)的男人在进行电话聊天时总显得比女人笨拙。

② “On Conversation by Telephone”, *Independent*, 10 May 1915, 229 - 230.

么超自然，而对电话，“美国人却有着十分平常的体验——它是人与人直接联系的纽带”。[①]然而实际上，电话和广播一样，也曾引起人们同样的焦虑，比如人们诟病电话是进入家庭的奇怪声音，有必须接听的强制性要求，人们必须对着一个黑洞般的送话器说话，通话双方不可见等。1920 年，《大西洋月刊》发了一篇文章，其口气像一位神经衰弱的女子。文章说：“我每次听到自己的声音总感觉不好，对着黑洞洞的送话器说话，眼前没有使人舒适、给人提示的一张面孔，感觉更糟糕。”电话上缺少礼节也使她恼火。“既没有前言，也不尊重隐私。”不管你在忙什么，电话铃一响，你就立即被拽进与陌生人“不明不白的相遇”之中。[②]这位作者所提到的，明显是撒播的经典特征——苏格拉底担心，书写会带来莫名其妙的相遇，还对个性化情境不加区分。

电话之所以让人感到怪异，最主要的原因在于它在确认个人身份这个问题上不够严谨。即使到了今天，最令人身心交瘁的遭遇莫过于碰到这样的人：他不断拨你的电话，你一接通，他保持静默或马上挂断，你不知道他的身份（一般是男性），只能听到他话筒中的呼吸声。对电话礼节的如此践踏，使人注意到电话这个媒介原初的离奇性。“淫秽”（obscene）这个词原来的意思就是“隐藏在幕后”（off-scene），因此，我们说“隐藏在幕后的电话”（an obscene phone call），这实际上是同义重复，有些多余。最近，人们担心在网络空间，由于标明个人的真实身份的信息很少，可能会让人更倾向于使用语言暴力，这些网络暴力语言被网民称为“火焰”（flames）。而实际上，电话对此早就有所预示。比如，很早就有评论者认为，电话交流中缺乏礼节，是因为

---

① Catherine L. Covert, “‘We May Hear Too Much’: American Sensibility and the Response to Radio, 1919－1924”, in *Mass Media between the Wars, 1918－1941*, ed. Catherine L. Covert and John D. Stevens (Syracuse: Syracuse University Press, 1984), 202.

② “Telephone Terror”, *Atlantic Monthly*, February 1920, 279－281.

通话双方不能如在面对面交流中那样瞬间识别对方。[1]1918年，有人写道："有些男人利用自己在电话中的'低清晰度'从事他们与你面对面时绝对不敢的行为。"[2]现今，同样有人断言，因特网相对的匿名性使人能在网上使用其当面绝不敢使用的脏话粗话骂人，而不必为之负责，安然逃脱。此外，在现代社会中，"对话"出现错乱，电话也应该负一定的责任，因为它将原本完整的交谈活生生地分成两半，使它们只有在虚拟空间中才能重新结合。尽管人际对话具有亲近和无中介的特点，但是电话中的交谈却如同是在无人区进行的一般，在这一点上它和书写一样难以捉摸。这种失去了本真的话语曾被人比喻为精神分裂症和电影剪辑中的横切(crosscutting)。[3]马克·吐温在一篇讽喻故事《电话交谈》(*A Telephonic Coversation*)中，抓住了电话交谈中的精神分裂症和滑稽特征：

> 接着就发生了世界上最最奇怪的事情——交谈中只有一端的人在说话。你听得见一方的问题，却听不见对方的回答。你听见一方发出邀请，却听不见对方表示感谢。你感觉到一方在听对方说话时的死一般的寂静，接着又听见一些不切题或难以说清的感叹，有惊喜，有难过，有沮丧。你对交谈摸不着头脑，因为你根本就没有听见电话另一端说的任何话。

文章接着描绘了这样一段"交谈"，但我们只能听到电话的这一端，却听不到电话的那一端。从逻辑上说，这段"交谈"，可以作为一个"前提"，它让马克·吐温推导出一连串不符合逻辑的结论

---

① Mark Dery, ed., *Flame Wars: The Discourse of Cyberculture* (Durham: Duke University Press, 1994).

② Mullett, "How We Behave When We Telephone", 45.

③ Ronell, *Telephone Book*; Frank Kessler, "Bei Anruf Rettung!", in *Telefon und Kultur: Das Telefon im Spielfilm*, ed. B. Debatin and H. J. Wulff (Berlin: Volker Spiess, 1991), 167－173.

(nonsequiturs)，比如：

> 停顿。
>
> 现在是《圣经·申命记》第49章；从64章到97章，包括头尾两章。我想，我们大家应该经常读。
>
> 停顿。
>
> 也许是吧；我一般是用发夹。①

正如当时人们对这个故事的评论所指出的，这个故事的潜台词所表现的是男女两性打电话时体现出来的强烈反差：男性的粗糙生硬和女性的啰嗦冗赘。故事的叙述者是名男性，他将电话打到转接台(the central office)，让后者为他接通他的家人(女性)。

在电话交谈中，通话两端各自为政，只有在虚拟空间双方各自说的话才能彼此结合，这就是电话交谈的性质。自然而然地，一个问题就出现了：电话双方的话真的结合了吗？多萝西·帕克②在19世纪30年代早期写了一篇独白故事，名为《一个电话》(*A Telephone Call*)。故事说道，一个女人疯狂地乞求上帝促使她的男友给她打电话。但是，在通篇独白中，这个男人始终没有来电话。故事标题所指的“打电话”的行为从来没有发生过。等待一个绝不会打来的电话具有象征意义。它不仅象征着情人被怠慢，孤寂难耐，还象征着交流双方进退两难，不知所以。在这篇独白故事中，女人的乞求对象是上帝，这不是偶然的。作者给了我们一个简洁的传播环路：女人提出呼请(call，请求)，希望因此让其男友也同样发出呼请(call，电话)来回应她。一个渴望的声音在寻求另一个渴望

---

① Mark Twain, “A Telephonic Conversation”, in “*The $30,000 Bequest*” *and Other Stories* (1880; New York: Harpers, 1917), 204-208.

② 多萝西·帕克(Dorothy Parker, 1893—1967)，美国诗人、短篇小说家、批评家和讽刺作家。文章多讽刺城市习癖，以辛辣机智闻名。——译者

的声音的回应。与帕克生活在同一时代的阿尔道斯·赫胥黎[1]也写了个类似的故事，名为《电话中》（*Over the Telephone*）。故事中他将诉求者的性别由女性变成了男性：一名年轻的男诗人心里反复演练如何给一名女性朋友打电话以安排一次盛大的约会；他想象着如何陪她去看歌剧，最后如何在他的公寓里接吻而达到高潮等。可是，好事多磨，诗人给女孩打电话时，接线员老是接不通；终于好不容易接通之后，他却结结巴巴得令人绝望。女孩婉言谢绝了他的邀请，因为她已经有约。“满怀绝望，沃克放下听筒，听筒中刺耳的声音萎然地消失在空气中，真像是一场木偶剧中的鬼魅”。电话交流中的断裂，类似精心安排的约会突然中断，如爱欲受挫一样明显——“刺耳的声音萎然地消失在空气中”。[2]

以上尝试均试图建立“交流”，但这种尝试，从最好的角度讲也只能是一次失败的诠释——诠释者和被诠释者之间山重水复，难以逾越。

卡夫卡与电话

电话交谈是两个即使在幻想空间中也永不连接的独白。在对电话和“交流”进行如此探索的人中，最怪诞的要算卡夫卡。在他看来，一切诠释的企图都是一门告诉文本的非目标读者如何阅读文本的艺术，这是一种檐下偷听的模式。在面对死者，以及面对不能或不愿回应的交流对象时，我们总是会因不得不诉诸猜测而陷入迷惑。中介性的交流，比如打电话，总是让我们明白，我们一直都在偷听。帕克故事中乞求上帝的女人，她在独白的时候怎么知道男友没有给她打电话意味着什么呢——是对她的拒绝，是他弄丢了她的号码，还是根本就不意味任何事情？女人是孤独悲凉还是心旌摇荡，都取决于她男友的一个电话。电话将对话

---

① 阿尔道斯·赫胥黎（Aldous Huxley，1894—1963），英国作家、哲学家，赫胥黎家族的著名人物之一。——译者

② Parker，“Telephone Call”，333－339；Aldous Huxley，“Over the Telephone”，in *The Smart Set Anthology*. ed. Burton Rascoe（New York：Reynal and Hitchcock，1934），122－128.

割裂为两半，彼此遥远而相连，这使得解读的有效性变得不那么可靠。在某些情境下，如果解读者不得不承担整个交流闭环的重担，那么我们作出的解读是基于我们的主观投射，还是基于外部的客观讯息，对此我们已经不再能区分。从心理学角度看，这种“无能”被称为偏执狂(paranoia)；从社会的角度看，我们就应该叫它“大众传播”。有耳者即会听。卡夫卡是我们认识这种境况的向导。

我在前文中提到，唯心主义者最喜欢使用的意象是墙壁厚实的“封闭房间”。在一篇题为《邻居》(*The Neighbor*)的短篇寓言中，卡夫卡对“封闭房间”这一意象作了进一步拓展。该故事中也有房间，但其墙壁不仅不厚，反而很薄。[①]故事的叙述者是个生意人。他隔壁的办公室和他的办公室一模一样，房客也是年轻人，也做生意，名叫哈拉斯(Harras)[②]。邻居的业务内容很神秘，似乎和他的一样。两个人从来没有正式相互介绍过，只是在楼道上擦肩而过。他们彼此从来不说话，仅有的关系要通过中介和想象。而且，墙壁薄得就像一层纸，隔壁的动静听得一清二楚。更糟糕的是，叙述者在两个房间的共用墙上安有一部电话机；实际上，即使电话装在另一面墙上，叙述者打电话的内容，邻居哈拉斯也能听得一字不漏。因为不清楚邻居是否在注意听，所以叙述者打电话谈生意时只得用曲里拐弯的办法说话，而且特意从来都不提客户的名字。尽管如此，他还是肯定，他泄露了自己的商业秘密。他说，“如果不得不夸张些的话——人们常常夸张，以便让自己更加明白——我不妨说：哈拉斯都不用装电话，他用的是我的。”

哈拉斯并不是一个喜欢偷听别人电话的人。这是一个关于幽灵和电话的故事。幽灵(doppelganger)是身份的分裂，电话则是会话的分裂。叙述者猜想，哈拉斯对弥漫在电话两端话筒之间的鬼魂进行偷听，因而能

---

① Franz Kafka, “Der Nachbar”, in *Beschreibung eines Kampfes*: *Novellen*, *Skizzen*, *Aphorismen ausdem Nachlaß* (Frankfurt am Main: Fischer, 1989), 100 – 101.

② Harras,《邻居》的作者给作品中的人物如此取名,灵感显然来自英文“harass”(骚扰)一词。Harass 的名词形式为“harassment”。——译者

够在业务上打败叙述者；哈拉斯能猜出电话那一端的客户是谁，在何处，然后他急匆匆穿街走巷，会见客户，谈完生意，打败对手，而此时，他隔壁的叙述者甚至电话还没打完。而且，哈拉斯还会实施一种新的电话骚扰。骚扰时，哈拉斯拿着电话不是光喘气不说话，也不是恶语相威胁，而是快速传送着自己的身体，如电话中的语音那样快。这个寓言不仅仅对监视行为以及“加密的语言并不能保密”这一事实进行了沉思，而且还遐想认为“与缺席相比，在场具有比较优势”。卡夫卡抓住了这一电话会话时的令人恐怖的情景：主人公的话还没有说完，他的替身(double)——即声音这个代理人——就已经吱吱地通过电话线穿街走巷到电话的另一端出现在对方面前。凡是用电话透露过敏感内容的人都知道，你的语音替身是如何窜到电话的另一端，并反过来和你作对的。以上小说中的叙述者患了偏执狂——这个词的字面意思指“对别人头脑的感知”。对电话这个能不断机械复制个人标识的系统而言，用偏执狂来描述它还是挺合适的。

另一个打电话的场面出现在卡夫卡的遗作《城堡》(*The Castel*, 1926)的开头。故事中，K来到乡下一家名为“城堡”的客栈。“城堡”的前台工作人员上来搭话。从头到尾，故事里的“城堡”实际所指为何，都云山雾罩，被遮得严严实实。其寓意是无限性和官僚主义。K傲慢地宣布，自己是城堡请来的“测量员”，于是前台给“城堡”打两次电话去核实，才确认了K的身份；对此，K禁不住想，这既很吉利(因为这使他摆脱了前台人员的纠缠，他们想将他驱逐出门)，又很不吉利(因为这意味着，城堡对他知道得太多，而且在等他出手)。K此时不知道，也不可能知道，他到底是已经被“城堡”识破了呢，还是被蒙在鼓里并配合着“城堡”在给自己下套。

在一个谜一般的回答面前，诠释者犹疑不决，这是我们在现代社会中一个根本性的体验：我们在进行一场花剑对抗，对手看似在回应，但这种回应要么动机模糊难解，要么亦真亦假，我们很难确认其真实性。

现代人在等待电话时，在官僚体系或其象征面前时，就像有罪者站在无形无相的上帝面前一样诚惶诚恐，他们在一系列纷繁复杂的事件中，焦急不安地寻找着各种迹象和讯息。此时，神学中“隐蔽的上帝”(*deus absconditus*)不再隐藏在不可测的宇宙深处，他的后继者已经进入了地狱般的行政管理机器中。但丁在《神曲》中看到的天上之天，是对一重又一重空间的万花筒式的反映，是无数折射光线形成的一朵叶瓣层层缠绕的玫瑰。然而，像我们所有人一样，K 所深入看到的地方，不断震荡的不是光波，而是信息。（博弈论非常适合 20 世纪的组织文化，就是这种经验的被科学化后的体现。）K 无法知道，允许他在村里逗留的许可是来自“城堡”呢，还是来自电话那头昏昏欲睡的官僚——这些官僚想要掩盖自己的失职，因为他们竟然没有提前注意到 K 的到来——抑或是前台人员慑于 K 那种煞有介事的唬人态度而在假传圣旨。K 必须对来自城堡的信息(假如它真是来自城堡的话)进行解读，他要保持高度注意，就像古罗马的占卜师死死地盯着神庙顶上的天空，试图从飞鸟或流星上看出某种征兆一样。K 必须用现代科学家的“证伪”[①]理性来追踪城堡发出的讯息，小心翼翼地排除各种替代性假设[②]，核对数据，剔除其中工作人员可能造成的错误，尽力将客观数据与自己无意识的偏见相互隔离。他忐忑不安，担心他的研究工具有缺陷，以及是否采集到了正确的信息。为了在现代世界里生存，人们必须要成为占卜师，对难以捉摸的他人左思右想，解读秘书的意思，理解系主任的话，领会院长和首席执行官的决定，捕捉克里姆林宫、白宫或梵蒂冈的人事变动。所有这些人的话，你都要将其视为来自一个隐蔽的、深邃的和遥远的神灵，他只在黑暗和

---

① 证伪(falsification)或“证伪主义”，与“证实主义”相对。证伪主义最初为卡尔·波普尔(Karl Popper)提出。波普尔认为证实原则无法作为一种普遍有效的原则来运用，以此为基础，波普尔考察了科学知识的发展模式，提出了他的证伪原则。证伪的方法在于试错法。试错法的一般步骤：首先大胆地提出猜测和假说，然后努力去寻求和提出与猜测和假说不相符合的事例，并根据这些事例对猜测和假说进行否定，乃至完全否定。——译者

② 替代性假设(alternative hypothesis)，又叫“备择假设”，与“研究假设”相对。在对研究总体有了初步了解后提出的研究假设，以 H0 表示。备择假设是与原假设相对立的另一假设，以 H1 表示。统计检验中，肯定了 H1 就等于否定 H0。同样，肯定 H0 就等于否定 H1。——译者

梦境里说话。

沃尔特·本雅明曾经说，存在两种对卡夫卡的误读，即自然的误读和超自然的误读。①但是，我觉得关键的是，实际上卡夫卡具有一种令人惊叹的能力——他能同时在“自然”和“超自然”两者之间停留盘旋，而无限地推延其决定。他是本世纪（指20世纪——译者）最伟大的组织传播理论家。本雅明指出，“卡夫卡的世界是一个充满着办公空间、登记簿以及霉臭、破烂的黑暗房间的世界”。②卡夫卡是研究官僚体制的重要的存在主义学者，在解读办公室政治黑暗的压抑方面，他超过了韦伯。卡夫卡的世界并非全充斥着十足的阴险欺诈和邪恶谎言——这些欺诈和谎言原则上都是可以揭穿的；相反，在他的世界中，一切讯息的终极源头都深藏不露。他知道，在就以下问题作出判断时，意味着何种风险——什么是真正的讯息？什么是解读者自己的投射？什么是令人迷惑和难以决断的字谜游戏，其共谋者相互勾结而实施，却连他们自己都不知晓或即使知晓也决不会承认？在官僚体制的迷宫中，我们怎么知道，备忘录里的内容是有意的信息披露，还是阴谋诡计？它是信号，还是噪声？K是一名测量员，他必须辨别表明地产所有权归属的各种标记，可是他永远不可能知道，他所看到的这些标记，是原本就存在于一个连贯的地产设计图纸中呢？（如果有这么一个设计图的话），抑或仅仅是他作为解读者，表现得过于积极，一厢情愿作出的偏执狂般的投射？

我们的周围充满着各种符号，它们语焉不详，我们该如何去解读它们？我们犹豫不决，进退两难。一方面害怕染上偏执狂，认为“一切都是信息”；另一方面，如果不认为“一切都是信息”，我们就可能会漏掉上帝发给我们的启示。某个符号，它到底是我们的自我投射，还是他者的表达；是我们主观解读产生的结果，还是客观世界显现出来的规

① Walter Benjamin, “Franz Kafka”, in *Illuminations*, ed. Hannah Arendt (New York: Schocken, 1968), 127.

② Benjamin, “Franz Kafka”, 112.

律，我们无法确定。社会中的各类人群都面临着这一困境：通过查看茶杯中的茶叶或动物内脏来算命的巫师、在祷告时收到上帝回应的教徒、在图灵测试中只能靠猜的实验参与者（他们需要判断交流对象是机器还是人），以及那些相互讨论一个激情、痛苦或敏感的话题的人，这些人无一不面临着诠释学上的困境。

难怪对许多从事诠释学的人来说，犹太神秘哲学（Kabbalah/Cabala）令他们着迷。①这是因为从某种意义上说，犹太神秘哲学就是在无意之处读出意义——用本雅明最喜欢的一句话就是："读出从未被写进去的意义。"博尔赫斯说，希伯来《圣经》里字字句句都是上帝的意志，可以在数字、离合诗和回文字中寻找到真理。他说，在犹太神秘哲学家眼中，《圣经》中无一字不是上帝的意志，出现偶然巧合的几率等于零。人们会很容易讥笑犹太神秘哲学家的这种解读，认为他们将自己非凡的解读能力与上帝的意志混淆起来，将希伯来语中规整的辅音排列等同于上帝安排的神圣秩序（divine order）。犹太神秘哲学家这种充满神秘的解读——对命运、对手迹等等的解读——拒绝承认"这个世界并不是什么东西都有深意"。他们给我们的教训是，他们不该断然认为偶然性根本不存在。

对于犹太神秘哲学家或其他类似的解读者而言，每个字母"i"上的一点、每一片飘落的树叶、每只飞鸟的掠过、每只蜗牛的爬迹、每缕流云的碎片——所有这一切全都是神秘的语言。博尔赫斯曾讲了一个故事，名叫《圣语》（*The God's Script*），里面有一只美洲虎，虎背上的花纹中含有一个神奇的名字，这个名字能给该名字的主人以巨大的力量，使

---

① Harold Bloom, *Kabbalah and Criticism* (New York: Seabury, 1975); George Steiner, *After Babel: Aspects of Language and Translation* (New York: Oxford University Press, 1975), chap. 2; Susan A. Handelman, *The Slayers of Moses: The Emergence of Rabbinic Interpretation in Modern Literary Theory* (Albany: SUNY Press, 1982), chap. 8; Handelman, *Fragments of Redemption: Jewish Thought and Literary Theory in Benjamin, Scholem, and Levinas* (Bloomington: Indiana University Press, 1991); and Robert Alter, *Necessary Angels: Tradition and Modernity in Kafka, Benjamin, and Scholem* (Cambridge: Harvard University Press, 1991).

他能掌握认识宇宙的钥匙。以上的这些人都是神秘的诠释者，他们都要冒被人视为荒诞不经的风险——卡夫卡笔下的主人公莫不如此，一如战风车斗城堡的唐吉诃德。

在过去的二三十年间，文学理论界提出了这样一个问题：谁是意义的主人？意义产生于读者的创造、作者的意图、文本本身、解读者圈子、公认的经典原则，还是读者和文本之间的互动？或者说，谁都不能成为意义的主人，所有的意义都只能被“租用”而不能被“拥有”？

然而，这不仅仅是一个理论问题，它的价值要远大于此；在这个中介传播的世界，它是一个生死攸关的问题：说话的到底是谁？是自然？是上帝？是命运？还是官僚体制？或者，这一切的意义实际上都是我作为解读者自己编造出来的？在这个过程中，我的自我投射在哪里终止？他者发出的真实符号又从哪里开始？一切意义都是我个人蜘蛛吐丝般丰富沉思的结果吗？客体本身能够冲破遮蔽的帷幕脱颖而出吗？幽灵的耳语、动物内脏的纹路、祷告时得到的回应，这些讯息只不过是异化了的自我的能量吗？所谓交流，难道它只不过是相互交叠的独白吗？她是真的在叫我过去，抑或仅仅是我在幻想她叫我过去呢？他真的说了会给我打电话吗？

卡夫卡所思考的是奇怪的电话交流，但他因此也揭示了面对面交流中可能出现的困难；这些困难被巧妙地掩盖着，我们平时对它们都不易察觉。卡夫卡考察的是模糊的界域，在这里，信噪比或接近于零，或被无限放大。在《邻居》和《城堡》两部小说中，电话都将日常生活中潜在的精神分裂、偏执、伪善和偷听突显到前台。我们对这个日常世界也许习以为常，认为它完整健全，然而只有在出现故障时，原有的一切怪诞之物又死灰复燃。只有在全城大停电(blackout)的黑暗中，在电话瘫痪时，在电台遇到静电干扰时，我们才会发现交流中存在着鸿沟，而不是桥梁。同样作为思想家，弗洛伊德与卡夫卡有着同样的敏锐性。让我们引用他的话来说明问题。他说，“病态具有一种放大和夸张的作用，它可以让我们意识到那些在一般情况下容易被忽视的正常现象。”①

体现在卡夫卡的洞见中的历史性(historicity)是不容置疑的。在他生活的领域里，信息技术快速发展，信息扩散的速度令人难以忍受，尽管他1924年就去世了，从而没能充分领略到后来喧闹的广播市场给人带来的振奋。今天，大多数的传播都很微弱，好比人声在荒野中的呼喊。打开收音机或电视机，你就会发现一个挤满了“失联”信号的地狱(limbo)。兜售人员煞有介事地叫卖着“石头般坚硬的腹肌”或订婚戒指；新闻播报员报道着人们在生活或肢体上遭遇的各种痛苦；歌唱家用歌剧和乡村音乐哀叹着自己的失恋。死信中的私密内容不再像过去那样仅见于拍卖会，而是成了我们这个时代公共传播中的家常便饭。使徒保罗说：“世上的声音，或者甚多。”在19—20世纪之交，福尔摩斯翻着伦敦的报纸，对其上的“私事公告栏”(agony columns)发出感叹：“天哪！这是一个呻吟、呐喊和泣诉的大合唱！全都是稀奇古怪的事情！……泣诉，华生——无休无止的泣诉！”②无休无止的泣诉，偶尔夹杂些罕见的真相，如荒野中的呼唤——这就是许多现代传播的所遵循的公式，在招魂术中，在广播以太中，在我们彼此的交谈中均是如此。

四、广播：作为撒播 vs. 作为对话

这就是向空说话了。

——《圣经·新约·哥林多前书》第14章第9节

在20世纪20年代和30年代，无线电广播毫无疑问是前述无休止泣

① Sigmund Freud, *New Introductory Lectures on Psycho-analysis*, Great Books of the Western World, ed. Robert Maynard Hutchins, vol. 54 (1932; Chicago: Encyclopaedia Britannica, 1952),830.

② Arthur Conan Doyle, “The Adventure of the Red Circle”, in *The Complete Sherlock Holmes* (Garden City, N.Y.: Doubleday, 1930), 2: 904.

诉的一个主要源头。无线电广播早期的历史相当直截了当地上演了当今这个时代的交流所面临的一切问题：渴望信息的安全送达和实现远距离的相互接触。无线电信号能神秘地跨越空间传送信息，因此无疑是我们所知道的最奇怪的东西。正因如此，无线电一出现，人们立即就将它比喻为传心术、降神会和天使的造访，这并不令人觉得奇怪。在20世纪，无论在何方，无线电传播的人声、音乐、音响效果和遇难求救信号，都弥漫空中，四处流散。你在阅读这些文字时，就处在信息的包围之中，信息在你的周围流动，它们悄然无形。如同《斐德罗篇》中的蝉虫发出的声音，对其所歌唱的内容，如果我们没有接受设备，单凭耳朵是无从知晓的。无线电信号（发现于19世纪80年代，沃伦和布兰戴斯对“隐私”的论述也是在此时）最令人惊叹的特性是其固有的公共性。电磁信号向四周放射，发给“任何收到此信的人”（to whom it may concern）[①]；它绝对不会对人毕恭毕敬，而是像雨水一样洒在每个人身上，无论接受者正义（just）[②]与否。早期的无线电开发者认为，无线电信号的“无所不在”正是其不足，他们认为“对话”才是合理合法的传播形式。像留声机一样，无线电技术最初被认为最好能发展成一种“点对点”的传播手段。马可尼认为，无线电技术是无需线路的电报（wireless telegraph），这是他那个时代的典型想法。然而电报只有单一的终点，无线电波却不只有一个终点。无线电广播当时所面临的一个巨大的障碍是其缺乏私密性，这和采用信封和匿名投递制度之前的邮件一样，也与电话时代的共线电话服务类似。对于无线电波，凡是有接收机的人，都具有潜在的接收能力；正如播种者寓言一样，有接收机就等于“有了收听的耳朵”。因此，无线电广播信号的接收本质而言就是开放的。广告人布鲁斯·巴

---

① To whom it may concern，是在给公务部门的陌生人写信时的常用称呼，相当于我们在写信时用“有关部门相关人员”的称呼。作者在这里是有意用该表达传达这两个意思。——译者

② 英文“just”有着“公正、公平、适合、正直、合法、名正言顺”等多重意思，这里也应该作多义理解。——译者

尔顿(Bruce Barton)将无线电广播称为“无线电电话”(radio telephone)。1922 年，他写道：“无线电话的讯息绝不可能保密。信号向四面八方传播，任何人只要有接收机，并将接收机调到正确的波段，都可以听见你给新奥尔良朋友的通话，都可以听见你对基诺莎(Kenosha)[①]的心上人说的情话。”[②]如何杜绝意料之外的接听人，这曾是无线电报(wireless telegraphy)实现商业盈利需要克服的障碍；1907 年三极管发明之后，“无线电话”(wireless telephony)也面临同样的障碍。[③]寻求私密的通信频道，即实现所谓发报与收报之间的“共振”或“选择性”，是早期无线电工程师执著追求的目标。[④]他们追求的是人对人(P2P)[⑤]的连接，而不是多人共线。[⑥]如何“在一条共用线上实现私密服务”是这个时期电话和无线电广播追求的共同目标。[⑦]当时的电话和广播公司力图实现的是，如何同当年邮政局给信件套上信封那样给电磁信号也套上一个“信封”。“收听”(listening in)这个表达源于共线电话上的偷听行为，用来描述广播收听者似乎是偷听了并非以其为目标听众的信息[⑧]。后来，这个词成为商业电台描绘听众行为的标准表达。

直到无线电技术得到应用二十几年之后，无线电终于摆脱了对“点对点”传播的追求，其“广播”(broadcasting)观念也开始为人们

---

① 基诺莎，美国威斯康星州一旅游城市。——译者

② Bruce Barton, “This Magic Called Radio: What Will It Mean in Your Home in the Next Ten Years?”, *American Magazine*, June 1922, 11-13, 70-71, at 70.

③ 无线电报，指通过无线电波发送经编码的内容；无线电话，指通过无线电波发送语音，即无线电广播。——译者

④ Hugh G. J. Aitken, *Syntony and Spark: The Origins of Radio* (New York: Wiley, 1976), and “Radio Wave Band for Every Country”, *New York Times*, 23 August 1921, 4.

⑤ 在当下的流行网络用语中，P2P 可以指：人对人、点对点或同辈对同辈(person/point/peer)。——译者

⑥ 由于二战前和二战中密码学取得的进展，已经可以从技术上确定电报源头的确切位置。英国的阿兰·图灵和美国的克劳德·香农在此技术的发展中发挥了关键作用。

⑦ 此表达源自：“To Stop Telephone-Eavesdropping,” *Literary Digest*, 17 October 1914, 733。

⑧ Covert, “‘We May Hear Too Much’”, 203.

广泛接受。[①]。这是一个很好的例子，说明了一个原则——人们对技术的使用不仅受到技术的固有属性的塑造，而且也受到人们所持有的文化观念的塑造。“广播”这个词的起源已经无法考证，但是所有迹象都表明它源于农业，这和《斐德罗篇》中的播种者寓言相去不远，也和康斯托克、沃伦、布兰戴斯等让人心情紧张的隐喻相去不远：信息如滥交般的四处播种。在19世纪的美国文学作品中，大多数情况下，“broadcast”用作形容词，意思是“四处撒播的”。马克·吐温的小说《汤姆·索亚历险记》中有这样一段话：“冷风嗖嗖，树叶沙沙，篝火的灰烬如漫天雪花，在火周围遍布飘洒(broadcast)。”梭罗留下了这样一段文字：“大自然之母总是将她的果实和花朵飘撒在地上，落英缤纷(broadcast)，而不会让它们聚合成堆。”[见《在康科德河和玛丽马克河殇的一周》(*A Week on Concord and Merrimack Rivers*)]惠特曼的《草叶集》讴歌美国，认为美国“本质上是最伟大的诗篇。在地球的历史上，迄今为止，最伟大、最激动人心的成就，在美国人更加宏大、更加激动人心的伟业面前也显得相形见绌、循规蹈矩。在这里，人类的事业终于可以和白昼与黑夜广博遍布的(broadcast)壮举并驾齐驱了”。由此我们可以看出，“广播”一词的最初用法并非用来指某种组织化的社会实践。但其“万物广播，自由自在”的含义自然就非常适合被用来描述无线电信号弥漫的趋势。

无线电作为广播手段的被发现，常常被认为是大卫·萨诺夫(David Sarnoff)的功劳，后来他成为美国全国广播公司(NBC)的总裁。他在1915—1916年的一篇备忘录(现在该备忘录已广为人知)中将无线电描述为一个进入千家万户的“音乐盒”。[②]通过这个音乐盒，“以太”空间将不再充满着无线电业余爱好者点对点传播制造的杂音，而是充满着向全

---

① 参见：Susan J. Douglas, *Inventing American Broadcasting* (Baltimore: Johns Hopkins University Press, 1987), and Susan Smulyan, *Selling Radio: The Commerdalization of American Broadcasting, 1920 - 1934* (Washington, D.C.: Smithsonian Institution Press, 1994)。

② David Sarnoff, "Memorandum to E. J. Nally", in *Documents of American Broadcasting*, ed. Frank Kahn (Englewood Cliffs, N.: Prentice-Hall, 1984), 23 - 25.

国听众“广播”的音乐。届时，这些听众都将购买西屋(Westinghouse)公司出品的收音机。当然，无线电要发展成纯粹的广播业还面临着一个问题，即盈利模式的问题。当时，无线电作为一个通信网络，似乎还仅仅是一个铺张浪费的“夸富宴”，免费向全国公众开放。[①]萨诺夫当时所能想到的是，如果提高广播节目质量，就可以促使听众买更多的收音机；他当时还没有发现后来所向披靡，然而也是令人悲哀的“广告支持内容生产”的商业模式。在很多人都将“缺乏隐私”视为无线电广播的不足时，萨诺夫却将其视为一个机遇。他认为，无线电广播当时固然不能对特定听众说话，但这正是它的优势，而不是其不足，因为只有它可以对数量庞大的看不见的听众说话。[②]

现在我们回头来看，萨诺夫的这份备忘录充满前瞻性。他将其提交给西屋公司的上司，但它却如同一封“死信”，泥牛入海，杳无音讯。也许，西屋公司的老板们和苏格拉底一样，对开放和匿名的交流深抱怀疑。

第一次世界大战期间，美国军方、政府和大公司将无线电广播从业余爱好者的手里夺了过来。最初，无线电业余爱好者认为，“以太”(无线电)是一个嘈杂的公共论坛，因此人人都可以自由参加；但到了20世纪20年代，这种看法很快就失去了阵地，仅仅为非商业广播者所奉行；到了30年代早期，这些非商业广播者也完全被迫靠边站。[③]时任商务部长的赫伯特·胡佛(Herbert Hoover)也许是推动美国无线电发展，使其公司化并将其置于联邦政府规制之下的最主要人物。1922年，他发表演讲反对将无线电发展成点对点的传播手段。他说：“让个体像使用有线电话那样使用无线电话进行相互交流，这一想法是没有一点希望的。显然，倘若有一千万用户同时在空中呼唤他们各自的伙伴，他们是绝对联

① Smulyan, *Selling Radio*.

② Daniel J. Boorstin, *The Americans: The Democratic Experience* (New York: Vintage, 1973), 391.

③ Robert W. McChesney, *Telecommunications, Mass Media, and Democracy: The Battle for the Control of U. S. Broadcasting, 1928－1935* (New York: Oxford University Press, 1993).

系不上的。”[①]正如苏格拉底对书写的忧心忡忡一样，胡佛担心“广播”不能实现交流者之间的“连接”。在一般人的心目中，这位艾奥瓦州出生、斯坦福大学毕业的工程师，并不是一个特别充满爱欲的思想者，然而他的话中确实凸显了一种爱欲。他不遗余力地试图“弥合鸿沟”。试想，如果用无线电话点对点交流，无数电话语音相互交叉碰撞，它们呼叫着各自的心上人，迷路于半途，踟蹰于羁旅，整个空中都弥漫着无法投递的渴望。啊，可怜的巴特比！啊，可怜的人类！哥林多人说话无人可懂，却拒绝使用翻译，使徒保罗对他们的忠告，可以作为每一位广播者的座右铭。他说：“这就是向空说话了。”（《哥林多前书》14：9）和保罗一样，胡佛也想要防止语言出现混乱。最终，无线电被正式界定为公共传播的工具。19 世纪 20 年代和 30 年代，有关无线电广播的关键问题是：如何确定其地位，以适用相应的政策规定，也即确定无线电是普通承运人（common carrier）还是非普通承运人。这个问题再次涉及“对话”和“撒播”这对老冤家。“普通承运人”是 19 世纪出现的一个概念，主要指航运线路、升降机，尤其是铁路。美国 1887 年的《州际商务法》赋予州际商务委员会（ICC）对“普通承运人”的管辖权。普通承运人被许可保持其“自然垄断”地位，但是作为交换，它们必须向所有的客户提供平等的服务，而且其收费标准必须经州际商务委员会批准。1910 年的《曼恩-埃尔金斯法》（Mann-Elkins Act）和 1920 年的《运输法》（Transportation Act），则修改了“普通承运人”的定义，将其扩展到包括“通过线路或无线电传播智能的行为”，电报和电话因而也被置于州际商务委员会的管辖之下。[②]

---

① 引自 Richard A. Schwarzlose, “Technology and the Individual: The Impact of Innovation on Communication”, in *Mass Media between the Wars, 1918 – 1941*, ed. Catherine L. Covert and John D. Stevens (Syracuse: Syracuse University Press, 1984), 100。

② 相关文件可参见：Bernard Schwartz, *The Economic Regulation of Business and Industry: A Legislative History of U. S. Regulatory Agencies*, 5 vols. (New York: Chelsea House, 1973)。国会议员曼恩（James R. Mann）还起草了《1910 年曼恩法案》（Mann Act of 1910），禁止“出于非道德目的跨越州界运输妇女”。该法适用于所有“普通承运人”。

但是，无线电广播并非“点对点”的运输/传输模式，它所做的仅仅是对着苍穹说话，公众通过收音机才能接收到内容。韦斯利（Heather A. Wessly）很好地比较了物资运输与无线电广播之间的差别：“（和无线电广播不同）铁路运输服务，其设计初衷并不是要最终实现每一个家庭都设置一个接收终端。”①1932 年，州际商务委员会受理了一个关键的案子：“Sta-Shine 产品公司诉 Station WGBB 电台”案。该案涉及的是无线电广播是否一定涉及“智能传输”（trasmission of intelligence）这一问题，这与州际商务委员会该不该将无线电台视为“普通承运人”，并因此而调控其广告收费标准密切相关。州际商务委员会最终的裁决是：这个问题不在它的管辖范围之内。理由是，“普通承运人”在货物的接收端也提供服务，而广播公司在信息的接收端并没有提供服务。广播公司“并没有派出穿制服的雇员，上门按门铃送达信件或货物”。“普通承运人”需要确保用户收到货物或信件，而广播电台却不必费心去确保“货物”送达。“除非你有收音机，并且调到正确的波段，否则你绝对不可能收听到广播电台发来的信息，人家也不指望你得到这一信息，无论这些信息是指示、娱乐还是广告。”②

以“普通承运人”的标准来衡量，广播是一个残缺的传播回路，因为其中的“智能传输”效果如何只能靠运气。广播的终极定义要留到罗斯福新政时期（1933—1936）的一个机构来完成，这个机构就是“联邦通信委员会”（FCC）。1934 年的《联邦通信法》（Communication Act）区分了广播机构与普通承运人，这成为美国广播政策的里程碑。该法的第 3 条第 8 款作了这样的规定：“从事无线电广播的人，只要他仍然在此范

---

① Heather A. Wessely, “Culture, History and the Public Interest: Developing a Broadcasting Service for the United States”（manuscript, Department of Communication Studies, University of Iowa, 1993）, 54.

② Sta-Shine Products Company, Inc. v. Station WeBB of Freeport NY 188 ICC 271（1932）；引语引自 276，277－278。

围内从事业务，就不应当被视为普通承运人。”[①]普通承运人的业务是点对点，是将货品送达特定的地址，它应当在承接货物时对一切人开放，而且必须对其收费标准作出说明。普通承运人的特点是“运输内容和运输渠道的分离”，它不应该也没有能力对私人投送的信件/货物内容进行审核或歧视对待。[②]因此，倘若你在电话上说脏话，电话公司是不能被起诉的；但倘若你在电台话筒前说脏话，电台就会面临联邦通信委员会的审查。普通承运人不了解信件/货物内容，对发信人/发货人也不了解，但是他决不会不知道收信人/收货人。广播者的情况则不一样，虽然广播者对受众的情况并非完全不了解，但这种了解像雾中看花，仍然很模糊。[③]法律规定，广播业的信息发送由私人控制，而信息的接收却对公众开放；而对于“普通承运人”而言，发送何种信件/货物由公众控制，其接收却是针对特定私人。这两个模式具有惊人的对称性：广播发送的内容受到限制，内容的接收却面向每一个人；普通承运业务发送的内容具有普适性，其接收却是针对特定的个人。普通承运人如同《斐德罗篇》里的苏格拉底，他谋求确保种子能准确送达到具体的接受者；而广播则像耶稣讲述的寓言中的播种者，他专注于将特定的信息送达给所有的人（哪怕实际接收的效果有缺陷）。

于是，1934 年的《联邦通信法》将古老的“撒播”（dissemination）观念移植到现代技术之中，并为之披上了“广播”（broadcasting）的外衣。然而，随着时间的推移，“广播”一词获得了以上双重含义。在一般意义上，它指的是向空中发送，然而在法律意义上，“广播”却不是

---

① 1979 年，怀特法官指出，§3（h）节所使用的语言毫不含糊，它规定绝不能将广播电台作为“普通承运人”对待，参见：FCC v. Midwest Video Corporation, in *Documents of American Broadcasting*, ed. FrankJ. Kahn（Englewood Cliffs, N. J.：Prentice-Hall, 1984）,364。

② T. Barton Carter, Marc A. Franklin, and Jay B. Wright, *The First Amendment and the Fifth Estate: Regulation of Electronic Mass Media*（Mineola, N. Y.：Foundation, 1986）,395.

③ 导致这一法律上的区分的部分原因可能是 1926 年 RCA 和美国电话电报公司（AT&T）之间的业务范围的区隔。RCA 经营空中广播，美国电话电报公司则经营有线电报和电话。参见：See Noobar R. Danielian, *AT&T: The Story of Industrial Conquest*（New York：Vanguard, 1939）。

指各种具体的空中电波传送，而是指说话人和听众之间进行的一种理想化的交流状态。它使人想起古代雅典的集市(agora)、新英格兰的市镇大会(town meeting)或欧洲“公共领域”的景象。在这种意义下，“广播”更像是市镇里通知市民去开大会的邀请者，而不是杂耍场前吆喝好奇者花上五分钱进去看恐怖剧的拉客仔。1934年《联邦通信法》从公众利益角度来界定广播，它清晰地表达了一个受众观——即一个具有公民精神的、不求私利的(广播)公众。该受众观适合“广播技术缺乏隐私”这一特点，并且给广播业中的种种实践赋予了高贵的血统。这些做法既源于悠久的古希腊城邦(polis)传统，也源于嘈杂的马戏团实践。实际上，到20世纪30年代，广播业界已经开发出一系列技术，用于对广播受众进行区隔和对广播传播进行管理，以确定播送的路径和收听情况。可是，这一段短暂而光辉的“撒播”时期，后来很快就被对话主义(dialogism)淹没了。①

“他们是绝对联系不上的”

吉卜林曾将早期的无线电通信比喻成降神会。威廉·詹姆斯曾将降神会中观众的大脑比喻为马可尼无线电台，用来搜寻并放大冥界死者发来的极为微弱和遥远的信号。

灵异研究和无线电通信这两个不同的领域面临的问题是相似的：灵异研究要确证讯息确由死者发来，而早期的无线电则需准确地识别对方身份，从而建立亲密关系。这两个问题都涉及如何确保接触到你真正想接触的人。在两次世界大战之间的岁月里，广播的研究者和从业者都认识到，无线电有一种奇怪的能力，它能像电话那样，让说话人和听话人不必亲自在场也不必相互认识，却能实现相互接触。如阿恩海姆1934年

---

① 此前我用“对话主义”(dialogism)指称一种意识形态，它认为“对话是一种具有道德绝对优势的交流形式”。但在这里，我用它表达另外一种意思，它与米哈伊尔·巴赫金(Mikhail Bakhtin)所指的意思接近，指覆盖在话语(discourse)上的多种声音(voices)。

所说，无线电能够传递“脱离身体的声音”，可以冲破一度被视为理所当然的空间、时间和听觉距离的局限。在很长一段时间内，无线广播员一直不习惯对着麦克风说话，也不知道该如何摆放自己的身体。于是，使播音员做到让自己的语音与身体自然配合，成为当时无线电广播进入人们日常生活的重要前提。我不打算在这里论述广播的文化史，我只想说，让主流社会接受无线电广播有一个前提，那就是要想方设法将因距离、身体缺席和撒播等造成的各种鸿沟填平。由此可见，研究两次世界大战之间的商业电台历史，对理解20世纪人们为什么如此关注交流的失败及其弥补手段，具有重要的意义。这段历史是一个不断演进的、动态的思考过程，即各利益方思考如何尽量减少无线电给听众带来的怪异感的过程。①

电台播音员和听众之间的距离，再现了唯心主义者笔下的“封闭的房间”这一意象，以及电话“将对话切割为两个分离的独白”的技术特点。一种名为DX的业余爱好——远距离通信和搜寻遥远的电台——在无线电业余爱好者中至今仍然十分流行，它尤其揭示了无线电信号具有的奇异的本体属性，也揭示了人们对远距离通信的渴望。广义地说，远距离通信总是一种充满爱欲的行为——一种对相互接触的渴望。在DX活动中，有一个关键词，即“CQ”，意思是“找寻你”（seek you）。1921年，有一篇小说描绘了发生在某个家庭里的DX活动，小说将这家人的收听行为描绘成一种“仪式”。儿子不厌其烦地将波段调到一个个精确的位置，希望接收到遥远电台的信号；但是，他听到的却是来自死亡之界的声音：“空中传来静电的嗞嗞声。一个又一个电台发出尖锐的哨音，这是欢乐戏谑的鬼怪从九重天外向不知天高地厚的俗界凡人发来的信号。”要克服其他电台、天气和天体的干扰，从中找到那个真正的信号，显然是一场挑战。“一会儿，他收听到了一点微弱的嗫嚅，模糊而

① 很遗憾，我这里的叙述不得不只限于美国文献。

遥远，这可能是来自另一个世界严肃而认真的信号。”①这种 DX 活动的目的是要收听到远方电台的“呼叫号”（call letters），它可能是最早的“搜寻地外生命”的行为，即在浩瀚太空的各种噪音中搜寻遥远地外生命发出的信号。“现在，在广播音乐的背后，我们仍然可以听到消失在宇宙中的呜咽风声，我们仍然常常会因此感到非常不快。”②在无线电的早期历史中，静电常常被当作是来自遥远世界的信号。布利文（Bruce Bliven）将其称为“来自天国的猫叫”③。另一位论者说：“无线电精巧的机制捕捉住不同世界之间的咆哮声，并将其送进我们地球人的耳朵。”④就像我们前面提到的帕克故事中的女主人公向上帝提出的请求一样，或像詹姆斯试图识别出灵媒的“交流意愿”一样，DX-ing 这种搜寻遥远电台的业余活动是我们这个时代一个关于信仰的寓言。

无线电广播在信号发送和信号接收之间的鸿沟，既可能意味着祈祷的仪式，也可能意味着滑稽的嘲讽。和电话一样，无线电广播也催生了人们在无法看到彼此时都必须遵守的一套交流礼节。⑤

在听收音机时，播音者与听众互不相见，而且交流通常发生在家庭情境中，因此听众可以放松其注意力，这与在资产阶级情调的剧院里的情形完全不一样。1924 年，布利文说，如果知道了听众“在家中的收音机前是如何粗俗地评论广播演讲”的话，大部分政治讲演者都会选择另

---

① Bruce Bliven, “The Legion Family and the Radio: What We Hear When We Tune In”, *Century Magazine*, October 1924, 811－818, at 814。关于早期无线电静音干扰的各种表述，参见：Douglas, *Inventing American Broadcasting*, 304－305。

② Bruce Bliven, “The Ether Will Now Oblige”, *New Republic*, 15 February 1922, 328.

③ Bliven, “Ether Will Now Oblige”, 328。关于无线电静音干扰的很好的文学和形而上学分析，参见：James A. Connor, “Radio Free Joyce: Wake Language and the Experience of Radio”, *James Joyce Quarterly* 30－31 (summer-fall 1993): 825－843。

④ A. Leonard Smith, “Broadcasting to the Millions”, *New York Times*, 19 February 1922, sec. 7, 6, 引自：Douglas, *Inventing American Broadcasting*, 304。

⑤ 对广播内容与广播听众之间的“社会契约关系”最为敏锐的分析，请参见：Daniel Dayan and Elihu Katz, *Media Events: The Live Broadcasting of History* (Cambridge: Harvard University Press, 1992)，特别是该书第五章，以及 Paddy Scannell, “Public Service Broadcasting and Modern Public Life”, *Media, Culture, and Society* 11, 2 (1989): 135－166。

谋生路。当时听众的评论立场不一，如张三会说："原来如此！"李四则会毫不客气："啊，闭嘴，你这臭东西！"[①]广播信号的接收发生在家庭情境中，因此听众可以对声音来源抱比较轻率的态度；而且，在收听时，中途退场也不会使人感到尴尬。"即使所有的听众都关上收音机，女高音歌手阿尔腾布莱特(Altenbrite)小姐也不会因此而感到气馁，她照样会用甜美的高音将歌声送到九万平方英里的夜空。"[②]在英格兰，更加严肃的问题则被提了出来：在收听女王讲话时，听众是否也应该起立并摘帽？[③]以上这些例子涉及的问题都是：如果关系双方缺乏对等互惠的"合同"，这种关系对双方还有多大的约束力？在通过电波实现的接触中，接触者应该承担什么样的道德或政治上的义务？无身体的或不在场的"交流"到底是什么样的交流？

广播交流中是否能实现人际接触？对这一问题抱有焦虑的并不局限在听众一方，播音者一方也面对着潜在的交流障碍。20 世纪 20—30 年代的艺人都习惯了在活人面前表演，在转而为广播听众表演后，他们常常埋怨，在毫无生气的麦克风面前说话令他们无所适从。在广播表演中，话筒取代了听众的面孔和灵魂。1924 年，商务部长胡佛再次表达了他对"广播是否能实现人际接触"的担心。他埋怨说，自己不得不对着"一只死气沉沉、毫无表情的话筒说话……我们需要找到某种方法，能让发表广播讲话的人可以感知到听众的感情。面对公众讲话的人知道嘘声和掌声各自意味着什么。这时，他就会砍掉一些演讲内容或作一些相应调整"。[④]1927 年，批评家塞尔底斯(Gilbert Seldes)注意到了广播艺人对表演环境抱有的不适感，并对此作了更加具有画面感的描写："刚一开始，话筒充满活力，似乎充满了'难以名状的生命液体'（指电流——译

① Bliven, "Legion Family", 817.

② Bliven, "Ether Will Now Oblige", 329.

③ Scannell, "Public Service Broadcasting".

④ Radio Talk by Secretary Hoover, 26 March 1924, box 48, Herbert Hoover Presidential Library；引自：Wessely, *Culture, History and the Public Interest*, 44 - 45。

者）；可是突然，它死了；你会想，这也许是因为隔壁有人切断了电源，满世界的听众随即都调到了另一家电台。你心里嘀咕还有什么人在听，他们是否听得清楚，他们抱着什么敌对的态度在听。可是等到你自己听收音机时，你就再也没有诸如此类的疑惑。”①和其他“撒播”的批评家一样，这里塞尔底斯所担心的是失去“难以名状的生命液体”，担心电流会被关掉，猜度因此而失去的听众。他发现自己处在对着死者言说的境地。他的种种担心——听众匿名、互动缺失、向空中说话——再现了我们在更大范围内对唯我论和交流失败的担心。这样的担心充斥着两次大战之间的艺术界、文学界和哲学界。②布拉德利与霍肯（William Ernest Hocking）之类的哲学家担心，在交流中，个体会完全无法接触对方。这种哲学层面的担心重现在凡俗的广播演播室中。无线电广播重演了唯心主义哲学中的情境：在“聋哑”状态中，试图穿过密不透风的壁垒而实现交流的目的。广播者和听众都承担着向对方发出“死信”的风险。充斥于20世纪的各种话语，恰恰是只有在保罗·利科所称的“爆炸性对话”（exploded dialogue）情境中才能产生的话语。

对广播中的“对话”缺乏所做的弥补

无需亲自在场，也能实现彼此的亲密接触，这一追求如何实现？这是无线电广播在其早期历史中，以及在它后来发展成为一个庞大的商业娱乐帝国的过程中，所面对的一个紧迫问题。为此，必须找到在个体物理意义上缺席的情况下，仍然能确认讯息、建立和实现亲密接触的新手段。在19世纪20—30年代的广播文化中，人们艰苦卓绝地寻找这种“交流的义肢”——对缺席的弥补。当时，由于广播的不在场属性，导致了听众情感疏离的危险。广播公司很快就意识到这一点。为了弥补广播节

① Gilbert Seldes, “Listening In”, *New Republic*, 23 March 1927, 140 - 141.

② 参见：Douglas Kahn and Gregory Whitehead, eds., *The Wireless Imagination: Sound, Radio, and the Avant-Garde* (Cambridge: MIT Press, 1992)。

目中的“不在场感”，他们想出了各种各样的办法，如在现场设置“伙伴听众”，增加和强化播音的交谈特征，以及让播音员使用个性化的语气等等。商业无线电广播是单向和匿名的，听众众多，个体听众既无法与电台互动，对其他听众的存在也一无所知，因此在收听广播时会有一种深陷其中、进退两难的感觉。商业广播公司非常清楚，帮助听众克服这种感觉至关重要。因此他们设计出了各种新型的谈话策略，以弥补广播媒介的结构性缺陷。其目的只有一个：找回失去的在场感。

斯肯内尔(Paddy Scannell)说：“这里的关键问题是，虽然广播公司控制着话语内容，但是他们不能控制交流情境。”广播的收听环境超越了广播公司的机构权威。“这一事实强力驱使着广播的传播风格靠近普通的、非正式的谈话，而不是接近公开讲演。”他语出惊人地指出，如果说大众传播是指对着众多未加区分的受众进行演讲的话，广播的出现并没有标志着大众传播的开始，而是标志着大众传播的终结。[①]私密的音效空间、家庭般的题材、温馨的话语风格和充满个性的播音员形象，所有这一切都有助于弥合广播传播中的鸿沟。有一位论者说，播音的时候，“你不是在对全体公众(the Public)讲话；你是在对一个家庭讲话，这个家庭就像你住在下一条街的邻居”[②]。他的话显然和联邦通信委员会的前述管制性语言形成强烈的反差；按照联邦通信委员会的规定，一切广播都要基于公共利益。1931 年，《居家经济学学报》(*Journal of Home Economics*)上的一篇文章直率地指出：“广播是家庭的延伸。”[③]难怪，轻松的家庭剧和肥皂剧成了广播节目的主打内容——和广播的收听情境一样，这些节目类型也是以家庭起居室为主要发生场景。即使官方政策将广播划为公共空间，这个新媒介的实际使用者对它的真实性质则更加

---

① Paddy Scannell, “Introduction: The Relevance of Talk”, in *Broadcast Talk*, ed. Paddy Scannell (Newbury Park, Calif.: Sage, 1991), 1–9, at 3.

② Morse Salisbury, “Writing the Home Economics Radio Program”, *Journal of Home Economics* 24 (1932): 954–960, at 957.

③ Morse Salisbury, “Signs of the Times”, *Journal of Home Economics* 23 (1931): 847.

清楚。广播谈话的风格，和树桩演讲家的风格或启蒙时代公共领域中的演讲家的风格迥然不同。20 世纪 30 年代广播节目中的英雄是吟叹歌手、滑稽演员和慈祥亲切的政界人物。这些人知道如何“伸出手去触摸”他们的听众。广播的生命线是广告，听众则仅仅是这个系统产出的产品，因此和听众进行某种程度的互动至关重要。同时，之所以要进行广播收听率排名和研究，目的是通过填平广播者和听众之间的鸿沟，以建立两者间的爱欲关系。①

自20 世纪30 年代以来，美国商业电台文化给人一种亲切快乐的感觉。这当然不是广播技术自然而然结出的果实，而是其为适应当时的政治经济条件而作出的文化调整。广播文化原本是可能保持一种鲜明的非个人色彩的，比如直到20 年代中期，大多数播音员在工作时还被要求使用“编号”这种近乎匿名的方式面对听众，因为电台当时在有意识地压制广播业中的“个性”(以免播音员出名之后对电台漫天要价，实际上这种情况后来也确实发生了)。②本来，播音员可以仅仅将自己的作用局限于“电话范式”，扮演如电话接线员那样的角色，被动地给人接通电话——如英国广播公司(BBC)就更多地采取了这种模式。但是，后来实际出现的播音风格却与此正好相反——都变成了“无穷无尽的缠绵诉说”。

这种做法的特点之一，就是播音员常常使用一种聊天语气对听众说话。从此，亲切的谈话取代了刺耳的露天演说。阿恩海姆说：“正常的播音风格必须是播音员和听众之间轻松而亲密的聊天语气。”许多人在电台麦克风前“用低沉的声音对着话筒向千百万人说话”。但是，阿恩

---

① Paul F. Lazarsfeld and Frank N. Stanton, “Introduction”, in *Radio Research*, 1941 (New York: Sloan, Duell, and Pearce, 1942), vii, 该文献明确表达了这一点。关于收听收视率对广播电视业的重要历史作用，参见 Eileen R. Meehan, “Heads of Households and Ladies of the House: Gender, Genre, and Broadcast Ratings, 1929 - 1990”, in *Ruthless Criticism: New Perspectives in U. S. Communications History*, ed. William S. Solomon and Robert W. McChesney (Minneapolis: University of Minnesota Press, 1993), 204 - 221。

② Erik Barnouw, *A Tower in Babel: A History of Broadcasting in the United States to 1933* (New York: Oxford University Press, 1966), 163 - 167.

海姆非常怀疑广播是否真正以千百万的“大众”为诉求对象。他说，广播是在“将听众作为一个个分散的个体说话，而不是将他们当作由多个个体组成的单个集合说话……广播上的说话者应该用轻声，仿佛是两个人面对面谈话一样”。他给播音员的建议是尽量热情洋溢，开放友好，而不是狂轰滥炸，空洞无物。①还有听众在评价教育电台时说：“我不想听人作报告，我只想听日常的说话聊天。”②

除了使用聊天式的语气，采取对话模式是在广播交流中模拟出在场感的又一技巧。气声技巧、直呼听众的名字、戏剧性对话、明星斗嘴、粉丝来信、粉丝俱乐部、竞赛、促销赠品、滑稽喜剧等等手段，都是为了邀请遥远的听众参与节目，使他们想象自己作为一员加入到了有着丰富角色和其他听众的世界中。广播喜剧制作者发现在演播厅里设置现场观众，并增加捧角(stooge)的角色能解决广播与听众之间的亲和力缺乏的问题。演播厅现场的观众成为广播喜剧的效果共鸣板，捧角成为插科打诨的助手，这两种手段自身都包括“发送”和“接收”的内部环路。既然播音员无法与远方的听众形成互动的环路，那么就让他们在广播节目里模拟出这种环路。广播节目不仅播出声音，而且假装能从看不见的听众那里接收到反馈。广播艺人学会了如何在电话线的一端使劲，将另一端千百万人的情绪调动起来。演员用腹语术扮演对话双方，这始终是广播话语的技巧。这种“对话主义”的最杰出象征，恐怕是20世纪30年代后期以及整个40年代都极受欢迎的广播“双簧”节目，名为“埃德加·伯根和查理·麦卡锡”(Edgar Bergen and Charlie McCarthy)。实际上，表演者只有埃德加·伯根一人，“查理·麦卡锡”仅仅是伯根操纵的一个布偶男孩，在表演中，伯根一人发两人声。广播业自我创造了一个传播环路，而这个双簧表演即是对此作出说明的最佳例子。

最后，广播业从业者还作了很多探索，试图让听众获得一种亲身在

---

① Rudolf Arnheim, *Radio* (1936; New York: Arno Press, 1986), 71, 72.

② Salisbury, “Signs of the Times”, 851.

场的感觉。肯特里尔和奥尔波特(Hadley Cantril and Gordon W. Allport)在其精到的《广播心理学》(*Psychology of Radio*, 1935)研究中指出："除非听众能获得一种'普天一体的鲜活印象'，否则任何'群体'，尤其是广播听众群体都不可能存在。因此，必须让每名听众相信，其他听众和他的想法一样，和他的情绪也一样。"必须通过"各种社交促进手段"，培养"一种意识"。这些促进手段可以包括笑声、掌声、互动、咳嗽、哼哈、提问等在现场集会上能听见的声音。在此，肯特里尔和奥尔波特借用了此前对"群体"(crowds)和"公众"(publics)这两个概念的区分。他们认为，广播听众具有鲜明的特征，他们是彼此间存在着共同联系的群体(consociate)，而不是简单相加的群体(congregate)，或者说，广播听众不是基于地域，而是基于想象的共同体。肯特里尔和奥尔波特的研究预示了后来"想象的共同体"[①]这一概念的出现。另一方面，在其研究中，肯特里尔和奥尔波特还指出，基于地域的群体和基于想象的群体，其成员内部之间有着不同的"社会契约"。他们没有忘记指出，广播是不可能完全实现肉体般的"触摸"的。[②]

具有讽刺意味的是，最终确立于20世纪50年代的"大众传播"(mass communication)这一观念，其含义关注的正是大众媒介相对于"面对面交流"而存在的不足：受众巨大、互动缺失、传播非个性。[③]然而，大众传播的这些不足，正好是我们现在已经深为熟悉的商业媒介文化的命脉。广播的早期历史，在很大程度上是一段努力创造"一个让听众感

---

① 想象的共同体(imagined community)，本尼迪克特·安德森在《想象的共同体：民族主义的起源与散布》一书中提出的概念。在此书中，他指出，"民族是被想象为本质上有限的，同时也享有主权的共同体。"安德森发现，民族想象共同体的形成与印刷语言的发展关系极为密切，而印刷语言又和摆脱拉丁语的民族语言文化及文学关系紧密，因此安德森把印刷资本主义看作现代民族主义建构的关键；现代印刷术成为凝聚民族想象共同体的必要技术手段。——译者

② Hadley Cantril and Gordon W. Allport, *The Psychology of Radio* (New York: Harper, 1935).

③ Charles R. Wright, *Mass Communication: A Sociological Perspective* (New York: Random House, 1959), 11-14，就以这种方式，给出了"大众传播"的经典定义。

到能参与其中的世界”的历史。今天，商业媒介的节目编排、传播和发布，都是为了积极地培养广播媒介角色和听众之间的亲密关系，至少在美国是如此。媒介文化所营造的是一个郁郁葱葱的虚拟世界，在其中，“大家都知道你的名字”；名人和政界人物都对听众直呼其名，对话都很轻松随意。“大众传播”这一名词的传统意义，仅仅强调了大规模信息传播系统可能造成观众异化这一负面可能，但是却忽略了在大众传播过程中，广播业者为了消除这一负面可能而逐渐发展出来的，并且得到充分应用的各种人际传播技巧。[①]早期的广播人看到了“大众社会”的来临，而且曾采取各种措施试图阻止它的到来。

这是人体，虚假的人体

然而，“大众社会”的到来却是难以遏制的。虽然广播业者想出各种办法来弥补因缺乏面对面交流而造成的不足，包括使用更加温和的语气来称呼听众，模拟人际互动等等，但是要在以太空间完全恢复人与人之间身体上的互动关系，却是难之又难，就像不可能靠电话线在电话中举行婚礼一样。而且，广播带来的那种令人毛骨悚然的感觉还是挥之不去。广播带来了新的幽灵，这引起了人们的不安，常常难以压制。有些广播节目类型——如恐怖剧——充分利用了广播的离奇特征，让人更加惴惴不安。比如，恐怖广播剧《影子》(*The Shadow*)的创作人员深知，在商业广播苦心孤诣打造的亲密外表之下，总是潜伏着距离带来的寂寞，总是隐藏着远方离奇的呼唤，总是有喷涌着白色液体的幽灵(这是来自灵界的肉体)在触摸。在20世纪20年代和30年代，美国广播业显然是一个“鲜活”(live)[②]的媒介，它总是试图给千里迢迢来到听众家中，并从其

---

① Donald Horton and Richard R. Wahl, “Mass Communication and Para-social Interaction: Observations on Intimacy at a Distance” (1956), in *Inter/Media: Interpersonal Communication in a Media World*, ed. Gary Gumpert and Robert Cathcart (New York: Oxford University Press, 1982), 188-211.

② 英语live有“鲜活、直播”等多重意思。——译者

收音机里冒出来的鬼魂赋予生命。为此目的，广播公司往往不惜借用各种稀奇古怪的借尸还魂手段。

广播业使用各种“鲜活”(liveness)手段，目的是要阻止人们将距离与死亡联系起来。Live(鲜活)一词之所以出现，是因为生命(life)及生命具有的毋庸置疑的自然性终结了。《牛津英语词典》(*The Oxford English Dictionary*)给出了这样的例句，“花钵中的两棵鲜活(live)植物”(1856)。这一表达可能是受到“不凋花”的影响。不凋花是一种干枯后不褪色的花；该词典中还有一个例子，“活牲口”(live cattle)(1897)，这想必是为了和“屠宰好的牲口”(slaughtered cattle)相对照。以上两个例子中的live显然都与dead(死亡)相对。live还有另一个意思：具有尚未消耗的能量，如live shell(尚未使用的炮弹)、live cartridge(尚未发射的子弹匣)、live match(尚未使用的火柴)等等。一根live wire(火线)是带电的电线，可以供电或电人。1875年，一本力学词典给“活轴”(live-axle)下的定义是“传导电能的轴，和死轴或盲轴相对”。这一年离电话的发明还有一年，离留声机的发明还有两年。最后一个例子则是更晚些时候出现的：“真人动作”(live action)，指实拍演员的动作，而不是用动画、替身或其他视觉操纵手段进行的拍摄。“Live”一词是“生命”(life)一词的“义肢”，它的目的在于宣告它是真实的，以免被某种具有欺骗性的东西所替代。其基本意义源于对比：所谓“活着”(live)，就是“未死”(not dead)。①

Life还可以指“传播能力”(communicating power)。这个意义对现代传播技术至关重要。因为各种记录性和传输性媒介可以模拟出“生命”(life)，因此“鲜活性/现场感”(liveness)就成为人们急于追求的东西。“生命”的观念，在早期动态影像技术术语中占有显著位置，如光影管

① 此段中对live一词的繁琐引用，其实都是为了说明，live一词之所以在公共话语中出现和被强调，是因为很多东西都丧失了生命力和自然性，正如人际传播之所以被强调是因为中介性传播大量涌现。——译者

(zoetrope)、生命镜(bioscope)、活力图(vitagraphy)、电影[cinema，源自希腊词 *kineo*，意思是“移动”，与“动感”(kinetic)等词同源]、动影(motion pictures)和电影(movies)。到 20 世纪 20 年代，“live”一词获得了“同步广播”的新意思。1928 年，一位社会学家预言广播将比留声机有更加光明的前途。他干脆将“同步性”等同于“生命”，将“记录”等同于“死亡”。他说：“广播不像留声机那样传输‘死’的内容，而是传输眼前的‘鲜活的’内容。”①在“鲜活”的实况演播中，人体以血肉之躯在场。“实况演播”一词想传达的意思是，偶然发挥是可能的，活力是真实存在的，新颖而独特的事件是可能意外发生的。在此，在各种新型模拟性传播装置的内部，我们又看见了真实性的旧标识——那个并非长生不老的肉体——再一次出现了。

在社会由“单独的身体”(solo body)向“政治性的身体”(body politic)的转型过程中，弗洛伊德于 1923 年完成了《文明与其不满的人》(*Civilization and Its Discontents*)一书。在他看来，爱欲与文明永远处在对抗之中。爱欲是一种交媾的力量，本质上发生在两人之间；而文明要求的却是强度更低，但范围更大的情感纽带。“性爱是两个个体间的关系，第三者的出现要么多余，要么令人不安。文明则依靠数量巨大的人群之间的关系。”这个评论，弗洛伊德俨然是针对广播业而发的(实际上他并不是针对广播)。他认为，文明的要务必然是将个体、家庭、国家和种族扭结成更大规模的力比多单位(libidinal units)。他的观点的要义是，真正民主的(广泛的)爱欲是不可能的；民主的“爱欲”，即使存在，也是以对真正爱欲的压制为代价的。大自然已经设好局，不让人类获得幸福——我们有限的情感尺度与广泛的社会秩序的要求注定不相匹配。文明所追求的是，将我们有限的力比多能量重新疏导整合，用来实现它所赞成的目标。

我们应该将弗洛伊德看成是最有预见力的大众传播思想家。他预见

① E. W. Burgess, “Communication”, *American Journal of Sociology* 33 (1928): 125. 218.

到，两人间的人际交流因技术的发展而被延伸扩展到规模巨大的大众传播之后，会发生什么事情。在他对现代媒介的评论中，我们可以显著看到他对人的肉体在场的坚持，生物特性和文化特性在我们身上如双胞胎一样相互交织。他提出了一个观点(三十五年后人们常常将这个观点和麦克卢汉的名字联系在一起)：媒介是人体的延伸。弗洛伊德却赋予这个观点以一种更强的悲剧性色彩。对他而言，每一种媒介都是为了弥补人的某个不足，都是为了填补存在于我们和神灵之间的鸿沟。电话延伸了我们的耳朵，使我们能够听见远方亲人的声音，就像摄影术和留声机技术替代了我们的记忆一样。然而，我们并不因此而变得更加幸福。人类的有限性又冒出来对我们报复。“人类仿佛成了一种带着义肢的神。在用上了所有的辅助器官之后，他的确如虎添翼，然而这些器官并没有成为他身上的一部分，而是仍然不时地给他制造许多麻烦。”弗洛伊德明白，要适应新媒介这一辅助器官，我们的身体要经过何种艰苦的斗争。①人们对广播感到紧张，有其深层的原因——遥远的距离、死亡的气息、脱离肢体的形象和单向的撒播②。但除此之外，还有一些更加充足的实实在在的理由。广播使得美国历史上的强硬推销术翻开了新的篇章。整个20世纪20年代和30年代，人们都在抵制广播广告；直到40年代，这种抵制虽略有缓和，但仍然强烈。③当时的广播不仅吸引了艺人和记者，而且还招来了骗子，他们用山羊腺体给人做手术治疗阳痿④，搞心理治疗，向数百万人允诺能让他们恢复健康、返老还童。社会学家库利当时曾认

① Sigmund Freud, *Civilization and Its Discontents*, trans. Joan Riviere (1930; New York: Norton, 1961), 39－45。弗洛伊德在写作此书时,由于罹患喉癌,医生在他口腔内的上颚处安装了一个颇为碍事的人造物,令他烦躁不已。

② 这几个并列名词的原文为：distance, deathliness, disembodiment and dissemination。这里作者使用了英文“头韵”修辞法,体现了作者作为“语言大师”的特点,但中文翻译要做到形意兼备,几无可能,所以只能有所舍弃。——译者

③ Smulyan, Selling Radio, and Paul F. Lazarsfeld and Patricia L. Kendall, *Radio Listening in America* (New York: Prentice Hall, 1948), 59－80.

④ 美国医生约翰·布林克利(John Romulus Brinkley, 1885—1942) 在美国几个州开设诊所,实验将山羊睾丸腺置于患者身体以治疗阳痿,当时引起了很大的争议。他也是美国广告业和广播业的先驱之一。——译者

为，我们可以不再需要区分幽灵和骗子了。但是，现在，这种需要又卷土重来，向我们报复。当时，许多成功的表演者都充分利用了广播中的“鲜活”——或“同步传播”意义上的，或“非死亡的”意义上的——以缓解公众对广播业中的作假和复制行为的担心。活人的各种表征通过电波被传送出去，以向听众确保广播的真实可靠性。美国总统F·D·罗斯福非常善于利用广播讲话。在其著名的“炉边谈话”广播系列讲话中，有一次，他突然问：“我那杯水呢？”他稍事停顿，喝水，然后才向听众解释说：“朋友们，今晚华盛顿这儿很热。”①巴尔诺夫(Erik Barnouw)浓墨重彩地描绘了这一插曲，说这是“一个简单的合乎人之常情的动作，但也可能是精心策划的表演”。②罗斯福的喝水行为之所以强有力，是因为它显示出，仅仅“喝水”这一“简单而人性”的需求，就足以打断总统正在进行的演说，这说明总统是多么地和大众一样普通。如果用伊丽莎白女王时代的语言——“国王有两个身体”——来表述，那就是说，人的自然血肉之躯(body mortal)可以短暂地战胜国家政体之躯(body politic)。③罗斯福让听众知道他口渴，从而显示出他作为总统，其实与每一名听众一样，是一个活生生的、受到自然条件制约的人，由此他证明了自己的诚恳态度，让听众感到总统是“和我们一样的人”。在其广播讲话中，罗斯福不仅掺入了政治内容，而且在阐述这些内容时会停下来去强调更加深刻的东西。在广播中，华丽的辞藻会让人觉得华而不实，而显得不完美才能够保证真实性。罗斯福因脊髓灰质炎而落下了残疾，是广播这种媒介将他的残疾的身体转换成激励各地美国人的强大

---

① “The President Broadcasts: Confronted with Mikes, Cameras, and Radio Engineers, Roosevelt Pauses for a Glass of Water”, *Broadcasting* 5, 3 (1933): 8。这些细节并没有被记录在“炉边谈话”的官方记录中。海耶斯(Joy Elizabeth Hayes)为我提供了有关富兰克林·罗斯福与广播的信息，在此致谢。

② Erik Barnouw, *The Golden Web: A History of Broadcasting in the United States, 1933 - 1953* (New York: Oxford University Press, 1968), 8.

③ Ernst H. Kantorowicz, *The King's Two Bodies: A Study in Mediaeval Political Theology* (Princeton: Princeton University Press, 1957).

声音。

他在演讲中“因口渴喝水”这一插曲取得了经典的真实效果。演讲者需要中途停顿喝水，这本来体现了广播媒介的不足，但在这个例子中却反而显示了它的力量。通过这个行为，通过广播这个无形的媒介讲话的罗斯福，好像是在说：“看，这就是我的身体。”（*hoc est corpus meum*）①和其他善于利用并赢得听众信任和崇拜的广播人一样，罗斯福学会了——姑且借用此前詹姆斯对灵媒的两种“意愿”所作的区别——坚定地用“交流的意愿”战胜了“表演的意愿”。在文学中，我们使用提喻法（synedoche）——即用某物的某个突出特征来指代该物——来揭开某物的面纱。②从罗斯福口渴喝水的这一行为，我们看到，身体及其痛苦已经成为真实性的“最后的边疆”，成了预防作假的根基，也成了个人私密的源泉。肉体是终极的道德载体。宗教中有一个观念，认为如果将属于个体的多个象征物广为分发，即可以形成一个大型的社会团体（social body），这个宗教观念（它比“大众媒介”观念要悠久得多）现在在无线电广播身上得以再现。我们不应该忘记，“大众传播”中的“大众”（mass）一词，既可以看成是形容词，也可以看成是名词（弥撒、物质、大众），足可见“大众传播”与宗教弥撒之间的联系。③

和弗洛伊德一样，阿多诺也认为，媒介技术试图补偿人体的不足。他认为这并不恰当，因而令人烦恼。他对商业中“真诚文化”提出批评，其尖锐性无人能及。他认为，通过在广播现场设置听众，模拟出一种社区感，以及在观众与广播明星之间假造出一种互动关系，这是在制

① 在罗马天主教弥撒的高潮部分，神父会将手高高举起，然后用神秘的拉丁语说道：“这是我的身体（*hoc est corpus meum*）。”在现代弥撒中，神父也许会说：“看，这是你的主”。根据圣徒里戈利（Saint Liguori）的说法，此时神父用双手孕育了耶稣，就如圣母马利亚在她的子宫里孕育了耶稣一样。——译者

② Allison McCracken, “White Men Can't Sing Ballads: Crooning and Cultural Anxiety, 1927 -1933” (manuscript, American Studies Program, University of Iowa, 1998).

③ John Durham Peters, “Beyond Reciprocity: Public Communication as a Moral Ideal”, in *Communication, Culture, and Community: Liber Amicorum James Stappers*, ed. Ed Hollander, Coen van der Linden, and Paul Rutten (Houten, Netherlands: Bohn, Stafleu, van Loghum, 1995), 41 -50.

造“虚假的身体”[*hocus-pocus*,这个表达是对拉丁语“这就是我(耶稣)的身体”(*hoc est corpus*)故意作出的戏仿]。人们对“受众群体”(mass audience)常常有漫画般歪曲的看法,认为他们不是被洗脑的僵尸,就是无知的幼儿。阿多诺的受众观则更加细腻。他认为,广播的危险不在于它能够煽动乌合之众,而是在于它具有的个性化的能力,它能够将听众塞进毫无反思的安稳蚕茧中或虐待狂般的狂笑中。大众文化并不像注射器一样,将被动无力注入到受众身上;相反,它提供了一个减震系统,降低了人们的惊愕感,转移和吸纳了巨大的能量。认为听众之间能产生“团结”和“听众能参与广播节目”,实际上不过是一种恋物癖(fetish)的表现。

在阿多诺所描述的“无赖画廊”里,所谓“退化性听众”(regressive listeners)赫然在目。“退化性听众”指那些张牙舞爪,陷入虚假极乐的人,这一意象也是与远方物体进行偶像崇拜般互动的象征。他说,无线电发烧友“感兴趣的,只不过是被动地收听,并通过私密装备将自己插入到公共机制里,同时却不对公共机制产生丝毫的影响”。[①]阿多诺的以上出色描写(该段是基于阿多诺的德语原文的准确翻译)抱怨的是,广播使得真实而丰富的两人爱欲关系出现了变态性偏离。正如塞尔底斯以及《斐德罗篇》中的描述那样,担心“浪费种子”的幽灵又出笼了。尽管和弗洛伊德存在许多分歧,阿多诺还是像弗洛伊德一样,认为两个个体之间才是发生真挚爱欲的无可比拟的场所。而广播的力比多结构,却只能让参与者要么过少——只有一人;要么过多——成千上万。阿多诺是忠实的黑格尔式的马克思主义者。他认为,只有在一个主体与另一个主体接触时,真正的互动才能够发生。从结构上说,由于广播播音诉求对象的广博性,导致它必然是不真诚的。就像马克思看待金钱一样,阿多

---

① Theodor W. Adorno, “On the Fetish Character in Music and the Regression of Listening”, in *The Essential Frankfurt School Reader*, ed. Andrew Arata and Eike Gebhardt (1938; New York: Continuum, 1982), 270 - 299, 286 - 299, 293。又参见:Adorno, “Analytical Study of the NBC Music Appreciation Hour,” *Musical Quarterly* 78, 2 (1994): 325 - 377 (written in 1938 - 1941)。

诺认为广播是一种拉皮条的形式。正如阿多诺的同事罗温塔尔(Leo Lowenthal)所抱怨的那样，如果广播用比较亲切的声音对听众说话，那就会使得其在针对大众和针对个体两者之间不断游移："播音员说这是特别说给你听的话，而它实际上是说给所有人听的话。"①像苏格拉底一样，阿多诺将大众性的爱欲视为一个交流失调的显著症状。

如果说阿多诺的广播研究揭示出广播不可能实现远程的"象征性参与"，那么罗伯特·默顿对流行歌手凯蒂·史密斯(Kate Smith)的研究，则考察了一个仪式性表演如何才能获得成功这一问题。1943 年 9 月 21 日，凯蒂·史密斯整整一天的战争债券劝购广播演唱会大获成功。默顿认为，她成功的原因源于她使听众感觉到了她的诚恳。当时，许多好莱坞明星也举办了类似的广播演唱会为反法西斯战争募集捐款，但他们却很少取得像史密斯那样的成功。在其分析中，默顿借用了米德给"真诚"(sincerety)下的定义："说话人对语言符号的运用，意在打动听众，但是同时也明显地打动了他自己。真诚就是提供共同的经验。"②在默顿看来，凯蒂·史密斯所表演的不仅仅是一场互动，她还让听众感觉确实从她那里得到了某些东西。她和听众建立联系的关键，是她的"行动性宣传"(propaganda of the deed)。在表演中，她呼吁听众作出奉献，而她并没有让自己豁免于奉献。她的实况广播在一天内连续进行了 18 个小时。她将自己交给广播电台，就像她呼吁听众将钱交给捐款热线一样。史密斯的这场广播募捐，让她筋疲力尽，但她却毫无怨言，这减轻了听众对她可能作假的怀疑，足以在危难时期将全国人民团结起来。假如她通过预先录制的节目募捐，她就会失去她本人亲临现场演出时具有的至关重要的说服力。倘若有听众知道这场演唱完全是预先准备编

① Leo Louenthal, "Biograplries in Popular Magaznes", in *Radio Research*, 1942 - 1943, ed. Paul F. Lavarsfeld and Frank N. Stanton (New York: Sloan, Duell and Pearce, 1944), 507 - 548, 581 - 585.

② Robert K. Merton, with Marjorie Fiske and Alberta Curtis, *Mass Persuasion: The Social Psychology of a War Bond Drive* (New York: Harper, 1946), 105.

排好的，她对听众的回答也完全是编造的，那么，即使录制演出和实况演出是完全一样的，她给人的诚恳感觉也会烟消云散。听众也许相信“在场”的力量，但即使是笨拙的“在场”也仍然可以成为说服力的基础。

凯蒂·史密斯是一个为听众作出牺牲的替身，她模仿出最古老的赎罪方式，为听众作出牺牲。默顿还发现，史密斯缺乏性魅力，这也是导致她让人觉得可信的因素之一。和好莱坞性感偶像瑞塔·海华丝[①]不同，史密斯并没有将自己笼罩在浮华光影之中——这种浮华光影只能损害她的诚信。她用嗓子与疲惫进行了一场戏剧性竞赛，令缺乏真实性的好莱坞相形见绌，光彩尽失。从古希腊开始，苦难就被视为真实性的保证。至今，“人之将死，其言也善”，临死者的证言仍被赋予特别的价值。痛苦也仍然常常被当作用来减弱造假动机的理由。[②]在这次战争债券广播销售活动中，凯蒂·史密斯找到了可供利用的真实性的富矿：强忍痛苦说话的身体。

如果说，在广播中，阿多诺揭露了无时不在的操纵，默顿则发现了超越这些操纵的方法；阿多诺想将我们从滥用中解放出来，默顿则想将我们从这种因操纵带来的“失范”[③]中解放出来。阿多诺在广播中看到了一种试图调和的失败努力，默顿则认为，我们应该适时搁置怀疑，暂时驱散愤世嫉俗的烟云。他们两人有一个典型的区别：阿多诺回避大众媒介在诉求公众时所使用的“虚假的个人主义”[④]手法；而默顿却为“虚假

---

① 瑞塔·海华丝（Rita Hayworth，1918—1987），好莱坞性感女明星。——译者

② Page DuBois, *Torture and Truth* (London: Routledge, 1991); Elaine Scarry, *The Body in Pain: The Making and Unmaking of the World* (New York: Oxford University Press, 1985).

③ 失范（anomie），指一社会或社会群体或个人相对无规范的状态。此概念由法国社会学家涂尔干创用。他认为失范现象是由于社会存在着不明确的、彼此冲突的规范所产生的。罗伯特·默顿认为，失范指的是社会所规定的目标同决定着达到这些目标的规范不一致这样一种状态。——译者

④ 虚假的个人主义（pseudo-individualism），即大众媒介在宣扬消费主义时，让消费者产生的一种自己完全可以独立作出消费决策的幻觉。——译者

的礼俗社会”①而感到忧心忡忡。从他们各自最担心被腐蚀的事物中，我们可以看出他们各自的理想。总之，阿多诺和默顿之间的论战，涉及两者对大众媒体功能的不同看法。阿多诺认为，大众媒介造成冲突，需要撕开意识形态的假面，需要绕开大众媒介而鼓励公众直接参与；默顿则认为，大众媒介能实现社会整合，它具有符号聚合性，是一种集体性象征。这一争论是现代社会理论中马克思和涂尔干两大对立传统之间的碰撞。对阿多诺而言，社会团结(solidarity)是不可能的，除非它建立在真正的利益或个人纽带之上；他还认为，社会参与要求人身体上的投入或支出，而大众媒介不可能实现这一点。而在默顿看来，大众媒介中的仪式就能让人身临其境，感同身受，个人能否“直接”参与并不重要。简言之，他们两人争论的是，大众的交流是否可能。大众媒介固然可以将各种符号撒播到庞大的人群之中，问题是这些符号能铸造出何种人际关系？默顿将“关系是否真诚”的判断交给听众；而阿多诺却认为，持这种立场实际是实施大众欺骗(mass deception)的好方法。阿多诺和默顿之间的这场围绕“广播有何社会作用”的论战，是20世纪大众传播理论发展史中的一次关键冲突；而阿多诺和拉扎斯菲尔德(Paul F. Lazarsfeld)之间多舛而短命的合作则并不那么引人注目。②阿多诺-默顿争论所涉及的问题不在于他们研究工作中的行政视野和批判视野之不同，而是涉及远距离交流中的真实和虚假问题。

以上大众传播理论中所具有的政治性不免让人遐想通过大众媒介营

---

① 虚假的礼俗社会(pseudo-Gemeinschaft)，“礼俗社会”是社会学家滕尼斯1887年提出的概念，指具有传统价值观的社会，罗伯特·默顿在此基础上提出“虚假的礼俗社会”，指人际关系高度竞争和疏离的城市社会中，通过各种虚假仿造礼俗社会人际关系的手段来实现对他人的影响和控制。——译者

② 阿多诺和拉扎斯菲尔德1938—1941年合作进行的普林斯顿广播研究，是一次试图整合批判研究取向和实证研究取向的努力，但是两人的合作最后不欢而散。该事件通常被视为大众传播研究思想史上的一个转折点。参见：Todd Gitlin，“Media Sociology：The Dominant Paradigm”，*Theory and Society* 6 (1978)：205－253；David E. Morrison，“Kultur and Culture：The Case of Theodor Adorno and Paul F. Lazarsfeld”，*Social Research* 45，2 (1978)：331－355；and Elihu Katz，“Communications Research since Lazarsfeld”，*Public Opinion Quarterly* 51 (1987)：S25－S45。

造社区的可能性。但问题是，如果人的血肉之躯不在场，他还能够参与吗？我们是否能说“受众参与了一个遥远的媒介事件”呢？在一切交流中，身体的在场必然形成语境，这是不可避免的。默顿认为，远距离的符号撒播可以赋予真正的社会参与性，这一观点对媒介产业利益而言具有偏向性的亲和力。媒介产业的经济效益依靠对受众的说服力；它们要使受众相信，媒介打出的远距离目击式的广告是真实可靠的。而阿多诺的观点则是，一切远距离的关系都是虚假的。这个观点对减缓人际的不信任——这种不信任在蚕食着每一个人——没有任何好处，因为在这个世界上，哪一种关系能不受远距离的影响呢？（对此，阿多诺自己是很清楚的。）关于交流中的虚假性，我们可以无休无止地分析下去。阿多诺的消极辩证法常常破坏人与人之间实现和谐的梦想——而且他还是以维护这一梦想的名义去破坏其本身。人类的一切行动都是建立在某种策略性的虚假期望基础之上的，尽管破除某些不切实际的虚假期望对我们而言是有益的，但只要这种破除不损害我们的动物性信仰，抱有某些虚假期望对我们还是有好处的。如果非要确定阿多诺和默顿谁是谁非，也许我们得先回答另外一个问题：我们是更害怕被权力欺骗呢，还是更害怕被剥夺期望？

凯蒂·史密斯在电台的演唱会上有可能做到真诚吗？她的这种表演有可能给人提供“共同的经验”吗？这些问题看似无关紧要，但在其中我们可以看出大众传播理论中与思想以及政治相关的核心议题，即“中介性”的问题——也就是在没有个人化或身体性的接触时，人际互动是否可能的问题。阿多诺指出，相信听众能参与广播节目，这是最糟糕的想法；默顿则认为听众对广播节目的参与是一种体现社会团结的仪式行为，它具有真实的意义。默顿相信，（通过广播这种媒介）远程建立一个扩大化的社会体是可能的，至少在特殊情况下是可能的。相反，阿多诺对任何试图从符号和技术上扩展人类的尝试，都持怀疑态度。对他而言，任何“辅助器官”（auxiliary organs）——这是弗洛伊德给媒介的称呼——都不可能治愈大众传播中身体的缺席；媒体不过是试图让人体恢复健全的笨拙义肢，而这种“健全”事实上从来就不存在。默顿的爱欲说——他想象着大众媒体能实现人体的结合——认为人与人之间能够实现远距离的真正交流。阿多诺则坚持面对面交流，他认为在人类远距离的、扩大的联系中只存在幻觉或偏离。用麦克斯韦的话说，默顿相信远距离作用，而阿多诺则认为，一切所谓的直接接触都充满着各种微小得看不见的沟壑。

今天，这些问题对我们的公共生活和私人生活仍然具有丰富的含义。民主和爱欲仍然是大众在接受每一种新媒介的时候都喜欢使用的孪生框架。比如，人们在谈论今天的因特网时，一方面总是对新“政治性身体”——即参与性民主——充满美好梦想；另一方面我们又到处可以听到对“新色情人体”（new bodies pornographic）——即儿童沦为色魔的猎物——的噩梦般的担忧。通过交流而实现联系，无论其规模大小，它有着怎样的意义，则是一个至今仍困扰着我们的难题。我们继续玩味麦克斯韦的两种选择：一方面能通过媒介远距离实现身体的结合；另一方面，即使拼命向对方压紧，两个身体却根本无法实现绝对的结合。如果说，在过去，交流的成功是一门“跨越鸿沟去触摸”的艺术，是为了克服中介性的身体去触摸另一个人的灵魂的话；那么到了电子媒介时代，同样作为一门艺术，交流的成功就变成了跨越中介性的灵魂去触摸另一个人的身体。媒介中的“身体”虽然不是所谓“机器中的幽灵”①，却是现代传播媒介中的一个核心的两难。

---

① “心(mind)身(body)问题”是心灵哲学的核心问题。笛卡儿提出了“心身二元论”，认为心是精神的，身体是物质的。现代哲学家赖尔在1949年出版的《心的概念》一书中将笛卡儿的“心身二元论”讥讽为“机器中的幽灵”(ghost in the machine)，认为笛卡儿的二元论无法解释精神的心如何能驱动物质的身体，所以相当于说驱动人体这台物质机器的是藏在“机器中的幽灵”。该表达在后文多次出现。——译者

第六章　机器、动物与外星人：各种不可交流性

孩子们在一个入口看到自己的影子，十分害怕，老人对孩子说："孩子们，你决不会看到比自己更加可怕的东西。"

——爱默生，《精神法则》

在一个更加适宜的天堂里，谁知道人体会如何扩张膨胀，又会流向何方呢？

——梭罗，《瓦尔登湖》

人类遭遇各种生物却无法与其交流，这种痛苦的情景在20世纪的生活和思想中成倍地增加了。时时处处遭遇交流的深渊——这是现代性的意涵之一。人们一直将交流等同于对话，又将对话当作治疗以上现代性病症的药方，然而这个药方本身却常常就是那致病的病毒。也许按照亚里士多德的思想，言语(speech)可能是人类独有的能力，但是“交流”却并非为人类所独有。如果突出“交流”，只用它来描述我们人类彼此的生活，其后果是冲决堤岸，使得“非人类”(inhuman)的滔滔洪水汹涌而入。

20世纪，交流所面对的主要挑战是人类如何与没有血肉之躯的存在物进行接触。“交流”是我们与动物、电脑、地外生命和天使之间的共享物。作为同时具有言语能力和交流能力的存在物，我们人类显露出了对机械、兽类和以太的亲和友好。“交流”这一观念超越了昔日那些认为人类一枝独秀乃万物之灵的形而上学屏障。它很容易就将“存在的巨链”(the great chain of being)串联起来。这一链条从微观层面的DNA到宏观层面的国际外交，无所不包。其间存在的问题始终是，我们人类作为具有交际能力的存在(communicating being)已经发展到何种模样？“交流”的威力在于它具有克服时空障碍，拓宽人与人之间互动的能力，其动人之处(pathos)在于它能超越有限的血肉之躯。交流暗示着无需触摸就可实现联络。我们在打电话时，需要将对方的声音形象和其血肉之躯等同起来。然而，我们在“交流”时，交流者的肉体已经不再是体现其独特个性或人格的无可辩驳的象征；我们的面孔、行动、声音、思想和互动，都已经全部迁移到媒介之中，它们无需得到我们的允许就可以尽情撒播我们的个性。交流已经无需身体在场。

或者更加准确地说，“交流”观念之所以兴起，是人类“能实现互动却无需身体在场”这一发展所产生的症状。①“交流”观念兴起的思想史揭示了，为了适应一个“人体已外化为媒介”的世界，人类作出了多么漫长的努力和挣扎。现代媒介已经永远改变了人之形态（anthropomorphism）的意义。整个20世纪，一个经常辩论的话题是：“媒介具有何种宏观的社会意义？”我认为媒介的意义，与其说体现在那些经典的社会议题（如媒介对儿童的影响，对女性的媒介呈现，对政治的变革，对大众文化的扩散等）上，不如说体现在媒介如何对我们的身体存在进行重新安排上，这种重新安排同时发生在个体和政治身体层面。交流使我们与各种各样的可怕对象亲密接触，当然也包括与我们自己接触。

当代的文化辩论充满诸如此类的问题：交流如何跨越性别、国籍、种族、民族、世代、语言和文化的鸿沟？同样，诸如“大众”（the masses）和“公众”（the public）之类的集体性名词也给交流带来了特殊的问题。然而，以上这些鸿沟，尽管令人畏惧，它们仍然仅限于人类世界。在人的存在被遮蔽或者被中介时，“交流”作为一个观念应运而生；同时，在“交流”这一观念下也引发了一些新奇的冒险，即与特别神秘的他者接触，这些他者包括动物、地外生命、机器、文本和上帝——一句话，任何有智能迹象或能模仿智能的“存在物”（being）都可以作为我们的接触对象。在“交流”中，人的身体是否在场已经日益变得无关紧要，因此作为我们交流对象的“候选者”，各种新颖怪异的存在都不请自来，加入到我们的伙伴行列。这些候选者（最初是19世纪的幽灵）到第二次世界大战后变得更加无处不在。“交流”也许是一个终极的跨界观念，它能跨越人与其他物种、机器甚至神祇之间的疆界。

在围绕交流进行的各种争论中，涉及一个要害，即人在整个宇宙中应该占据何种位置。在宇宙中，除人类之外，还存在着类人猿、生物机

---

① 这种“非亲身在场”（disembodiment）是这两部专著的核心主题：Niklas Luhmann, *Social Systems*, trans. John Bednarz Jr. with Dirk Baeker（Stanford：Stanford University Press, 1995）, and John B. Thompson, *The Media and Modernity: A Social Theory of the Media*（Cambridge：Polity Press, 1995）。

器人(cyborg)、胎儿和脑死亡者、天使和UFO、“原始”的机器和“聪明的机器”、死去的人和远方的人①。“交流”这个词本身具有的含义要求我们去思考自身与以上其他创造物(creatures)的关系。尽管我们与以上创造物之间的交流常常是不可能的，或者常常是黯淡无光和难以琢磨的，但人与每一种创造物的关系都是一种“人”与“他者”的关系。而在从前的人文主义宇宙观中，占据中心位置的往往是“人”。既然我们每个人现在是(is)、从来都是(has been)，或者可能成为(might become)以上各种创造物中的一员，“交流”就成为我们弄清以下问题的极好领域：在众多创造物的巨网中，人处在什么位置？各种非人的存在物——自然、机器、动物、地外生命——常常被用来喻指各种“社会性他者”(social otherness)，如妇女、异族或异性、神智失常者、儿童、老弱，甚至指我们敝帚自珍的“自我”。今天，“交流”已然成为践行“认识你自己”(Know Thyself)②这一忠告的重要场所。

尽管交流的治疗论者(他们想用交流来建立更好的人际关系)和交流的技术论者(他们想用交流来建立更完善的系统)都竭力压制“交流已超越了人的形态”这一事实，然而每一种新技术的出现都会带来更多的“他者认同”(heteropathic identification)③的问题。最古老的比喻(tropes)总是蕴藏在最新的技术中；正如本雅明所言，现代性总是征引史前史。例如，最近，日本日立公司在技术文化领域领风气之先的《连线》(*Wired*)网络杂志上打了一个广告，宣称：“许多科学家相信，传心术式

① 参见：Donna J. Haraway, *Simians, Cyborgs, and Women: The Reinvention of Nature* (New York: Routledge, 1991)。

② 古希腊德尔菲的阿波罗神庙上镂刻着这样一句话：“认识你自己，万事勿过度”。古希腊将它奉为“神谕”，是最高智慧的象征，苏格拉底将它作为人生的原则和信条。他认为，哲学的目的就是教导人们懂得怎样过道德的生活，帮助人们认识永恒的道德概念；而要对真正的善有所认识，人们首先必须认识自己，认识到自己实际上是一无所知的，这是改善心灵、培养道德的基础和出发点。——译者

③ 他者认同，最早由美国电影理论家和艺术史家卡雅·西尔沃曼(Kaja Silverman)提出，即基于自我之外的认同，与“同类相融(cannibalistic)认同”相对。“他者认同”是与疏远与距离的风险相联系的，但是它能使主体超越由文化遮蔽所规定的规范模式，从而具有社会性的活力。——译者

的力量是可能作为实用的交流工具被开发出来的；但在那一天到来之前，我们现推出这一替代，供你选用。”[①]当然，在人类非常规的交流对象中，死者仍然占据着“最重要的位置”(*primus inter pares*)[②]。1996年，《纽约时报》一位专栏作家如此写道：“我给新泽西州马鞍溪(Saddle Brook)的一个公墓打电话，电话里的声音这样回答我：‘这里是河滨公墓。如果你知道受话人的分机……’因特网就更如此了！”[③]

但是，人类与动物之间的共情(empathy)也许是一种同样古老而奇怪的同情感(sympathy)。在20世纪，人类看到了与动物交流的可能，并因此生产出了大量的卡通片和纪录片，造成了各种政治骚动和改革并催生出大量长期的科学研究。

同样，至少从20世纪30年代起，外星人就给各种广播剧、电影、漫画、电视和小报提供了动力燃料。而从1950年代末以来，科学界还发起了一个国际研究项目，即“搜索地外智能”(SETI)项目。

如何与文本接触，以及如何与上帝接触？这两个问题至少在基督教新教的世界中是彼此相关的，而且这两个问题已经成为诠释学中的根本性问题——诠释学研究试图回答的是，在没有可能得到对方回应的情况下，如何与对方进行对话？由于“存在的巨链”已经崩溃，“人”突然发现，那些曾经使自己获得“万物之灵”地位的各种“优势差别”(包括物种上的、制度机制上的、性别上的和神性上的差别)，现在竟然前所未有地广泛存在于其他存在物之中。在思考传播理论的根本问题时，我们漠视那些“超自然现象”和“非人存在物”，就如同我们自己在照镜子时，在镜中的“非人性”的睽睽注视下，我们却对它视而不见，形同陌路。我们在漠视“超自然现象”和“非人存在物”时，使用的都是“遏

---

① *Wired* 4, 7 (1996): n. p。作者在此使用该例是要说明，日立公司的广告尽管是在推销其现代技术产品，但仍需要引用传心术这种前现代的交流梦想作比喻。——译者

② 拉丁语，意为“同事(或同辈)中居首位者(或最年长者)，(团体的)发言人”。——译者

③ *New York Times*, 14 July 1996, 17.

制”（containment）策略，这种策略不过是一种道具，用来支撑我们脆弱而危险的身份。

按照黑格尔的教导，承认他者不是一个简单的感知（perception）问题，而是一个涉及如何建立人类秩序的问题。确定我们与之交往的创造物的范围，不仅是一个（a）政治问题，也许还是一个最重要的（the）政治问题。如果我们把动物当作人对待，或者把人当作动物对待，这个问题也许就会成为人类20世纪关键性的政治问题。如何与多种形态的存在物建立联系，是我们人类的存在困境和政治困境中的核心问题，在萨拉热窝或卢旺达荒谬的暴力中如此，在我们充满爱的生活中也如此。虽然要追溯20世纪的各种传播思想，需要额外再投入一本书的篇幅，但是上述“在不同物种之间建立联系”的问题是各种传播思想的共同之处。阿多诺巧妙地将政治问题和存在问题联系起来，他说：“我们常常遇到这样的断言：‘黑人、野蛮人和日本人是看着像猴子的动物。’这种断言是发生大屠杀的根本原因……人类的‘情感投射’（pathic projection）机制决定了，那些掌权的人在看待他人时，不是从他人的独特方面来看待他人，而只是看到了自己形象的折射。”①

和阿多诺一样，我认为，我们对交流问题进行思考，不仅能训练我们如何看待自己，而且能训练我们如何与他人共同生活。“交流”这一观念有一个好处，就是它能够使我们不至于将“如何看待自己”和“如何与他人相处”这两个问题分开来孤立地思考。20世纪传播理论的关键问题——它既是哲学问题，也是道德问题，也是政治问题——是我们对他者的共情能够走多远多深的问题，是我们在多大程度上能够欣然“按照他或她的独特面貌来看待每一个人”的问题。

接下来，我将简要地梳理传播理论在20世纪中后期的不为人所注意的几个发展，它们分别与机器、动物和地外生命有关。我认为，现代思

---

① Theodor W. Adorno, *Minima Moralia: Reflections from Damaged Life*, trans. E. F. N. Jephcott (1944－51; London: Verso, 1974), 105.

想中的这些“交流”冒险的背后有着深层含义——我们与他者相对，而这些他者尚不具备与我们同处的能力。如果要详细考察传播思想，我们无法不涉猎20世纪的文学、哲学、艺术、戏剧、电影、政治、语言学、社会科学、工程学和自然科学等大量内容。在这里，我只能乞求说：“那些有耳朵的，便来听吧。”我想要探究的是我们最奇特的交流伙伴，这样做的目的是为了照亮那些存在于我们最熟悉的环境中那些最不熟悉的东西(奇特性)。

从某种意义上而言，笛卡儿不仅是“封闭的人”的哲学建筑师，而且是一位传播理论家。他认为“交流”是人类具有的将其和动物及机器区别开来的独特能力。他区分了动物和机器，并在物质上将动物和机器相互等同。他认为，动物是精湛的自动机器。笛卡儿认为，人的肉体也是精湛的自动机器。在《谈谈方法》(*Discourse on Method*)一书中，他特别担心机器对人的模拟。他说，因为动物实际上就是机器，因此具有动物外形的人造自动机器很容易欺骗我们；对于这些人造的动物，由于我们不可能用人类的语言来检验它们的真实性，如果它们高度仿真，它们就很容易冒充真动物。不过，笛卡儿认为，对形状像人而且能如人一样行动的机器，我们总是可以用两种测试来检验。“一种测试是，机器人不会使用语词或其他符号，不能像我们一样组词造句向他人表达思想。”即使机器在被触摸后能发出一些语音，说出某些短语，如同一个会说话的玩偶，但它还是不能“用各种方式组词造句来应答我们对它说的话，哪怕像智力最弱的人那样说话也无法做到”。正如《斐德罗篇》所示，是否具有在对话中作出应答的能力，被认为是智力最重要的标志。第二种测试是，即使一台人形机器能够圆满地完成某些任务——甚至比人做得更好(笛卡儿以钟表计时的规律和精确运行为例)——它还是不可能应对其他各种各样的任务。如果用一套多样的任务来测试自动机器，“你就会发现，它们不是根据知识来行动，而只是简单地根据其零部件的原初设计来办事”。笛卡儿认为，试图让仅仅一部机器具有足够的子系统，以模拟一切与理性相关的能力，“这在道德上是不可能的”。①

对笛卡儿而言，除了理性之外，以上两种测试——语言应答能力测试和动作的多样性测试——也是人类和动物的分水岭。虽然有些动物如鹦鹉可以清晰地模仿人类说话，但它们不能够“表达思想”。他不同意这样的说法：“动物会说话，只是我们听不懂它们的话。”

他认为，人的理性在自然中无与伦比(严格地说，他认为理性不是自然赋予的，而是超自然的神赋予的)。“人体这台机器”和虫子、钟表处在同一科目层次上，是一台“由骨髓、神经、肌肉、血管和皮肤组成的”机器。②笛卡儿极具想象力，有一次竟想象人体是一台非常精密的机器，但没有心灵，像行尸走肉一样四处游荡，吃喝拉撒；他说人体像机器，并不是要否定人体设计的美妙绝伦和精密准确。和蒙田、图灵、达尔文或那些生物机器人的推崇者不一样，笛卡儿从来就没有产生过人与野兽、电脑、假人或机器装置进行交流的概念。他将我们人类放在一个与“非人类”完全不同的秩序中，两者之间疆界分明。他认为，倘若允许人和非人类物之间的疆界上存在什么漏洞，那在道德上是危险的，因为没有什么东西能比以下想法更能“使羸弱的头脑误入歧途，偏离德行之道了——幻想动物的灵魂与我们人类的灵魂在本质上是一样的，并因此认为我们和苍蝇、蚂蚁一样，对身后之事可以无所畏惧、无所希望”。③

笛卡儿的认识论——即我们在洛克那里已经看到的关于“观念”(idea)的观念——是他的种属科目和秩序思想的重要组成部分。倘若理性世界只存在于观念之中，而且在所有生灵中惟有人类才有观念，那么这个有飞鸟走兽行走和呼吸于其中的客观世界，“它是否真实存在”这

① Rene Descartes, “Discourse on Method” and “The Meditations”, trans. F. E. Sutcliffe (New York: Penguin, 1968), 72 - 76 (discourse 6).

② Descartes, “Discourse on Method” and “The Meditations”, 163 (meditation 6).

③ Descartes, “Discourse on Method” and “The Meditations”, 74 - 76 (discourse 6)。本段的所有其他引文都源于此,同样的论证方式,也为后来的虚无主义者所采用,例如陀思妥耶夫斯基《罪与罚》中的拉斯柯尔尼科夫。

一问题即使不能完全忽视，至少也很值得我们怀疑。他将“内在性”作为检验是否具有感知和意识的标准，这给屠杀或虐待无“内在性”的生灵开出了一个无需忏悔的烹饪菜单。

作为近代哲学的奠基人，笛卡儿所反对的是一个“认为自我和宇宙之间存在着相互同情”的传统。这个传统的成分十分驳杂，笛卡儿是这一现代化反抗大军中的显赫成员。显然，他也是在反叛大行其道的万物有灵论和经院式的亚里士多德主义——这两种思想都断定万物有灵。①然而到了19世纪，由笛卡儿树立起来的，处在人与动物以及人和机器之间的隔膜又可以呼吸渗透了。但是，笛卡儿提出的问题却始终在哲学史中回响。直到阿兰·图灵(Alan Turing)的时代，这个问题仍挥之不去：我们如何区别真人和假人？人类区别于其他动物的根本特征是什么？在人类独特的人性中，人类的身体(肉体)扮演着什么角色？而机器和动物则提出了相反的问题：图灵机虽没有活生生的身体(肉体)，却能够聪明地与我们交流；动物虽然有活生生的身体(肉体)，却一直找不到决定性的证据说明它们具有和人类交流的意愿。

一、图灵测试与肉体/爱欲的不可超越性

> 没有哪位工程师或化学家会宣称，他能够生产出一种和人的皮肤没有区别的材料。
>
> ——图灵，《计算机器与智能》

在现代思想文化中，人与机器的关系是一种令人深感痛苦的关系。这种痛苦不是在工业主义或计算机出现之后才有的，而是自笛卡儿和帕斯卡尔之后就存在了。图灵所提的问题——我们如何在一台机器和真实

① Carolgn Merchant, *The Death of Nature*: *Woman*, *Ecology and the Scientific Revolution* (San Fransisco: Harper and Row, 1980).

的人之间作出区分？——也是尼采1874年提出的问题。[①]约翰·斯图亚特·穆勒猛烈地抨击威廉·汉密尔顿的哲学，并仔细探索了人是否能够变成自动机的问题——鉴于穆勒成长于一个功利主义的环境中，他的这一探索，意义重大，对之仅仅在其个人传记中作一笔带过的阐述是远远不够的。

在近年的通俗文化中，自动机、邪恶的电脑（如太空漫游2001中的电脑HAL）、R2D2般的伙伴、人形机器人、复制人比比皆是[②]；人体与控制系统之间的对接既危险又让人兴奋。所有这一切都促使我们去反思数字文化、智能、身体在场、性别、政治秩序以及人类日益模糊的边界问题。[③]

图灵于1950年发表的文章"计算机器与智能"（Computing Machinery and Intelligence）是思考人机交流的经典之作。文章开头说的是一个"模仿游戏"或者说猜谜游戏；令人奇怪的是，游戏的主题是猜性别[④]。在游戏中，被测试者与分处两个房间的对象进行对话，然后仅凭对话分辨出对象的性别。在游戏中，男性参与对象假装以女性的语气表达，而女性参与对象以女性本色参加。"为了避免参与对象的说话声音透露出其性别，回答须用文字表达，最好是用打字机表达。理想的安排是用电传打字机，在两个隔绝的房间之间传递信息。"提问者（被测试者）的任务是我们在远距离交流中都已熟悉的：通过传来的文字对一个缺席的身体作

① Friedrich A. Kittler, *Grammophon*, *Film*, *Typewriter* (Berlin: Brinkmann und Bose, 1986),30.

② 此处R2D2是科幻片《星球大战》中的桶形机器人；人形机器人是《星际迷航》（*Star Trek*）中的角色之一，名为"数据中尉"；复制人是《银翼杀手》（*The Blade Runner*）中的角色。——译者

③ Haraway, *Simians*, *Cyborgs*, *and Women*; N. Katherine Hayles, *Chaos Bound: Orderly Disorder in Contemporary Literature and Science* (Ithaca: Cornell University Press, 1990); Anne Balsamo, *Technologies of the Gendered Body: Reading Cyborg Women* (Durham: Duke University Press, 1996); and Claudia Springer, *Electronic Eros: Bodies and Desire in the Postindustrial Age* (Austin: University of Texas Press, 1996).

④ 图灵的同性恋性取向此时尚不为人所知，但事后想来，他当时进行这种"猜性别"的游戏，似乎也不令人觉得太奇怪。——译者

出判断。在这里，图灵使经典的唯心主义实验场景死而复生：进行交流的双方被隔绝在两个不同房间，他们不能“现身”交流。图灵所在的地方是剑桥大学，这是英格兰著名的研究以太和灵异现象的重要基地。暂且不管这个遗产对他有何影响，图灵将两个交流对象分别安排在两个“杜绝了心灵感应可能”的房间里，以排除任何微妙的交流对他们与提问者间的文字往来的干扰，而且这种文字往来是通过打字机而不是手写进行的。这种安排是为了“不让提问者看见或触摸交流对象，或听到后者说话”。①

在实验中，图灵杜绝了交流双方间的视觉、听觉和触觉交流等一切可能导致双方身体碰触的途径，仅留下了文字，而且是剥离了任何歪歪斜斜手写痕迹的文字。这个游戏再现了巴特勒(Judith Butler)所谓的“性别麻烦”的原初场面：在图灵富有原创性的实验中，性别完全是一个话语上的类别，而不是身体上的类别，②其目的是为了在身体退场后的媒介中寻找其留下的痕迹。和库利的方法一样，这是一种对“非亲身在场”交流的幻想，这种交流只将智能本身作为唯一有意义的因素来考察，而这种智能被化约等同于“交流双方参与对话和作出应答”的能力。游戏参与者彼此间的联系，靠的不是有肉体存在或透露出明确信息的媒介，如电话(提供人声)、视频(提供体态)或手写的书信(泄露发信人的手写特征)等，而是通过电传打字机。在这场实验中，图灵压制一切与人体有关的迹象的出现，目的是为了测试，在只有文本话语的情况下，人体的独特性是否仍会显现。就像诺特钦博士仔细检查壁橱灵媒爱娃·C，以防止她使用暗藏的道具一样，图灵仔细控制着交流线路中一端对另一端人体信息的接触。他这样做是为了抑制“外质”的出现，以便让“外质”的对立面——智能——脱颖而出。和丁尼生一样，图灵想要实现的是一

---

① Alan M. Turing, “Computing Machinery and Intelligence”, *Mind* 59 (1950): 433 - 460。此处所有引用均引自第434页。

② Judith Butler, *Gender Trouble: Feminism and the Subversion of Identity* (New York: Routledge, 1990).

种“鬼魂对鬼魂”的交流①。后来在实验中，图灵用一台机器取代了两名交流对象中的那名男性，让提问者在不知情的情况对其作出判断(至于那名女性交流对象最后怎么样了，图灵没有交代，这成为后来人工智能研究历史上的一个核心问题)。图灵说：实验对提问者提出的新难题能让我们在“物质的人”和“智力的人”之间作出比较清晰的区分。机器与人之间的竞争应当发生在智力层面上，而不是肉体层面上。他指出：“没有哪位工程师或化学家会宣称，他能够生产出一种和人的皮肤没有区别的材料。”对图灵而言，人的肉体不能永生，它和智能没有关系。后来，他对人形机器人(android)②不以为然。他说，“我当然希望并相信，人们不会用大量的精力来制造形体极像人却没有人的智能的机器，比如单纯的人的形体。”③图灵认为，我们对人体的痴迷必须去除；而图灵实验的目的就是要证明，机器和人各有所能，不必厚此薄彼。“我们不必因为机器不能在选美比赛中大放异彩就惩罚机器，也不必因为人和飞机赛跑败下阵来就惩罚人。”依类似标准，人也被区别于机器：“我们不希望机器队伍中出现自然人的身影。”④因此，图灵想禁止科学家使用克隆技术复制出“聪明的机器(聪明机)”⑤；他认为，克隆“聪明机”的工程师都应是同一个性别，以便防止他们与被克隆物之间可能出现的自然繁殖。对图灵而言，肉体美与智能丝毫不相干(这个主张使他和《斐德罗篇》中的苏格拉底大相径庭)。图灵认为，形体与美(*Physis* and *Kallos*)——包括生、死、美——都必须排除在人与机器的竞赛之外。

---

① 指交流双方脱离自己的肉体,仅凭双方的媒介化表征进行的交流。彼得斯在全书范围内都将媒介化的人称为“幻象”或“鬼魂”。——译者

② 谷歌开发的移动设备操作系统名字为“安卓”(Android),意为“人形机器人”。参照图灵对“人形”的看法,让人感觉意味深长。——译者

③ Alan M. Turing, May 1951 radio talk,引自 Andrew Hodges, *Alan Turing: The Enigma* (New York: Simon and Schuster, 1983), 420。

④ Turing,“Computing Machinery”, 434, 435.

⑤ 即仿生机器人,指具有机器特征的自然人,或具有自然人特征的机器。——译者

图灵关注的是如何将“人”从其宝座上拉下来，至少是要打破机器与生物之间的界限，尤其是要打破我们人类具有的据说是独一无二的互动能力和得体应答的能力。他是摧毁边界的人。他贬低神学对“聪明机”的批判——这种批判认为，上帝只给了男人和女人以灵魂，动物和机器则被排斥在外。神学的这一批判中蕴含着两个问题。一是对动物的贬低，而图灵想要的是人类和动物之间的连续性，而不是在“有灵魂的人”和“无灵魂的机器”之间作一刀切。另一个问题是，如果上帝在创造人类时，也“给了灵魂以安居之所”，那么正如生孩子一样，人类在制造机器时，为什么不能作为上帝的共同生产者(colaborer)，也给机器以灵魂呢？显而易见，图灵并不重视神学对“聪明机”的批判，而是用“以其矛来攻其盾”的方法来批驳神学的批判。图灵以一位批评家的话为例。这位批评家说：“我们愿意相信，人在某些微妙的方面比上帝的其他创造物更优越。”该批评家还要求机器“能够根据自己感受到的思想感情写出十四行诗或协奏曲，而不是靠碰巧落下的符号来创作”，只有这样他才愿意承认机器有智能。图灵认为，这名批评家将实际上在将交流中根本不存在的东西——交流一方能感觉到对方的思想和感情——作为评判“真实交流”的标准。图灵没有时间理会批评家搞的那一套招魂术般的神秘玩意，他搞的是实用主义。他主张，倘若“意识共享”是成功交流的判断标准，那么，交流就根本不可能实现，而且我们会因此而陷入唯我论的泥潭。①他认为，我们所能知道的一切，都只能是在“外在行为彼此互动”这一光天化日之下发生的。此外，图灵还认为，我们说的话很多都是“碰巧落下的符号”。既然机器能够模仿人，人也应该能够模仿机器。他提到一个具有辅导功能的测试方法，叫“口试”(viva voice)。通过该测试方法，教师可以“弄清楚，学生是真正理解了其所学内容，还是如‘鹦鹉学舌’一般在复述学习内容”。②长期的学校经历告

① Turing, “Computing Machinery”, 443, 444, 445, 447.
② Turing, “Computing Machinery”, 446.

诉图灵，机器并非是唯一能够模仿智能的东西——人有时候也能“模仿”智能。说话人仅仅身体在场，并不能够保证他的真实内在性就被调动起来。

“图灵测试”意味着，如果两者(机器和人)之间的差异在外部不可见，那么这两者就是等同的。如果在测试中，提问者不能将两个被隔离起来的交流对象(一个为机器，一个为真人)区分开来，那么该机器就可以被视为“聪明机”，就说明机器中隐藏着一个与身体有关的“物自体”(Ding-an-sich)。在某种意义上而言，图灵实验是一种与民主有关的狂想。与贵族政治不同，在这种民主制度下，出身门第不再重要。在图灵所呈现的交流中，身体已经变得不再重要——这也许是一个合理的乌托邦，它逃离了当下的现实世界。在这个现实世界中，图灵自己的身体和性取向被过分地看重，以至于给他带来了无限痛苦。处于离散状态的机器，靠电传打字机进行交流，这如同图灵为自己设想的理想生活——他希望一个人待在自己的屋子里，只用理性辩论与外界发生关系。图灵实验中的“聪明机”，是J·S·穆勒笔下完美的自由主义者的具体体现。

但霍吉斯却对以上说法提出了很有说服力的反对意见。他说，图灵“没有直面这个问题：严肃认真地说话也意味着实际行动，而不仅仅是发出一连串符号”。人类的语言所体现的智力，不仅仅是为了破解某种谜团，而总是和亲身行动的各种可能性联系在一起的。为什么伦理、性、政治、生命和死亡等，机器都无法企及？其原因就在这里。倘若智慧始于对上帝的敬畏，倘若一切哲学都是为了弄清如何看待死亡，那么人能从其自身的不足中吸取力量，而机器却难以这样做。图灵继承了剑桥大学关于“媒介如何连接心灵”的研究传统(这里的媒介，都是指那些没有受到人体形态污染的媒介，如逻辑、数学、以太或传心术等)。他“没有触及交流渠道这一难题，也没有探索心灵在社会和政治世界中的物质体现”。[①]实际上，正如我们从他对海伦·凯勒的分析中可以看出

① Hodges, *Alan Turing*, 425, 421, 423, 426.

的，图灵认为，不同交流渠道之间可以互相转换。他贬低媒介具有的令人叹为观止的身体再现力。“交流”这一概念的出现使他在一台电传打字机和一名活生生的人之间画上等号，认为二者是一对相互复制的幽灵。他把远程传送来的代理等同于其肉体原件。正如基特勒所云，“在图灵测试中，所谓的人与其模拟形态是彼此重叠的。”①

“机器之中的人体”(*corpus ex machina*)是现代传播技术中的核心之谜。物化的灵媒如爱娃·C 和物化的媒介如广播，都试图将肉体推向前台，以证明身体的接触就是真正的接触。而图灵实验的设计却与以上思路相反，他借用计算机器来模拟人的智能，并将他认为机器不可能复制的“人体的在场”抹除，从而让“机器中的幽灵”显形，与人的智能一决高下。通过一种极其精简的方式，图灵将这一核心问题——在具有复制能力的媒介中，人体的在场或缺席这一个问题——表述得极为清楚。他给我们提供了一种几乎带着神话色彩的叙述，内容触及了人类与各种能延伸人的身体和心灵的辅助性技术系统之间的关系。他预测到数字时代的来临，届时一切交流都将变成各种“迪斯克里特的”②的交流。这种“迪斯克里特的”的交流，既可以指信号是碎片化的(discrete)交流，也可以指人们因此而必须审慎或得体地(discreet)交流，即“个体将自己的隐私藏起来”的交流。图灵所参与的工作，是要将“存在的巨链”改写为一段信息密码。后来，从内嵌人类遗传信息的 DNA 密码，到有些人至今仍渴望促成的世界新信息秩序，都是为这种改写所作出的努力。总而言之，图灵对“只要具备人类自我意识，交流就能得到保障”的观点发起的进攻令人钦佩；然而，他将交流中的爱、吸引力、爱欲和死亡等有形之物抹除的做法，却令人不安。他相信可以制造出与原件毫无差异的

---

① Kittler, *Grammophon*, *Film*, *Typewriter*, 31.

② 作者在此处是“play with words”。原文使用的单词为“discrete”,意为“断裂的,非连续的”。该词有一个同音异形词 discreet,意为“审慎的或得体的”。一个单词,一音表二意,这给翻译造成了一个“不可能完成的任务”,所以只能对该词进行音译,作“迪斯克里特”。——译者

复本，这也是他对复制人体外形毫无兴趣的原因之一。但图灵测试中有所缺失的——这也是试图对人进行复制的整个人工智能领域这个文化复合体所缺失的——是对“人对他者的渴望”的完全忽视；按照黑格尔的说法，正是这种渴望使我们人类从动物界上升到主体意识之乡。正如引人入胜的悬疑谋杀故事一样（图灵实验也正是这样的故事），在图灵的交流观中，“尸体/身体”（body）被隐藏了起来，因此而招致谋杀的是“男人/人类”（man）本身。

等同物之间的细微差异

犹太神秘主义者、卡夫卡、本雅明、博尔赫斯这样的神秘哲学家都知道，任何东西，即使能被复制，总会留下些无法复制的成分。有限物的肉体残余总是无法被模拟和复制。对于人，机器难以模仿的正是人的脆弱之处，而不是人的理性之处。①图灵认为，“人体的物理形态”对交流的建立无关紧要。然而人之无能与不足，也许正是我们敢宣称的，人与人之间能实现真正接触的唯一源泉。到19世纪后期，人们已经可以做到不必“亲临现场”而“亲自露面”。由于新的记录性和传输性媒介的问世，“不可复制性”已经被视为“人之成为人”的依据。

本雅明的名著《机械复制时代的艺术品》在一定程度上是对“复制”进行的形而上学分析。他认为，对艺术品的复制剥夺了艺术品的“灵光”（aura）。这种灵光是同时由“在场”和“距离”带来的效果。他的“灵光”概念，描述的是原件具有的一种“难以捉摸性”（elusiveness）。但是“灵光”这个词本身就人所共知地“不可捉摸”。“灵光”是“（观者）对距离的独特感受，无论这个距离是多么近”。②复制品缺乏原作具有的强制性和危险性。原作具有独特性和持久性，并延

---

① 图灵也指出，“聪明机”也可能故意犯错，或故意延迟给出答案以显得自己更像人类。它如果显得太完美就会露馅，显露出它不是人而是机器。

② Walter Benjamin, “The Work of Art in the Age of Mechanical Reproduction”, in *Illuminations*, trans. Harry Zohn, ed. Hannah Arendt (New York: Schocken, 1968), 222.

续着一个鉴证防伪的传统，使其成为连续的历史的承载体。韦登[①]的《女士肖像》(*Portrait of A Lady*)的艺术复制品看上去可能和原作一模一样，然而只有其原作表面才有裂纹，只有它才能被挂在华盛顿特区的国家艺术馆里。原作的"灵光"附着在时空中那个独特而终究会损坏的身体上，画布与画框仅仅是其偶然的承载体。真正的《蒙娜·丽莎》藏于卢浮宫，而T恤衫上印的复制品《蒙娜·丽莎》则栖居在迥然不同的实在世界里(它可以穿，可以浸透汗水，还可以洗)，因此复制品不会受到只有神圣瑰宝才能享受的禁令和"细微修补"等措施的保护。[②]一件艺术品就像是有生命的血肉之躯，它拥有一个独特而不可取代的躯体，一旦离开这个躯体，该艺术品就不可能不在某种意义上死去。[③]本雅明的这段分析爱恨交织，广为人知。他认为自己发现了艺术之所以与众不同背后的新奇原因——终极的不可复制性。本雅明对艺术品的分析充满矛盾，这是众所周知的。一方面，他认为自己发现了一种方式，能将人们从"视艺术为神圣"这一魔咒——该魔咒具有政治迷惑性——的压迫下解放出来；但另一方面，他又颇具新意地发现了艺术品获得新地位的另一基础——不终极的可复制性。艺术品的形式可以复制，但其独特的历史却不能复制。艺术品的真实性不在于其辉煌而无处不在的可复制性，而在于其本身存在的不完美。艺术品变得老旧的过程是最难造假的。在本雅明这里，事物的必死性和历史性获得了新地位，成了真实之乡。他认为，艺术品的灵光存在于画中人物的指甲上和耳垂上。从细微之处见真知，这都是弗洛伊德、福尔摩斯和莫雷利等最擅长的。

如果我们假设，有某种新奇的工艺流程可以在分子水平上复制《蒙

---

① 罗杰尔·韦登(Rogier van der Weyden, 1399—1464),15世纪佛兰德斯(今比利时)画家。善于画人物表情丰富的宗教画。——译者

② Claude Levi-Strauss, *The Savage Mind* (Chicago: University of Chicago Press, 1966), 10.

③ 关于这些问题的更深入讨论，请参见：John Durham Peters, "The Ambivalent Iconoclasm of Kierkegaard and Benjamin," in *The Image in Dispute*, ed. Dudley Andrew (Austin: University of Texas Press, 1997), 9 - 31.

娜·丽莎》——从画布、颜料、画框各方面，包括它们的年代、化学成份、温度和湿度等等——效果足可以假乱真，以至于如果将原作和复制品调换，没有人能将它们区分开来。但即使如此，我认为这两件作品仍然不可能具有同样的意义。原作会让人忍不住去探究蒙娜·丽莎迷人微笑背后的原因，复制品却只会使人惊叹那巧妙的复制技术。原作会引导我们穿越那富有感染魅力的时空距离，回到达·芬奇的时代；复制品却只能使我们赞叹自己复制技术的高超。复制品是机巧的奇观，而不是动人或惑人的艺术品。复制品仅仅是模仿，而不是表达。我们不会渴望知道复制品的作者是谁；复制品不会让观赏者幻想实现远距离的触摸。对复制品，我们会想知道如此精准的复制是如何做到的，但不会关注该作品本身所传达的意思。原作和复制品对观赏者会发出不同的邀请：前者是邀请观者去进行时光的旅行，后者则让观者做出发呆的凝视。前者适合卢浮宫，后者适合迪士尼乐园。原作和复制品遭遇了完全不同的制度性命运，对此几乎没有人会产生异议。这就说明，我们在对待作品的精神(Geist)方面都多么地追求形而上学，这实在是非常恰如其分的。文化显然不仅仅指运动着的物质，本雅明提醒我们还要去注意文化的细腻本体；他要我们注意文化在其具象化的过程中所体现出来的对极微小变化具有的敏感性。艺术品不仅是文本——那些可以复制的“能指”(signifier)——的领域[①]；艺术品的本源、后世和物质形态也都具有深刻的意义。尽管在外观上是等同物，原件与其复制品仍需要我们对之采取完全不同的诠释姿态。

博尔赫斯在《皮埃尔·梅纳尔，〈新唐吉诃德〉之作者》的故事中提出了同样的观点。在该故事中，20 世纪法国象征主义诗人皮埃尔·梅纳尔(Pierre Mesnard)学习骑士规则，改宗天主教，研究 17 世纪初期的西

① 索绪尔的结构主义符号学将符号学分解为“能指”(Signifier)和“所指”(Signified)，即指称物。能指与所指之间的关系是自由选择的，对于使用它的语言社会来说，这一关系又是强制的。——译者

班牙语，他的这一切努力本身就是“唐吉诃德式的”：他想在不参看塞万提斯《唐吉诃德》(1605—1615)原作的情况下写出自己的《新唐吉诃德》。[①]他呕心沥血费尽九牛二虎之力，终于(复)制出几段文字，竟然与塞万提斯的原著一模一样。[②]但他也只能够写出这么几段。这个事实说明，处于一个历史时期的作者，其对另一个时期的文本的“获得能力”是有限的。虽然他根据历史主义(historicism)的原则做了一切该做的事情(如全身心地泡在原始资料中、尽量采用目标时期的心态和语言等等)，在逻辑上几乎到了荒谬的程度，但梅纳尔还是无法做到“按照历史的本来面目”书写历史。

“历史主义”在此仍然站不住脚：梅纳尔写出的文字虽然与原作一模一样，但却偏离了原作。正如故事中的叙述者所说，虽然两部作品“语言上相等”，但与塞万提斯(1547—1616)的原作比，梅纳尔的文字“几乎要丰富细腻得多”。1609 年左右出现在《唐吉诃德》原著中的文学上的大胆举动(比如“历史，是真实之母”这句话)，在 20 世纪马克思主义和实用主义的年代又重新出现，令人耳目一新。一句话所处的历史语境，决定了我们对其进行解读时的参照范围和共鸣强度。以上梅纳尔的《新唐吉诃德》是其在 20 世纪对 17 世纪原作的一次苦心重建，而不是自然的流露，因此它值得我们从新奇的角度去欣赏它。

无论复制品是比原作更丰富(如梅纳尔的《新唐吉诃德》)还是更贫瘠(如迪士尼乐园的《蒙娜 · 丽莎》)，一个文化作品所具有的意义不仅来自它身上那些可以复制的东西——形式上的表现、符号的暗示或命题的力度——而且还来自一整套它与其所处的历史、时间和地点之间充满质感的关系。等同物从来都不是完全等同的。正如克尔恺郭尔所云，(完

---

① 阿兰 · 梅吉尔(Allan Megill)指出，历史上确实存在一位皮埃尔 · 梅纳尔，是 20 世纪早期一名法国哲学家，对笛卡儿尤为感兴趣。

② 乔治 · 斯坦纳(George Steiner)指出这些文字碰巧都与翻译、迷宫以及犹太神秘哲学有关——这些都是博尔赫斯的主题，参见：*After Babel: Aspects of Language and Translation* (New York: Oxford University Press, 1975), 70。

全一模一样的）重复是不可能的。和图灵的实验发现不一样，原作和其复制品的诞生，是对它们作不同的解释所带来的结果之一，甚至也可能因它们原本就有不同的本质而造成的。原件作品富有质感，萦绕着幽灵和传说，复制作品则缺少灵光。

也许，我们应该用图灵测试来检验两幅《蒙娜·丽莎》和两部《唐吉诃德》：去掉作品上画家或作者的说明文字，让不含偏见、不知内幕的观者或读者来判断，看他们能不能发现两个版本之间的差异。显然，谁都无法分辨出来。倘若原件和复制品两个版本永远混淆在一起，我们就会陷入可怕的境地：博尔赫斯笔下的制图人，他们搞出了一幅和帝国版图一样大的地图。[①]但是，图灵测试有这样一个预设，即认为我们是否了解《蒙娜·丽莎》和《唐吉诃德》这两部艺术作品所使用的媒介的历史，这并不重要，它不应该成为我们鉴赏这些作品的干扰因素。再次，图灵测试想明确地将身体吸引力以及我们对身体的了解剔除，将它们作为无关的因素排除在交流内容之外。图灵的雄心是要让人的智能原件与其复制品之间难分彼此。然而，“不可能复制出两件完全相同的艺术品”，这个道理同样适用于人。爱欲是一个人体对另一个人体的关系，而图灵想剔除的那种鉴赏能力，它所依赖的正是我们对隐蔽的身体的触摸。由于他想剔除任何对人的优势的诉求——这个优势建立在我们对人体形态深厚的激情之上——图灵就落得一个他自己都意想不到的结果：他再次确认了“人与神、动物和物体不可截然而分”（anthropomorphism）这一规律的不可避免（这一规律源于我们与神、动物以及物体之间的互动）。图灵测试假想爱欲对于交流似乎无关紧要。然而，被他从前门赶出去的身体爱欲，又从后门跑了回来——他人的肌肤、面孔和身体绝不是无关紧要的，至少在我们与朋友、爱人和家人的互动中不是如此。图灵

① Jorge Luis Borges, “Del rigor en la ciencia”, in *Historia universal de la infamia* (Buenos Aires: Emece, 1958), 131－132。博尔赫斯在小说《地图》(*Plot*)中讲过一个故事，说帝国的绘图员绘制了一幅非常详尽的地图，竟然能覆盖全部国土。后来帝国败落之后，这张地图也磨损了，最后毁坏了，只是在沙漠上还能辨别出一些残片。

的幻想具有民主特征，因为它提出了一种可能的社交模式——在这个模式中，参与者的身体、四肢、热情等因素与参与者获得的表达机会的多少并没有必然的相关性。但是，人生不应该全都是政治；正如我们所一直见到的，爱从来都不是民主的；爱通常偏心得有些疯狂。（吕西阿斯的错误是，他幻想爱可以做到阳光普照、不偏不倚。）

将交流设想为对某个人的意思的简单复制，必然会导致许多分歧，就像梅纳尔想尽办法去复制《唐吉诃德》结果不尽人意一样。如果说19世纪招魂术视野中的交流，是为了超越身体障碍而实现与幽灵的连接，那么到了20世纪，“交流”则是为了超越空间障碍而在人体间连上纽带。招魂术视野的错误是，它错误地预设了莱布尼茨（Leibnitz）所谓的“事物若无法辨别便是等同”（the identity of indicernibles）。莱布尼茨认为，如果两个实体的属性相同，则可以认为它们是同一个实体，因为两个物体之间的空间距离体现的也许不是它们彼此的隔阂，而恰好是共存互依（他的空间观是关系性的，与牛顿的空间观相反）。因此在莱布尼茨看来，《蒙娜·丽莎》的原件和其复制品实际上应该是同一幅画，因为没有任何东西（除了一段极小但又承载着巨大意义的文字说明：该段文字标明哪是原件，哪是复制品）可以用来区分这两幅画。莱布尼茨的这个理论为招魂术所借用。个体的“自我”和“自我的精神代理”应该是等同的，这样，远距离的交流才不需要身体与灵魂的延伸。毕竟，天使就是自我身体与灵魂的精神代理。交流的梦想，就是在两个等同的心灵之间实现相互协调的梦想。然而，记录性媒介和传输性媒介在原件和复制本之间打进了一个楔子，因为这两种媒介（复制技术和传播技术）无意间泄露了复制品的不足：它全无关于原件的出生、历史和死亡的信息。复制品不仅仅是原件的代理，还可以成为原件（即“自我”）的竞争对手。招魂术士们忽略了这个事实：复制品的出现会突出和强调原件具有的某些边缘属性，而这些边缘属性此前一直是被忽视的——而且还会通过大肆展现“外质”（实质是错置的肉体），以夸赞这些边缘属性。

莱布尼茨提出的“事物若无法辨别便是等同”原则也许体现了基督

教对犹太神秘哲学（Kabbalah）的改造；笃信基督教的莱布尼茨对犹太神秘哲学颇有兴趣。这条原理肯定也体现了基督教的一个悠久传统：强调精神比字面意义重要，它也体现了天使具有的内在性特征。相反，卡夫卡、本雅明和博尔赫斯作品中的犹太神秘哲学，却主张"在所谓相等物之间，实际上存在着细微而可识别的差异"。总有一道无限的鸿沟横亘在原件与各种复印件之间——比如卡夫卡小说《邻居》中的电话通话声、本雅明《机械复制时代的艺术作品》中的照片，还有博尔赫斯作品中梅纳尔对《唐吉诃德》的翻新等等。原件和复制件之间的差异无处不在，甚至——或者尤其——存在于两个完全一样的复制品中。在相等物之间的空间中，调皮的天使以爆炸性的速度增长，不断地否定着相等物之间的相似性。

二、动物及人类对非人生灵的共情

与借助天使相比，人们更多地借助动物作为主要参照对象来思考人类的际遇。一般来说，动物物种之间的障碍总是最容易渗透的，至少在想象中是如此。假如我们相信黑格尔的话，在他看来，伊甸园就是一个动物园。[①]在伊甸园里，第一件事情就是给动物命名，亚当和夏娃几乎没有遇到什么困难就能够和一条蛇交流。在人类的多种文化中，普遍存在着动物图腾崇拜，由此可见，长期以来，动物显然一直被当作人类自我定义的镜子。自亚里士多德以来，动物社会始终是政治学理论有趣的参照。[②]古希腊人，以及后来的哲人席勒、马克思和阿伦特都认为，动物有社会（在同类间存在合作），但没有政治（进行集体决策以采取正确行

---

① G. W. F. Hegel, *Lectures on the Philosophy of Religion: The Lectures of 1827*, ed. Peter C. Hodgson, trans. R. F. Brown, P. C. Hodgson, and M. Stewart with the assistance of H. S. Harris (Berkeley: University of California Press, 1988), 442.

② David J. Depew, "Humans and Other Political Animals in Aristotle's History of Animals", *Phronesis* 40, 2 (1995): 156 - 181.

动）。在犹太-基督教的传统中，与动物交流的能力和智慧及神圣如影随形，携手并进——比如所罗门和圣方济各[1]。长期以来，动物就被用来譬喻人类社会中的他者，而且还被用作给人类治病的实验动物。蒙田这样写道："罗马人在习惯了各种屠杀动物的奇观后，又开始习惯于各种屠杀人的奇观，习惯于各种屠杀角斗士的奇观。"[2]动物的境遇长期被用作描述人类境遇的政治譬喻，并成为动物权益保护运动背后的主要动因。

然而，识别动物交流行为的科学努力直到19世纪后期才开始出现，如达尔文、埃斯皮诺斯(Espinas)的研究等等。当时一些不够精细的研究甚至会得出一些可笑而令人尴尬的发现。据说，一匹名叫"聪明的汉斯"的德国马会通过敲马蹄的次数来做简单的算术——这种交流方式和招魂术里的敲打者(rapper)不无相似之处。后来人们才发现，原来汉斯是根据其主人无意识的面部表情和肢体语言来判断是否该停止敲击。它的所谓独立的智能纯粹是模仿。"聪明的汉斯"综合征后来成了动物研究者喜欢引用的教训，以提醒我们需要谨慎，不能将我们自己投射到动物身上。这也是卡夫卡的担忧之一。他担心我们看到的所谓他者的表演也许仅仅是我们自我的表演或投射。"聪明的汉斯"的例子为我们提供了一个误交流(miscommunication)的经典场景：一场貌似顺利的互动结果对不同的参与者各具意义，且彼此差异极大。在他者的"内在性"被遮蔽的地方，投射、他者特性和腹语带来的问题就会变得很尖锐(人与人首次相遇时的情形几乎都是这样)。当双方的共同记忆比较少时，引起严重误解的潜在可能性则会很大。正如蒙田所云："那些阻碍它们(动物)和我们交流的种种缺陷，固然存在于它们身上，但为什么就不可能也存在于我们身上呢？"[3]

---

① 圣方济各(Saint Francis，1182—1226)，被尊为基督教历史上最受爱戴的圣徒之一，于13世纪初创建了圣方济各修会，在基督教历史上产生了重要影响。——译者

② Michel de Montaigne, *Essays II*, Great Books of the Western World, ed. Robert Maynard Hutchins, vol. 25 (1580; Chicago: Encyclopaedia Britannica, 1952), 206.

③ Montaigne, *Essays II*, 215.

在20世纪，凭借丰富的动物行为学(ethology，这是穆勒为了研究人的特征，在《逻辑体系》一书中首创的一个术语)研究传统，在破译动物交流密码方面，人类已经取得了很大的成就。这方面的成就有：洛伦兹对鸭子的研究、弗里希(Frisch)对蜜蜂的研究、马勒和哈特肖恩(Marler and Hartshorne)对鸟类鸣叫的研究、廷伯根(Tinbergen)对海鸥的研究、霍尔多布勒和威尔逊(Holldobler and Wilson)对蚂蚁的研究，古道尔、萨维兹-伦堡和普里马克(Goodall，Savage-Rumbaugh and Premack)对猿类的研究，黎利(Lilly)对海豚的研究，以及巴提森、塞博克与哈拉维(Bateson，Sebeok and Haraway)等就动物行为提出的一般学说等等。托马斯·塞博克研究"动物符号学"(zoosemiotics)，他将解读动物交流密码比喻为密码破译专家的工作。他说，动物符号学家"接收动物发出的并非以他为目标读者的讯息，最初他浑然不知该用什么转换规则去理解"。[①]这是我们试图诠释截获到的文本时遇到的一个常见问题。"交流"这个观念一方面能使我们避免失联(disconnections)，但同时却又使"失联"更加成为核心问题。莫里斯(Charles Morris) 1946年说过："所有的讨论归根到底都是：语言是否为人类所独有。这个问题在一定程度上是术语的使用问题。如果这里我们将'语言'等同于'交流'，那么毫无疑问，动物是有语言的。"[②]在信息论问世的前夜，莫里斯提出了一个跨越物种界限的"交流"观念。这时，莫里斯身上的实用主义特征体现得非常明显(平常他身上的实用主义常常被实证主义遮蔽了)。他作了这样的总结："连续性的存在和非连续性的存在一样，都是千真万确的；在符号—行为上，人类和动物之间的相似性和差异性都是千真万确的。"[③]就像在梅斯梅尔催眠术和传心术中一样，交流这个观念比语言或

① Thomas A. Sebeok, "Zoosemiotics: At the Intersection of Nature and Culture", in *The Tell-Tale Sign: A Survey of Semiotics*, ed. Thomas A. Sebeok (Lisse, Netherlands: Peter de Ridder, 1975), 88.

② Charles Morris, *Language, Signs, and Behavior* (New York: Prentice-Hall, 1946), 53 - 54.

③ Morris, *Language, Signs, and Behavior*, 55.

言语的观念更松散，也比它们具有更加深刻的非物质特性。“交流”的这一特点使它作为一个概念走向了更加难以名状的普遍模糊。这里，我并不认为，如果过去我们给“人”的定义是“具有交流能力的动物”，现在由于日益拓宽的人和非人的“他者”，这个定义就面临着挑战，从而出现人的“定义危机”。相反，我想要说的是，“交流”这一观念之所以被提出，正好说明了这个定义危机的存在，也正是对这个定义危机的应对。“交流”这新一观念容许肉体不在场而实现接触，这种接触对交流者（动物、人、机器）的身体形式并不关注，甚至对交流者“是否存在着有机体”都无所谓［如留声机在人的肉体存在结束后，仍可以人去留声，而电脑的“记忆力”（memory，即内存）则根本与有机体没有关系］。19 世纪，机器获得了据说是只有人类才具有的能力（如语言能力、记忆能力），人类与动物之间在智力和物理上的隔膜已经变得越来越可以相互渗透（这一隔膜在童话和神话中一直是一捅就破）。这些趋势同时将人推向动物性和机械性（animality and mechanism）两个方向。如果说，图灵实验是为了寻找“隐藏在机器中的有机体”的话，动物交流研究则是为了在不同形态和物种的身体中寻找与人类同类的智能，是为了寻找存在于人和动物之间的亲和——一种超越人自身品性的亲和。“交流”提供给我们的是有关“人”的一种形象，这样的人不是处于野兽和天使之间的本体论阶梯上的一级，而是作为一个节点，存在于生物网络和信息流环路中。

研究动物交流的学术文献浩如烟海，这里我只想结合我的总体观点，简单阐述一下 20 世纪的动物交流研究。从学术上而言，与动物交流是为了探索和测量非人类智能。这种智能似乎或者缺乏内在性，或者不能像我们接触它们那样，以同样的媒介来回应我们——这与我们在接触自然或死者时遇到的问题相似。我们与自然和死者共同生活（commune），而不是与之交流（communicate）。这里的挑战是，在与动物交流的过程中，我们要克服人的特性对我们的影响，以便识别和承认一个不自知的他者特性。在我们对家畜的态度上，或在童话和图腾崇拜中，我们总是直率地将我们的认识投射到动物身上，而维特根斯坦则告诉我们一个更加严酷的事实：一头狮子即使会说话，我们仍然听不懂它。图灵曾经是维特根斯坦在牛津大学的学生，偶尔才去上维氏的课，而且在课堂上有时还表达出和老师不同的观点。维特根斯坦的“狮子说话”的观点和图灵的实验是对立的。维特根斯坦认为，作为交流的结果，人与人之间的相互理解既可以是由一方独自对符号的操纵，也可以来自双方共同生活于其间的或共同体现的各种实践。我们要生活在狮子的肚子里，体会它的生活形态，才能够理解狮子说的话。

动物行为学研究清楚显示，昆虫、鸟类、有蹄类、猿类和鲸类等等动物能使用复杂的信号系统；它也揭示了大量令人惊叹的人类与其他动物之间的跨物种纽带和关系。然而，对那个感情色彩浓厚的“交流”问题，我们恐怕永远不可能得到令人满意的答案。动物行为学的全部目的都是为了寻求一个跨界空间，使得人类在与动物的对话中，能够在后者身上找到人类所想象的自己的另外一半。如果我们的研究目的仅限于回答“人与动物能否合作完成各种任务”这一问题，那这样的研究并没有什么紧迫性，而且答案也很明显：当然是不可能的。“交流”的缺乏从来就没有阻挡人与动物生活于共同的社区。除了“交流”之外，人类几千年来对动物的残酷剥削，以及（相对而言历史较短的）对家庭宠物的豢养，还提供了两种额外的人与动物的关系模式——对动物的统治模式和人类对动物的情感投射模式。

我们试图实现和动物交流的梦想。这背后的驱动力量之一，是黑格尔式的魔力，即获得承认的渴望，也是贝尔在电话试验成功时，对他的合作伙伴华生说的第一句话：“过来，我要你。”此前还没有一种上帝造物能够站起来说，我承认你承认我（I recognize you recognizing me），我是你的，你能够抓住我。我们与动物交流的梦想是试图发现一种异类智能，它向我们充满爱心地开放。不过，只要动物能向我们发出友谊的象征，这就已经足够，我们并不必须与它们进行灵魂上的接触。苏格拉底在《斐德罗篇》（259a-b）中关于蝉鸣的一段话说得好：“如果它们看见我们说话，看见我们围绕着它们航行，好像它们是魅人的海妖一样，它们会很高兴，会立即将来自神的礼物送给我们。只要能给凡人的，它们便会给我们。”正是因为认识到交流的不可能，所以神的恩赐才随之降临于我们。

1873年，威廉·詹姆斯看到巴纳姆动物园中的大象和老虎，他写下这样一段话：

> 我不太可能希望与这些动物产生真正意义上的同情。我们对某些畸形的、令人厌恶的人类生活也缺乏同情，但我们对动物的缺乏同情与对以上人类生活的缺乏同情不一样。这些动物的存在令人惊叹，以至于你想在一定程度上与之共享、与之合作或与之共谋。你傲慢地自称能理解世界，可它们对你而言却显得如此陌生，你不免会心生迷乱。你曾具有一种克制和道德的心理，据此你傲慢地认为，生活的真正意义不是别的，而在于“我”的行动。但是动物们令人惊叹绝妙，使你的克制和道德心理不由得产生动摇。事实上，伟大的生命世界，一个与“我”的行动完全无关的世界，却是如此真实！①

面对非人类生命，詹姆斯既感到不可能与之接触，又渴望与之共享同类情谊。在动物面前，他没有吹嘘人类的知识，而是哀叹人类知识的不足。在他者特性面前，他为之感到震惊，他希望不仅仅以“知”(knowing)的方式，还希望以更多其他的方式——如分享、合作、共谋——去与动物互动。詹姆斯所遵循的传统是一个能够看到人与动物之间的契合如何能摧毁人类在知识论上的自大(hubris)②的传统。③这是爱

① William James: *The Essential Writings*, ed. Bruce Wilshire (New York: Harper and Row, 1971), vii.

② Hubris,源自希腊语,意思为“固执、性格狂妄、高傲自大、过于自信或骄傲”,常常是某些戏剧,尤其是希腊悲剧中某些主人公的根本弱点,也指人类因其自负而造成对自然规律的违反继而带来悲剧性后果。——译者

③ 参见：Richard Poirier, “Writing off the Self”, *Raritan* 1 (summer 1981): 106－133, and Anita Kermode, “William James and His Cuttlefish”, *Raritan* 2 (winter 1982): 115－119。

默生奠定的传统。爱默生说：“我认为我们所占有的实际知识，其价值非常低廉。你听墙里的老鼠、篱笆上的蜥蜴、脚下的蘑菇、树桩上的青苔。从情感和道德角度说，我对这些生命世界又知道多少呢？”①

超验主义思想本能地感应到人与非人生物之间存在着的一种私密的亲属关系。“田野和树林给我的最大的快乐是，它们暗示人与植物之间存在着一种超自然的关系。”②梭罗在《瓦尔登湖》中说，我如夜间的玉米一样生长。他问，难道我不是和土地彼此通灵吗？人若不是一团化冻的泥土又是什么呢？我自己难道不是植物和霉菌的一部分吗？和非人世界之间的共情关系是我们要接受的道德教育和审美教育，也许我们可以用这种教育来代替我们对“交流”的迫切渴望。

三、人类与外星人的交流

> 我，我自己，绝对不相信我们人类的经验是这个宇宙间最高形式的经验。
>
> ——威廉·詹姆斯，《实用主义》，第8讲

长期以来，人类一直幻想着和高于或低于自己的智慧生物接触，这是全体人类的渴望。20世纪之前，许多哲学家对其他世界的居民抱有浓厚的兴趣。然而，和前述我们与动物交流的情况一样，直到19世纪晚期，实现人类与地外存在物之间的经验性接触的梦想才成为科学研究的对象。③自远古时代起，人类的想象力在无意之间会创造出各种虚幻的另

---

① Ralph Waldo Emerson, “History” (1841), in *Selected Writings of Emerson*, ed. Donald McQuade (New York: Modern Library, 1981), 127.

② Ralph Waldo Emerson, “Nature” (1836), in *Selected Writings of Emerson*, ed. Donald McQuade (New York: Modern Library, 1981), 7.

③ 关于对这类兴趣的哲学史分析，参见：Lewis White Beck, “Extraterrestrial Intelligent Life”, in *Extraterrestrials: Science and Alien Intelligence*, ed. Edward Regis Jr. (Cambridge: Cambridge University Press, 1985), 3－18。

类（神、魔、天使、矮人、洞穴人、水精灵等各色精灵）。后来现代哲学对这种想象力发起了攻击，其领军人物有马克思、费尔巴哈（Feuerbach）、尼采和弗洛伊德。再后来，科学则试图作出补偿：谋求与客观存在的他者——动物、外星人、“原始人”以及无意识——进行接触。犹如在动物研究中一样，在研究地外智能的过程中，科学家用尽各种办法试图超越难以避免的单向传播。对我们收到的可能是来自上述“他者”的任何信息，都必须先排除这一可能，即这些信息没有受到我们自己想象力的污染。20 世纪 30 年代，多萝西·帕克写了一篇独白。故事中的女主人公通过这段焦急的独白表达了她等待电话时的心情。正如这位女主人公一样，人类也正在焦急地等待来自以上“他者”的电话。追求与外星人接触，作为一个鲜明的例子，能说明启蒙思想的辩证特征——即使是最为俗世的追求，其内心仍始终存在着神话。更为重要的是，在这个已遭“祛魅”（disenchanted）的世界中，“人类追求与外星人接触”是一个关于信仰的譬喻。

作为国际科学界的一个共同努力，搜寻地外智能（SETI）项目开始于 20 世纪 50 年代末期，但从那时起它就命运多舛。它恐怕是 20 世纪末期文化中对“交流”——包括交流失败——进行得最持久的研究。① SETI 是 20 世纪的产物，它的出现必须有一些知识前提：对光速的了解、远距离测量能力的具备、无线电波的发现、从噪声中分检出信号的能力（如密码破译学和信息论）、高速计算机以及突破自己认知局限去触摸他者的强烈愿望等等。从最近以来在媒体上发表的文章题目，我们可以了解到一个与交流有关的惆怅而凄婉的故事。这些题目包括《（宇宙中）还有其他人吗？》、《我们孤独吗？》、《向陌生人发出的邀请》、《谁在那儿？》、《仍在收听》、《收听地外的声音》、《你听见的下一个声音》等等。在这些文章中，地球人都被描绘成帕

① 有时也称 CETI［communication（or contact）with extraterrestrial intelligence］，即“与地外智能交流或接触”。

克故事中在电话边等待的女主人公——“寂寞芳心小姐”（Miss Lonelyhearts）。有关SETI的文献——无论科学的还是通俗的——都充斥着关于“交流”的明确讨论。SETI研究不仅是为了解读来自深层外太空的无线讯号，而且也间接地透露出我们地球人对“交流”的两难困境所进行的持续考察。那些能跨越广阔时空的储存和发送能力具有何种哲学意义？对此我们在SETI研究的沃土中进行探索。也许，正是因为本来就生活在陌生难懂的交流和通信之中，我们才对与外星人的交流感兴趣。凡有一台收音机和电视机的人，都同时拥有了一台时间旅行器和一台远程传送外星生物的设备。

星际交流充满着宇宙般巨大的鸿沟——遥远的距离，从四光年到数十亿光年不等，使人一想起就脑子发麻；从我们发出呼唤到收到对方回应所需要的时间，也许要跨越数千代地球人的生命；信号变化的多普勒效应、宇宙尘埃和气体引起的时空扭曲和信号弥散，以及还有一种可能性——那些与我们交流的他者可能与我们迥然不同，他们的数学，他们在时间中的存在，他们的身体都可能远在我们的知识领域之外。他们具有的奇怪之处，可能会使其他一切稀奇古怪的东西相形见绌。也许他们的计算依靠无理数①，他们之间的交流靠的也许不是可感知的信号，而是他们存在的方式（modes of being）。他们发给我们的讯息，我们也许从来就不知道是讯息。他们视为编码的东西，在我们看来也许与自然界无异。蝉鸣也许就是他们发给我们的讯息。他们对于数量的感知，也许过于宏阔，也许过于微小；他们对于物质的感知，也许过于粗糙，也许过于细腻，以至于超越了我们人类的感官和心灵的接受能力。或许他们的时间尺度是如此奇怪，以至于不可能与我们接上关系。如果我们连狮子的话都听不懂，我们又怎么能够听懂外星人的话呢？既然要跨越如此令人绝望的距离，任何能证明交流意愿的迹象都可能被干扰，同时也面临

① 无理数，即无限不循环小数，如圆周率 $\pi=3.141592653589793$……无理数是有理数集以外的一种新的数，是由于人们对度量的需要而产生的。——译者

着各种不同的解释可能。①

和其他交流相比，与外星人交流更能说明，在远距离交流中，讯息总是来自过去。我们收到的任何来自遥远星球的“讯息”，都来自一个早已消失的时刻。假定我们能接收从大角星(Arcturus)附近发来的无线电信号——这个星球离我们大约38光年——我们收到信息时，距那里的智能生物最初发出信号已过去38年了。接收者的“此时”就是发送者的“彼时”。宇宙中遥远星球之间的交流是一种考古发掘。我们的对话联系将是非常不同步的。夸张地说，寻找地外智能的研究揭示了19世纪末招魂术业已知道的东西：远距离交流和与死者的交流，这两者之间存在着统一性。

实际上，灵异研究之于19世纪，就相当于地外智能研究之于20世纪。在这两种研究中，受人尊敬的科学家所考察的课题——幽灵和外星人——在流行文化中泛滥，又被其视为轻浮；这两种研究也都利用了现存的通信技术。前文我们已经指出，灵异研究中的很多意象很大程度上得益于电报、电话和无线电的技术发展；地外智能的研究则是这种无线电幻想的最新进展。1959年，德雷克(Frank Drake)发起奥兹玛计划(Project Ozma)。这是偷听或收听遥远文明信号的首次尝试。这位从事地外智能研究的资深科学家将我们发送给遥远世界的讯息比喻为“星际传真”。②灵异研究和地外智能研究都面对海量数据资料，而让人哭笑不得的是，这些海量数据并不能提供任何结论性证据。然而这两种研究都希望：和他者的接触是可能的。两种研究的对象都是人类最感痛切的关怀：哀悼、在浩瀚宇宙中的孤独、与死者及远方对象的接触(灵异研究)、与外星人及远方对象的接触(地外智能研究)。驱动这两种研究的都

① Dennis Overbye, “The Big Ear”, *Omni* 13 (December 1990): 44。弗兰克·德雷克指出，在SETI中，我们最有可能联系上的是那些长生不老而又有着巨大耐心等待我们回复的生命体。

② David Graham, “Intergalactic Conversations”, *Technology Review* 96 (February-March 1993): 20-21.

是人类在没有能力确保与他者建立联系时，相信“他者肯定存在”的一种信念。两者都幻想着，宇宙中响彻着各种对话，是我们自己因为这样或那样的原因而无法听到。詹姆斯·弗莱彻(James C. Fletcher)曾两次担任美国航空航天局(NASA)主任，他曾积极支持地外智能研究。他说：“我们应该着手收听星系中其他文明的信息。这个星系中肯定充满了各种声音，彼此在用各种语言相互呼唤……”①灵异研究和地外智能研究都开发出了具有创新精神的方法论，以期从静电中分拣出讯息，从噪声中提炼出信号。灵异研究对传心术的考察是随机样本实验设计的起源：在实验中，被试者事先对任何排序(比如扑克牌的排列顺序)都毫不知情，目的是要完全杜绝被试者的无意识行为对实验结果的干扰。②同样，信息论和密码学的发展也使搜寻和解读地外智能变得不那么遥不可及。在其小说《主人的声音》(*His Master's Voice*)中，莱姆(Stanislaw Lem)将一名擅长统计学的数学家作为小说的主人公，这是恰如其分的。小说的主题与搜寻地外智能有关，里面有一封来自外星人难以诠释的信，它是一个超越人类一切已知关系的文本；小说对这种诠释学上的难以决断作了令人赞叹和晕眩的沉思。③灵异研究和地外智能研究所形成的研究方法，都是为了抑制我们对秩序的热望，防止我们将自己的意义强加于随机性或他者特性之上，防止我们因过分热情而轻易相信。

实际上，在灵异研究和地外智能研究之间存在着历史关联。19世纪90年代，洛奇论述道，无线电具有强大的力量，能够使远距离的头脑直接联系。后来他积极从事灵异研究，而且很显然，他是想到将无线电用于天文探索的第一人。他努力识别太阳发出的无线电波，但是他当时在

① James C. Fletcher quoted in Roger D. Launius, “A Western Mormon in Washington, D. C.: James C. Fletcher, NASA, and the Final Frontier”, *Pacific Historical Review* 64 (May 1995): 233.

② Ian Hacking, “Telepathy: Origins of Randomization in Experimental Design”, *Isis* 79 (1988): 427-451.

③ Stanislaw Lem, *His Master's Voice*, trans. Michael Kandel (New York: Harvest/HBJ, 1968).

英国利物浦，那里的电子干扰太严重——部分原因可能是当时街上有轨电车的电火花太强烈。[①]他呼吁进行灵异研究，这种呼吁同样也适用于地外智能研究。他说："显而易见，这个结论(认为生者与死者之间的鸿沟可以弥合)要么是愚蠢和自欺欺人，要么它确实是对人类极其重要的事实。"[②]剑桥大学，或者更具体地说，该校的卡文迪许实验室(Cavendish Lahoratory)这个科学重镇，不仅在19世纪晚期拥有一批提出了以太概念和研究灵异现象的物理学家，而且二战之后还在射电天文学方面作出了许多关键创新。这些创新完全变革了我们对宇宙的认识。在牛顿眼中，宇宙因上帝恩惠而充满秩序，但是在射电天文学家的眼中，宇宙是湿婆[③](Shiva)的舞蹈，时而创造，时而毁灭，时而出现超新星的爆炸奇观，时而出现双子星、类星体、暗物质和黑洞等难以预料的奇怪现象。不过，将无线电作为交流手段而不是作为研究工具，这一想法直到20世纪50年代末才出现，其标志是前述研究地外智能的奥兹玛计划的出现。

如果你现在翻阅上世纪50年代末的地外智能研究中的一些奠基之作——它们就像从40光年之外的遥远行星发来的信息——你会产生这样的印象：当时的研究者是多么想当然地将我们人类的科学当作宇宙的通用语言。如柯克尼和莫里森(Giuseppe Cocconi and Philip Morrison)在该领域的奠基作《寻找星际交流》就认为，"很有可能，(地外社会)一直期待着，在太阳附近可能存在着科学文明。……一旦我们收到并回复其发来的信号，我们就能够进入'宇宙的智能社区'，这几乎就是一个无形的星际大学。"[④]地球上从事SETI研究的科学家们抱着令人感动的自

① Nigel Calder, *Radio Astronomy* (New York: Roy, 1958), 11.

② Oliver Lodge, *Raymond, or Life and Death, with Examples of the Evidence of Survival of Memory and Affection after Death* (New York: Doran, 1916), 389.

③ 湿婆，印度神话中的重要神祇，与梵天、毗湿奴并称为印度教三大主神；是毁灭之神、苦行之神和舞蹈之神；他有三只眼睛，手持三股叉，终年住在雪山上苦修；他创造出刚柔两种舞蹈，被尊为"舞王"。——译者

④ Giuseppe Cocconi and Philip Morrison, "Searching for Interstellar Communications", *Nature* 184 (19 September 1959): 844.

信，认为从其他星球发来信息的也一定是同样渴望学术交流的科学家，而不可能是没头脑的官僚、征服者或艺术骗子。此外，在早期的 SETI 文献背后，还隐蔽着一个带有神秘天启色彩的技术进步叙事。这一叙事或信念希望，更加“先进”的地外文明能够帮助落后的地球人超越中间阶段，实现技术飞跃并能避免可能因此而导致的地球毁灭。一位科学家甚至说，宇宙这么寂静，这“也许说明‘先进’文明的死亡率太高，所以银河系不可能有大量先进的文明”。①

无线电信号的播发就像降神会的开始。如同在吉卜林的小说《无线电》中一样，碎片化的讯息在空中飞翔，寻求与某些倾听者建立联系。在地外智能研究中，无线电信号在哪里开始，就在哪里结束；它追求连接，将信号发送到空中，扫描浩瀚宇宙，寻求可以理解的非自然信息。远程呼叫(DX-ing)、招魂术和地外智能研究之间的联系，在 1997 年拍摄的电影《超时空接触》(*Contact*)中可以明显地看得出来。该片改编于萨根(Carl Sagan)的同名小说。电影中由演员福斯特(Jodie Foster)扮演的小姑娘，是一名无线电爱好者，她对冥冥太空发出“寻找你，寻找你”的信号。在她父母去世之后，她的远程呼叫就转成寻找去世的父母。成年之后，她成为一名地外智能研究者，但工作越来越艰难。不过她最后终于碰到了好运气——她收到了一条讯息，是一连串的敲击声，正好是从 1 到 100 之间的质数②。到该片的高潮情节时，她来到一个遥远的世界与父亲团聚，或更准确地说，她遇见的是一个借用她父亲的令人欣慰的外形和她说话的外星人。影片中，地外智能研究被描绘成渴望与死者和他人的隔空接触。当然，她与外星人的“接触”记录，除了 19 个小时的布满静电杂音的录音磁带之外，并没有留下什么决定性的客观证据，所以她是否真正遇见了自己的父亲呢？抑或那仅仅是她一厢情愿的幻觉？在电

① R. N. Bracewell, “Communications from Superior Galactic Communities”, *Nature* 185 (28 May 1960): 671.

② 质数，只有 1 和其本身作为其因子的数。——译者

影中，这个问题没有得到回答，让人心神不定。现代人抱有的和外星人交流的期盼，是中世纪神秘信仰在20世纪的翻版。

地外智能研究在无穷的噪声中寻求真正的信号，所以在这些研究中，大多数精力都用于收听外星人发来的信号，而不是向它们发送信号。就像威廉·詹姆斯在灵媒的胡扯和表演中寻求长生不死的证据一样，亦如卡夫卡故事中的主人公K寻求城堡的承认一样，又像一位恋人在数千万计的广播声音中寻求爱人打给自己的电话一样，地外智能研究面对的是一种令人晕眩的无限小的成功几率。SETI科学家的处境和收音机听众的处境一样。收音机听众要判断凯蒂·史密斯和鲁迪·瓦里（Rudy Vallee）的演唱的声音是否真诚；SETI研究者则必须排除来自宇宙的一切潜在的虚假信号和杂音。宇宙本身就存在各种无线电信号；1967年，人类发现了第一颗脉冲星，其发射的信号极为稳定，令人惊奇，起初被认为是来自一个遥远智慧文明的无线信号。剑桥大学天文学家、诺贝尔奖获得者安东尼·休伊什（Antony Hewish）信以为真，惊喜不已，还将其发现拖延掩盖了6个月才公布，害怕一旦公布于众就会引起轰动。（后来证明这是一颗以惊人速度自转的中子星。）[①]实际上，如果真的收到外星人发来的信号，尤其如果是向地球人宣战或涉及超级武器的信号，将其公布很可能会引起严重的公共危机，更不用说地球人如何能防卫的问题了。为此全世界的SETI研究者甚至订立了一个协约，约定任何国家的研究者如果收到来自外星人的信号，切不可立即回应，以防不慎引发某种星际冲突。[②]在试图与外星人进行接触的早期，射电天文学家的责任是小心行事，用因特网文化说就是扮演“潜水者”（lurkers）——即那些只读网络帖子，而隐藏自己身份，不被其他发帖者所知的网民。

SETI研究者承认交流中存在着鸿沟。星际会话只可能仅仅是交流双

---

① S. A. Kaplan, “Exosociology: The Search for Signals from Extraterrestrial Civilizations”, in *Extraterrestrial Civilizations: Problems of Interstellar Communication*, ed. S. A. Kaplan, trans. from Russian (Jerusalem: Keter Press, 1971), 7.

② Graham, “Intergalactic Conversations”, 20.

方轮流向对方进行广播。正如前述莱姆所说，“当‘提问’和‘回答’相互分离，先后间隔长达几百年时，这种互动是很难被称作‘会话’的。”[①]因此，SETI 研究所使用的策略，很大一部分显然只是单向的偷听。天文学家戴森(Freeman Dyson）是 SETI 研究的长期领军人物。他认为识别宇宙智慧生命的最好办法是监测(surveillance)。这种监测不是通过远距离通信去试图搜寻到最遥远的信号，而是通过检查深层空间的海量视觉数据，寻找出宇宙工程存在的证据(尤其是所谓的“戴森球体”，即庞大的太阳能站，它们可以作为遥远外星人智能存在的证据)。[②]SETI 研究为我们提供了一套不错的术语，用来描述保罗 · 利科所指的“对话爆裂”之后的情形：首先是“监听”（spying)，此时我并非信号的目标接受者，而且你不知道我已收到你发出的信号；接着是“招呼”（hailing)，此时我已知道你是潜在的对话者；然后是“确认”（recognition)，此时我向你打招呼，你也作出回应，以“复制”我的确认；最后是“互动”（interaction)。在深层太空中，交流回路被大大地拉长，就像电报或摄影术急剧地延伸了空间一样。这说明，交流的根本问题不是为了调整语义以让对话者使用同样的语词表达相同的意思，而是为了找到办法与他人建立伙伴关系。

SETI 研究面临的任务也与犹太神秘哲学家(Kabbalist)类似：扫描一个无限的文本，在无穷多的名字中找到一个最适合的名字。在无限浩瀚的聚合中去搜寻，就必须使用各种搜寻策略。犹太哲学家能听见茫茫宇宙传来的上帝的声音，而 SETI 科学家则不得不和宇宙中自然产生的数十亿字节的无线电波竞争，姑且不说他们自己发出的无线电波也会形成干扰(如利物浦有轨电车的杂音，“聪明的汉斯”对人的愚弄等等)。SETI 研究可以恰如其分地在 20 世纪的神学鸿沟和人际鸿沟里占有一席之地。卡夫卡和博尔赫斯深知，在不断震动的宇宙中寻找可以理解的秩序是有

---

① Lem, *His Master's Voice*, 103.

② Freeman Dyson, “Search for Artificial Stellar Sources of Infrared Radiation”, *Science* 131 (1959): 1667 - 1668。戴森与牛津大学还有一层关系——他 1945 年从牛津大学获得数学学士学位。

风险的。博尔赫斯的小说《巴别图书馆》，是对“枯燥漫长的无穷性”发出的呓语。巴别图书馆里的图书每卷有410页，书里的内容包括罗马字母能拼出一切可能的组合。图书馆藏书量庞大，但并非无限。毫无疑问我们知道，在巴别图书馆里某一个地方，有一部最伟大的文学作品，这是济慈(如果他还活着)希望完成可又未能完成的弥尔顿式的史诗，或是普鲁斯特梦寐以求的崇高的小说。然而，这部最伟大的作品却有数以十亿计的变体，各个变体的伟大程度也各有高低，而其中胡说八道的内容则更多，几至无限。我们对自己是否已经找到这本书都无法知道。因为有数以十万计的书，它们除了偶尔有一个印刷错误外，几乎完美无瑕；稍有缺陷的书则约有十亿本；残破的书则无穷无尽。一方面，我们有绝对的把握，相信巴别图书馆中的确藏有这部伟大的作品——而且还有其他杰作；另一方面我们又确信，我们不可能找到这本书。可是，这本书自己不会宣告它找不到。在图书馆中的某个地方，甚至还有一本解释馆藏秩序的书，即目录册，然而它也淹没在十亿本伪书里。

以上博尔赫斯给我们讲述的是一个关于“不能建立联络”的寓言，这种“不能”是神学和统计学上的，也是交流上的。他的图书馆是被推演到无穷极致的单向撒播，一对一的接触已然不可能。因此，我们很清楚，尽管动物也具有痛感，但我们人类却永远无法亲身体会到它们的那种疼痛。我们也许相信，“宇宙中只有我们存在”的说法为真的可能性不大，然而其他智慧生物离我们实在太遥远。《巴别图书馆》这个寓言说明，我们人类在宇宙中的存活几率原本是很小的，然而我们居然还是生存下来了。我们似乎是宇宙中的例外，然而我们却浑身毫无特异之处。SETI研究令人头晕目眩的诠释困境，是每一个观察宇宙浩瀚深渊[1]的人都需要面对的。我们越是努力去“交流”，越是给这一困境雪上

① 这里原句的用词为“staring into the abyss”(逼视深渊)，显然能让读者联想到尼采的一句名言：“那些与各种怪兽搏斗的人也该小心，以免自己因此也变成怪兽。如果你久久地逼视着深渊，深渊也会看透你的心灵。”——译者

加霜。

在过去，人类也曾试图与上天(heavens)交流，然而 SETI 研究与之不同。在 SETI 研究中，我们的痛感有可能犯错误。1959 年，一篇 SETI 研究的奠基之作非常明确地提出了 SETI 研究的宏伟目标："要毋庸置疑地识别出外星人发出的'非人工'信号。"[①]问题是如何识别出来自另外世界的善意信号——这种善意信号后来被称为"智慧的灯塔"[②]或"非随机的、可能是来自智慧生命的信号"。[③]一个信号(signal)要被当作一个讯息(message)[④]，它必须具有极高的非随机性，而且不能是自然之物。由于俄罗斯地外科学家(exoscientists)的努力，让"如何确定信号不具有非自然性"成为一个高端的研究领域，涉及对信号的统计属性作详细的分析。[⑤]他们要寻找的是一个千真万确的非自然迹象，一个地外智慧发来的真实存在的交流的愿望——它可以是一支协奏曲，可以是精确到小数点后一百位的圆周率，也可以是来自一种具有顽皮性格(而非功利之心)的智慧的信号。尽管我们的数据处理能力日益增加，但这徒增了我们对无限性(infinity)的惆怅。奥德修斯忠实的妻子佩涅罗普(Penelope)盼望与丈夫重聚，可是她不知道届时她是否还能认出丈夫。因此到了真正相聚时，她迟疑犹豫，试图在奥德修斯身上找到她熟悉的蛛丝马迹。同样，SETI 科学家也在搜寻着那些不容争辩的迹象。他们在寻找着一种带着明确传播意图的符号。

地球在宇宙中的孤独形象，就像唯心主义者眼中的独处一室的"人"：二者(地球和"人")都害怕寂寞，渴望找到除自己的投射之外

---

① Cocconi and Morrison, "Searching for Interstellar Communications", 846.

② Alan Lightman, "E. T. Call Harvard", *Science* 85 (September 1985): 20 – 22.

③ Gregg Easterbrook, "Are We Alone? " *Atlantic Monthly*, August 1988, 27.

④ 信号强调其技术和中立特征;讯息则是带着传者意图,或仅能为特定受者理解的信息。——译者

⑤ L. M. Gindilis, "The Possibility of Radio Communication with Extraterrestrial Civilizations", in *Extraterrestrial Civilizations: Problems of Interstellar Communication*, ed. S. A. Kaplan, trans. From Russian (Jerusalem: Keter Press, 1971), 103 – 108。东欧科学家在这些科学研究以及相关主题的文学电影表现上均领先世界。

的某些东西。虽然我们一直生活在许多由陌生人产出的智能作品——音乐、数学、艺术和雄辩——之中而不自知，但是来自金牛星座外星人的一个 SOS 却足以使全世界震惊。在交流中，关涉我们的不仅是“智能”（图灵认为仅仅是“智能”），也不仅是“信息”（香农认为仅仅是“信息”），而且与作为这些智能或信息源头的“身体”相关。SETI 研究者希望获得的是一种“认识到他者是在与我交流”的自我意识，或者说一种带着这种自我意识的明确的符号而不是中立的信号：没有什么东西能比“呼号”（call letter）——计算机程序员在程序代码流中使用的停顿符号，以让程序员“表明身份”①——更令人兴奋了。这种停顿符号刚好符合米德（George Herbert Mead）给社会符号（social sign）下的精确定义：自我用来与他者建立联系的符号。正如一位天体物理学家所说：“我们正在寻找一种符号组合，它表达的意思相当于：‘喂，你好’。”②远距离交流的宏伟目标在这里获得了重现：“过来，我要你”。

可惜的是，“他者特性”总是由“自我”的内在特性定义的。1959 年，柯克尼和莫里森提出一个优雅而颇具影响的想法：如果氢弹爆炸的波长是一个宇宙常数，那么我们就可以符合逻辑地将该波长用作我们发送星际讯息的频率。但是，就像康德的假设或詹姆斯的假设一样，这两位研究者的这一想法是建立在“外星人也会用这个波长对地球人进行广播”的假设基础之上的。如何在经过人的有色眼镜过滤的认知里，辨认和采集到真正的经验性数据，这是一个后康德问题（the post-Kantian problematic）。SETI 研究就是体现这个问题的一个很好的例子。今天，已有科学家担心，地球自身广播的电磁频谱“污染”已经太严重，以至于我们对地外智能的搜索不得不从以前的依赖无线电波转到依赖光波。因为这种污染，即使有外星人在通过无线电波扫描地球，由于人类的无线电干扰，这些扫描电波也不可能达到地球。因此天文学家也许只有转向

① “表明身份”（identify oneself）是黑格尔式奇观（Hegelian wonder）中的一个短语。

② Kent Cullers, quoted in *Overbye*, “Big Ear”, 48.

红外波长或可见波长，或使用空间站来扫描深层空间的信号，才能继续SETI研究。[1]德雷克方程(Drake equation)为我们计算宇宙中其他智慧生命的存在提供了一个基础。根据该方程计算，凡具有交流能力的文明，其寿命一般都在一百万年左右。或许我们不应该做这样的计算，而应该计算从"无线电被人类发现"到"无线电频谱出现饱和"这期间的时间——这在地球上不过是一百年。在对地外智能的搜寻中，我们之所以会实现从无线电波到光波的战略转移，不是因为外星人的信号转向了更高频的光波，而是由于"我们"受到所使用工具的限制，我们的交流工具总是我们交流能力的极限。在电影《超时空接触》中，外星人在用女主人公父亲的身份与她交流时，曾向她许诺说他们会减轻她因此而受到的震撼，然而外星人最终却没有给她留下任何证据，让她能证明自己不是仍然生活在自我封闭的唯我论气泡中。

如前所述，SETI研究有一个基本的预设，即所谓非自然的"信号"必然能从自然界的其他东西中脱颖而出。这个预设的基础是"符号领域"日益缩小。浪漫主义时期出了里特尔(Ritter)、谢林(Schelling)这样的思想家，出现了康德的"自然如象形文字"等观念，自然曾被视为以密码写成的一本书；更加古老的思想还认为，自然充满神秘的讯息，只有圣人或占卜的祭司才能够读懂。总而言之，在人类眼中，自然曾经意义丰富；但是后来我们所看到的是，人类赋予自然的意义总量越来越少。现在我们认为，自然界那些明显存在的、作者未知的、我们无法理解的模式——日落、鸟鸣、羊肠、云彩——并非智能生物有意识地留下的作品，因此也不必费心去解读。出于恐惧，我们已经放弃了那可怜的谬误——不是认为万物有灵论，就是认为人类是宇宙的中心。现在看来，我们人类可能是宇宙间的唯一智能秩序，因而人类就不可避免地堕入了无处交流的唯我论深渊。意义可以是客观存在的吗？我们对此缺乏信心；这是导致我们处处感到交流失败的一个重要

① Robert Naeye, "SETI at the Crossroads", *Sky and Telescope*, November 1992, 514.

因素。

有些地外研究科学家并没有停留在仅仅接收外星人发来的讯息上，他们还对太空发出了讯息——这些讯息最终也许都是死信。20 世纪 70 年代，萨根等科学家设计了一条讯息，使用“旅行者号”（Voyager）[①]飞船将其运送至外太空。据说该讯息客观中立，不附带任何外在的主观文化符号。25 年之后的今天（指作者写作本书时的世纪之交——译者），我们在阅读该讯息时就已经觉得它像是地外文明发出的了：讯息中 70 年代的发型、性别形象（通常是男士首先打招呼，女士的站姿则呈一半端庄一半性感状）和种族形象（讯息中的两个地球人显然是白种人，虽然白种人并非地球上的多数人种）。这条讯息本来是要超越地球人的痕迹，可是将其定格在 70 年代这一历史时刻，却恰好显示出其对人类自身面目的熟视无睹。SETI 研究将时间的流逝置换成在宇宙空间中的位移，这给历史哲学提供了一个教训：关于过去，令后人难解的并不是如何获得与这一过去相关的丰富信息，而是如何解释，那些在后来的观察者眼中最明显不过的历史，为什么身处其中的历史人物却对它们完全懵懂无知。通过飞船向外星人送信的尝试几乎有点滑稽。试想，在过去一百年里，人类通过电磁频谱发送信息已经让地球变得多么“暖”（hot）了。外星人为什么会更喜欢“旅行者”飞船上发给他们的信息，而不喜欢《我爱露西》（*I Love Lucy*）、《暮光之城》（*The Twilight Zone*）和《吉里根岛》（*Gilligan's Island*）等剧集，或我们地球人向星际发送的其他信号呢？这个问题的答案是什么，大家也许都只能靠猜。SETI 科学家有时会表现出一种令人感动的信仰，他们愿意相信外星人和他们有着同样的喜好——喜欢巴赫和数学胜过喜欢摇滚和填字游戏。[②]

---

① 据 2013 年 9 月 12 日新闻报道，美国宇航局（NASA）于 1977 年 9 月 5 日发射的“旅行者 1 号”（Voyager 1）无人太空探测器已经飞出了太阳系。这是现时离地球最远的人造飞行器，也是第一个进入星际空间的人造物体。截至 2013 年，“旅行者 1 号”的这趟旅程花费了足足 36 年，距离地球 116 亿英里（约 187 亿公里）。——译者

② *Mother Earth News* 122（March-April 1990）。此刊物的 20 周年纪念刊发表了《致伟大蓝色星球的一封信》，为人类造成的糟糕的环境向地球致歉。

外星人遍布电影、电视和小报。所有这些媒体都号称人类曾与外星人接触过，并由此而感到哀伤或恐怖。与此相反，SETI 研究者则谨慎地审查，看是否存在着其他可能的解释；科学家要的是纯粹智慧的、他者的头脑，而不仅仅是读者、脉冲星、背景放射源或掠过的客机或卫星引发的喋喋不休的故事。在他们眼中，自然和自我应该被系统性地排除在外，而不应成为故事的作者。带有传播意图的他者特性必须自己突破干扰，实现信号传送。但是，柏拉图和黑格尔也许会提醒我们说，如果对方不具有激发我们渴望的身体(body)，那么是什么东西使我们认为，我们的心灵(mind)可以实现相互接触呢？即使我们被地外智能团团包围，我们仍完全可能像麦克斯韦那里永不可能真正贴在一起的两面透镜那样，永远无法实现与它们的接触。

这实在是关于 SETI 研究的最奇怪的现象了——我们被许多奇怪的智慧包围着：蜜蜂、鲸鱼、海豚、黑猩猩、DNA 分子、计算机、屎壳郎、黏液菌，直至整个地球这个生态系统——然而我们还是觉得孤独，无法交流。①比如，中国文明中存在着那么多的聪明智慧，可是西方对之仍然是那样地无知！②我们尚且不知道如何利用人类自己的智慧，为什么要去追求遥远的外星人的智慧呢？这里我们遭遇的巨大障碍是一种我们无法看见的陌生性——我们自己的面孔。我们像外星人一样，将自己搞得心神不定。那个对我进行跟踪盯梢的鬼魂，其实就是我的“自我”。这个“自我”人人都认识，惟独我自己却从来不能。皮尔士说：“那些呈现在我们的面前和目光之下的与我们赫然相视的事实，在任何时候都绝对不是最容易辨别得清楚的事实。③我们不能认识自我，这就强化了我们内心的渴望，试图去从外星智能中获得确认。“只有在想象我们自己处于

---

① 这些精彩的观点引自：Anthony Weston，“Radio Astronomy as Epistemology：Some Philosophical Reflections on the Contemporary Search for Extraterrestrial Intelligence”，*Monist* 71，1 (1988)：88－100。

② Naeye，“SETI at the Crossroads”，515.

③ Charles Sanders Peirce，“The Law of Mind”，*Monist* 2，4 (1892)：559.

接收端的时候，我们的想象力才会捉襟见肘，无法满足我们的需要。”① 这里的症结在于，我们不能与他者进入共同的领域——我们又回到了苏格拉底曾勾勒出的各种交流的失败和扭曲中。

也许，相对而言，问题不在于我们内心的孤独感，而更在于我们对“交流”要求太高。如果我们将交流仅仅看成是偶尔与他者特性的接触，而不是彼此意识的相连，也许我们就不会对地外智能搜寻那么专一执着了。SETI 研究给人类带来的真相是什么？真相是我们体验到的“平常”只不过是众多“不平常”中的一小部分。宇宙中有数十亿计的类似太阳系的星系，而目前所知只有我们所在的这个太阳系能支持生命存在。地球的公转轨道只要稍微再靠近太阳一些，其自转轴再倾斜几度，或者一颗偏离轨道的彗星的撞击等等都足以使地球上不可能出现生命。在地球 50 亿年的寿命中，人类的历史不过是其千分之一。而我们所知的文明（文字、战争、父权社会）又仅仅是人类历史的千分之一。正如所有浪漫主义者都强调的，我们人类只不过是宇宙中的例外，是罕见的例子，是自然的圆满，也是宇宙获得自我意识的方式。

所以，问题不应是我们该如何突破习惯的泥潭去重新发现隐蔽在各个事物中的陌生之处，而应是去探求，究竟是什么原因让我们竟然相信，世间所有的一切如此奇妙，但却并不是智能力量（如上帝）精心设计和传播的结果。人类首次具有了“枯燥感”（boredom），这是人类一种了不起的成就，而不是上帝创造的奇观。我们的感官只能够捕捉到自然“光谱”中的很小一部分。宇宙射线、彩虹中高于或低于可见光之外的部分、地球的呻吟，都不在我们的感觉范围之内。道德论者就宇宙发表的言论，其正确性已经被自法拉第以来的科学家从实证上证明——我们确实浸润在各种智能的海洋中，对这些智能我们尚不能充分认识，甚至还不能感知。爱默生对招魂术的评论同样适用于 SETI 研究：既然整个宇宙都是讯息，为什么我们还要如此渴望地仅局限在其一隅不断搜索？

---

① Weston, “Radio Astronomy as Epistemology”, 91.

SETI 研究使人想起梭罗的一句妙语。听说有人要测量瓦尔登湖的深度，梭罗说道："他们花钱买测量绳，但却不可能测量出他们自己对'惊奇'(marvellousness)具有的不可测量的感受力。"[①]19 世纪 90 年代，克鲁克斯、皮尔士、亚当斯，还有其他一些不太知名的人物，脑子突然发昏，竟然希望人能够通过人体发出的自然波(如脑电波)彼此建立联系。然而，这些人通过脑电波实现人际交流的希望由于工具的贫乏而受到限制。也许正是我们带宽(bandwidth)不够，传心术才只能停留在梦想阶段，人的痛感才只能停留在个人身上，民主制度永远受制于会话机制(因为会话每次只容许一人说话)。

我们不应该被那些试图与外星人交流的努力吓倒，而应该认识到，这种交流并无特殊之处；认识到我们和他者(包括地球上和外太空的一切生物)的会话都是通过符号进行的。除此之外，并不存在别的交流方式。这是皮尔士的核心原则——他领导了实用主义者对笛卡儿式层级论(Cartesian hierarchies)的反驳。他的文章《四种无能带来的后果》(Some Consequence of Four Incapacities, 1868)直接抨击了"内省"(introspection)和笛卡儿。文章中的交流观念是从行为角度出发的，并对动物或非人的世界开放，将它们作为潜在的交流伙伴。文章并不认为人类心灵具有任何特权。皮尔士借用莎士比亚《一报还一报》中的一句台词，将人类的心灵称为"人玻璃般脆弱的本质"(man's glassy essence)。皮尔士不怕被指控为信奉万物有灵论，他将人和语词之间的关系看成是连续的。"我们可以说，人有意识(consciousness)，语词没有意识；然而意识是一个很模糊的字眼……意识不过是一种感觉，它不过是'人—符号'(men-sign)所具有的物质属性的一部分。"倘若语词没有意识，那么我们是在什么意义上说人有意识呢？换句话说，意义(significance)并不需要一个生命体作为其载体，语词本身就可以放射出意义，就像留声机或照片能够用客观的形式承载思想一样。皮尔士认为，"人不是别的什

① Henry David Thoreau, *Walden* (1854; New York: Norton, 1975), 189.

么，而只不过是一个符号，它涉及的是一般性理念(general idea)。”后来，他甚至得出更加极端的结论说：“每个一般性理念都具有人类个体的统一的生命情感。”①因此，“是否具有生命”这一标准就不足以将人与符号区别开来。“‘人—符号’这个存在物获得了信息，就获得了更多的意义，超过了其从前的意涵。然而语词也是这样的。”语词具有的意义是人赋予的，但是人的意义却无法超越语词所能赋予他们的意义之外。语词有其联系和共同体，正如人或动物一样。“因而实际上，人和语词互相教育，相互促进；人的信息的每一次增加，都涉及一个语词所含信息的相应增加；反之亦然。”②

皮尔士的主张批判了笛卡儿式的专横，但它并不是一种符号泛灵论，它并不认为意义具有客观实在性(符号学家都极端反对“意义具有客观实在性”这一说法)。皮尔士想做的是，尽力邀请我们进入一个充满爱心的共同体，这里有各种形式的智能，它们都是我们这样或那样的伙伴，至少在未来某个时刻将成为我们的伙伴。不错，皮尔士那里的“进化的爱”(evolutionary love)和“团体人格”(corporate personality)，作为实用主义传统提出的概念，让人觉得妙不可言但又别扭怪异；而且很明显，皮尔士相信(与詹姆斯不同)人际“心灵的共享”最终是可能的；他还认为，可以将他“符号具有独立的智能”的主张看成是他对“可交流宇宙”作出的回应。在这个“可交流宇宙”中，每个人都服从于新的运动法则，将自己分散到符号能发挥作用的一切领域。③我们成为符号寄生的宿主，符号就像外来的孢子一样将我们全面包围。我们不必说，符号之所以有意义，是因为符号背后存在着一个有生命的心灵；我们更应将心灵本身视为一种符号，只不过该符号附带了一个必死的血肉之躯。符

---

① Charles Sanders Peirce, “Man’s Glassy Essence”, *Monist* 3, 1 (1892): 21.

② Charles Sanders Peirce, “Some Consequences of Four Incapacities” (1868), in *Philosophical Writings of Peirce*, ed. Justus Buchler (New York: Dover, 1955), 249.

③ 与此相关的一个有帮助的解读/点评，请参见：Jürgen Habermas, “Peirce and Communication”, in *Peirce and Contemporary Thought*, ed. Kenneth Laine Ketner (New York: Fordham University Press, 1995), 243–266。

号和我们一样具有意识，它们也有内在的生命。从历史的意义上来看，皮尔士的符号理论得益于他那个时代，那是一个媒介可以储存智能的时代。

由此可见，皮尔士和詹姆斯都不是某种人本主义的捍卫者，他们并不像人本主义者那样将“人”视为衡量万物的尺度。相反，他们认识到我们人身上存在的非人的一面，就是说，我们总是会表现出高于或低于人的特性。他们两人都有一种悲悯气质，而这正是其他反人本主义者，如行为主义者和后结构主义者常常缺乏的。皮尔士和詹姆斯并不赞成“人的内心生活(inner life)是心灵主义(mentalist)的虚构”这一观点，而是认为，人的内在性常常以他者的面目出现，而且人的内心生活的表现形式多样，分布在我们经验的各个领域；我们最好不要将我们的内心生活看成是由一个由“小矮人”(*homunculus*)操纵的控制台，而应将其看成是我们的一种行为，该行为与我们所做的其他一切是彼此连续而非隔离的；我们的内在和外在是同一个莫比乌斯带的两个侧面；我们尊重而不是贬低内心生活的丰富性，认为它是我们众多种复杂行为中的一种，它和我们的其他行为并无明显的差别。

实用主义者告诉我们，我们之所以要爱护儿童、动物、精神病人、残疾人、幽灵和死者、外星人和大自然，并不是因为他们具有潜在的内在理性生活，因而应得到我们的承认(笛卡儿作如是观)，而是因为他们和我们共享这个世界，而且与我们有一样的形态。我们应该爱护动物，并不是因为它们同样有心灵，而是因为它们和我们一样有脊椎骨、需要氧气或有痛感。我们对其他生灵有义务，并不是因为我们能够开发它们的内心生活，而是因为我们和它们有着共同的原始血缘关系，经历了共同的生物史，我们与它们只不过是不同的智能生命形式而已，都是上帝或自然认为合适而创造出来的。在我们能够和它们进行精神接触之前，我们和它们之间的血缘关系早就被写进了我们的身体(这是实用主义者从爱默生和达尔文那里学到的一课)。因此人类和非人类生灵之间需要彼此同情和关怀，这是一个常识问题，而不是一个“我们了解其他心灵是否可能”的认识论困境。针对由唯我论造成的“人际传播不可能”的僵局，詹姆斯说过这样几句话：“人们看见自己的身体与其他生灵共享着同样的空间，迈步在同样的土地上，嬉戏在同样的水中，通过同样的空气发出共鸣，玩着同样的游戏，从同一个碟子中取食，他们就不会相信唯我论视角下众多个人世界之间的不可交流性了。”

人们对交流之不可能表示担心。对此，实用主义者提出了一个行为主义的问题：我们是不是真的在彼此合作？但这种抽象思辨层次上的不可能性最终被人类交流的实际可爱形式战胜了。在这里，“实用性观点将形而上学的复杂性像蛛网一样轻轻抹掉了”。[①]

认识到以上这一点，不禁使我们内心更加充满柔情，使我们承认，在面对令人敬畏的陌生性(strangeness)时，我们“玻璃般的本质”(glassy essence)是无力的。“是否具有‘内在意识’”已不再是判断是否具有人性的标准。我们如果拒绝去探索内心生活，作为后果，它或者会导致我们走向更加咄咄逼人的方向——剥夺一切生灵的内心生活(某些形式的行为主义就是这样做的，他们否认内心生活的存在，将一切都归结于外在行为)；或者会导致我们走向更广阔更有价值的方向——赋予一切生灵以内在性，这种内在性令人惊叹，却难以为人类所理解，这就如爱默生和惠特曼那样，热情地欢迎整个宇宙中的万类霜天，这是一种最完美和最全面的民主观念。真正的民主必须包括比人类范围更广阔的生灵，因为人类自己中间就包括多种创造物。完全的民主应该跨越物种、种族、地区、年龄，也应该超越人类，这即是爱默生所谓的“化学性质的民主”(the democracy of chemistry)——即使死者也在应邀之列。

20世纪的交流问题，与其说是因人与外星人、动物和机器这些奇异伙伴交流而起的问题，不如说是源于我们自身的问题。如前所述，奇异的并不是这些伙伴，而是我们自己，对此我们竟然没有认识到，这已然

① William James, “The Function of Cognition”, in *The Writings of William James: A Comprehensive Edition*, ed. John J. McDermott (Chicago: University of Chicago Press, 1977), 146.

是一种失败了。存在于我们和这些伙伴之间的一切鸿沟，与它们交流的失败，其实同时也存在于我们人类自己中间。但是，外星人、动物和机器给我们指明了一条路径，使我们可以去想象一下，生活在不同世界之中会是什么样子。请想想海豚吧。它们没有手，因而没有手工作品(works)——更没有武器、没有记录、没有历史、没有政府、没有财产、没有法律、没有犯罪、没有惩罚。[①]海豚没有固定的配偶，可是一切海豚彼此都是亲属。它们真是马克思所梦想的共产主义的田园牧歌。在它们的乐园里，根本不存在什么禁果会导致它们被驱逐出伊甸园。它们裸体而不害羞。它们就像我们之中的某些异类(aliens)；女性是人类中的另外一些异类，正如男性一样；自我也是这样的异类——我来自外层空间(古人是知道这一点的)。我是困扰一切的不明飞行物(诺瓦利斯、柯勒律治、爱默生都知道这一点)。就这样，海豚歌唱、交配、游戏、进食、游水。它们翻滚嬉游，没有二等公民之虞。可以设想，它们之间该有着多么美妙的集体诗歌、口传历史、跨越数百海里的讨论交响乐、柔情蜜意和相互关爱啊。它们的声音传递数百英里，因此它们可以进行完全不同步的对话，它们之间的友谊该有多么深厚；在同伴误入渔网、落入杀人鲸肚腹时，它们又会多么地悲痛欲绝。它们之间的哲学对话会有多么深刻，为之它们虽然不作记录，但却用共同的意识去倾听。所有的会话都是对它们中的共同档案的解读，因为会话中的交换发言在跨越汪洋大海后仍会以独特的顺序传给每一只参与会话的海豚，它们各自的每一次应答都同时又是真正的新的开始。在它们中间，对话和撒播一定彼此难以区别。大海一定是“集市”这一原初的论坛。海豚之间没有痛苦的辩论或搏斗，因为它们没有技压群芳独占鳌头的驱动力。它们发明的口头作品是集体的创作成果。它们的生活是为了展示一流水平的生活。倘若它们的视觉和其听觉一样先进，它们之间也许不会存在民主所具有的最大

---

① Loren Eiseley, “The Long Loneliness: Man and the Porpoise”, in *A Writer's Reader*, ed. Donald Hall and D. L. Emblen (Boston: Little, Brown, 1979), 140 - 147.

弊端：在我们所谓的民主中，人们只能一次让一个人说话，也只能一次听一个人说话。也许海豚们能够同时听许多其他海豚说话；它们不会由于听说能力不匹配而饱受纠结；而对于人类，正是这种不匹配导致了民主的规模受到限制。海豚的聚会总是真正的聚会，这是真正的多边对话：每一只海豚都可以说话，每一只海豚都被聆听。整个20世纪，人类都在努力实现与非人类生灵的接触，而以上这一交流视野也许是我们从过去整个世纪的努力中应得的收获。

结语：用手挤呀[①]

来呀，我们大家拽紧手；来，让我们紧紧地挤在一起，让我们普天之下的人都挤进那充满仁爱的，包含牛奶和精子的世界中去。

——梅尔维尔，《白鲸》

交流的观念是我们难以摆脱的困境。其他人和其他时代也许不会有这样的困扰。即使在今天，地球上的许多人仍然觉得，如果没有交流这一观念，生活会更加惬意舒适。然而，对于富裕社会那些爱喋喋不休的阶级来说——我写的这些话，既然能传到你手中，就意味着你是这些阶级中的成员之一，哪怕是名誉上的成员——如何与远近不同的人联系而产生的焦虑，已经成为我们日常行为中的必然存在。在本书的总结中，我只能再将几条线索串联起来进行说明。本书对思想和生活而言，有何深层意涵，其深入阐发只好留待将来努力了。

一、交流注定充满沟壑

用对话的碎片思考和说话，这已经成为我们的宿命。雷蒙·威廉姆斯(Raymond Williams)在论及契诃夫、易卜生和斯特林堡(Strindberg)时，说过这样一段话：

> 我听说，仿佛是第一次听说，按照习惯，仍然被叫作所谓戏剧性语言的，甚至是叫作对话的东西；首先是听契诃夫说的话，我注意到一种习惯性的陌生感；人们的声音不再对他人发出，也不再有来有往；人们的交谈，也许仅仅是在他人的面前跟自己自言自

① 此句引自《白鲸》(*Moby Dick*)第94章标题"用手挤呀"(A Squeeze of the Hand)。在此章中，小说的主角伊西梅尔(Ishmael)用独白描述自己和其他船员一起在用手挤压鲸鱼的身体以获得其体内的鲸油。他说："挤呀，挤呀，挤呀。整个早晨，我都在挤着鲸肉，知道我自己几乎都融化于其中；我挤压鲸肉，直到一种奇怪的疯癫笼罩了我全身，我发现自己竟然不知不觉地拿着我的劳作伙伴的手在挤，将他的手当作了柔软的珠状鲸油。"该章的意义明显超越了其标题的字面意思，解读纷纭。——译者

语……没有一个人能够说完他开始说的话；相反，人们互相插话，心思游移，心不在焉，语词因此而遭到夭折的命运。[①]

威廉姆斯以上的组词造句是在模仿他脑子里所设想的散漫的铺陈。神经元结合的失败，是现代对话与生活的主要资源之一。20 世纪的戏剧，从贝克特、伊欧内斯库(Ionesco)、麦克斯兄弟(the Marx Brothers)到伍迪·艾伦(Woody Allen)，都利用了交流中存在的鸿沟而取得了使人心境难平和喜剧化的效果。戈夫曼(Ervin Goffinan)和加芬克尔(Harold Garfinkel)的社会学研究也利用这样的鸿沟。扭曲的对话当然和戏剧一样历史悠久——对话中的发言顺序被打乱，小错误未及时纠正而发展成巨大的误会罗网，小手势被误解为大后果，最明显的信号却被人忽视，所有这一切都会引起戏剧性或悲剧性的后果。不过，威廉姆斯用来描写这种情况的字眼是“习惯”(habit)[②]。破碎的会话让人觉得既陌生又司空见惯。随意调节收音机的旋钮，随便翻动一张报纸，你都会遇到总是若即若离的片断性话语。公共通信日益五花八门。麦克斯韦问：倘若大自然这本书真是一本杂志，那会是什么样子呢？在不同情节线间相互穿插剪切，这不仅已经成为以报纸为载体的公共言论的标志，而且已经成为私人绘画的标志。无论“对话”意味着什么，在很大程度上，今天的对话已经沦为仅仅是各种语音的碰撞声而已。巴赫金(Bakhtin)说得对，对话并非伦理和政治生活中特别优先和重要的形式，它只不过是一堆混杂的声音。

正如遥远的交流一样，面对面的交谈也充满了沟壑。这个命题我认为既真实又具有历史意义。人与人之间进行相互抚慰或发骚扰所使用的语言习惯，是千变万化的。有些人为“交流”而忧心忡忡。他们认为，

---

① Raymond Williams, “Drama in a Dramatised Society”, in *Raymond Williams on Television: Selected Writings*, ed. Alan O'Connor (London: Routledge, 1989), 12.

② 也有翻译为“惯习”的。——译者

交流存在于其中的世界，交谈和关系的具体形式使得交流双方的匹配(coupling)问题显得很紧迫。然而，对话的延迟一直就蕴藏着潜在的机会，如在书信、祈祷和对死者的祭献中就是如此。在这些交流情境中，肉体的在场，未必能够保证“交流”的发生。你可以给一位深度昏迷的人朗读诗歌，但是你不可能知道你的朗读对方是否“接收到并听明白了”。不过，在其他的场合，也存在同样的担心，如教师或家长对此就深有体会。通过电子媒介，我们已经知道所有的对话中都存在着隔阂，毕竟，会话是由多个交换发言组成的，而前一个发言与后一个发言之间是否能成功衔接，这是个问题。不妨说一句笑话，在某些情况下，对话也许仅仅是两个人轮流向对方广播而已。我们往往不愿意承认，日常交流中的一个核心问题，是“沟壑”(gaps)的存在，虽然对于这种沟壑，大多数善于使用语言的人都能够进行巧妙的讨价还价。但是，在交流中如果让停顿时间过长，宇宙的嘈杂声就会填补空白，空气压力就会骤然升高，有可能将交谈双方吸进深渊。如果系统设置堵塞了另一方的回应(如单向的无线电接收机或讲演)，或者中央交换设备遇到了技术故障时(如打电话，还有当面交谈时)，收发双方之间的空白就赫然突显出来。19 世纪的历史主义和招魂术认为，阅读是和作者的神交(communion)；20 世纪后期的后结构主义则认为，与某人的互动即是从该人生产的文本中寻找蛛丝马迹。将会话视为“两个人通过轮流说话从而逐渐走向对彼此的充分理解”，这种对话观掩盖了两个深层的事实：一方面，无论有多少人参加，一切的话语(discourse)都必须要在前一发言和后一发言之间建立联系；另一方面，你的目标受话人也许永远不可能完全等同于你的实际受话人。

二、接收者拥有的特权

无论“交流”是何意思，交流的中心不应该是自我，而应该是对方。威廉·詹姆斯生活中的一幕抓住了这个问题的本质。哈佛大学医学院的一位教授请他照看一只乌龟的心脏，这位教授将在一次颇受欢迎的生理学讲演中用到这只乌龟。教授要演示的是，乌龟的心脏神经如果受到刺激，心脏就会跳动，跳动的情况将被投影在桑德斯剧场的屏幕上。讲座过了一半，詹姆斯突然意识到，心脏没有对刺激作出反应，他不得不自己想办法解决这个问题。于是他灵机一动，几乎自动反应般地去对付紧急的情况。他用食指刺激心脏，在屏幕上打出了乌龟心脏跳动的样子，以便让观众正确了解乌龟的心脏生理机制。许多年之后，在他写到这次经历时[这是他最后一篇论灵异研究的文章，其主题是如何在作假和信仰(对我们的认知能力抱有信仰)之间保持平衡]，他承认，这样的模仿可以被认为是无耻的欺骗。①但是，倘若他当时没有用指头刺激心脏，观众就会产生误解，从而无法正确理解生理学。因此，他用食指实施了欺骗，但目的是为了服务观众、帮助理解。倘若他当时承认自己变了戏法，告诉观众乌龟的心脏已经停止了跳动，那么他能给观众的仅仅是一个次要的真相——乌龟的心脏出了问题——而不是这个心脏实际上是有能力投射出真相。

因此，詹姆斯指出，我们人类的所有知识可能都是建筑在对各种欺骗行为的战略性隐瞒的基础上的；或者说，是建筑在对被某些人视为欺骗行为的战略性隐瞒的基础上的。这些人认为“知识不过是对客观世界的精确拷贝”。但是，判断知识的标准不应该是看它是否精确拷贝了客观世界，而应看它是否能最大限度地帮助我们前行。

詹姆斯所述的在桑德斯剧场生理学讲座上的经历，对传播理论的核心主题具有非常丰富的意义。这些主题有：投射、逼真性、生活中的表演、我们应该相信什么，不相信什么。詹姆斯展现了一个人类最原始的交流场景，它成为柏拉图洞穴比喻的一个精妙对比。该场景紧张不安地

① William James, “Final Impressions of a Psychical Researcher” (1909), in *The Writings of William James: A Comprehensive Edition*, ed. John J. McDermott (Chicago: University of Chicago Press, 1977), 787 -799.

动摇了我们长期的信仰——这一信仰曾教导我们，揭露表征(representations)中的不足是人类摆脱锁链奴役的必由之路。詹姆斯并没有提出一个令大众晕头转向的公式，而是落定在有道德价值的东西上：在我们不能认识“原本”(original)时，我们不妨接受我们能够得到的关于“原本”的最好形象(image)。更加率直地说，交流不是直接共享真相，而是涉及对效果的操作。这样的话听起来不够光彩，因此让我在这里将话说明白些：詹姆斯改变了交流的关键重点，他将“交流应忠于原本”改变为“交流应对听众负责”。(在这一点上，至少他相当接近苏格拉底的哲学修辞观。)表征据说是未经修饰的真相，但也可能与彻头彻尾的欺骗一样愚鲁。曾遭到过严重误解的人，总是对天使般的交流梦想倍感亲切；招魂术传统将传者的愿望实现当作判断交流是否快乐的标准。这里就产生了道德缺陷：在交流中，传者试图复制自我，总是让我们看不到他者的自主性。我们对真实性的追求很可能仅仅是一个自私的理想。

这里，詹姆斯给我们提出了一个比较难以实现的任务：我们的说话方式，应该是为了让对方理解，而不是表达我们内心原始粗糙的真相。实际上，就像詹姆斯在桑德斯剧场那一幕大众交流一样，在面对面的交流中，你也不得不常常牺牲忠实于自己思想感情的梦想，这样才能让对方激发出这些思想感情的最真实形象。他提出了一个更高的法则：交流不是关于思想运输的社会物理学[①]，而是一个充满风险的领域，在其中任何人说话都必须为他从来就无法完美驾驭的东西负责——这个无法完美驾驭的东西，就是说话人的言行在听话人的心灵中产生的作用。对自我或世界的真实再现不仅不可能，而且永远不可能充分。相反，这里需要的是，甘愿自我克制，实施行动，从而为他人激发真相。交流的问题并

① 社会物理学(social physics)，属于机械学派“社会学”的一个分支，起源于17世纪。由于物理学在当时是比较发达的学科，欧洲的许多社会思想家，如英国的霍布斯、法国的笛卡儿、荷兰的斯宾诺莎等都曾试图用物理学来解释社会现象。——译者

非源于语言的捉摸不定，而是存在于自我和对方之间无法修补的分歧。交流的挑战不是如何做到忠实于我们的内心，而是坚持即使他人不能像我们看待自己那样来看我们，我们仍然能做到宽恕待人。

三、交流的阴暗面

在有关交流观念的大众讨论中，通常缺乏一种宽恕的品格。我发现，有一种“交流”观自以为是，几达暴虐，令人不安。在这种观念之下，“交流”一词可以用来恐吓“未能交流”的人，然而实际上，人家只是想退出游戏而已。巴特比、爱默生和克尔恺郭尔都是未能交流(failing to communicate)的人——他们因此而名垂青史。“不做沟通”(not communicating)的指控常用来骂人，说他人没有按要求向某人提供回应。“共享”并非只是一个善意的观念。许多人指出，拉丁字 *communicare* 是我们现在所称的历史悠久的“共享性交谈”(sharing talk)传统的最早源头。还有一个不经常引用然而同样重要的词，即希腊语的 *koinoō* ，则给我们一个更加严厉的教训。和 *communicare* 一样，*koinoō* 的意思是“使之相同、交流、传授、共享”；可是它还有“污染”或“使之不洁净”的意思。交流跨越内外边界，因此它可以“使之成为共同”，但同时也可能使得“意义”(meaning)变得“刻薄”(mean)。这一洞见的严酷含义见诸耶稣关于食物纯净的教诲中：“凡从外面进入的，不能污秽(koinosai)人，因为不是入他的心，乃是入他的腹……从人里面出来的，那才能污秽(koinoi)人。因为从里面就是从人心里，发出恶念、苟合、偷盗……”（《圣经 · 新约 · 马可福音》第7章第18—21节）。表达交流所具有的共享意义，“从人的内心出来之物”是一个不错的定义。不过，《马可福音》却将内心的吐露视为邪恶的释放。如果将“实现内心生活的共享”看作是毋庸置疑的善，其前提条件就是我们不能对人类心灵进行过于严格的定义。

交流是一种没有保证的冒险。凭借符号去建立联系的任何尝试，都是一场赌博，无论其发生的规模是大还是小。我们怎么判断我们已经做到了真正的交流呢？这个问题没有终极的答案，只有一个讲究实际的答案：如果交流双方后续的行动比较协调，那就是实现了真正的交流。一切交谈都是带有信念的行为，其基础是相信我们追求的世界能在未来出现。意义是一个不完全的、开放的事业，以后发生的事情会使之急剧修正。皮尔士说："符号从客观上而言是一般性的，因为其有效解释常常不确定，它把完成其确定意义的权利拱手送给解释者自己。"既然一切符号在不同程度上都只具有一般性，那么人与人的会话就像是单向的撒播，关闭只发生在接受者那方。皮尔士直率地说："一个人对另个人的交流，没有哪个是能够完全确定的。"[①]我们命中注定要去进行解释，我们的解释总是纠缠着自己的各种欲望，以及这些欲望之间的冲突，不过，这并不意味着我们就脱离了彼此的亲密因而堕落，而是仅仅描述了人与人之间的互动是可能的。交流中没有确定无疑的符号/迹象(signs)，只有暗示和猜想。我们之间的互动永远不可能是思想的交融，最多不过是思想的舞蹈；在这一舞蹈过程中，我们只能偶尔触摸对方。交流不应该成为由孤独心灵和可怕的幽灵造成的令人难以忍受的问题；衡量交流的尺度应该看其是否带来了行为的协调。我们对内心生活的所知所闻，所见和所感，都以语词、行动或体态存在，而且所有这些载体在某种重要意义上而言都是公共的。我们要问的问题不应该是"我们能够交流吗"，而应该是"我们能够相互爱护，能够公正而宽厚地彼此相待吗"。在我们的关系中，人与人的团结显然比很有把握的解释来得重要。我们能做到语词上的你来我往，但是我们却无法共享彼此的生存状态。至多，"交流"指的不过是一些实践，其作用是用来弥补这一事实上的不足：我们永远不能成为对方。

本书认为，如果我们希望在交流中谋求某种精神圆满或满足，那就

① Charles Sanders Peirce, "Critical Common-Sensism" (1905), in *Philosophical Writings of Peirce*, ed. Justus Buchler (New York: Dover, 1955), 295.

是白花精力。有关人与人之间彼此联系的思想史和媒介史——从文字到电气媒介的开发——都说明，追求与他人关系的圆满，有一个驱动力，那就是受阻或失败的经验。一旦受到交流失败的刺激，将交流想象成逃避有限肉体的方式，就很能诱惑人了。人们渴望超越，渴望找到各种方法以避免因误解而受伤，那是十分自然的。危险在于，我们内心的爱与公正会被人瞧不起，被人认为是废墟和垃圾。

交流的任务是为了建立一个人人可以共同栖息的和平王国；除此之外，其他意义上的"交流"最终都是不可想象的。既然我们是肉身凡人，均受到各种限制，那么交流就永远是一个涉及权势、伦理和艺术的问题。除了天使和海豚所属于的得到拯救的情况之外，我们人类之间的相互交往总是带着各自的目的，对此我们无法摆脱束缚。①这没有什么值得惋惜的，相反这是智慧的开端。"己之所欲，请施于人"意味着，你为他人所做出的表现，不是为了原原本本地再现自我，而是为了服务和关爱他人。这样一种人与人的联系，胜过天使可能提供的任何东西。发现快乐的方式，不在于超越肉体接触，而是在于肉体接触的圆满。

我们要承认，治疗师和技术师有一定的道理。在和别人打交道时，自然会出现差错。为了克服这些差错，我们当然可以先让自己变得更加温文尔雅、善于应对、敏于体察。然而，如果我们自负地认为，通过改善交流技巧就可以矫正我们因彼此间的差异而带来的痛苦和欢乐，那就不仅是受了误导，而且这个自负也是建立在证据不足的基础上的——因为符号的意义可能不够精确，乃至非常模糊。尽管大多数时候，我们都能很好地理解对方，问题只是我们彼此的看法不一而已，但有时候意义模糊的符号可能会给我们带来致命的后果。

希腊神话中雅典国王忒修斯(Theseus)黑色船帆的故事，给了我们充分的教益。他到克里特岛去杀死牛首人身的怪物米诺陶(Minotaur)后，忽

① Theodor W. Adorno, "Subject and Object" (1969), in *The Essential Frankfurt School Reader*, ed. Andrew Arato and Eike Gebhardt (New York: Continuum, 1982), 499-500.

视了与父亲埃格斯(Aegeus)约定的暗号：黑色的船帆表示他已死亡，白色的船帆表示他的凯旋。父亲看到远方黑色的船帆，以为他死了，于是就从悬崖上纵身跳入大海。从此，这个海就叫作爱琴海(the Aegean)。这个神话故事的寓意是：在生死攸关的信息中，一定要输入一些冗余的信息。有时，交流被当作解决人类疾苦的救世良方，但是人类关系中大多数困难的根源，并不是符号和意义的不吻合；在大多数情况下，除了彼此接触少之又少，语境和句法已经使语词的意义清清楚楚。人不在场的情况比如书信、电话和电子邮件，如卡夫卡所言，成为产生幽灵的温床。但是，在与朋友、同事和心上人之间的关系中，所谓交流的失败，常常是由于各自责任义务的冲突和相互耐心的缺乏。让我们重申，基本上可以认为：与其说交流是一个语义问题和心理问题，不如说它更是一个政治问题和伦理问题。在这个意义上，黑格尔和马克思、杜威和米德、阿多诺和哈贝马斯等思想家都认为，公正的(just)交流是健全社会的一个标志。我们应该少去操心符号是否会催生不同的意义，而更应该去操心是哪些因素让我们不能去关爱我们的邻居和那些与我们不同的存在物。

四、触觉与时间的不可化约性

本书的主题之一，是人与人之间“无限遥远的距离”(爱默生语)。但是，人与人的心灵之间不可能相互接触，这并不等于说我们的身体之间也不能相互接触。如果没有触觉，任何真正的社会都不可能存续。在人类所有的感觉中，触觉对中介的抗拒力最强，它拒绝被转换成记录性或传输性媒介。它顽强地和近距离结合在一起。实际上，和味觉一样，触觉是没有远距离感知能力的感官(除非将柏拉图的“爱欲”作如是观)。触觉是不能记录下来的，在这一点上，它对“被记录”的抗拒力超过视觉和听觉，甚至也超过味觉或嗅觉(烹饪和香水是记录味觉和嗅觉的媒介)。虽然那些能让鬼魂显身的灵媒、电话推销员和广播剧演员，都尝试过“搬运”触觉，但这些人对触觉的克隆努力都莫名其妙地失败了。在后结构主义的主张中，我们看到了对触觉的一个非常独特的姿态。后结构主义者认为，身体本身就是一个文本。虽然这个洞见卓有成效，可是它将“身体”视为“文本”却冒了很多风险——它忽略了身体上的皮肤、毛发、毛孔、血液、牙齿、眼睛、耳朵和骨架；尤其重要的是，它忽视了一个重要的事实：身体上的这些物质内容，它们寿命很短。在《奥德赛》第23卷中，欧里克雷亚(Eurycleia)对奥德修斯的妻子佩涅罗普的驳斥，对于那些把他者的在场当作墙壁或多余之物的人也是适用的。欧里克雷亚说：

> 你说话的方式可真奇怪！
>
> 他人在这里，活生生的人，就在他的火炉旁，可你却否认，认为他不可能会回来！（据菲茨杰拉德译文）

奥德修斯最终向妻子佩涅罗普证明了自己确实是她离别了十多年的丈夫。他让她看他臀部上的伤疤，又说出了只有他才能知道的他曾亲手为她做床的事。对于佩涅罗普，奥德修斯此时是一条既来自过去，又来自远方的讯息，奥德修斯在向她证明自己的身份时，遇到了各种各样的困难。但他的证明方式依靠的是他作为人所具有的最不容易捏造的部分：伤疤、个人经历、不为外人所知的亲密去处。这些细节的独一无二性质，证明了它们的真实性。他展示给妻子看的，不是空洞的言辞(tropes)，而是实在的战利品(trophies)。

如果我们认为交流是真实思想的结合，那就是低估了身体的神圣。虽然这个时代技术已经可以充分地模拟人体，但身体是否真正在场仍然具有重要意义。触觉是人类最古老的感官，也许是最难以伪造的感官。这就是说，在同等情况下，互相关心的人会尽量到场见面。对“在场”的追求本身未必会使你更便利地进入对方的心灵，然而它的确可以使你更便利地接触对方的身体。而朋友和亲人的身体至关重要。面孔、嗓音和肌肤有一种传染性的“克里斯马”气质[①]。没有什么东西能够像触觉那样给人以如电的刺激，让人觉得那样难以驾驭。我们用眼睛看着彼此，仿佛在享受视觉盛宴，我们亲吻、握手和拥抱。当然，这样的姿态是表达柔情还是骚扰，这和所有其他的表意行为一样，取决于受者的解读。触觉并不是解决交流困境的救世良方。它更原初，但也一样地难以控制。德里达向“身子在场的形而上学”宣战。他反对这样的哲学：每一个词语的背后都有一个声音，每一个声音的背后都有一个带着目的，赋予它意义的灵魂。德里达的批评是对的。然而，认为“渴望他人身子在场便犯了形而上的错误”，他显然又是在胡说。

触摸和时间，这两个我们可以共享但不能够复制和再生的东西，是我们真诚的惟一保证。如果呼应罗伯特·默顿的话，我们可以说，对交流中的那些作假行为，我们唯一的庇护所就是将这种作假行为进行广而告之。没有任何爱情誓言能像实际上的终身不渝那样具有说服力。尽管记录性和传输性媒介使我们的身体得到延伸，然而交流的尺度和形态仍然面临着重要的边界限定。我们的交流能力有局限，这是一个社会学上的真理；与此同时，这又是一个悲剧。真正的爱——至少在我们这些肉身凡人之间的爱——从交流上来讲，都被打上了琐细和偏心的烙印；它不会招摇过市，也不会荒废在阿多尼斯的花园里。讯息的私密性体现在其接受对象的排他性上。（否则有人泄露秘密时，我们怎么会觉得受到侵犯呢？）世界上不存在对一切人都同等亲密的事情。大赦国际给它在全球的各个地区的分部分配任务，即一次只为该地区的一个特定的政治犯请愿，因为泛泛而言的慈善总显得有些虚假。在宣传中，我们总喜欢找个

---

① 克里斯马（Charisma），原指古代的宗教先知、英雄、领袖、救星、救世主等等具有超凡的品质、个人魅力和启示力的人，由德国著名社会学家、哲学家、历史学家马克斯·韦伯将这一概念引入到政治学领域。克里斯马气质通常被认为是领袖特有的一种个人气质，能引起大众强烈的热情或热诚地效忠；克里斯马型政治家往往追随者甚众，如20世纪的罗斯福、列宁、丘吉尔、毛泽东、邓小平、戴高乐等领袖人物都具备了超强的克里斯马型气质。——译者

代言人，让他或她成为频频上镜的“海报孩子”①。在对大众的宣传中，我们还得用“孩子(亲情)”来诉求，这是对这个时代的令人悲哀的礼赞，它说明我们对个体的爱是多么疯狂。②克尔恺郭尔说，在爱这个问题上，具体高于一般。爱的悖论就是，一名处于困境中需要你帮助的邻居，其紧迫性要超过全世界所有挨饿的孤儿。(斯大林的看法无情但也深刻，“一个人的死亡是悲剧，一百万人的死亡只是个统计数字”。)另一个人近在眼前的鲜活面孔有一种强大的力量，因此一个马上要去参加会议的人，即使这个会议是有关拯救孤儿的，在看到下水道边有人流血时，他仍然不能对之漠然无视。最深刻的伦理教诲要求人们无差等地泛爱一切人，然而时间却只允许一个人真正地关爱地球上为数不多的居民。毕其一生，每个人只有时间给少数几个人以关爱。我们这些肉身凡人只能个别地去爱；不过，没有博爱之心又是不公正的。爱之悖论是，边界的具体性和要求的普遍性之间存在着矛盾。由于我们只能够和一些人而不是所有人共度时光，只能够接触一些人而不是所有人，因此，亲临而在场恐怕是我们能做到的最接近跨越人与人之间鸿沟的保证。在这一点上，我们直接面对的是我们的有限性，它既神圣又悲哀。

① 原文用词是“poster children”,作者此处是一语双关,既意指用孩子(亲情)来做宣传,又用到了该表达的原意：受宠爱的人或事物。——译者

② Luc Boltanski, *La souffrance a distance: Morale humanitaire*, *medias*, *et politique* (Paris: Editions Metailie, 1993).

附录：妙语摘抄[1]

（爱欲）在神和人之间翻译，将人的祈祷和献祭传递给神，又将神的指令和回答传递给人；他是弥合神和人之间沟壑的中介者；因此，在这个中介者身上，神人兼具。

柏拉图，《会饮篇》，202E（Jowett 译本）

你们的话，是，就说是；不是，就说不是；若再多说，就是出于那邪恶者。

《圣经·新约·马太福音》，第 5 章，第 37 节，
（MATT. 5：37，KJV）

但你们现在要弃绝这一切的事；恼恨、愤怒、恶毒、毁谤，污秽言语都脱离你的口。

《圣经·新约·哥林多前书》，第 3 章，第 8 节，
（COL. 3：8， KJV）

夫君你是榆树，我是缠在你身的藤蔓，
我的柔弱——委身在你强壮的身躯——
与你强大的力量合流在一起，让我能交流。

威廉·莎士比亚，《错误的喜剧》（*Comedy of Errors*），
第二幕，第二场，第 172—174 行

但是人的数量就说明他不完美，他诞下的生命

也不完美，他的形象得以繁殖增加。他们的聚合存在缺陷，于是他要相互的关爱和最珍贵的友谊

你来往神秘，虽然孤独，但最好你能有人陪伴，不必追求社会交流，而仍然能满心欢喜。

你不能把你创造的人提到你心想的高度

弥尔顿，《失乐园》

(*Paradise Lost*, 1667)

亚当在见到夏娃之前，对上帝说的话

如果没有思想的交流，社会的舒适和好处是无法得到的。因此，人必须找到一些外在的可以理解的符号。借助这些符号，看不见的理念——人的思想即由这些理念组成——才可能为他人知道。

洛克，《人类理解论》

(*Essay Concering Human Understanding*, 1690)

此外，与人们的常识看法不同的是，以语词为标志而实现的思想交流，并非语言之主要和唯一目的。还存在其他的目的，比如：唤起某种激情、激励或惮止某一行动，或使人进入某种特定的心态等。

贝克莱(George Berkeley)，《人类知识原理》

(*Principle of Human Knowledge*, 1710)

人性中最令人惊叹的品质莫过于对他人的同情，莫过于通过交流接受他人的倾向，无论其如何与自己不同甚至是与自己对立……仇恨、厌恶、尊敬、爱、勇气、开心和惆怅，所有的这些情感，我感觉与其说它们来自我的自然秉性，不如说更多地来自我与他人的交流。

休谟(David Hume)，《人性论》

(*Treatise of Human Nature*, 1740)

---

① 此部分由一位图书馆助理热心检索编撰,特此致谢。

会话的乐趣和社会的乐趣，来自于情感和意见之间的某种对应，来自于不同心灵之间的某种和谐，就像许多乐器和谐合拍一样。但是，除非做到情感和意见的自由交流，否则这种最令人高兴的和谐是无法达到的。在这一点上，我们大家都渴望感受到，对方受到了何种影响，都渴望进入对方的心房，去观察宅居在那里的感觉与温情。

亚当·斯密(Adam Smith)，《道德情操论》
(*Theory of the Moral Sentiments*，1759)

几乎在一切情况下，大多数人都可以感受到共同的激情和兴趣：交流和一致是政治治理本身带来的结果；没有什么力量能够制衡牺牲弱小党派的诱惑，没有什么东西能够制衡牺牲令人不快的个人。

麦迪逊(James Madison)，《联邦党人》
(*The Federalists*，1787 年，第 10 期)

诗歌总是能传达人类能够接收到的所有乐趣；它一直都是生命中的亮光。

雪莱(Pecy Bysshe Shelley)，《为诗辩护》
(*A Defence of Poetry*，1821)

我们来到他们跟前，他们一直在傻傻地抽泣，我们坐下来陪他们哭泣，而不是以让其如遭到电击般的惊异方式告诉他们真相和健康状况，不是让他们再一次与自己的理性交流。

爱默生(Ralph Waldo Emerson)，《自立》
("Self Reliance"，1841)

人人都知道基督教的真理，它已经变得平凡而不足道，因此对它最粗浅的印象也要下功夫才能得到。既然如此，和一个人交流的艺术，就成为从他人身上获得一些东西，或者从他人身上骗走一些东西的艺术。

克尔恺郭尔(Søren Kierkegaard)，《对于非科学附言所作的结论》

(*Concluding Unscientific Postscript*，1846)

她走到门边。这扇门将房子和花园连接(communication)在一起，她习惯从这里进出。

霍桑(Nathaniel Hawthorne)，《带七堵三角墙的房子》

(*The House of the Seven Gables*，1851)

孩子们到这里来嬉戏，铁路工周日上午则穿着干净的衬衫到这里来散步；渔夫和猎人，诗人和哲人，一句话，一切诚实的朝圣者，都到树林里来寻求自由，忘掉了身后的那座村子：我乐意和他们打招呼——"欢迎，英格兰人！欢迎，英格兰人！"因为我曾经和那个民族打交道(communication)。

梭罗 (Henry David Thoreau)，《瓦尔登湖》

(*Walden*，1854)

两个人，两百万人——无论多少人进入"交流"状态——他们都就只有一个心灵。

普拉特(Parley Parker Pratt)，《神学指要》

(*Key to the Science of Theology*，1855)

我家的一口子进来了，请我将我家与城里的巴格雷先生家联络(communication)上。

马克·吐温(Mark Twain)，《电话交谈》

("A Telephonic Conversation"，1880)

将一个头脑中的任何印象传达(communication)到另一个人的头脑里，不依赖任何已知的感官渠道。

迈尔斯(Frederic W. H. Myers)，给“传心术”下的定义

(Definition of “Telepathy”，1882)

运输(transportation)是物理作用，交流(communication)是心理作用。

库利(Charles Horton Cooley)，《运输理论》

(*The Theory of Transportation*，1894)

我将自己的思想感情交流(communicate)给一位让我非常同情的朋友，这样我的思想进入了他的头脑，而且我也能够意识到他的感觉，那么，难道我不是既生活在我自己的脑子中，又生活在他的脑子里吗？难道不简直就是如此吗？

皮尔士 (Charles Sanders Peirce)，《数学逻辑》

(*The Logic of Mathmatics*，1898)

在文明社会，成年人的生活会将人与人之间的差异夸大到神秘的程度；我们常常忘记，只有靠我们的意义的共同体，只有通过“我们是本地的中心，在其中，世界的联合获得多样和鲜明的表达”这一事实，我们才能够彼此交流。

罗伊斯(Josiah Royce)，《世界与个体》

(*The World and the Individual*，1899—1901)

如果一台机器能够产生以太波，能够认识事物并进行交流，那么我们身上也应该存在这个可能性。

弗莱彻(Frederic Fletcher)，《第六感》

(*The Sixth Sense*，1907)

交流在这里的意义，是指人的关系存在和发展的机制——包括全部的心灵符号，再加上在空间传递并在时间上保存这些符号的手段。包括面部表情、态度和体姿、语调、语词、文字、印刷、铁路、电报、电话，还包括最新征服空间和时间的任何东西。

库利(Charles Horton Cooley)，《社会组织》

(*Social Organization*， 1909)

刚刚本法案所使用之“无线电交流”意为，任何不借助电线连接却收发无线电报、信号或其他通信的使用电报电讯的电气系统。

《美国广播法案》

(United States Radio Act， 1912)

无线电报不传播思想，只是传播能够转换为被人理解的通信。传心术则涉及直接的思想交流。

编辑，《科学美国人》

(*Scientific American*， 1913)

死者和生者之间不存在真正的断裂； 表面上看，两者之间似乎是有鸿沟的；但是，当你呼应深情需要的时候，各种相互沟通的方法就被驱动，去跨越这一鸿沟。——这证明，正如狄奥提玛告诉苏格拉底的……爱能跨越鸿沟。

洛奇(Oliver Lodge)，《雷蒙德传》

(*Raymond*， 1916)

人与自己的交流不会超过他与对方的交流。在间接交流的情况下，他对别人产生影响，同时也对自己产生影响，并且反过来感受到这一影响。由于这个原因，要求交流清晰的最大动力也是要求交流的动力，虽然一切的清晰都为直接的和漂移的黑暗所包围。

雅斯贝斯(Karl Jaspers)，《世界观的心理学》
(*Psychologie der Weltanschauungen*, 1919)

毫无疑问，因传播媒介造成的问题是极端重要的，“国际联盟”这一项目中最具建设性的特点之一就是它对铁路—海港运输和畅通的研究。

李普曼(Walter Lippmann)，《公共舆论》
(*Public Opinion*, 1922)

因此，语言交往或交流可以作这样的定义：作为说话者使用符号的结果，在听话者身上发生的所指，在各方面都类似于其在说话者身上产生的所指。

奥格登和理查兹 (C. K. Ogden and I. A. Richards)，《意义之意义》
(*The Meaning of Meaning*, 1923)

将无线电话(radio telephone)用于个人对个人的交流，就像个体使用普通的电话那样，这一想法是没有一点希望的。显然，倘若有一千万个用户在空中同时呼唤他们的伙伴，他们是绝对联系不上的。

赫伯特·胡佛(Herbert Hoover)，
美国商务部长，1923

从死者传来的信息，和生者之间的心灵感应传递的信息，性质大概应该是一样的。

西奇威克(Eleanor Mildred Balfour Sidgwick)，
《论传心术交流中的障碍和复杂性》
(“On Hindrances and Complications in Telepathic Communication”, 1924)

交流绝对不是将经验——比如意见和愿望——从一个主体的内心运输到另一个主体的内心。

海德格尔(Martin Heidegger)，《存在与时间》

(*Sein und Zeit*, 1927)

现代社会的组成和改组，都依靠它的交流手段。因此，传播的变化，可以折射出更加广阔和复杂的社会变化。

伯吉斯(E. W. Burgess)，《美国社会学杂志》

(*American Journal of Sociology*, 1928)

倘若交流能够通畅，且能够让其尽善尽美，那就会出现上述我们提及的民主类型，每个人自己所作出的行为，与他能从其所在共同体中所引发的他人的行为，这两者之间是相互一致的。

米德(George Herbert Mead)，《心灵、自我与社会》

(*Mind*, *Self and Society*, 1931)

外在交流的显著增加是否会经常被各种新出现的交流障碍所修正，这是一个问题。

爱德华·萨皮尔(Edward Sapir)，《社会科学百科全书》“交流”条

(*Encyclopedia of the Social Sciences*, 1931)

世界正处在大众传播——声音和视觉结合的接收和发送——大踏步前进的当口。

O·E·顿拉普(O. E. Dunlap)，《电视展望》

(*The Outlook for Television*, 1932)

显然，公司的政策越是明智，就越需要找到一种方法将对公司政策

的理解传播贯彻下去。

E · 梅奥(Elton Mayo)，《工业文明中人的问题》

(*The Human Problems of An Industrial Civilization*, 1933)

如果通信渠道长期关闭，现代文明精细脆弱的模式就会陷入彻底的混乱。因为，很明显，通信线路就是世界范围内一切组织的所有社会方面赖以运转的神经网络。

威利和赖斯(Malcolm M. Willey and Stuart A. Rice)，

《传播媒介与社会生活》

(*Communication Agencies and Social Life*, 1934)

说到底，在这个充满鸿沟和墙障的世界上，艺术作品是人与人之间进行完全和无碍交流的唯一媒介。

杜威(John Dewey)，《艺术即经验》

(*Art as Experience*, 1934)

和瞬间传播的便利相比，书写、阅读和绘画——它们都是强于反思和有意识行动的媒介——的非常简洁的抽象性也会被削弱。

芒福德(Lewis Mumford)，《技术与文明》

(*Technics and Civilization*, 1934)

大众化生产使大众化销售成为必需，大众化销售使大众化读写、大众传播和大众广告成为必需。

罗蒂(James Rorty)，《老板的声音》

(*Our Master's Voice*, 1934)

广播是一种全新的传播媒介，在社会控制中占有突出的地位，在影响人的思想上具有划时代的意义。

肯特里尔和奥尔波特（Hadley Cantril and Gordon Allport），
《广播心理学》
（*The Psychology of Radio*，1935）

逝者生前无法告诉你的，
现在，作为死者，可以告诉你：
死后的世界，通过火焰的语言沟通——超越生者的语言。

艾略特（T. S. Eliot），《烧毁的诺登》
（*Burnt Norton*，1936）

过去的艺术作品现在仍然能够传达思想。在这个意义上，这些艺术品是对当前盛行的交流形式的谴责，视其为破坏的工具；是对所谓“和谐”的谴责，视其为衰败的幻觉。

霍克海姆（Max Horkheimer），《艺术与大众文化》
（“Art and Mass Culture”，1941）

广播不能用于教学。教学涉及的交流类型，是广播难以企及的——厉行纪律、专心致志以及营造一个教学环境，而广播根本就不能提供这样的环境。

西普曼（Charles Siepmann），《广播与教育》
（“Radio and Education”，1941）

尊重交流目的，而不是尊重交流本身，这在任何表达中都是值得怀疑的：任何过于具体，而不是产生于业已存在的模式中的东西，都会显得不够体贴，意味着古怪，甚至是混乱。

阿多诺（Theodor Adorno），《道德底线》
（*Minima Moralia*，1944）

诸如此类的一切讨论通常都归结为一个问题：语言是否为人类所独有？这里的问题在一定的意义上说是一个术语的问题，因为如果将“语言”等同于“交流”，那么毫无疑问，动物也是有语言的。

莫里斯（Charles Morris），《语言、符号与行为》

（*Language, Signs and Behavior*, 1946）

在现代文学和现代思想中，“孤独和交流失败”这一主题常常被当作阻止人类兄弟情谊的根本障碍。社会主义的共同情感在永恒的“巴士底狱”墙上粉碎。在心灵的巴士底狱中，每个人都是他自己的囚徒——每每欢聚结束，曲终人散、华灯熄灭之后，人人又都重新回到狱中将自己锁起来。因为不能交流而感到的绝望……标志着一切怜悯、慷慨和爱心的局限……但是，如果说交流被打上了这种失败和不真实的烙印，那是因为将交流的目标竖得太高，将其作为相互融合来追求而导致的。

列维纳斯（Emmanuel Levinas），《普鲁斯特中的他者》

（“The Other in Proust”，1947）

无论大众传播，还是原子能，这些工具的发明者并没有强制规定该如何使用这些工具。

沃斯（Louis Wirth），《共识与大众传播》

（“Consensus and Mass Communication”，1948）

这里使用的“通信”（communication）一词意义非常宽泛，包括一个心灵可能影响另一个心灵的任何过程。当然，这不仅包括书面语和口语，而且包括音乐、绘画、戏剧、芭蕾——实际上它涵盖人类的一切行为。在某些方面，将这个词的意义再加以拓宽，可能是更加可取的。换句话说，一种机制（如自动设备追踪飞机并计算其未来可能的位置）影响另一种机制（如导弹追踪这架飞机）的手段，都在其涵盖之列。

韦弗（Warrent Weaver），《通信的数学理论的最新成就》

（“Recent Contributions to the Mathematical Theory of Communication”， 1949）

理想的安排是用一台电传打字机沟通两个房间。

图灵（Alan Turing），《计算机器与智能》

（“Computing Machinery and Intelligence”， 1950）

心理治疗的全部任务，就是对付交流失败……我们因此也许可以说，心理治疗本身就是良好的交流，既在人与人之间，也在人的内心世界。我们还可以将这句话颠倒过来，它仍然成立，也即：良好的交流，自如的交流，内心的交流，既在人与人之间，也在人的内心世界，始终具有治疗作用。

卡尔·罗杰斯（Carl Rogers），《交流——障碍与畅通》

（“Communication：Its Blocking and Its Facilitation”， 1951）

因为在这个世界上，交流决不是绝对的东西（只有天使才能够绝对地交流）；在一个既定通信系统中，某一点的不足，可能在系统中的另一点上显示出熟练（这有点像人，在失去视觉之后，听觉或触觉会更加敏锐）。

伯克（Kenneth Burke），《永恒与变革》序

（*Permanence and Change*，第二版，1953）

交流不是思想和情感的“表现”，如果只是其“表现”的话，那么这种表现对思想和感情只能是第二位的。真理本身就是能交流的，若离开交流，真理将荡然无存。

阿伦特（Hannah Arendt），《政治关怀》

（“Concern with Politics”， 1954）

广播电视直接抓住人的心灵，不给儿童平静而辩证地与书本会话的时间。屏幕上的图像剔除了交流和讨论的互动性，而这种互动性能激发自由。

米尔卢(Joost Meerloo)，《思想的强暴》

(*The Rape of the Mind*，1956)

大众传播的整个理论依靠的，本质而言，是少数人以某种方式对多数人的利用。

雷蒙·威廉斯(Raymond Williams)，《文化与社会》

(*Culture and Society*，1958)

在我们说及(speak of)消费社会里的“交流”(communication)时，我们一定要……思考别人是如何向着我们说话的(speak at us)。

霍尔(Stuart Hall)，《制造需求》

(“The Supply of Demand”，1960)

电灯光作为一种传播媒介之所以没有引起我们的注意，是因为它没有“内容”。

麦克卢汉(Marshall McLuhan)，《理解媒介》

(*Understanding Media*，1964)

这是因为，真正的交流需要心心相印，需要分享内心的经验。交流被非人性化的原因，是因为它已经成为现代文化中的媒介的附属品——先是报纸的附属品，然后是广播和电视的附属品。

罗温塔尔(Leo Lowenthal)，《交流与人性》

(“Communication and Huamanitas”，1967)

人不可能不交流。

瓦茨罗维克等(Paul Watziawick, *et al.*)，《人类交流实用手册》

(*Pragmatics of Human Communication*, 1967)

你的本质，我的本质，人人的本质都连接在一起。在任何时候，在整个银河系中，始终存在着直接和完全的交流。

黎利(John Lilly)，《从海豚到迷幻药》

(“From Dolphins to LSD” , 1971)

他能被人看见，可他自己却看不见；他是信息的对象，但决不是交流的主体。

福柯(Michel Foucault)，《监督与惩戒》

(*Surveiller et Punir*, 1974)

四海一家是我们的目标，远程通信是我们的手段。

AT&T 宣传口号

在资产阶级自我理解内部建立起来的“理性乌托邦” 中，“交流”被表现为一个能自立自洽的东西，它将自主性子系统的活力框定在有限的范围内，它冲破了经过包装的专家文化。正因为此，交流又被描绘成对具体化和荒凉状态双重威胁的逃避。

哈贝马斯(Jürgen Habermas)，《交往行动理论》

(*The Theory of Communication Action*, 1981)

他依靠逻辑惯例演绎出摆脱当下困境的办法； 同样，她也依靠交流的机制，建立连接，相信她的声音能够被人听见。

吉里根(Carol Gilligan)，《用不同的声音说话》

(*In a Different Voice*, 1982)

致　谢

一本书的完成往往离不开整个“村子”的努力。如果要历数对此书的出版作出过这样或那样贡献的人，我就得对全村做一个“人口普查”。我是多么幸运能光临这个“村子”并在此驻留。我要感谢所有的“村民”。

感谢美国国家人文学科基金会的资助(1995—1996)，它使得我能从事与本书相关的研究。感谢艾奥瓦大学传播学系、学科研究修辞项目、奥贝曼高级研究中心和桑恩德研究研讨会对我研究的慷慨支持。另外，还要感谢我众多的勤奋的研究助理，包括金恩淑(Eung-Sook Kim)、让·瑞茨格尔(Jean P. Retzinger)、塔必莎·耶茨(TabithaYeatts)、莉莉亚斯·格林(Lilias Green)、约翰·斯特瑞克(John M. Streck)、刘心怡(音)(Hsin-i Liu)、吴婧(Jing Wu)和崔中峰(音)(Jung-Bong Choi)。我在艾奥瓦大学的多名研究生也慷慨地点评了本书的各版草稿，并或提出了重要建议或帮助。他们包括：达德利·安德鲁(Dudley Andrew)、玛丽·迪皮尤(Mary J. Depew)、汤姆·贡宁(Tom Gunning)、马丁·杰伊(Martin Jay)、詹姆斯·拉斯特拉(James Lastra)、阿里森·麦克克拉肯(Allison McCracken)、阿兰·梅吉尔(Allan Megill)、小哈罗德·米勒(Harold L. Miller Jr.)、理查德·普鲁伊特(Richard Pruitt)、埃里克·罗森布勒(Eric W. Rothenbuhler)、马克·桑德伯格(Mark B. Sandberg)、卡罗尔·施拉格(Carol Schrage)、凯蒂·特朗普勒(Katie Trumpener)、西斯尔·韦塞利(Heather Wessely)以及斯蒂夫·伍茨勒(Steve Wurtzler)。彼得·西蒙森(Peter Simonson)曾对我厚厚的一叠书稿提出了非常详细和中肯的评论，并艰难地从我这本尚是毛毛虫的书稿中看出即将诞生的翩翩展翅的蝴蝶。詹姆斯·凯瑞(James W. Carey)、马克·波斯特(Mark Poster)以及迈克尔·舒德森(Michael Schudson)等都针对我的整部书稿提出了评阅意见，使得我能绕开各种各样的陷阱。在我的学术生涯中，詹姆斯和迈克尔如此帮助我的次数多不胜数。芝加哥的一名匿名评阅人还指出了我书中的一处错误，我也在此向他表示感谢。芝加哥大学出版社的道格拉斯·米歇尔(Douglas Mitchell)和艾丽丝·贝内特(Alice M. Bennett)让本书的整个出版过程顺利无碍。当然，我在本书中所犯的错误都与他们无关。

大卫·迪皮尤(David Depew)曾多次救我于水火。没有肯·茨米尔(Ken Cmiel)，本书恐怕仍会是一个虚无缥缈之物。我的家人——玛莎(Marsha)、本(Ben)和丹尼尔(Daniel)——他们于我既是天使也是怪兽，始终是我的最爱。

译后记

本书2003年有一个译本《交流的无奈——传播思想史》，译者是我国著名翻译家何道宽教授。

我之所以重新翻译该书是出于多年来一直挥之不去的一个焦虑，它源于"该书很重要"的认知与"该书读不懂"的现实之间产生的撕扯。经与校内校外很多教师同行和研究生交流，我发现这种焦虑普遍存在，于是就有了这个重译本，目的在于恢复《对空言说》的本来面目——一本联通传播学术研究与大众文化阅读的经典之作。对于中国读者而言，就是让它能被"读懂"。

我最先接触到本书是2004年在复旦大学新闻学院读博士期间。此书2003年被作为复旦大学"传播、文化和社会译丛"之一引进，一直是复旦大学新闻学院研究生的必读书。当时我对传播思想史/观念史的兴趣和了解都尚处在懵懂阶段，加上从译本看，该书立论怪异，行文扭曲，不知所云，所以没能读下去，后来便被我束之高阁而蒙尘了，脑中留下的印象仅仅是它是一本"奇怪"的书，读不懂乃纯粹是自己水平太低。后来留校任教后，随着学术兴趣的扩展和转移，觉得有必要重新阅读这本书，于是又找出来，时时翻看，但仍然觉得此书逻辑断裂，支离破碎，难以卒读。

2013—2014年，我到哥伦比亚大学新闻学院访学，发现该书也是传播学博士项目导师理查德·约翰(Richard John)以及迈克尔·舒德森(Michael Schudson)研讨课上的必读书。在哥大的听课进一步激发了我对该书的兴趣和迎难而上将其攻克的决心。于是我在亚马逊上买了一本英文原著，读后发现，原著内容虽有一定难度，但英文结构清晰、表达流畅，颇好理解，读来趣味盎然，与原中译本中不少地方的佶屈聱牙和不知所云形成鲜明对比。于是我决定重新翻译此书，并参考大量资料，在适当地方添加注释(《对空言说》全书有译者注共250余处)，以帮助读者在理解原著上进一步“跨越鸿沟”。所以读者现在所看到的，不仅仅是一个中文译本，而且也可以说是一个中文译文加注释本。

翻译的主体工作是从2013年底开始的。我在离曼哈顿哥大新闻学院(116街)咫尺之遥的109街一间斗室里不断耕耘，窗外飘着大雪。这是一间房价极高，但条件却很糟糕的房间，采光阴暗、供暖不足，而纽约的冬天寒冷漫长。幸亏有妻子的体贴照顾和小儿的懂事好学，使我能坚持下来。现在回想起当时的情况，仍唏嘘不已，也对家人感激不尽。翻译工作时断时续，基本与我在哥大的访学相始终。在此期间也会到哥大新闻学院普利策楼的5楼上课，参与理查德和舒德森两位导师的课堂讨论；有时候，还有幸与两位教授一起进餐，边吃边聊，地点就在学校附近的中西餐馆，轻松随意。记得有一次舒德森教授带我去了一家希腊餐馆，餐馆的名字叫“Symposium”，该词既可指柏拉图的对话《会饮篇》，也可以指“学术研讨会”。餐馆的菜单当然是“It's all Greek to me”(英谚，字面意思为“这对我而言都是希腊文”，引申意为“我根本不懂”)，但与舒德森的聊天却很开心。他对我的学术兴趣和手头的翻译工作给予了不少指点和鼓励，让我很受鼓舞。

学术翻译是一件苦差事——它做起来极为吃力，但可见的效益(同时在学术考核和金钱回报上)却极有限。正因如此，几乎每次在结束一个翻译项目后，我都会发誓绝不再做任何翻译。然而对于自己极有兴趣的作者和著作，我常常是带着自学的想法开始，但读着读着又动“何不顺带翻译出来”的念头，最终以令我腰酸脖子痛的翻译结束。翻译过程快乐而痛苦，痛苦而快乐，这也许就是译者的宿命罢。

在微博上，有网友说道：“现在的我对西文学术书籍的中译抱着感恩的态度，也愈发不理解一些因为翻译问题就大发雷霆的读者。其实你想想，只要原著几十分之一的价格，可以买到一本书，所有外文单词都给你查好了，尽可能按通顺的方式组合给你读，让你可以快速、高效看到书本的‘义理’。这多好！而‘辞章’对学术书本来就是次要的。”

我觉得，此观点既有道理，也不全有道理。有道理是因为，学术翻译确实不易，在它不计入学术成果考核，翻译报酬“相当于零”的背景下，学术译者的辛劳得不到对等的回报，仍然不辞辛劳，迎难而上，实属不易，因此值得体谅。此话不全有道理是因为，由于版权保护原因，一本书引进后其首译本与重译本之间往往要间隔十年以上。因此译者——尤其是对名家名作——要尽量保证首译本的质量，否则会给著者作品在读者中的接受和传播带来极大的误解和阻碍。

在回复以上微博网友时，我说道：“学术翻译是否可以在学术圈内实现社会化，即将原著和译本在网络上公开，让感兴趣的读者阅读、比较、讨论，以快速实现一本的迭代改进，最后得到最接近原著的译本。”但是显然，如何保护原著版权是实现这种社会化翻译的最大的挑战。鉴于这一挑战在近期不可能克服，所以我们只能希望译著的首译本能尽量保证其质量。

关于本书书名的翻译，我在这里要特别说明一下。

何教授将书名译为《交流的无奈——传播思想史》。台湾学者夏春祥教授认为这一翻译存在着三个不足①：

一、 结合彼得斯自述“此书为1986年文章的回应”，以及他的探究多在厘清传播领域中大众传播研究角色的脉络，communication应该译为“传播”才算是恰当的理解，毕竟他在经营、回应的是自身在传播学术发展过程中的愿景期盼与阅读经验。

二、 思想史和观念史不同，而彼得斯谈的是传播作为一种观念的演变历史，因此将“the history of the idea of communication”译为“传播观念史”比较恰当。

---

① 夏春祥:“言诠与我群：评介《话语的摸索与寻绎：传播观念史》”,《传播研究与实践》,2012年2(1),第203—224页。

三、在英文原著中，“无奈”的情绪或许是书中论及传播的背景之一，也是论证的起点，但到了全书后半段，尤其是第五章与第六章，彼得斯发展了一个相当正面且积极的理解，指出媒介对于本质性传播问题的现实作用，继而带出了传播概念中“身体”面向(此时若以中文来表达，比较贴切的词汇是“沟通”)的重要性，因此，片面凸显“无奈”反而局限了全书主旨的彰显。另外，书的主标题“Speaking into the air”源出于《圣经·新约》。考究《圣经》原文，该段话确实有“意思无法传达”、“表达出来的话语，他人无法理解”之意，但同时亦有“信念坚定，不受影响”的指涉。

基于以上三点，为了更忠实地回应彼得斯在书中的主要想法，夏教授建议将书名译为《话语的摸索与寻绎：传播观念史》。

我完全同意夏教授以上三点，但觉得他建议的中文译名为“信”而过于累赘。我认为中文中的“空”字较能精炼地译出彼得斯使用“Speaking into the air”的两个意图：交流鸿沟之不可逾越，使人如对“空”言说；因此，我们应采取“撒播”的交流观，如广电对着“空”中播音(on the air)，让“有耳者，皆可听”。因此结合与彼得斯本人的交流，与复旦新闻学院黄旦教授的商定，以及与南京师大卞冬磊副教授以及彼得斯门下诸位学生(现在也早已为人师)的邮件讨论，我最后选择将书名译为：《对空言说：传播的观念史》。

在考古学界有一个貌似悖论的共识，即对古代社会，离开解读对象所在时间更久远的研究者可能要比近者更能全面了解考古对象。这是因为，相较早期的研究者，后来的研究者具有“后发优势”，能获得更多的其他考古发现和更强大的研究分析工具进行“三角校正”(triangulation)，帮助解开当下的考古之谜。《对空言说》出版于1999年，距2015年已经有十六年了。这给我这个译者以一个后发优势——在阅读彼得斯出版此书后的各种论文和专著后，再看这本《对空言说》，我有如具备了“上帝之眼”，对他思想的来龙去脉有更加清晰的掌握，这对于更流畅地翻译原著无疑助益巨大。另外，此译本也是站在巨人的肩膀上——即何道宽教授的首译本基础之上——进行的。何教授在新闻传播领域的翻译筚路蓝缕，功勋卓著，我在此也向他致敬。

本雅明在论翻译时说，译作和原文之间无“忠实”可言，而“忠实”也不是翻译的终极目的。这当然是他别出心裁的高论，但忠实原文却实应是对译者的基本要求，因此在翻译中我力求做到这一点，然彼得斯作为“文字大师”的隽永耐读，却有时不得不“心向往之，实不能至”。彼得斯写信给我，赞赏我作为译者的艰难付出。他说，“你知道，德语词‘任务’(Aufgabe)的原意是‘放弃’。这多么有趣啊！”翻译《对空言说》这一“任务”完全源自我对该书的兴趣，在翻译过程中也多次有“放弃”的念头。但读彼得斯，他的思想和文字让你欲罢不能，所以完成这一任务，固然艰难，却是我目前为止收获最为丰硕、最引以为豪的译事。此书的翻译从2013年底在纽约开始，能在2015年底在上海完成，这也算我的一个阶段性成果。我要感谢复旦大学新闻学院的黄旦教授。在上海译文出版社计划将此译著报送申请上海市文化基金资助时，黄教授在百忙之中为此书撰写了推荐信。同时也要感谢上海译文出版社张吉人编辑及团队，他们的出版专业水平和工作效率让我印象深刻。没有这些人的帮助，此书的出版不会如此顺利。尽管我作为译者想让自己的译作尽量不留遗憾，但遗憾终究难免。读者如在阅读中发现错误，一定归咎于我，并希望能不吝来信指出，以便我改正。我的电子邮箱是：dengjianguo@fudan.edu.cn。

邓建国

2015年12月30日

于复旦大学新闻学院办公室

图书在版编目(CIP)数据

对空言说:传播的观念史/(美)约翰·杜翰姆·彼得斯(John Durham Peters)著;邓建国译.—上海:上海译文出版社,2017.1(2023.8重印)
(大学译丛)
书名原文:SPEAKING INTO THE AIR:A History of the Idea of Communication
ISBN 978-7-5327-7279-7

Ⅰ.①对… Ⅱ.①约… ②邓… Ⅲ.①传播学—思想史—研究—世界 Ⅳ.①G206-091

中国版本图书馆CIP数据核字(2016)第119433号

图字:09-2015-839号

对空言说:传播的观念史
[美] 约翰·杜翰姆·彼得斯 著 邓建国 译
责任编辑/张吉人 王师 装帧设计/未氓设计工作室

上海译文出版社有限公司出版、发行
网址:www.yiwen.com.cn
201101 上海市闵行区号景路159弄B座
上海信老印刷厂印刷

开本 890×1240 1/32 印张 14.5 插页 2 字数 409,000
2017年1月第1版 2023年8月第10次印刷
印数:21,001—24,000册

ISBN 978-7-5327-7279-7/C·072
定价:68.00元

大学译丛　书目

01　《西方哲学史》(上下两册)／[挪] G·希尔贝克,N·伊耶　著

02　《世界经济简史》／[美] 龙多·卡梅伦,拉里·尼尔　著

03　《传播学史》／[美] E·M·罗杰斯　著

04　《美国人：殖民地历程》／[美] 丹尼尔·J·布尔斯廷　著

05　《美国人：建国的历程》／[美] 丹尼尔·J·布尔斯廷　著

06　《美国人：民主的历程》／[美] 丹尼尔·J·布尔斯廷　著

07　《专制与民主的社会起源》／[美] 巴林顿·摩尔　著

08　《希望的原理》(第一卷)／[德] 恩斯特·布洛赫　著

09　《文明的进程》／[德] 诺贝特·埃利亚斯　著

10　《协同学》／[德] 赫尔曼·哈肯　著

11　《资本主义与现代社会理论》／[英] 安东尼·吉登斯　著

12　《社会学》／[英] 安东尼·吉登斯　著

13　《大众传播与美帝国》／[美] 赫伯特·席勒　著

14　《传播政治经济学》／[加] 文森特·莫斯可　著

15　《信息社会的知识劳工》／[加] 文森特·莫斯可　著

16　《宗教与资本主义的兴起》／[英] R·H·托尼　著

17　《希望的理由》／[英] 珍·古道尔　著

18　《自恋主义文化》／[美] 克里斯托弗·拉什　著

19　《“中产”中国》／[美] 李成　编著

20 《西方六大美学观念史》/［波］瓦迪斯瓦夫·塔塔尔凯维奇　著

21 《法律的理念》/［英］丹尼斯·罗伊德　著

22 《观念的历险》/［英］艾尔弗雷德·诺思·怀特海　著

23 《人文科学的逻辑》/［德］恩斯特·卡西尔　著

24 《商业生态学》/［美］保罗·霍肯　著

25 《马克思的历史、社会和国家学说》/［德］亨利希·库诺　著

26 《政治的正义性》/［德］奥特弗利德·赫费　著

27 《跟大卫·哈维读〈资本论〉》/［美］大卫·哈维　著

28 《哲学的邀请》/［美］斯坦利·霍纳　等著

29 《宇宙之谜》/［德］恩斯特·海克尔　著

30 《全球化时代的民主》/［德］奥特弗利德·赫费　著

31 《世界文明史》/［日］山崎正和　著

32 《社会学与人类学》/［法］马塞尔·莫斯　著

33 《桑切斯的孩子们》/［美］奥斯卡·刘易斯　著

34 《论自由》/［法］雷蒙·阿隆　著

35 《卡桑德拉的女儿：欧美精神分析发展史》/［美］约瑟夫·施瓦茨　著

36 《实现罗尔斯》/［美］涛慕思·博格　著

37 《社会学主要思潮》/［法］雷蒙·阿隆　著

38 《全球时代的欧洲》/［英］安东尼·吉登斯　著

39 《社会理论的核心问题》/［英］安东尼·吉登斯　著

40 《经济人的末日》/［美］彼得·德鲁克　著

41 《当代政治哲学》/［加］威尔·金里卡　著

42 《自己的上帝：宗教的和平能力与潜在暴力》/［德］乌尔利希·贝克　著

43 《跟大卫·哈维读〈资本论〉》（第二卷）/［美］大卫·哈维　著

44 《读懂弗洛伊德》/［瑞士］让-米歇尔·奎诺多　著

45 《小城市空间的社会生活》/［美］威廉·H·怀特　著

46 《大自然的常数：从开端到终点》/［英］约翰·D·巴罗　著

47 《人类不平等的起源：通往奴隶制、君主制和帝国之路》/［美］肯特·弗兰纳里　乔伊斯·马库斯　著

48 《对空言说:传播的观念史》/［美］约翰·杜翰姆·彼得斯　著